台州人文研究选集

（第二卷）

胡正武　牟惠康 主编

浙江工商大學出版社
ZHEJIANG GONGSHANG UNIVERSITY PRESS

图书在版编目(CIP)数据

台州人文研究选集. 第二卷 / 胡正武，牟惠康主编. —杭州 ：浙江工商大学出版社，2017.10

ISBN 978-7-5178-2145-8

Ⅰ. ①台… Ⅱ. ①胡… ②牟… Ⅲ. ①地方文化—台州—文集 Ⅳ. ①G127.553—53

中国版本图书馆 CIP 数据核字(2017)第 095532 号

台州人文研究选集(第二卷)

胡正武　牟惠康 主编

责任编辑　刘　颖　沈娴
封面设计　叶泽雯
责任印制　包建辉
出版发行　浙江工商大学出版社
(杭州市教工路 198 号　邮政编码 310012)
(E-mail:zjgsupress@163.com)
(网址:http://www.zjgsupress.com)
电话:0571-88904927,88831806(传真)
排　　版　杭州朝曦图文设计有限公司
印　　刷　杭州恒力通印务有限公司
开　　本　710×1000mm　1/16
印　　张　22.5
字　　数　392 千
版 印 次　2017 年 10 月第 1 版　2017 年 10 月第 1 次印刷
书　　号　ISBN 978-7-5178-2145-8
定　　价　49.80 元

浙江工商大学出版社营销部邮购电话　0571-88904970

编纂委员会

序

《台州人文研究选集(第二卷)》是台州学院学报“天台山文化”专栏创办二十年来的相关论文选集,也是继第一卷之后的又一次相关论文结集出版,可喜可贺,这是我校重视地方历史文化学术研究和地方大学文化建设的一项重要成果,是台州学院加快办学转型,充实办学内涵,凝练办学特色,探索特色办学步伐的一次新展示。

台州学院学报立足台州,研究台州,是为了更好地服务台州。长期以来,学报在学校领导班子加强地方特色学术文化研究的指导下,十分重视台州地方文化的挖掘与研究。先从校内开始,以教师中有兴趣研究地方文化者为主,慢慢延展到校外地方文史爱好者与学有造诣的专家同道,再影响到五湖四海甚至国外对台州文史有关的学者。从 1995 年第一期开始组织台州地方文史研究论文,并根据台州是以天台山得名,天台山自唐初以来一直是台州的“山镇”,天台山文化是台州文化的象征,故开辟“天台山文化”专栏刊登台州地方文化研究成果。2007 年,“天台山文化”专栏被评为“全国地方高校学报特色栏目”,是对学报“天台山文化”专栏创办以来所发论文的一个评价,更是对办刊者十余年辛勤办专栏的鼓励和鞭策。回首以往,“天台山文化”专栏倏忽之间已经走过了二十多年的岁月,其文章在学界产生了应有的影响,得到同行的肯定与赞赏。该专栏犹如一棵树木,已经走过青涩,逐渐成长,呈现一种枝叶纷披、有姿有态的模样了。

多年来,“天台山文化”专栏发表的相关文章有了明显增加,研究成果的累积逐步厚实,有效地展示了我刊特色办刊的成绩,展示了我校在探索特色办学上成就的一个截面。为了持续地促进学报特色栏目的继续前行,让学报科研成果传播到更大的范围,为了让更多的同道及广大文化研究者能够共享这些成果,经过校党委宣传部与学报编辑部的研究安排,今选择 2010 年至 2015 年学报发表的一部分论文,编成第二卷,交付出版社出版。今后还将根据学校工作部署与发展需要,陆续推出新的结集。

在编辑第二卷文稿告一段落之际，我们希望“天台山文化”专栏越办越好，深望专栏老作者不断贡献力作，年轻作者追踪前贤，开辟新途径、运用新方法、拓展新领域、贡献新成果，进一步挖掘台州地方文史研究资源，为台州建设做出新贡献。

是为序。

台州学院党委书记　潘璋德

台州学院　校　长　金则新

2016年12月

目 录

历 史

语 言

文 学

文化传播与文化产业

其　他

◆历史

陶宗仪家世考略

赵　平[①]

【摘　要】元末明初文史学家陶宗仪是台州本土文化孕育的学者，一生未入仕籍，正史所载寥寥。综合对陶氏的考证，有以下特征：一是流迁与客居，考其先祖，本为闽民，北徙永嘉，复徙台州，宗仪后长期流寓松江；二是薄宦与节义，陶氏家族以儒立身，孝感节义，虽无显赫功绩，却也个性鲜明；三是书画与文史，宗仪以文史名家，母党、妻族均系宗室，书画乃至为人行事等方面亦受赵雍、王蒙等影响。

【关键词】陶宗仪；籍贯；家世；考证

陶宗仪，字九成，号南村，黄岩青阳（今属浙江省台州市路桥区）人，元末明初杰出的文史学家。早年即声名远播，元末及明洪武年间，朝廷累次征召，皆不就，避地松江南村，筑草堂，种薯栽菊，每以笔墨自随。晚年迫于生计，应聘为教官，以耕作和微薄俸禄糊口。宗仪留与后人的著述等身，作为布衣学者，历来史书所载皆寥寥片语。陶氏挚友孙作的《南村先生传》，虽记述生动，材料确凿，却难窥

---

① 赵平（1967— ），浙江黄岩人，博士，台州学院中文系副教授，主要研究方向：古代文学、佛教与文学比较的教学和研究。

全貌。此后,由于年代久远,于其家世等记述,往往众口不一。中华书局曾影印台版王德毅等编的《元人传记资料索引》,[1]其中“陶宗仪”条所引资料条目,自元而下达四十四种之多,堪称总汇,给学者研究陶氏带来极大方便。近来翻检台州及其所属各县方志,发现不少与陶氏籍贯、家世有关的考辨文字,惜乎零乱无序,今参考其他史籍,连缀成篇,以期方家斧正。

一、迁徙考

孙作《南村先生传》中说:“其先由闽之长溪徙永嘉陶山,再徙台州之黄岩。”[2]宋濂《〈陶氏家乘〉序赞》曰:“台之黄岩有大姓曰陶氏,其先自闽中徙永嘉,复自永嘉来徙,遂占籍为黄岩人。”徐一夔《陶阳图谱序》中也说:“陶阳在台之黄岩,陶氏世居焉。始陶氏自闽之长溪徙东瓯,又徙台之黄岩。”以上记载,皆出自宗仪好友及当时名儒巨公之手,理应不谬。查考《中国历史地名辞典》,长溪县为唐武德六年(623年)置,治所在今福建霞浦县南鼓楼山下。同年,长溪县即并入连江县,长安二年(702年)复置。元至元二十三年(1286年)升为福宁州。据考证,唐代以后闽民徙温极为常见,其中也包括不少长溪人氏。[3]该地块位于今福建省东北角,与浙江温州仅一福鼎县之隔,况又东邻大海,陶氏祖先北迁永嘉(即今温州),从地理角度分析,这也是合乎情理的。

孙作言其“徙永嘉陶山”,该址在今温州瑞安市陶山镇。作为道教名山,陶山列七十二福地之二十八。南朝齐、梁时陶弘景曾在此隐居,故以其姓名山。后来陶山渐成方圆数十里的总地名。晚清瑞安名士唐黼墀曾为陶山寺撰写了一幅楹联:“六朝霸业成逝水,千古名山犹姓陶。”陶宗仪的姓氏与其先祖择居地陶山之“陶”是否纯熟巧合,这也是陶氏研究中一个有意思的问题。古代的迁移,多因做官或避难。倘若因仕宦而离闽,这些是祖先的业绩,是荣耀,则一般会有记载,子孙们不会漏过的。倘若是避难,则一般发生在兵荒马乱的年代。五代十国时,大约在公元909年至945年,在今福建建立了“闽”国,王审知自称闽王,此后仅三十余年,政权竟六度易主,一时兵火四起,民不聊生,闽中百姓被迫流亡,向武夷山外迁徙。因此,陶氏远祖此时避闽乱的可能性是比较大的。而且,因政治原因迁徙的流民,往往隐姓埋名,然后又指山为姓。当然,这仅仅是一些推测,其先祖迁离福建、徙永嘉、复徙台州的确切年代,尚难详考。

陶宗仪的台州故里原来位于黄岩,台州撤地建市后,今已属路桥区。无论是孙作《南村先生传》、王掖《赠南村先生序》等史料,还是现代权威辞书如《辞源》

《中国人名大辞典》《中国历史大辞典》等，几乎众口一词认为他是黄岩人。《南村先生传》中说："黄岩之族二：曰赤山，曰陶夏。陶夏讳泰和者，宋皇祐里溪都巡检也。"北宋皇祐年间，为公元 1049 年至 1053 年，距宋太祖开国仅 80 余年，在此期间，陶氏祖先两度迁徙的可能性是有的。不过，孙作在《南村辍耕录叙》中却说："余友天台陶君九成。"[4] 明代胡俨在《南村草堂记》中也说："陶姓，九成字，天台人也。"宋濂的《书史会要序》也作如是说。考"天台"，一为县名，唐为临海郡唐兴县，五代梁开平二年(908 年)改为天台县，吴越又改台兴，至宋建隆初改天台县，属台州；一为山名，在今天台县城北，上多佛寺，为旅游胜地，古有刘晨、阮肇入天台采药遇仙的故事，相传即此山。但胡俨等所谓的"天台"，既非县名，也非山名，倒是因为天台山太有名，"台州"这个郡名也取自此山，"天台"则又成了"台州"的代称、一郡之统名了。这在台州历史上也算是常识。如台州临海籍词人陈克，《咸淳毗陵志》便说他是"天台人"，陈克也名其诗文集为《天台集》。

至于陶宗仪的故里究竟在今路桥境内何处，自来说法有三。一为青阳。郑元祐《白云漫士墓志》言："陶之先自宋时远祖讳榎者，为台州司户参军，家黄岩之桃溪，……元初始筑室青阳，应雷生子煜，即九成之父也。"[5] 二为湫水。《南村先生传》："黄岩之族二，曰赤山，曰陶夏。陶夏讳泰和者，宋皇祐里溪都巡检也，复徙湫水，是谓先生之始祖。"[6] 三为陶阳。徐一夔《陶阳图谱序》："陶阳在台之黄岩，陶氏世居焉。始陶氏自闽之长溪徙东瓯，又徙台之黄岩至今。吏部员外郎汉生(宗仪弟)氏之十一世祖讳某者，当宋皇祐间仕为都巡检，实迁陶阳，故汉生为陶阳陶氏。"关于湫水与陶阳，宋濂在《陶氏家乘序赞》中明确地说："陶下之房有讳泰和者，迁于湫水，即今所谓陶阳也。"关于青阳与湫水，光绪《太平续志》卷十八云："湫水盖在今黄岩东南四十里之清洋陶庄，清洋盖湫阳语讹也。"可见以上三种说法实为一回事，或青阳，或湫水，或陶阳，异名同地，皆在今峰江镇东 2 公里处的清(阳)陶。不过按照郑元祐《白云漫士墓志》所载，宋元时陶家在黄岩又二迁，这里便涉及另一个地名，即桃溪。宗仪先祖徙台时，初居桃溪，该地原属黄岩，明成化五年黄岩析南部数乡设太平县，桃溪从此归入太平，后名桃夏，在今温岭市大溪镇。

二、族系考

岩陶氏，赤山一支，尚有民国十年抄本《赤山陶氏宗谱》留存至今，世代源流，彰彰可考。陶夏一支，陶宗仪弟宗儒等编有《陶氏家乘》(又名《陶阳图谱》)，可惜早已遗佚,如今只能从其他史籍中钩沉、排比了。

据徐一夔《陶阳图谱序》,陶宗仪的十一世祖是陶泰和,宋皇祐间为处州里溪都巡检。《南村先生传》认为他是“先生之始祖”。陶泰和生有四子。长子陶埴,后迁至今温岭石塘;次子陶万里,仍住在陶阳;第三子陶坊,裔绝不传;第四子是武功大夫陶甄,后迁至武林(今杭州)。故《台州府志》卷一百十七言“泰和子孙分徙四方,惟万里仍居黄岩之陶阳,宗仪、宗儒乃万里之派也”。

郑元祐《白云漫士墓志》中说到陶氏另一远祖,叫陶榎,宋时为台州司户参军。其八世孙“若晦生子辰,官史馆校勘;辰生太常寺簿居安;居安生太学录应雷,元初始筑室青阳;应雷生子煜,即九成之父也。”可见宗仪是陶榎的十三世孙,陶榎比陶泰和的辈份还要高。

宗仪祖父陶应雷,为宋太学录,入元不仕,《元诗选癸集》收其诗。

宗仪父陶煜(1286—1358),字明元,号逍奥山人(又作逍岙山人),又号白云漫士。历仕弋阳、归安、上虞诸县尹。卒于越州都昌坊寓舍。以子汉生(宗儒)贵,赠承事郎,福建、江西等处行枢密院都事。其事迹行状见于《白云漫士墓志》(《侨吴集》)[7]、《白云漫士陶君墓碣铭》(杨维桢《东维子集》卷二十四)[8]、《陶府君墓志铭跋尾》(《宋学士文集》)[9]、《逍奥山人诗叙》[10]、《万历绍兴府志》、《宋元学案补遗》、《台州札记》等。宗仪《辍耕录》卷六等处也有生动的记述。今转录光绪《黄岩县志》中的部分文字如下:

> (煜)幼事元武神甚谨,母病,心痛,岁六七发。一日危甚,走祷元武前,引刀欲割,忽有二童跃入,曰:“毋自损,我天医也。”取笔书十数字于几面,掷笔,仆地良久,苏,乃邻儿也。视其书药方也,随读随隐,好方治之,药甫及口而痛已失,终身不再发。尝从乡先生周仁荣游,学成,游京邑,王公贵人倾下之。已而翩然来归,曰:“燕赵多奇士,今所见平平耳。”以家贫亲老,屈身试吏兰溪,升补江阴州,辨屠人杀奸之狱,白丞相府爪牙虐民事。

宗仪有两个弟弟,均入仕籍:宗传,字梦臣,元末为江浙省掾,转临海县尹,入明代县令;宗儒,又名谊,字汉生,元至正二十三年(1363)为浙江行院管勾,迁江浙省检校,升行院都事,明初官秘书监丞,仕至吏部员外郎。宗仪立志做“太平之草民”,据明末清初吴履震《五茸志逸》载,其隐居的另一托词便是“以为一家不可以俱仕,以妨贤路,故力辞之”。

元至正二十七年(1367年),朱元璋遣兵攻打方国珍,下台、温等州。就在这次兵乱中,陶氏一门出现了“陶氏三节妇”,名驰东南,且载入《元史》《元书》《新元史》。今抄录杨维祯《陶氏三节传》如下:

三节者,天台陶明元氏之子妇王氏淑、孟女宗媛、季女宗婉也。淑从夫宗儒,爵封宜人。吴元丁未秋,兵入台,淑属子于传姆曰:“汝以归其父,吾誓不兵辱。”即赴井死,年二十八。宗媛适里中杜思絅。思絅中流矢卒,时姑丧在浅土,夫又未克葬,忍死护两柩,为游军所执。媛不受迫辱,兵加刃胁之,大骂曰:“吾若畏杀,吾已去久矣,请速杀吾。”遂遇害,年四十。宗婉适里中周本,归未一月,兵至,持一婢走池浒,阽溺,一卒突至,引其裾曰:“妻我免死。”念无以自脱,指其婢曰:“可先妾之。”俟卒拥婢不为备,婉即投池死,年二十二。

宗仪子陶纪南,具体事迹不详。宗仪父党还有二人也可一记。

宗仪叔父陶复初,书画家,字明本,号介轩老人。历任台州儒学教授、乐清县尹,赠从事郎。善画墨竹山水,尤善画竹,兼善小篆古隶。见《书史会要》《元史类编》。

宗仪堂弟陶宗暹,复初从子,字文昭,又字晋生,《书史会要》又作字文忠,为江浙儒学提举,楷书学欧阳询,书画并擅一时。见《书史会要》《元史类编》《历代画史汇传》《宋元以来画人姓氏录》。

三、母党、妻族考

宗仪母赵氏,名德真,一作德贞,今浙江湖州人,赵匡胤次子燕王德昭第十一代孙赵孟本女,大书画家、赵匡胤四子秦王德芳十一代孙赵孟頫侄女。[11]

母党中对宗仪影响较大的除赵孟頫外,此处再记赵雍、王蒙两画家。

宗仪表舅赵雍,字仲穆,赵孟頫次子。以父荫入仕,官至集贤院待制。同知湖州路总管府事。赵雍是著名书画家,于金石、篆刻、书画无所不精,绘画有父风,山水、人物、花鸟、鞍马皆其所长。宗仪工篆,曾向其学书法,人称“得舅氏赵集贤笔法”。陶宗仪名著《书史会要》九卷,大多是据赵家收藏历代书法珍品汇编而成。

宗仪表兄弟王蒙,字叔明,赵孟頫外孙,元末官行省理问。遇乱,隐于仁和之黄鹤山,号黄鹤山樵。洪武初知泰安州。蒙敏于文,画学王维,工山水、人物,得外家赵孟頫遗法而纵逸过之。据光绪《黄岩县志》记载,蒙与宗仪友善,尝作《南村草堂图》《南村真逸图》。倪瓒题《南村真逸图》曰:“叔明每过九成隐居,动辄流连日月,遇兴酣落笔,以写所为。”

宗仪早年侍父宦游。元至正年间,陶宗仪赴考进士落第。当时黄岩同乡方国珍起义,战事不断,宗仪遂滞留不归。后娶松江费雄女元珍为妻,入赘费家。与妻元珍客居松江城北泗泾南村,筑草堂以居,弃科举,开馆授课,过着安贫乐道的寒士生活。浙帅泰不华、南台御史丑闾先后举宗仪为行人、校官;张士诚割据苏州时,邀他至帅府署理军事咨议,均引疾不赴。明洪武四年(1371),下诏取天下文学士,六年(1373)诏举天下才士,亦不至。晚年,被当地聘为县学教授。洪武二十九年(1396)率诸生赴礼部试,赐钞归,久之卒。

宗仪岳父费雄,为昭武大将军、都漕运万户。宗仪岳母赵氏,为赵孟頫与管道升所生之女。宗仪妻费氏,祖籍浙江吴兴,后迁居江苏松江,是赵孟頫的外孙女。可见,宗仪既是赵孟頫的侄孙,又是赵孟頫的外孙女婿。

【参考文献】

[1] 王德毅,等.元人传记资料索引[M].北京:中华书局,1987.

[2][6] 孙作.南村先生传[M]//沧螺集:卷四.四库全书本.

[3] 徐定水.历代福建迁温人口姓氏述略[J].温州师范学院学报,2003(3).

[4] 孙作.南村辍耕录叙[M]//陶宗仪.南村辍耕录:卷首.北京:中华书局,1997.

[5][7] 郑元佑.白云漫士陶君墓碣[M]//侨吴集.四库全书本.

[8] 杨维桢.白云漫士陶君墓碣铭[M]//东维子集:卷二十四.

[9] 宋濂.陶府君墓志铭跋尾[M]//宋学士文集.四部丛刊本.

[10] 朱存理.珊瑚木难[M].四库全书本.

[11] 王逢.题天台陶宗仪母赵县主德真墓志铭后[M]//梧溪集:卷五.丛书集成本.

戚继光浙东抗倭述略

卢如平[①]

【摘　要】戚继光是我国历史上杰出的军事家，伟大的抗倭英雄。明嘉靖年间倭寇大肆劫掠浙江等沿海地区，戚继光整顿台州卫所，修城造船，招义乌兵，创鸳鸯阵，著《纪效新书》，练精锐之师。嘉靖四十年(1561)在台州九战九捷，平定浙江倭患，史称“台州大捷”。

【关键词】戚继光；浙东；抗倭；述略

戚继光(1528—1588)，字元敬，号南塘，晚号孟诸，山东蓬莱人，是我国历史上杰出的军事家，伟大的抗倭英雄。他南歼倭寇，屡战屡捷，扫平了长期为害的倭寇，保障了东南海疆的安宁；北御鞑靼，固我长城，保卫了北部疆域的安全，促进了汉蒙民族的和平发展。戚继光为保卫国家安全和人民的生命财产安全奋斗了一生，建立了不朽的功勋；所著的《纪效新书》《练兵实纪》等著名的军事著作，丰富了祖国的兵学宝库，为后人留下了宝贵的精神财富；重修东起山海关西至居庸关的长城，成为中华民族的瑰宝。

倭患深重

倭是中国古代对日本的称谓，倭寇则是对13世纪至16世纪由日本的武士、浪人、奸商组成的，得到日本封建主支持和怂恿的，侵扰劫掠中国和朝鲜沿海的海盗集团的称谓。倭寇对中国东南沿海的侵扰，由来已久，据《元史・兵二》记载，早在元末就有倭寇侵扰东南沿海，而到了明嘉靖年间倭寇最为猖獗，究其原因，主要有：日本处于纷乱的战国时期，促进了倭寇武装集团势力的发展；中国海盗与倭寇的勾结促使倭寇队伍前所未有的壮大；朝廷政治黑暗、吏治腐败，不能

① 卢如平(1964—)，浙江台州临海人，临海市委宣传部干部。

有效抵御倭寇的进犯;海防废弛,卫所空虚,明军缺乏战斗力。

其时,浙江东部台州、温州、宁波、绍兴及嘉兴等府,均无一例外地受到倭寇的侵扰。倭寇入侵之后,在烧杀劫掠财物的同时,还大量掠夺老百姓,“男则导行,战则令先驱。妇人昼则缫茧,夜则聚而淫之”[1]86。撤退时则把所劫掠的人口携往其国内,卖为奴隶。台州府成为倭患的重灾区,辖内临海、黄岩、天台、仙居、太平(今温岭)、宁海六县经常遭到倭寇的蹂躏。正统四年(1439)五月,数千倭寇分乘 40 多艘战船突袭临海桃渚(今中城村,现桃渚城系正统八年户部侍郎焦宏迁建),攻破城池,大肆抢杀。一时之间,“官庾民舍,焚劫一空,驱掠少壮,发掘冢墓,束婴竿上,沃以沸汤,视其啼号,拍手笑乐。捕得孕妇,卜度男女,刳视中否为胜负饮酒。荒淫秽恶,至有不可言者”。桃渚城内外,“积骸如陵,流血成川,城野萧条,过者陨涕”[2]59。嘉靖三十一年(1552)五月二十八日,倭寇 2000 余人攻入黄岩县城,焚县衙,盘踞 7 日,大肆烧杀劫掠。嘉靖三十五年(1556)六月,一股倭寇攻破仙居县城,屯聚 40 余日,烧杀抢掠,烟火冲天,全城房屋除文庙外全部被焚。

反观明廷,由于政治腐败,几个在抗倭战场上有所作为的官员反而被害。嘉靖二十六年(1547)七月,都御史朱纨巡抚浙江兼管福建福、兴、建宁、漳、泉等处海道。朱纨到任后,“欲为国家杜乱源”,针对浙、闽地区的具体情况,采取了一系列整饬海防、消除倭患的措施,并指挥卢镗等将领取得了双屿、诏安二役的胜利。朱纨在对倭作战的同时,严厉打击通倭的势家大族,这招致了奸豪的不满和攻击,奸豪在朝中的政治代言人便不断构陷与弹劾,“举措乖方,专杀启衅”,朱纨先被撤职,后遭逮捕,抱恨吞药自杀。御倭有功的将领卢镗等人也被下狱。嘉靖三十三年(1554)五月,南京兵部尚书张经总督南直隶、浙江、山东、两广、福建等处军务,张经一方面采取各种措施加强海防,另一方面调尚有战斗力的各省士兵到浙、直御倭。“南调湖广士兵、广东徭兵、广西狼兵、四川苗兵、福建赖兵、崇明沙兵、邵林僧兵,北调山东枪手、河南毛民、田州瓦氏、北边骑兵、北平射手,凡称胜者辄致之”[3]65。嘉靖三十四年(1555)五月张经指挥俞大猷、卢镗、汤克宽等率各省士兵于王江泾(今江苏吴江盛泽东南)大败倭寇,“斩贼首一千九百级,焚溺死者甚众。自军兴来称战功第一”[4]575。王江泾大捷,是嘉靖登基以来抗倭取得的首次大胜仗。但是,奸臣赵文华、严嵩却诬告张经“养寇糜财,屡失进兵机宜”,虽“征兵半天下,贼寇愈炽”[5]864。致使刚刚获得大捷的张经与浙江巡抚李天宠于五月被捕,十月二十九日被杀。抗倭有功的张经被诬陷致死,“天下冤之”。军饷被克扣,赏银被侵吞,导致军心解体,士无斗志,军纪涣散,特别是从广西调来的狼兵，更是不听节制，无心与倭寇作战，甚至“掠奸索食，不减于贼”[6]92。面对凶狠的倭寇，官军既无进攻之勇，又无防守之能，虽然在人数上数倍、数十倍优于倭寇，偶尔也取得局部性的胜利，但十战九败，于是倭患越来越严重。嘉靖三十四年(1555)八月，百余倭寇自上虞登岸，深入腹地，行程数千里，历时80多日，犯绍兴、杭州、严州，窜入南直隶(今江苏、安徽)，流劫至南陵，犯江宁镇，一路掠杀，然后进逼南京城，到城下人数只剩60余人，当时南京城驻有军队12万人，却闭门不敢出战，听任倭寇四处劫掠两昼夜。最后该股倭寇转掠至苏州才被歼灭，但明军累计伤亡竟达4000余人。[7]195

初露锋芒

在倭患形势如此严峻的情况下，戚继光因在山东备倭有功而调任浙江，嘉靖三十四年(1555)七月，任浙江都司佥书，司屯局事。戚继光随总督胡宗宪参加抗倭，提出了不少好建议，很短的时间就赢得了胡宗宪及其幕僚徐渭(文长)的赏识，嘉靖三十五年(1556)七月，经胡宗宪提议，29岁的戚继光担任宁绍台参将。

上任伊始，八月，一股800余名的倭寇进犯龙山所(今慈溪东南龙山)，参将卢镗、副使许东望等共率14000名明军抵御。两军相遇于高家楼，倭寇分三路冲过来，明军竟然一触即溃，人数众多的明军四散奔逃，几百个倭寇在后面穷追。在此关键时刻，戚继光登上高石，连发三箭，射杀三路领头的倭酋，才扭转了危险的局面，明军方赶跑了群龙无首的倭寇。九月，又有一股倭寇登陆慈溪，浙江巡抚阮鹗亲督总兵俞大猷等官兵2万余人迎击，明军倚仗兵力上的优势，给这批倭寇以重大杀伤，倭寇见明军势大，且战且走，明军乘胜追击，又取得缙云、桐岭二战胜利。而败逃中的倭寇却敢于在雁门岭设下埋伏，明军被胜利冲昏了头脑，一见中了敌人的埋伏，遭到前后夹击，马上惊慌失措，阵脚大乱，许多士兵根本不听号令，不敢与冲上来的倭寇伏兵交战，纷纷丢下手中的武器四散逃命，军纪根本不起作用。幸亏戚继光和台州知府谭纶各率所部拼命抵抗，从而避免明军惨败的命运。而该股倭寇得以轻松地经由乐清出海，扬帆而去。

在实践中，戚继光认识到“倭非大创尽歼，终不能杜其再至”。而卫所士兵和客兵军纪松弛、战斗力低下，要想“大创尽歼”，就要有一支能征善战的军队。于是就在这年的十一月，戚继光起草了《任临观请创立兵营公移》，第一次正式向上司提出了练兵的建议，但并未引起上司的重视。嘉靖三十六年(1557)二月，他再一次提出《练浙兵议》，说：“十室之邑，必有忠信；堂堂全浙，岂无材勇？诚得浙士三千,亲行训练,比及三年,足堪御敌,可省客兵岁费数倍矣。”[3]66 在浙江巡抚阮鹗的支持下,胡宗宪抱着姑且一试的心态于这年十二月将兵备佥事曹天佑招募的 3000 名绍兴籍士兵拨给戚继光训练。

嘉靖三十六年(1557)十一月,总督浙直胡宗宪在前两年采取剿抚结合的战略,在用计谋离间并消灭了勾结倭寇的汉奸头目徐海、陈东、麻叶等的基础上,诱俘了海盗头子、勾结倭寇的最大汉奸王直,削弱了倭寇的力量,取得了抗倭的一大胜利。王直于嘉靖三十八年(1559)十二月被浙江巡按御史王本固斩于杭州。王直被捕后,其养子王滶(毛海峰)与倭寇头目善妙等率余部近千人盘踞舟山岑港,“列栅舟山,阻岑港而守”。嘉靖三十七年(1558)二月,胡宗宪调集浙江全省的精锐部队 2 万余,亲自指挥,发起岑港战役,合力围剿海盗和倭寇,戚继光任左路之将。但事与愿违,倭寇居高临下,居险死守,明军多次发动猛攻,都受挫而返,伤亡惨重,岑港之战陷入了长期胶着状态。同年五月,台州沿海大批新倭登陆,戚继光奉命从岑港回防台州,途中得悉由于台州知府谭纶率军民顽强抵抗,倭寇转犯温州,便率部向温州推进,六战六胜消灭倭寇,而后率部返回岑港战场。七月,由于岑港久攻不克,总兵俞大猷及戚继光、刘英等将领被撤职,明廷令他们戴罪立功,一个月内攻破岑港。明军别无选择,对岑港展开了夜以继日的进攻。倭寇烧毁大寨,转移到附近的柯梅造船远逃,既而流劫福建。事后,御史李瑚劾参胡宗宪三大罪状,胡宗宪把责任都推到了李瑚的同乡俞大猷身上,俞大猷以“邀击不力,纵寇南逃”的罪名被捕进京,而后被发配到大同镇军前效力,戴罪立功,卢镗接任总兵,戚继光则因平王直之功而官复原职。[8]598

嘉靖三十八年(1559)四月,数千倭寇登陆台州,一股倭寇围攻桃渚城达七昼夜。桃渚是从海上进入台州的咽喉之地,“为卫城府治之藩翰”,故是倭寇侵扰的重点,也是台州抗倭的主要战场。戚继光在消灭入侵宁海鉴溪的倭寇后,与原台州知府、时任浙江海道副使的谭纶率兵冒着暴雨急行军 300 余里,解桃渚之围。四至五月,连捷于连盘、肯埠、章安、海门、金清、桃渚、昌埠、梅澳、南湾等处,彻底歼灭入侵之倭。五月,在再次解桃渚之围后,进驻桃渚城,看到城池破败,立即动员军民大规模修复城墙。他以军事家的眼光发现东北角和西北角“为薮泽,蔽塞不通”,成了死角。于是用官府空基易价作为费用,在两角创造性地各修筑了一座空心敌台,使桃渚“城上有台,台上有楼,高下深广,相地宜以曲全,悬瞭城外,纤悉莫隐藏”①。空心敌台的修建,大大增强了桃渚城的防御能力,这是戚继光

---

① 出自桃渚《新建敌台碑记》,明朝何宠撰文。

军事实践的一个伟大创举,是对中国古代军事建筑学的巨大发展,是军事建筑史和城防史的重大突破,为其晚年大规模建造北方长城空心敌台开启了先河。

创建戚家军

招募义乌兵。自嘉靖三十六年(1557)冬,戚继光接收曹天佑招募的3000名绍兴兵进行训练后,这批士兵在戚继光的训练下,军容相当严整,行动敏捷,而且也打了一些胜仗。但由于许多士兵出身于市井油滑之徒,军队也存在严重弱点。一是军纪败坏,战时出现取己方伤兵或百姓首级冒充倭首现象,虽经惩治,但滥杀无辜依然时有发生;二是军队骄惰怯懦现象十分严重,士兵畏惧与凶猛的倭寇近身作战,战斗力不强,如攻打岑港之战,这支军队就是攻不上去,为此戚继光受到革职处分。实践证明,一支部队战斗力的强弱,兵员的素质起着重要的作用。他要挑选一批勇敢、剽悍、忠诚的人。而此前,在义乌为争八宝山之矿,发生了一场大规模械斗,械斗的一方是义乌的农民和矿徒,另一方是永康和处州(今丽水)的矿徒、农民和小手工业者,双方均有几千人参加,械斗激烈,死伤惨重。戚继光欣赏义乌人那种同仇敌忾、剽悍勇敢的精神,要是把这种精神引导到抗倭作战上来,可组成一支劲旅,"一旅可当三军"。于是戚继光于嘉靖三十八年(1559)八月再上《练乌伤兵议》,要求罢去所部旧兵,招募新兵。由于戚继光练绍兴兵已见成效,因而胡宗宪很快就予批准。九月,戚继光去义乌募兵,在义乌县令赵大河的密切配合下,戚继光经严格挑选,招募了义乌民间头面人物陈大成、矿工首领王如龙及金科、陈子銮、童子明等4000余名矿工、农民,[9]31 并报请胡宗宪批准,由素得民心、仁而有勇的赵大河兼任这支新军的监军。是年冬,戚继光带着这支4000名士兵组成的全新部队,进驻台州,在灵江边的武场开始了严格的训练。

整顿卫所,修城造船。嘉靖三十九年(1560)二月,明廷对浙江的海防进行了重新部署,分宁绍台区为二:设宁绍参将和台金严参将,浙江总兵下设杭嘉湖、宁绍、台金严及温处四参将的防守体制。戚继光改任台金严参将,驻节台州。在台州,戚继光从此真正开始了他一生辉煌的军事历程。

台州于洪武年间设海门、松门2卫和桃渚、健跳、前所、新河、隘顽、楚门6所,但行伍空虚严重,如海门卫原设官军6528名,但戚继光点验时仅1183名,且近半老弱病残。[3]70 而台州由于长期遭受倭患,民间涌现出一批抗倭勇士。戚继光认为台州兵仅次于处州兵和义乌兵,"台兵以太守谭公之严,初集即有以摄其心。故在谭公用之而著绩",其人性"在于虚实之间,着实鼓舞之,亦可用"。[10]30

于是戚继光在《新任台金严请任事公移》中提出“凡可以充实行伍,激发士气者,悉听职随机转环,不必拘定常格,多方以振饬之”[10]11。经胡宗宪批准:“俱许便宜施行。”戚继光招回逃亡和被强占劳役的军丁 1000 余人,从民间招募勇士 1000 余人,充实卫所,使台州沿海卫所面貌焕然一新。其中杨文(临海大汾人)、张元勋(太平新河人)、李超(太平松门人)随戚继光南征北战,分别累功至辽阳、广东、福建总兵。

戚继光就地取材,以当地盛产的毛竹为枝干,发明狼筅;充分认识到火器在战争中的作用,大量装备鸟铳、佛郎机等火器;在灵江创新打造各有特色的福船、海沧、苍船三种类型战船计 44 艘,建立水军;加高加固城池,将嘉靖三十八年(1559)在桃渚的筑城创造运用到府城,于嘉靖四十年(1561)在台州府城又策划修建了 13 座空心敌台,提高了府城的防御能力。并加强侦察报警,部署严密的防御体系。

著《纪效新书》,练精锐之师。戚继光根据江南水乡地形特色及倭寇单兵作战能力较强、倭刀坚利的特点创设 12 人为团队、攻防兼宜的“鸳鸯阵”,适合大兵团作战的“一头两翼一尾阵”。嘉靖三十九年(1560)正月初步著成《纪效新书》,军事理论涵盖选兵、号令、战法、行营、武艺、守哨、水战和纪律、奖罚及思想感化、情感投入等内容,体现了戚继光的治军和管理艺术。以《纪效新书》为教材,卓有成效地训练 4000 名义乌兵和卫所士兵。

戚继光根据抗倭和过去两年的练兵经验,对将领进行德、才、识、艺四方面的培养,根据其不同特点,委以相应的职务。在南征北战中培养了胡守仁、丁邦彦、陈大成、王如龙、杨文、张元勋、李超、陈子銮、朱珏、金科等一批能征善战的将领。对士兵进行耳、目、手、足、心以及营阵的全面训练。练耳目,使士兵绝对听从指挥,令行禁止;练手足,使士兵体格健壮,武艺精强;练心,使士兵亲附将领,士气高昂,勇敢作战;练营阵,使士兵协同作战,共同对敌,增强威力。经过戚继光的精心训练,这支招募的部队和卫所士兵逐渐成为一支武艺精、战术强、守纪律、听指挥、万众一心、勇敢善战的精锐之师,人们称其为“戚家军”[11]62。

胡宗宪看到戚继光练兵成功,于嘉靖三十九年(1560)九月遂尽罢客兵,用以戚家军为主力的浙江兵防御倭寇。并在向朝廷上疏中对戚继光充分肯定:“去年浙东屡捷,实彼一臣之功……且任劳任怨,挺身干事,诚无出其右者。”要求“免其别升,专候浙直总兵员缺推用,务令久成以便责成”[9]40。

台州大捷

嘉靖四十年(1561)四月，倭寇2万余人分乘数百艘船，分头进犯宁海健跳(今属三门)，临海桃渚，太平新河、楚门(今属玉环)等十余处，警报频传。

宁海之战。四月十九日，16艘倭船约1000名倭寇从奉化西凤登陆，当晚进至宁海一都团前，蹂躏劫掠。戚继光接报后部署好台州防守，于二十二日晨，率主力2000人赶赴宁海。接敌后，鸳鸯阵首次亮相，仅半个时辰就杀敌数百人，余寇落荒而逃，戚家军无一阵亡。

新河之战。二十二日，倭寇得知戚继光去宁海方向，台州空虚，遂分三路进犯台州。其中一路前后8艘700余人，由周洋港登陆，二十四日抢劫新河所城外各地。时新河城内精壮士兵大都出征，留守者人心惶惶。当时戚继光夫人王氏正住在新河，她挺身而出，命令打开兵器库，发动妇女穿上军装，手执武器，和兵士混杂，登城守卫。倭寇远远望见城头旌旗丛密，兵员充足，不敢攻城，只包围了所城，并在四周抢掠。戚继光接报后命令兵备佥事唐尧臣督胡守仁、楼楠两部驰援新河，临海、太平、黄岩等县乡勇策应。二十六日，倭寇进逼新河城下，戚家军援军赶到，两面夹击，倭寇力不能敌，慌忙逃往城南寺前桥鲍家大院固守，下午四时左右突围，又被明军击败。戚家军乘势围攻，用鸟铳杀伤倭寇百余人。残余倭寇乘黑夜逃往温州方向，胡守仁、张元勋等率兵追击，再次杀伤敌人。是役，消灭倭寇500人，己方阵亡姜金等3人。

花街之战。新河战斗时，戚继光已率兵到宁海的梁王铺，得悉在桃渚东北登陆的一支倭寇500余人焚毁船只向内侵犯。戚继光分析倭寇目的是进犯台州府城，而此时府城城墙因暴雨多处倒塌，为建空心敌台又拆毁二十余处，且守城官军已调往他处，守备薄弱，于是戚继光决定驰援府城。戚家军二十二日赴宁海时仅带了3天干粮，军中已经断食，部队决定回府城吃饭，2000人连夜空腹越桐岩岭，驰奔70里，于二十七日午前先敌赶到府城。此时倭寇已突入靖江山下，潜抵花街，距城仅5里。戚继光决定“亟须灭贼，而后会食”。将士勇气倍增，部队迅速列成战斗队形进抵花街，而倭寇前队列成一字阵向戚家军逼来。戚家军先是用鸟铳射敌，而后以鸳鸯阵冲杀，壮士朱珏冲锋在前，先斩领前的倭首，复连刃7贼，倭寇披靡大溃，把抢来的财物丢弃地上，戚家军谁也不顾满地的金银财宝，陈大成、丁邦彦等率兵穷追猛打，全歼这股倭寇，其中生擒贼酋2人，斩首308级，落水死亡者无数。此役还解救了被掳的老百姓5000余人，而戚家军只有哨长陈文清等 3 人阵亡。

上峰岭之战。四月二十五日,一股 2000 余倭寇 18 艘帆船泊健跳所之圻头(今宁海县越溪),二十八日焚舟登岸,犯临海,五月初一进到台州府城东面的大田镇。戚继光率身边的丁邦彦、陈大成等部 1500 人抵大田岭设伏,两军在大雨中对峙两日。初三日,倭寇见攻取台州难以取胜,沿山路逃往大石方向,戚继光判断其必窜犯仙居,进而劫掠处州(丽水),途中必经上峰岭,而上峰岭南是一狭长山谷,便于伏击,便迅速做了部署,以哨官赵记领所部尾随倭寇,自己率大部队沿大道直奔上峰岭,以逸待劳,每个士兵各执一松枝隐蔽设伏。初五,倭寇单列成一支长队经过上峰岭南侧,远望岭上满山青松,不见有兵,便毫无戒备。等到倭寇过半,戚继光下令攻击,顿时,戚家军抛下松枝,鸟铳齐发,列成鸳鸯阵,居高临下,勇猛冲杀下去,倭寇仓皇应战,大败而退到北面的山下负隅顽抗。戚家军各路掩杀,同时在北山上树起一面白旗,高喝:"被掳百姓和胁从者投奔此旗避命!"顿时有数百人奔伏。倭寇力不能敌,抢登上界岭,扼险拒守,哨官娄子和率一批勇士斩关直冲,哨官吴惟忠等相继而登,众兵士蜂拥而上。倭寇四处逃命,有的被杀,坠岩而死者不少。残敌连滚带爬逃下界岭山,奔向白水洋,躲进朱家大院。戚家军乘胜追击,把朱家大院团团围住,先以鸟铳射击,后以火药焚烧,残倭或投降或被杀或烧亡。此役戚家军以 1500 人全歼 2000 倭寇,解救被掳百姓 1000 余人,而仅阵亡陈四等 3 人。战斗结束,戚家军班师入台州,城中老小出城 20 里相迎,欢声雷动。

长沙之战。上峰岭战斗后,戚继光又督兵取得楚门、大小藤岭等战斗的胜利。五月十七日,原来宁海团前逃跑的倭寇,又聚集了 3000 多人,联舻数十艘,在长沙(今温岭东南长沙)登陆。他们砍竹伐木,筑垒结巢,把从象山、奉化、宁海等地劫掠的百姓髡首跣足地囚于船上,企图南攻隘顽,北袭太平,掠夺更多的财富和人口。此时,戚继光驻军新河,接报后即周密部署,水陆并进。二十日凌晨,戚家军分三路迅速逼近敌巢,突然发起攻击。倭寇见戚家军突至,惊恐万状,丧失了抵抗能力,纷纷往停船处逃跑。但船只早被戚家军奇兵焚毁,倭寇被逼入海涂,此时恰逢风急浪高,大部分倭寇被巨浪卷走淹毙。戚家军擒斩 56 人,缴获兵器 3240 多件,船只 11 艘,夺回被倭寇抢掠的财物数不胜数,解救被掳百姓 1200 余人。此前,有 300 多倭寇外出抢掠,得知群倭被歼,抱头大哭,遂乘夜驾船十艘出海外逃。但胡震率领的水军早在外海等候,十艘倭船全被犁沉,除二十余人被擒外,其他或被杀或溺毙,使其"只樯不返,而贼部中之枭雄悉绝"[9]66。

四至五月间,戚家军连续在宁海、新河、花街、上峰岭、楚门、隘顽湾、藤岭、长沙和洋岐等水陆九次大战，均获大捷，使侵犯台州的倭寇遭到毁灭性的打击，并解救了被掳的万余名百姓，而戚家军累计阵亡不到20人。九战九捷，史称台州大捷。这前后一个月的战斗打出了戚家军的威风，打掉了倭寇的嚣张气焰。与此同时，浙江总兵卢镗及温处参将牛天锡也率领部队歼灭了进犯宁波、温州等地的倭寇。

九月，胡宗宪上疏，称戚继光“台民共倚为长城，东浙实资其保障”[9]72，戚继光实授都指挥使。嘉靖四十一年(1562)四月，又有一股倭寇侵扰台、温，戚家军很轻松地于水涨(今属乐清)、温岭等处水陆七战七捷，彻底消灭倭寇。从此，戚家军的威名传遍东南各省，倭寇亦畏戚家军如猛虎，惧称戚继光为“戚老虎”而不敢再犯浙江，浙江倭患遂平。

【参考文献】

[1] 朱九德.倭变事略[M].上海:上海书店,1982.
[2] 佚名.嘉靖东南平倭通录[M].上海:上海书店,1982.
[3] 戚继光.戚少保奏议[M].北京:中华书局,2001.
[4] 张廷玉,等.张经传[M]//明史.上海:上海古籍出版社,1986.
[5] 张廷玉,等.赵文华传[M]//明史.上海:上海古籍出版社,1986.
[6] 朱九德.倭变事略[M].上海:上海书店,1982.
[7] 范中义,仝晰纲.明代倭寇史略[M].北京:中华书局,2004.
[8] 张廷玉,等.戚继光传[M]//明史.上海:上海古籍出版社,1986.
[9] 戚祚国,等.戚少保年谱耆编[M].北京:中华书局,2003.
[10] 戚继光.纪效新书[M].北京:中华书局,2001.
[11] 范中义.戚继光评传[M].南京:南京大学出版社,2006.

新出土戴氏家族墓志与戴复古家世新考

吴茂云[①]

【摘　要】浙江省温岭市是南宋江湖诗派代表人物戴复古的故乡，最近，在其故里附近出土了其堂兄弟戴忱及家人的六方墓志铭。根据这六方墓志铭、早几年发现的两方戴氏墓志铭和古县志上记载的两篇戴氏墓志铭，修正了戴复古家世辈分，并对20多年前发表的《戴复古家世考》和其中的世系表做了较大的改动补充。

【关键词】新出土；戴氏家族；墓志；戴复古；家世；考证

一、新出土新发现的戴氏家族八方墓志铭

2010年7月底，浙江省温岭市新河镇河头梁村湖湾山麓因开山修路，挖土机挖出一方石板，当地书法爱好者梁鹏骞觉其书法颇佳，就清洗并制成拓片，送给温岭市书法家协会主席毛孝弢过目，毛先生见是南宋戴氏墓志，即转交笔者。笔者仔细研读后，确认是戴复古族人戴温夫人墓志，即于8月1日赶至现场察看。只见现场尚散落着带有文字之墓砖，于是初步判断是一处宋墓，次日即报温岭市文化遗产保护中心，中心人员到场察看后又报省文物局。随后省考古队组织人员进行发掘，始知为宋代墓葬群，共有六所墓穴。因墓群早已被盗，仅收获六只祭祀用的陶器与六方墓志铭。六方墓志铭主人为：戴忱及夫人林氏、戴勋及夫人林氏、戴温及夫人车氏。

戴忱墓志铭

宋故府君姓戴氏，讳忱，字棐之。其先闽人，五季乱，徙家于台之黄

---

① 吴茂云(1957—)，浙江温岭市政协副秘书长、文史委主任，主要研究方向：地方文史、宋代文学。

岩南塘。曾祖怀,祖晞,俱潜晦。父舜钦,宣和中上书言时政,上嘉其忠,授迪功郎,监宣州合同茶场,任满转修职郎、南康军户掾。先君生于绍兴丁巳十二月甲子,卒于淳熙丙午十月己亥,享年五十,己酉十二月壬寅,葬于太平乡湖湾之原。娶林氏,生三男:应辰、渐、温;二女:适进士陈蒙、车似参。孙男曰槱,女一人,尚幼。先君宽静简重,状貌奇伟,读书力慕古人,不汲汲为进取计,声利无所动,以修善自乐。天性孝友,事父兄克尽其礼。尤重气义,周急纾患,若甚于关身。口不言人之过,足迹不践公庭,乡闾称善人君子者,必先之。火尝延居舍,呼天引咎,火乃顿灭。葬母孺人之夕,阴雨不止,仰天号泣,晨即开霁,众皆谓纯诚之感。晚岁隐居自适,聚书教诸子,每励以孝悌忠信为先务。应辰祗奉遗训,惟恐不逮。独念所学未进,未能显先君之有后,惧后千载湮没无考,姑叙大略以藏诸圹。应辰拜手稽首泣血谨书。郡下王之才刊。(原为竖20行,行17字)

戴忱夫人林氏墓志铭

先妣孺人,林公士卿之女,世居台之黄岩。生于绍兴甲寅之良月,年二十有二归于先君。戴姓,讳忱,字棐之。生男三人,长曰应辰,早卒;曰勋,曰温;女二人,长适进士陈蒙,次适进士车似参,已嫁而卒。孙男:椿、权、崧、籀、桀,孙女四人尚幼。绍熙二年该遇圣天子奉觞前殿,锡类海内,得封孺人。先妣性纯孝,逮事祖母,寒暑视温清之宜,饮食烹饪,必躬必亲,侍疾尝药不解带。既没,若不胜其哀,岁时霜露之戚必涕泗交颐。敬事二伯父及母,周旋回护,惟恐有忤意,遂相先君始终于孝悌。先君性乐闲静,族里称善人,先妣分忧家政,井井有条,洁蠲苹藻,肃给宾豆,嫁婚及时,助先君之志为多。晚年一意佛书,炉熏宴坐,玉雪其躬,读至圆觉,似有所解。游天台雁荡,乐于施舍,建桥以度涉,治路以便行旅,曾不惮费。至于周人之急,尤见慈祥。忽一岁得足疾,因自治棺槨衣衾,至疾革,语言脱洒,怡然而逝,实嘉泰壬戌八月二十八日。今卜以嘉泰甲子十二月壬寅安厝于太平乡湖湾之原,附先君再卜之兆,亦先妣志也。呜呼,先妣淑德世不多有,勋等蒙延置师友教督甚至,又俾从学远方而不孝不肖,不能有所显扬,故未敢求铭文于当世之贤,谨茹哀泣血,敬书此石,天地无穷,此痛罔极,勋等谨书。(原为竖23行,行19字)

戴勋墓志铭

宋故府君戴氏幽堂记

公讳勋,字巽叔。上世自闽徙台,家于黄岩之南塘。曾祖晞,不仕。祖舜钦,宣和中以进士上书言事,补迪功郎,循修职郎,南康军司户。父忱,不仕。母林氏特封孺人。公生于乾道丙戌正月七日,卒于嘉定戊寅三月八日,享年五十有三。嘉定辛巳十月庚午,祔葬于太平乡湖湾先茔之原。娶林氏,无子,命弟温之子樵为后。女一人,许嫁进士郑复孙。公资性静重,履行端谨,少好学,至壮,常如不及。聚书一室,翻阅无倦,时有会心处,曰:古人地位,直可超诣。由是忠信诚悫,有父祖风,事亲孝,处兄弟宗族,无闲言。族有疑议弗能决,公从容一语,自能折衷,群疑释然。晚岁优游里闬,不妄交接,介然自守,以终其身,亦可谓有常德之士矣。樵尚幼,未能乞铭于世之君子,姑述其大概,以诏诸幽。从子椿谨书。许褒信男义孙刊。(原为竖20行,行14字)

戴勋夫人林氏墓志铭

先妣姓林氏,父讳瑛,台州黄岩人。乾道丁亥闰月九日生,年二十有三归先君。戴姓,讳勋,字巽叔。遇寿明庆典封孺人,终于绍定壬辰之章日,以端平丙申腊月乙酉,安祔于太平乡湖湾之原。男樵叟,女适进士郑复,孙女二。呜呼,先妣淑德懿范,樵叟何忍拟述敬俟丐铭于立言君子。樵叟泣血谨志,婿郑复填讳。林巨英刊。(原为竖12行,行10字)

戴温墓志铭

宋故府君戴氏幽堂记

先君姓戴氏,讳温,字南叔。上世自闽徙台,家于黄岩南塘。曾大父舜钦,宣和中上书极言时政,天子直之,赐同进士出身,调南康军户掾,循修职郎。大父忱,不仕。先君生于乾道丁亥十月丙午,卒于嘉定甲戌八月初十日,越五年,祔葬于太平乡湖湾祖茔之右,实己卯闰三月辛卯。娶同邑车氏,男四人:焕、焘、大本、樵。大本为从伯龟朋之后,樵为伯氏勋之后,女一人,许嫁进士林谔孙。先君天性纯孝,恨事父日浅,奉祖妣孺人,敬顺弥笃,处二伯氏至死无闲言,抚二孤侄,均于己子。自少刻苦问学,从名师友,最为孙先生元卿所知。祖妣即世,始厌场屋,潜心理学,不事表襮,故罕有知者。平居寡言,不喜闻人之故,延师教子,必严所择。呜呼,此先君行己大概实录也,忍死书以纳诸圹,隐德显行,

尚图披诉于立言之君子，焕弗敢侈。焕等泣血敬书。侄椿填讳。许褏信刊。（原为竖18行，行18字）

戴温夫人车氏墓志铭

太孺人世家台之黄岩讴韶，迪功郎车公讳申之子，提刑郑公讳槐之甥。年二十五，归我先考东斋府君。戴氏讳温，字南叔，居邑之南塘。男焕、焘、大本、服，大本后伯父讳龟朋，服乡贡进士，后伯父讳勋。女嫁进士林谔孙，孙男进，孙女四。绍定壬辰拜东朝庆寿，恩封孺人。性端介，事姑以孝，称用敬顺，相先君用古人之学勉诸孤，寿止七十一。晚抱永疾，竟以不起，天乎痛哉！实嘉熙庚子三月二十九日也。明年十一月己酉，祗奉魂舆，祔堋于太平乡湖湾山先府君之墓。呜呼，枌槚郁然，体魄永安，痛隔泉壤，摧裂肺肝。孤哀子焕，泣血谨志，婿林谔孙谨填讳。丹谷金寔刊。（原为竖16行，行16字）

除以上六方墓志外，在戴复古故里附近的晋岙，1958年以后还曾出土戴钟墓志铭和戴复古所撰戴丁夫人毛氏墓志铭，近来也被重新发现，内容如下：

戴钟墓志铭

有宋校尉戴公幽堂记

先君讳锺，字深之，世居台之黄岩。曾大父怀，大父曦，父舜文，进义校尉。先君生于绍兴已未十二月辛酉，卒于绍熙甲寅二月丁未，享年五十有六。以是岁十二月辛酉，葬于太平乡晋山之原。绍兴□输粟助边，补进武校尉。娶蔡氏，承奉郎蔡瑞女。男四人，瀚、渭、澮、湛。女七人，嫁进士杨万镒、任端仁、蔡□，一学浮屠，余未行。先君性诚悫，处心谨畏，尤重然诺。少孤，事母孺人尽孝，事伯氏以敬，治家有执范，耻徇流俗，守分务本，不改先世之质素。联宗族以和，处乡党以义，乐赒人之艰急，成人之善美。平时尚志自守，不苟阿附，榜其燕居之所曰“直节”。延师儒以教瀚等，治命之日，尤谆谆以力学励行为训。瀚等不孝，遽罹酷罚而未能显扬，苍天罔极，谨志无穷之痛，刻于坚石。绍熙五年十二月初五日，嗣子瀚等泣血谨书。王之才刊。（原为竖23行，行13字）

戴丁夫人毛氏墓志铭

宋故淑妇太孺人毛氏墓志铭

余族侄丁,字华父。之妃曰毛氏,名仁静,家黄岩之丹崖。其父廷佐,以儒学望于里,故孺人习闻其训,陶染与性成。既归,克尽妇道,以贤淑称。仪止山立,节操玉洁,是非不涉于言,喜怒不形于色,动循礼法,閤合女诫。羸衣美镪,只以振贫,一毫不费于释氏,非介然有守者莫能。华父自少与余为忘年交,相见必倾倒。尝为余言:妇人之所难克者,妒为大。山妻赋性不妒,比之传记所载谢安、王导、任瑰、裴谈之徒之妻,制勒其夫如束湿者,殆霄壤。叔处吾族,曾闻其有指尖妒悍声出房闼呼?繇是人益多之。乌呼!其他可能也,其不妒为难能也。能为其难,岂非贤妇也哉!年八十七,逢国锡类,恩封孺人。生于绍兴甲戌九月壬子,卒于嘉熙庚子十二月甲午。子男四:楷、木、栝、栩。栩先孺人六年卒。女三,嫁其侄从政郎前绍兴府嵊县主簿仁厚,进士曾建大、王脩。孙男八:宜老、双老、大老、翀老、君锡、敕赐童科免解进士颜老、宗凭、伟老,大、锡、颜、伟俱蚤夭。女十,郑蕃、陈观光、郑居礼、陈应梦其婿也,余在室。曾孙女三。以淳祐六年十一月壬申祔葬于戴奥。华父兆前事,楷等款门乞铭,余虽不任载笔,谊不得辞,况又平时所乐道者。铭曰:自《小星》之诗绝响,为妇者类以妒相师,甚至专房擅宠,祸移彼姝,宁灭祀而不悔。闻孺人之风,可以愧死矣!族叔祖石屏樵隐戴复古撰。玉山林琮夫刻。(原为竖27行,行19字)

二、墓志铭的解读

新出土和新发现的八方墓志铭,均为戴氏族亲。而且该墓群都是夫妻合葬墓,入葬时间不相上下。戴氏墓志的墓主有戴忱、戴勋、戴温、戴钟。

戴忱(1137—1186),享年50岁,1189年12月葬。字棐之,家南塘。曾祖怀、祖玮,均平民。父舜钦,妻林氏(1134—1202),享年69,1204年12月葬。有三子:应辰、渐、温。二女,嫁进士陈蒙、车似参。长孙名櫄。从其妻林氏铭文可知其妻大其夫三岁。而夫妻墓志铭中称呼不一者有次子或称渐,或称勋,且其孙之名亦不一致,乃是由于林氏过世晚了16年。古人出生后,必先据家谱顺序起一谱名,用统一的部首为标志,戴渐为谱名,用的都是水字旁,后改用大名勋。16

年中孙男已增至五人：椿、权、崧、籀、栞，这些均是谱名。也许櫄已早死，并未列名。又因应辰曾撰戴忱墓志，虽已早死，也有了几个儿子。戴勋无子，那么为戴勋写墓志之从子戴椿，即是应辰之子，而櫄是长孙，也是应辰之子。而其余权、崧、籀、栞则都是戴温之子。

戴勋(1166—1218)，享年53岁，1221年10月葬。字巽叔，家于南塘。曾祖晔，未曾做官。祖父舜钦，宣和中以进士上书言事，曾为迪功郎、修职郎等小官，1220年左右为南康军司户。父忱，不仕，母林氏。勋妻林氏(1167—1232)，享年66，1236年12月葬。无子，命弟温之子樵为后。女一人，许嫁进士郑复孙。戴勋为戴忱之次子，这里叙述祖上名字，与戴忱墓相同，只因樵是戴温幼子，出生较迟，过继给了勋，因而戴忱墓志铭中未提及。

戴温(1167—1214)，享年48岁，1219年闰三月葬。字南叔，家于南塘。祖父舜钦，父忱，不仕。温妻车氏(1170—1240)，享年71，1241年归葬。男四人：焕、焘、大本、樵，大本过继于从伯父龟朋，樵过继于伯父勋。女一人，许嫁进士林谓孙。戴温为戴忱三子，勋之弟。从戴忱墓志看，他应有五个儿子：权、崧、籀、栞、樵。这些都是他们的谱名，这一辈是木字旁，只是他们如何对应到焕、焘、大本这些大名上去，还有待于今后考古的再发现。但车氏铭中只出现四人，可能有一位已早夭。车氏铭中称樵为服，服为大名，字岂潜，与戴复古有诗唱和，被收录在《戴复古诗集》[1]64和《戴复古全集校注》[2]74中。

戴钟(1139—1194)，享年56岁，当年12月安葬。字深之，曾祖父怀，祖父曦，父舜文，进义校尉。钟输粟助边，补进武校尉，娶蔡氏。子四人：瀚、渭、澮、湛。女七人，一学浮屠。学浮屠即是削发为尼。戴钟死时尚未有孙。

将戴钟与戴忱墓志对读，其述祖上名字，曾祖父同为怀，故戴钟祖父曦与戴忱祖父晔是亲兄弟，因不知其生年，故不能确定其兄弟的次序。戴钟父舜文与戴忱父舜钦是亲叔伯兄弟，钟与忱是同辈，是堂兄弟。

戴复古所撰墓志铭的主人是戴丁之妻毛氏，这就要联系到戴丁的墓志。戴丁墓志为叶适所撰，题为《戴佛墓志铭》，收入《太平县古志三种》[3]457。其中记载：

嘉定中，黄岩戴木以诗集句见，爱其意正，留与家居。目不流盼，足不窘步，敛身降首，惟书之徇。以父丁年七十二，有上气疾，归，疾已，复至，俄又疾作，芒屩夜发，及门而丁殁，十四年四月丁巳也。哭既卒，摄衰复至，明年犹未行。余累趣之，木曰："二月壬寅，葬日也；繁昌乡戴忝,葬地也;必得铭行矣。”又言:“人未有不渔猎贫弱以求富强者,怨谤近而易感,故业不永,命不长。虽暂永长,终不谓是也。木之先高祖洵曦、曾祖舜文,及祖秉器,关市调直,铢龠必平,不平,宁弃与。里人同辞赞重曰:‘佛,嘻者佛也。’先人继之,无改其度,亦曰:‘嘻者佛也。’佛者,里人尊敬之极称也……娶毛氏。子楷、木、栝、栩。女嫁内舍毛仁厚、曾建大,幼未行。孙宜老、双老、大老、冲老。孙女二……”

从戴丁和其妻毛氏的墓志铭可以看出:戴丁(1150—1221),享年 72,1222 年 2 月葬。字华父,为乡里所敬,人呼为戴佛。曾祖洵曦、祖舜文,父秉器。丁妻毛仁静(1154—1240),子四:楷、木、栝、栩,婿毛仁厚、曾建大、王修。孙宜老、双老、大老、冲老、君锡、颜老、宗凭、伟老等八人,大、锡、颜、伟均早死,孙女十。

这一世系同为舜文一脉,可见戴洵曦即为戴曦,戴钟与戴秉器是亲兄弟,戴丁与戴钟之子戴瀚是同辈。因未见戴钟妻之墓志,不知戴钟是否就是戴秉器,如果是这样,那么戴丁就是戴渭,不过现在还难以确定。

《太平县古志三种》还收入一篇《竹洲戴君墓志铭》[3]860,其中记载:

君戴姓,名龟朋,字叔宪,台州黄岩人。祖舜钦,宣和中进士,上书危言,天子不怒,赐同进士出身,南康军司户。父秉中,亦有才气,补进义校尉,不仕,尝自赞其像,为时所称。君生六十二,开禧三年五月某日卒。娶蔡氏,子曰枞、曰周孙,皆先死,以从弟温之子大本为子,一女嫁林珍。嘉定十三年二月某日,葬太平乡黄仙山……

从戴龟朋的墓志铭可以看出:戴龟朋(1146—1207),享年 62,1220 年 2 月葬。字叔献,号竹洲,娶蔡氏。儿子枞、周孙,均早死,过继了温之子大本为子,一女嫁林珍。龟朋与戴复古也有诗唱和,被收录在《戴复古诗集》中。

戴龟朋是舜钦一脉,可见戴忱和戴秉中是亲兄弟,龟朋与应辰、勋、温是亲叔伯兄弟,其子早死后,温之子大本过继进来,与戴服成了堂兄弟。

我们可以根据以上材料将其世系排列如下:戴怀——戴晞——戴舜钦——戴秉中、戴忱——戴龟朋、戴应辰、戴勋、戴温——戴大本、戴櫄、戴椿、戴服、戴焕、戴焘。这是戴晞一线。

戴怀——戴曦——戴舜文——戴秉器、戴钟——戴丁、戴瀚、戴渭、戴澹、戴湛——戴楷、戴木、戴栝、戴栩。这是戴曦一线。

三、对拙作《戴复古家世考》和其世系表的订正

原刊登于《成都大学学报》1987 年第 4 期的拙作《戴复古家世考》[4]，根据《戴佛墓志铭》和《竹洲戴君墓志铭》，理出了戴舜文、戴秉器、戴丁、戴木一线，和戴舜钦、戴秉中、戴龟朋一线，是准确的。再根据《嘉靖太平县志》[3]79 理出戴敏、戴复古一线，并根据县志中"戴敏，字敏才，舜钦从子"这一句，判断出"戴敏又是舜钦的从子，那么，戴敏的父亲也一定是舜钦、舜文的亲兄弟，只不知其名罢了。由此可见戴洵曦当然也是戴敏的祖父，戴复古的曾祖父了"。这个判断有点过于相信古籍的记载。虽然《嘉靖太平县志》历来被学界认为是一部成书较早的良志，可信可用，但毕竟明嘉靖十九年(1540)距戴复古生活的南宋淳祐(1241)年间已有 300 来年，且书中也未交代出处，因而其实这是错误的。

据戴复古的《族侄孙子荣之子神童颜老，不幸短命而死，哭之不足，三诗以悼之》一诗[2]153，看这个题目，可以有两种解释，一是子荣(即戴木)是诗人的族侄孙，二是族侄孙神童颜老(子荣之子)，但由于过于相信县志的记载，于是笔者做了后者的解释，以为此族侄孙是指颜老，而仍相信戴敏是舜钦的侄儿。对照新发现的戴复古所撰戴丁夫人《宋故淑妇太孺人毛氏墓志铭》："余族侄丁，字华父之妃曰毛氏，名仁静，家黄岩之丹崖。"知戴丁是复古的族侄确凿无疑。那么，戴丁之子戴木，就是戴复古的族侄孙。而戴敏也不是舜钦的侄儿，而是与舜钦并辈。戴复古与戴秉中、戴忱、戴秉器、戴钟并辈，而不是与戴丁、戴龟朋并辈，所以应该将戴复古在原来世系表中向上提高一辈。据此也可判定，戴敏的父亲与戴舜钦也不是亲兄弟关系，而只是同族关系。这方实物墓志铭的发现，不仅纠正了讹传 470 余年的《嘉靖太平县志》记载的错误，而且也纠正了笔者以前对戴复古家世的判断。根据以上分析，我们将戴氏世系重新梳理如下(曾孙以下从略)：

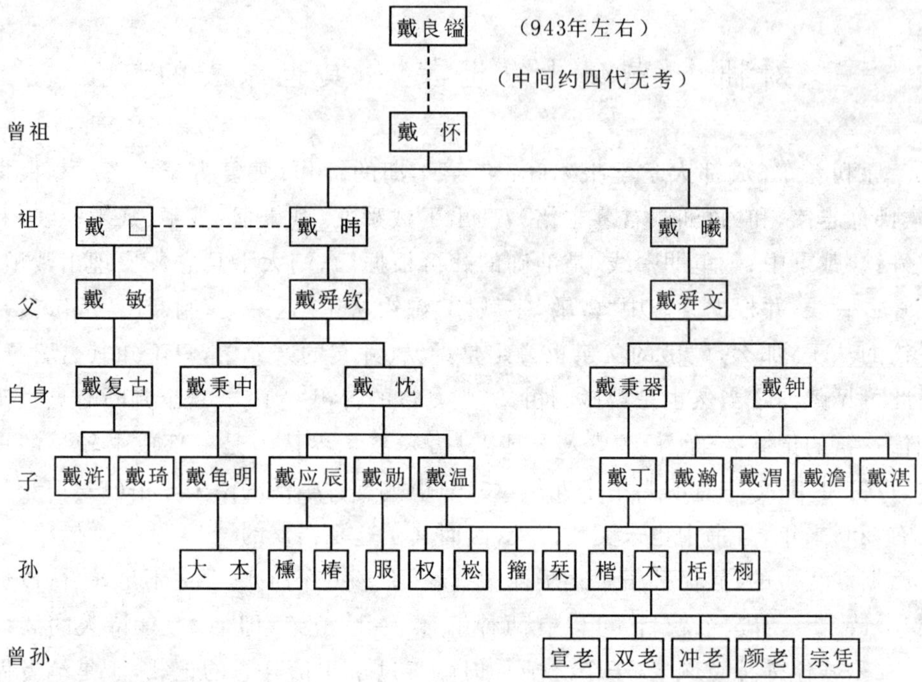

综上所述,新发现和出土的墓志铭,为我们研究戴复古的世系提供了一些新的认识:1. 修正了古代方志记载的一些错误。戴敏与舜钦不是亲叔侄,应是并辈,戴复古这一线来自哪一房,目前还不清楚。而戴复古与戴忱是族兄弟,与戴温、戴勋则是族叔侄。2. 据戴钟和戴忱的墓志铭,舜钦、舜文不是亲兄弟,独自成系,而戴曦与戴𬀩是亲兄弟。3. 戴忱墓志铭中有其高祖戴怀,世系由此可以向上拓展一代。4. 搞清了十篇墓志铭中四对夫妇六个家庭间之关系,丰富了家族成员,也清晰了其家族体系,这是这次戴氏墓葬群发现的最大收获。

【参考文献】

[1] 金芝山. 戴复古诗集[M]. 杭州:浙江古籍出版社,1992.

[2] 吴茂云. 戴复古全集校注[M]. 北京:中国文史出版社,2008.

[3] 温岭市地方志办公室. 太平县古志三种[M]. 北京:中华书局,1997.

[4] 吴茂云. 戴复古家世考[J]. 成都大学学报,1987(4).

共和元勋王文庆略论

林　晖[①]

【摘　要】王文庆是孙中山的坚定拥护者，章太炎、陶成章的亲密战友，共和元勋，浙江辛亥革命的重要人物。他在活动会党、办学募捐、广州起义、光复沪杭、攻克金陵、开国参政、反袁独立、护法运动、策反浙军、宁波独立等一系列重大革命活动中，起着联络、参与、组织、策划、领导等重要作用。但由于光复会过早消亡，知情者未及时宣传，王文庆本人淡泊个性等原因，一直没得到应有重视。

【关键词】辛亥革命；开国元勋；王文庆；略论

一、耕读世家东渡求学

王文庆(1882—1925)，学名军，谱名仁存，字焕宗，号文卿，又号文庆(文钦)。1882 年 9 月 6 日生于浙江临海东塍镇岭根村。父王怀学，字澍泽。母王郑氏在其 16 岁时病逝。1897 年王文庆就读临海东湖书院，深受具有维新爱国思想的老师章襄影响，常怀革新之志，自名"灵江钓徒""愁人"，与在附近读书学剑的张任天(1886—1995)结为契友。1900 年王文庆负笈东渡，1903 年毕业于日本东京帝国法政大学。[②]

回国后，与同乡何诵芬结婚。留学期间，与陶成章、龚宝铨、魏兰等结为知交，参加反清活动。

---

① 林晖(1956—)，浙江临海人，讲师，主要研究方向：唐宋词，台州地方文史。

② 资料来源为笔者于 1980 年采访王文庆女儿王保廉时所得的口述资料和 1907 年修的《台州王氏谱志·岭根老二房上下店派》。

二、联络会党加盟办学

翌年初,王文庆陪同陶成章到浙西联络会党,赴仙居寻访潘门主帮领袖不遇。折回台州府城临海,找到张任天,并约定由张负责联络台州会党。1905 年,王经陶成章介绍,在日本入光复会和同盟会。王不善言谈,唯重实干。会里同志曾把他与陶成章、徐锡麟、秋瑾等人相提并论。翌年夏,他受同盟会本部指派,带着陶成章的信函在两浙奔走一个多月,联络会党。11 月,在沪参加光复会骨干会议后,他同秋瑾一起赴金华与龙华会首领蒋乐山商量配合湖南起义之事。12 月 4 日,湖南起义提前爆发,他于 19 日赶到金华,宿于金阿狗家,再次与蒋乐山谋划。月底,起义失败,他遭通缉,被迫潜往日本。1907 年,他回国开办新学,同时策划浙皖起义。他变卖了家里的田地,并动员结拜兄弟苏德三变卖在沪的布行、客栈,在沪创办了专课测绘的启东学堂,与绍兴大通学堂,安徽巡警学校相呼应。7 月,安庆起义失败,接着秋瑾就义。浙江起义计划暴露,负责人陶成章、王文庆等先后避难日本。同月,为避开清廷和日本政府的注意,王以"湖北襄阳"人登记学籍,考入日本陆军士官学校步科,学习军事,成为该校第五期留日学生。翌年春夏,他奉陶成章之命,一度潜回浙江,试图恢复皖浙起义失败后光复会的力量,重整旗鼓。

三、南洋受命广州脱险

1908 年 11 月毕业后,他经陶成章介绍来到南洋,在李燮和创办的槟港中华学校任教。教员大多是革命党人。他到槟港后,陶从 1909 年 1 月到 1910 年 12 月,频繁与李、王通信。并于 1909 年 9 月两次向李举荐王文庆。11 月 22 日第三次向李催促,信云:"王文庆兄人系极可靠之人,然教育之事非其所长,算学甚佳,体操则兵式者佳,惟语言多操台州土音,甚觉困难。人又太率直,易受吃亏,乞吾兄为之左右之。或另托可靠之人,为之左右其间,则幸莫大焉。"[1]不久,王担任光复会泗水分会负责人。他偕同其他同志在以华语教学同时,创办华文革命报刊,如《华锋报》《爪哇公报》《泗滨时报》等。1910 年 4 月和 8 月,陶从日本分别给李、王等人寄来《秋女士遗稿》《浙案纪略》《教会源流考》诸书。于是,李、王等在侨胞中广为宣传秋瑾等革命党人事迹,并组织操练兵式。当时孙中山、黄兴等同盟会领袖也常来南洋从事革命活动。王与之同甘共苦几个月，结下深厚情谊。1910年11月13日，王参加了孙中山在槟榔岛打铜街120号党部主持召开的高级军事会议，共同谋划广州起义。会后，他执行孙中山的指示，以发展中国教育的名义组织教育会进行募捐。翌年1月，他将17000元筹款交李燮和带到香港交给黄兴。4月中，他在爪哇岛接到黄兴发来的电报，马上动身去香港。同时发电召陶成章来港。因船遇雾，他带领的泗水华侨志士被滞香港。27日，广州起义因孤军奋战而失败。当他得知许多南洋来的起义同志被困广州城内的消息时，便潜入广州城，混进总督衙门，找到时任两广总督张鸣岐文案的同乡姚桐豫，请姚设法营救。由于匆匆而来，西服短发，姚恐他暴露，促他化装易服，后又送他出城，王才得以安全脱险。事后，同志们开玩笑说：黄花岗七十二烈士差点要变成七十三烈士。①

四、光复沪杭指挥若定

不久，王文庆与陶成章、李燮和一起乔装潜往上海，找到了尹锐志、尹维峻两姐妹，商量设立光复会上海总部机关“锐峻学社”。而后，三人又同去杭州，在白云庵召开秘密会议。会议决定许雪秋人马仍留潮汕，李燮和重点放上海吴淞，王文庆去杭州恢复光复会活动，侧重策反新军官兵。陶成章坐镇上海总指挥，加强与同盟会中部总会陈其美等的联系，共同发动沪杭起义。会后，王即以白云庵作为光复会杭州机关部，在沪期间则住“锐峻学社”。月底，陶成章与陈其美在嵩山路集会时发生争吵，陶出走南洋。王既调解劝和，又频繁奔走沪杭。王曾在杭州太庙巷吕公望住所与陈其美、姚勇忱等一起筹划，其间曾返回临海，与杨哲商等借学务支应局建立了“台州国民尚武会”，作为光复会台州联络机关。9月底，王与李燮和、陆翰文等在锐峻学社开会。王、陆等原拟趁清廷举行10月陆军阅兵式时策反新军，现场起义，直捣皇庭，但被李立足上海起义的主张所说服。10月10日，武昌起义成功。12日，在上海通讯社工作的张任天得此消息后，即向已潜回上海的陶成章汇报，陶指令张速告王文庆。王一边部署响应，一边电告南洋光复会分部筹备经费。并于13日至15日三天，分别在白云庵月老祠、凤林寺、二我轩照相馆主持召开会议。当时与会的多为新军下级军官，多数对杭州起义持看看再说的态度，会议最终没有形成共识。于是，王对外宣称返沪，而实际隐居

---

① 王保廉口述。

车驾桥庆和堂客栈,继续做发动工作。17日,王回沪,恰逢南洋华侨30万捐款从香港转来,遂开始大量购置短枪火药,并由杨哲商等制造炸弹。回杭时,王又趁机在湖州、嘉兴之间联络了千余人,组织了敢死队,并分出百余人潜往上海,协助李燮和。20日,王在城隍山四景园茶室与上海总部派来催促行动的李燮和一起召开了第四次会议,决定联合陈其美于11月6日同时发动沪杭起义。会上,王做了具体部署,亲自负责新军驻笕桥的朱瑞八十一标的发动,和组织光复会员配合诸事。并建议总部调王金发来杭担任主攻抚台衙门的敢死队长。11月2日,王文庆与王金发、尹锐志姐妹等先后率领百余名敢死队员潜入杭城。3日下午,陈其美提前发动上海起义,失手被俘。李燮和、王文庆闻讯后急令所属光复军全力救援。4日上午光复军攻下江南制造局,起义胜利。随后,王等又与朱瑞、吕公望、童保暄等数十人,以"独立"为起义口号,在4日午夜按计划发动起义。王亲率敢死队于5日凌晨占领巡抚公署和军械局,活捉了巡抚增韫。下午杭州光复,童保暄出任浙江都督。因童年轻望浅,光复会特设三部门制约,即评议部(旋改参议会,王在该部),军政部,民政部。7日,省临时参议会成立,陶成章担任总参议,王任议员。当时杭城还很混乱,有人扬言遇到王文庆等必杀之。面对恐吓,王照常活动。9日,参议会举行首次会议,王与陶商议,组织浙军北伐,攻取南京以安定东南。于是做出了援宁决议,同时任命了各地军政分府人选。并决定把巡抚增韫押送上海放回原籍。当晚,陶、王等由潘门主帮两队民军护送赴沪。光复会和同盟会虽在光复沪杭时联合作战,但胜利之后,党派之争仍然十分激烈。作为杭州起义的实际领导人之一,王推辞高位,屈己退沪,转入攻宁支队的筹备。

五、攻克金陵再建奇功

陶、王抵沪后,即与光复军总司令李燮和、参谋长杨镇毅商谈援宁之事。决定由陶、王物色官佐。11日,王文庆、王萼两兄弟带领各自招募的一营台州兵加入联军。26日,王文庆统领来自仙居的五百名光复军,尹锐志的三百名敢死队员,驰援浙军。当时正值浙军在马群遇阻溃败,王率领的这些台州兵虽然大多未经训练,开枪不知卧倒,号跃向前也不成列,却凭着不怕死的气势,打败清军。12月1日,王的敢死队配合友军,又攻下天堡城炮台。时人项士元《悼前浙民政长王文庆》中有这样的记述:"朱瑞出师南京,君亲率光复军至马群会师,以跃进法慑敌,克之……继进攻孝陵卫……赖君率军冲锋,得转危为胜……再乘胜袭击朝阳门。时门内多埋地雷，敌军均系张勋劲旅，通宵机关枪、步枪、炸弹，纷如雨下。君督战不少却……最后向天保城、雨花台进攻。城在紫金山上，高一百五十丈，为天造地设之炮台。台高而坚，山峭以峻，设防严密。君与朱瑞等出入枪林弹雨，身先士卒，力战一夜克之。张勋弃城遁。”可见，在攻克南京战斗中，王带领的敢死队起了极大的作用。

六、参与开国陪侍中山

战后，王文庆参加临时政府的开国筹备工作。此时，上海纷传沪军都督陈其美欲谋杀陶成章。但陶不以为然。直至王警告后，陶才开始在沪变换住所。12日转移到广慈医院。王文庆与杨镇毅闻讯后即去医院看望，并劝其再次转移。14日上午，王与杨第二次去看陶。在医院得知陶已于凌晨2时被暗杀。[2]同室操戈，同志相残，王悲愤之极离沪赴杭。28日，南京临时参议院成立，孙中山参会并致辞，王作为浙江代表入院。4月1日，孙中山正式卸职，王亦坚辞了袁世凯特任的南洋宣慰使一职，只以革命党人身份当选民意代表，参加临时参议院，随孙中山左右，并先后加入共和党、国民党。12月8日，应浙江都督及各界的邀请，王等陪同孙中山，从上海乘专列赴浙江考察。次日，祭扫秋瑾烈士墓。在孙中山题词撰联后，王随之写下一联，“风雨忆愁人，自分须眉，却愧黄冈后死；湖山埋侠骨，我来凭吊，伤心白马前盟”①，表达了真挚的战友之情。

七、反袁帝制文韬武略

1913年2月，王文庆当选为浙江省参议员。7月，孙中山发动二次革命。王积极响应并筹划浙江反袁独立。失败后，王则移居杭州。翌年7月，王加入中华革命党。此前，作为孙中山得力助手的陈其美曾在给同志徐忍如的信中询问：“文庆兄入党一层如何？”“能得一致，大局有赖，岂独浙人！”[3]可见王此时在党内已备受器重。当时，王在杭州以办教育为名，偕夏超、王萃共同创办浙江体育专门学校，推王萃出面任校长，掩护反袁活动。11月29日，王文庆在给徐忍如的信中表示了坚决拥护共和，反袁反帝制的决心：“忍如知兄大鉴：顷自友人处传来

① 王保廉口述。

惠函,谬承推许,不胜惶惕。然当仁不让,窃亦尝以此自厉。癸丑(1913)之役,诸君子义薄云霄,企仰何极!顾自此进退失据,虎兕出柙,躏噬至此,言之犹有余痛。向使吾浙将士追随马后,亦在云散风流之列!即如今日能得有吾浙者数处,天下事定易为力,昔勾践退保会稽,卧薪尝胆,卒以沼吴,吾浙人或亦侧闻其遗风欤!北风多厉,为国珍重!弟军复。"[3]可见王文庆"对于浙事,早有计画"[4]。12月,袁氏称帝。浙江都督朱瑞与巡按使屈映光向袁上表称臣。为了拉拢王文庆等,屈映光派王任化送来三张聘书和六百元银洋,对王文庆、张翅(羽生)传话说:"你们革命革得连饭都没得吃了!不要革命了!在我这里巡按使署做个咨议吧,月薪每人二百元。文卿参加过广州黄花岗起义,是老革命党;羽生做过浙江省议会副议长,是老人民代表;图南(即张任天)在杭州创办赤城公学,是老教育家。已填聘书。你们如不够开支,再填咨议的名单、履历来,月薪照名单送。"于是,王急电时在台州省立六中任教的张任天速返杭商量。在王寓所,三人分析了国内形势,一直议到天明。最后,王决定接受聘书和钱,但决不放弃革命。随后,王迁住到大方伯银枪班巷九号的一所四楼四底的洋房内,大门口挂上"王公馆"的牌子。张翅、张任天及王的家眷均住此。平日里王吞云吐雾,不外出一步,麻痹朱瑞派来在周边监视的五十二名便衣。暗地里三人在西亭子间秘密商量,在东房子间约会基层同志,联络劫后余生的党人,谋划反袁独立。在王的巧妙安排下,张翅和张任天借着"巡按使署咨议"的绶章掩护,奔走于上海、嘉兴、宁波、台州乃至日本东京,进行反袁活动。王则与吕公望、童保暄、莫永贞、夏超等频频联系,达成反袁驱朱共识。他一边调遣阙麟书、项霈、陆翰文等到杭州"主持一切",一边指示王赞尧、林柔远发动士兵和警察。3月25日,王文庆创办了《新浙江报》,聘孙纶襄为经理,罗骧为主笔,制造独立舆论。4月11日王文庆先是召集童保暄、夏超和军警两界多数中下级军官会议,做最后动员和决定,稍后,又通过王任化约见了屈映光的卫队长陆容求,并做通了陆的工作。当晚,王带领浙江革命党人举行武装起义,攻入将军署,朱瑞易装潜逃。12日,王等25人联名发表《浙军独立通电宣言》。14日,王被公举为浙江省临时参议会议长和省长,实行军民分治。但都督屈映光表面上拥护独立,暗中又以巡按使名义发号施令,向袁氏献媚。王文庆得知后"勃然大怒,宣言与屈氏誓不两立"。5月5日他主持召开省参议会大会,迫使屈辞职,推吕公望为都督。由于特殊的地理位置,浙江以武装起义而独立的影响和作用远远大于其他独立省份,而王文庆又是在其中起了主要的组织和领导作用,因此,他被北洋政府视为眼中钉。5月7日,国会议员殷汝骊奉命约集了各府参议员到"王公馆",强行通过事先拟好的名单,实行军民合治，由吕公望任都督兼省长。5月8日，王文庆辞去议长、省长职务，改任民政厅长，承都督之命处理全省民政事宜。王在任期间，既协调各方，善理政务，又大力起用具有民主思想的能人贤士，如聘请陈去病担任厅秘书。又如8月8日，陪吕公望在西湖杨庄宴请国务院要人张耀曾等，声誉鹊起。16日至20日，王在杭迎候并陪同孙中山视察，聆听演讲，凭吊秋瑾烈士墓等。10月，民政厅改名政务厅，王仍任厅长。11月7日，王担任由省教育会长经亨颐发起的全省中等学校联合运动大会副会长，并出席12日下午的颁奖仪式。12月1日，王与沈钧儒、沈定一等18人在西湖迎宾馆筹议组织宪政商榷会，当时，沈定一还专门送了一个精致的墨盒给王文庆留念。26日至翌年1月，在吕公望辞职而造成军政首脑空缺的特殊情况下，王代行起省长职权至21日辞职。

八、护法独立鞠躬尽瘁

1917年秋，王文庆当选为护法国会参议员，随孙中山在广州开展护法运动。翌年4月，浙军一师奉段祺瑞之命赴福建与护法军作战，王自告奋勇前去策反。凭着与师长童保喧、团长陈肇英战友的关系，王原是十分有把握完成整师策反使命的，但不料参与策反的吕公望违约蛮行，使原计划功败垂成。在田桐写的《致国父函》中，约略可见此事经过。“……近日迭接王文庆来电，嘱弟往潮一行；弟拟明日搭苏州丸前往，务使粤浙二军共同进取，不为奸人所乘。顷者吕公望见赏于岑三，岑三语人云：吕公望乃我之赵子龙也。惟浙军此次反正，依文庆计划则全体可以过来，而吕以个人地位计，但得一团之南归，其余不复来也。以故吕与王文庆颇不相睦。弟乘此机会往说王与童为一致，共附陈竞存(陈炯明)。如能成功，前途之妙，不可言状……”[5]事后，王文庆出任“援闽浙军”副司令，陆军少将，浙江省宪法候补执行委员。在广州期间，蒋介石曾通过王的秘书蒋鼎文欲求见王，因王始终愤恨蒋介石刺杀陶成章一事，而拒绝见之。翌年6月，孙中山广州蒙难后返沪。王亦退出政坛，隐居上海。

1922年秋天，浙东洪水泛滥，王文庆出任华洋义赈会台州义赈队总参谋。拖着病躯，动员各方，集款散赈，惠泽了台州数十万百姓。翌年10月，王在杭州召集同志连日集会，多次发电申讨用贿选手段当上总统的曹锟。1924年，张任天约王同去南洋，王自感辛亥年带出的南洋志士现已全部牺牲，自己无颜再见南洋父老，加上身患重病，故婉拒了张的邀请。同年夏秋，王不顾病重，策划了他一生中最后一次革命行动，即组织了200人的浙江自治军到宁波，成功策反了当地守军,在甬台镇守使署成立了浙江自治委员会,于10月17日通电宣布宁波独立。但最终仍寡不敌众,以至被叛军追杀,被迫回沪隐居在成都路重庆里3号楼陈肇英家中。

九、革命一生魂归故里

王文庆病重时,曾延请上海著名中医恽铁樵、留日西医周煦华等诊疗。最后听取周的建议在日本人开设的福民医院开刀。1925年2月3日凌晨4时,王文庆终因胃癌不治在上海福民医院去世,年仅43岁。留有一女一子。他临终前曾对女儿留下遗嘱:要认真做人,照顾好弟弟。同月6日《申报》发布《王文庆逝世》讣告。在沪的全浙公会成立追悼王文庆筹备处。3月12日,《申报》发表章太炎起草的《发起开会追悼王文庆通告》,高度评价了王的一生:"君本光复旧勋,及袁氏称帝,又与浙中豪俊,驱除朱瑞,名满东南,而性情淡泊。最近浙局不宁,方欲投袂,竟以腹疾告终。身后萧条,家无积粟……生平言行,亦宜著之铭颂。"因王文庆一生清贫,子女尚幼,又逢春节,故去世后近两个月尚未安葬,项士元为此感慨万千,写下《悼前浙民政长王文庆》:"呜呼!创造吾中华民国之革命耆勋,竟联翩长逝矣。记者旬日以前,闻中山噩耗,挥泪志悼。墨汁斑斑,今尚未干。孰意里闬之中,尚有奔走革命二十余年,并且在吾国吾浙之革命史上,留有极重大极关切纪念之王君文庆,窀穸亦尚未安乎。王君之死,先中山仅月余耳。王君之奔走革命,其辛苦艰难,视中山亦正相似。倘假以中山之年,安知君之事功,君之声名,不与中山抗衡?记者浙人,处兹浙地,革命之痕迹,在浙言浙,君之可为吾浙人纪念者,视中山而尤切……(文庆)一生奔走国事,艰危备尝,身后不但无一钱一粟之遗,且葬费亦无之,其尽瘁社会,不私生产,诚可与中山先生并垂不朽也夫。"3月29日下午2时,章太炎、蒋伯器、王心一等500多名旅沪浙人,在上海北京路报本堂召开王文庆追悼会,举行公祭。由章太炎主祭,蒋伯器报告王文庆事迹。章太炎在祭文中写道:"呜呼文庆!正气所孕,有清末造,崛起革命。振臂疾呼,追逐豪俊。瀛海归来,浙局底定。名满东南,气慑藩镇。刍狗功名,土苴政柄。恬退山林,淡泊明性。每当政变,奋不避刃。义师所指,介胄忠信。甲子之役,不幸败衄。入险出夷,身免者仅。三军皆墨,忧愤交并。郁郁沪滨,寝成痼疾。药石无灵,刀圭杂进。自冬徂春,医术告罄。呜呼文庆!岁寒后凋,疾风知劲。喘息尚存,讵甘退听……"全篇一气呵成,文情并茂,痛惜之心,溢于言表,为章氏所撰悼词之杰作。3月30日《申报》刊登《旅沪浙人追悼王文庆记》,当时远在爪哇任《南洋日报》总编的张任天获悉后立即在报上全文转载，认识或不认识王文庆的侨胞看后无不泪下。不久，王文庆灵柩移葬家乡临海。墓建于其故居北面的殿后山山麓。出殡时，参加者均获得带有王文庆肖像的铜质纪念章一枚。今天，临海城内的“文庆街”就是为纪念王文庆而命名的。其故居及墓均被列为临海市文物保护单位。

从以上王文庆政治生涯的概述中，大致可得出以下三点认识：

1. 王文庆位列辛亥革命三大团体之一的光复会领导层，是秋瑾、陶成章、章太炎的亲密战友，浙江辛亥革命主角；他在南洋与孙中山共事革命，筹款谋划广州起义，是孙中山的得力助手；在光复沪杭，组织浙江联军攻克南京战斗中，是身先士卒的指挥官；他直接参与缔造共和，名列南京临时参议院浙江三名代表、北京临时参议院浙江五名议员之中；他是浙江反袁二次革命，谋划独立的中心人物；是南下广州，参加“非常国会”参议院，与孙中山不离不弃的护法脊梁。他是拥护共和，终身革命的共和元勋。他的政治生涯横跨了两个世纪；革命活动跨越国内国外不同区域；思想上融合了西方民主自由观点和中华传统文化。他的奋斗历程，体现了革命者的诸多精神：追求民主，爱国奉献；顺应潮流，不断革命；淡泊名利，忠正清廉。因此，其人应该永远纪念，其精神值得发扬光大。

2. 王文庆去世后，没有得到应有重视的主要原因有两点：首先，同盟会成立后，光复会成员仍保持双重身份。后来光复会又重建，两会领导层始终有矛盾纠葛。尽管王文庆顾全大局，息事宁人，未卷入党争，但在民国建立之前，他主要还是以光复会面貌出现。因此，未进入同盟会核心层。民国伊始，光复会领导人死的死、隐的隐，组织亦自行解散；而同盟会几经改组，发展成为国民党，最终又成民国时期执政党。王文庆尽管以国民党身份领导发动浙江反袁独立，但亦未进入该党领导层。加上受同盟会、国民党为民国正统的历史观影响，有关回忆录绝大部分又是同盟会会员所写，其内容自然多记该党的人物事迹。因此，尽管孙中山先生对光复会及其领导人有“非只良友，有如弟昆”[6]的高度评价，也难免被后人淡忘，甚至贬抑。其次，光复会骨干留下的文字资料甚少。而作为与孙中山、王文庆并肩战斗的张任天本来是最有资格披露真相的。而且前有章太炎“宜著之铭颂”之呼吁；后有 1957 年邵力子，张宗祥，余纪一托付。但由于种种原因，直至 80 年代初被聘为浙江省文史馆员，才在 1984 年写了《忆光复会王文庆》一文。

3. 王文庆为人平和，寡言低调，不争名利，是近代较典型的转型期知识分子。这里有一个例子可说明。1916 年王文庆领导浙江独立，莫永贞、阙麟书因此力举王任都督,但遭童保暄为首的军界实力派坚决反对,尽管莫等据理力争还是没用。这事固然与王没有兵权有关,也与王知识分子淡泊个性脱不开关系。王从家底殷实到无钱丧葬,身后仅有一女传家,且又屡遭不幸,因此,其后代也无力宣扬先人。加上王去世时,正值孙中山病重入院手术,不久孙中山辞世。而王的追悼会又恰逢全国公祭孙中山,自然影响不大。就连当代著名史学家卞孝萱、唐文权先后主编的《辛亥人物碑传集》《民国人物碑传集》也没有收录王文庆。真相有时比真理更可贵。鉴于此,笔者不揣浅陋,在1981年所写拙文的基础上[7],再次对所见史料进行钩沉考证,试图还原一个从偏僻山村走出的民主革命功勋的基本面貌,以为纪念辛亥革命百年之资粮,以尽缅怀先驱的桑梓后人之责任。

【参考文献】

[1] 汤志钧.陶成章集:上编卷三[M].北京:中华书局,1986:169.

[2] 杨镇毅.光复会和光复军[C]//杨福祥,记录整理.浙江省政协文史资料研究委员会.辛亥革命回忆录:第一辑.杭州:浙江人民出版社,1981:242.

[3] 秦孝仪.陈英士先生纪念集[M].台北:裕台公司中华印刷厂,1977.

[4] 湖南省社会科学院.黄兴集[M].北京:中华书局,1981:430.

[5] 罗家伦.田桐墨迹[M]//辛亥名人墨迹.台北:正统书局,1961.

[6] 孙中山.致陈炯明及中国同盟会电[C]//孙中山全集第二卷.北京:中华书局,1981:46.

[7] 何林辉.辛亥革命在台州[J].台州师专学报,1981(2).

晚清藏书家黄瑞藏书事略

胡平法[①]

【摘　要】黄瑞是晚清学者、藏书家，立足临海，借抄旧籍以丰富藏书。光绪十年(1884)建“秋籁阁”藏书楼，内聚乡邦文献不下数千卷。又有“爱日草堂”，亦称“溪南书藏”，聚书数千册，多供他自己研读、著述之用。黄瑞著作等身，一生著述总计80余种，以地方文献专家扬名台州。宣统三年(1911)，“秋籁阁”遗书遭水浸。在项士元先生力劝下，民国31年(1942)，黄瑞的后代将“秋籁阁”遗书旧存寄存到临海县立图书馆，其中乡贤之作就有400余种，中华人民共和国成立以后又转赠临海县博物馆，化私有为公藏，造福桑梓。

【关键词】晚清；黄瑞；藏书；事迹；考略

一、黄瑞生平事略

黄瑞(1837—1889)是晚清浙江台州临海学者、藏书家，字玉润，号子珍，又号蓝叔，临海县(今临海市)筱溪乡三胜村人，《民国临海县志·文苑》有传。“秋籁阁”是他的藏书楼。

黄瑞青少年时，“闻乡先辈遗行，必以小簿条记之”[1]86。他16岁为童子试，咸丰庚申年(1860)成为浙江学政张锡庚(1801—1862)的弟子，同治六年(1867)乡试未中。同治十年(1871)，黄瑞任台州志馆分纂，这让他如鱼入水。期间，他利用在志馆的有利条件，博览群书，潜心考订临海旧志，撰有《康熙临海县志补遗》8卷、《校勘记》2卷、《沿革表》1卷、《临海金石录》4卷，质量很高，今稿藏临海市博物馆。在研究中，黄瑞发现临海旧志所载书目有许多遗漏了，便采辑自唐朝一直到清朝咸丰、同治年间的临海先辈著述，编成《临海著录考》6卷。

---

① 胡平法(1966—)，浙江永康人，主要研究方向：地方历史文化。

清朝道光年间,临海藏书家郭协寅(1767—?)撰《三台书画志》4 卷,辑录画家自晋朝到明朝末年释传灯,共 180 人,这是台州最早的有关书画篆刻家专传。清朝光绪时,叶书抄录了此书,想刊印它,却没有印成,稿本今藏临海市博物馆。黄瑞在台州志馆就以《三台书画志》为基础,增补了清代书画家以及他新发现的前朝书画家,共 290 余人,辑为《台州书画识》10 卷、附识 1 卷,他所引用的书,比郭协寅的更加详细而广博,然而亦未能印行,稿本今藏临海市博物馆。

同治十一年(1872),黄瑞受聘远到福建漳州做了一年李屏(字云石)司马的幕僚,撰写了《漳江集》《闽游纪程》等书,这恐怕是他一生唯一的一次出省谋事。光绪六年(1880),他应当时的"小停云山馆"主人洪凤銮(洪颐煊的文孙)所聘做了洪氏家的塾师。项士元在《秋籁阁藏书记》中说,洪氏小停云山馆"家藏书画金石甚富"[1]87,著称浙东。黄瑞在那里"课暇发箧钻研","间加札录",他的学问"益进""益博"[1]87,著述更加丰富。同年,他的好友周少谦为他刊印了《三台名媛诗辑》6 卷,这本书的底稿后来被项士元的"寒石草堂"收藏。后来,黄瑞又编成《三台名媛诗辑》续辑、三辑各 1 卷。

黄瑞是一个醇厚聪慧、急公好义的人,他曾经捐出自己的山地一千余亩给临海正业书院,并在那里任主讲;又买下白云山麓的洪氏别墅,创设临海义城书院。平常与他交往的大多是台州乡贤,如黄岩王棻、王啸林、姜恭甫,天台张补瑕,临海叶书、周少谦等,黄瑞与他们诗词唱和,多用他自制的专用信笺,上面都有"秋籁阁制笺"几个字。此外,浦江戴广文、宁波郭晚香、长沙陈赞府"常与往返倡和"[1]87,与他有书信交往的名人则有德清俞樾、瑞安孙衣言、直隶南皮张之洞、绍兴李慈铭、吴县潘祖荫等。同治五年(1866)五月,著名画家蒲华(1839—1911)也给黄瑞撰写了一副楹联:"检书烧烛短,看剑引杯长。"又为他作草书《秋睡》绝句。

据《民国台州府志》记载,黄瑞嗜好金石、工篆刻,撰有《秋籁阁印丛》8 卷,著名画家蒲华还曾经为黄瑞的《秋籁阁印丛》题诗:"千秋文字勘金石,一片仙心自古今。久历冰霜成铁骨,他山攻玉更情深。"台州收藏家王咏霓(1839—1916)在《秋籁阁印丛》序言中称,"子珍亦以诗文之暇,从事金石。既而深嗜之,开精覃思,不疲旦昼,积之数年,遂以掩其诗若文之名"[2]。另外,黄瑞编撰了斐然可观的《台州金石录》24 卷,这是他在篆刻方面的代表作。《台州金石录》收录了台州从汉代到元代的金石,考古学家上虞罗振玉(1866—1940)为之作序,后来嘉兴藏书家刘承干(1881—1963)把它汇刊到他的《嘉业堂丛书》中,才得以行世。今天津市图书馆藏有此书,上面有晚清著名藏书家江阴缪荃孙(1844—1919)手校,又有题跋云:"光绪壬午,予供职京师,从弟柚岑自浙江来言,临海黄子珍撰《台州金石记》已有成书，曾托杨定甫（晨）同年往访，未能得。前年闻归安凌麈遗有此书，允录副见饷。今秋由芜湖寄到，凡六册，共十三卷，阙访两卷，字画工整，校核精详，篆隶均麈遗手摹，尤为可宝，良友雅意，锡比百朋，又惜柚岑之不及见也。戊戌年甲子月壬申日缪荃孙跋。”

黄瑞有关篆刻的专著还有《印丛》4 卷，《印人姓氏录》《印家著录考》各 1 卷。

今临海“承先室”中有一纸《秋籁阁篆刻》启事，黄瑞在文中说：“杜甫长镜，冯欢短铗，业也不如，日与石狎。以石厚我，请与石语，妙手空空，石则不许。石章每字银四分；手章每字银六分；砚铭每字银三分；竹刻每字银二分。铜玉晶珀及碑版等另议。黄子珍白”（见下图）。

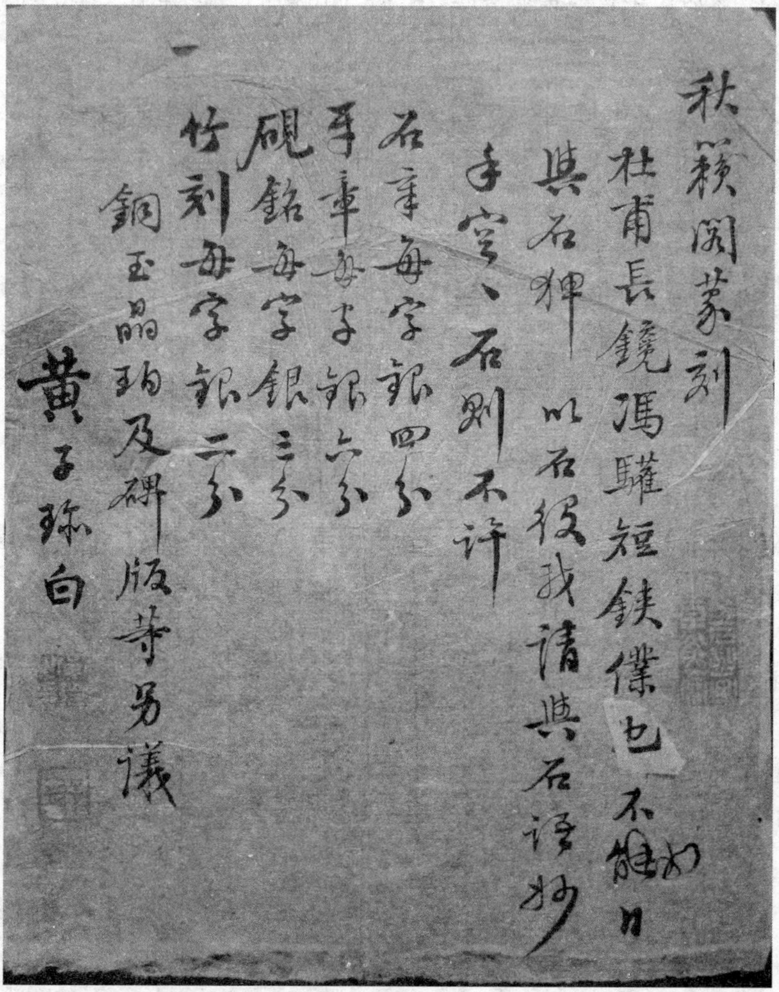
秋籁閣篆刻
杜甫長鏡馮驩短鋏僕也不能如日
與石狎　以石役我請與石語妙
手空、石則不許
石章每字銀四分
手章每字銀六分
硯銘每字銀三分
竹刻每字銀二分
銅玉晶珀及碑版等另議
黃子珍白

可见黄瑞能够篆刻的种类很多,有石章、手章、砚铭、竹刻、铜玉晶珀及碑版,并且影响也很大。黄瑞在金石艺术方面取得了显著成绩,可是,因为篆刻,他"以此致目疾。自伤残废,遂绝意进取"[2]。黄瑞的晚年生活并不富裕,向他要金石的人太多了,于是他想到了这一招。幽默是需要智慧的,"以石厚我,请与石语,妙手空空,石则不许"。在这幽默而又带有几分苦涩的文字中,可以看出他的无奈。

黄瑞自己的藏书印很多,内容相当丰富,如"黄生""辛酉乱后临海黄瑞购""黄瑞""黄瑞印信""子珍""瑞小草""黄瑞审定""黄瑞之印""临海黄瑞之印""子珍所见""子珍闽南游稿""金石刻画臣能为""黄氏秋籁阁寄存""秋籁阁主""华严山下人家""家居产圣村""黄瑞借读""一恨名山未游、二恨异书未读、三恨美人未遇""溪南书藏"等。

黄瑞著作等身,一生著述总计不下 80 余种 250 多卷,除上述外,他还撰有《台故日札》35 卷、《临海古迹记》10 卷、《天台后集》16 卷、《赤城三集》32 卷、《金鳌近集》《金鳌新集》《戚右菊侍郎年谱》《国朝台士登科考》《三台士族表》各 1 卷、《台山访碑录》《金涂塔考》《盖竹山志》各 2 卷,还辑录了《台郡诗辑》、《临海诗辑》、《三台经籍考》、《王醒庵年谱》、《朱白云长史年谱》(今未见)、《两浙访碑录》1 卷、《全浙访碑录》6 卷、《天一阁碑目补正》3 卷、《钱文考略》8 卷续 1 卷、《秋籁阁文稿》2 卷、《秋籁阁书目》《传经楼书目》《红豆盦词钞》各 1 卷、《秋籁阁笔谈》8 卷、《秋籁阁诗略》8 卷、《黄氏世谱》5 卷、《黄氏五世吟稿》15 卷、《清甜轩诗存》、《秋籁山房随笔》、《四书异文考》等。

二、黄瑞藏书事迹及藏书特色

黄瑞喜欢藏书,在台州志馆时,他就钞藏了不少台州乡贤藏书。同时,他在台州府地临海购买了许多图书，他还专门刻了一颗“辛酉乱后临海黄瑞购”的藏书印。这样日积月累，他虽然没有宦游的经历，在台州府城网罗散失，扬芬撷英，也购藏了不少图书。光绪十年(1884)，黄瑞在住宅老房子的西边“构小斋”[1]86，即“秋籁阁”藏书楼。藏书楼的楼下有“爱日草堂”及“述思斋”，在“述思斋”中题有“述往思来之室”匾额。黄瑞请人绘有《秋籁阁图》，“题咏不下数十人”[3]。黄瑞还请人撰有《秋籁阁图记》，他自己撰写《忆秋籁阁》一首、《自题秋籁阁图次江浣·秋韵》二首，并撰写了“宁静致远淡泊明志，隐居放言穷愁著书”这么一幅对联。项士元在《秋籁阁藏书记》中记述道：“阁前为栗园，杂桂蓉桂，每值九秋，西风瑟瑟，寒苑竞放，景至幽寂。……书声与天籁相应，视欧阳子夜读，其趣殆更胜焉。”[3]当时，黄瑞在台州还以文物收藏家著称，他的“秋籁阁”辟有文物室。1943年，项士元先生购得“秋籁阁”碑拓一百余种，字画八十二种，黄瑞收藏之丰，可见一斑。

黄瑞的藏书有三个特色。

一是借钞旧籍，“多为海内孤本”。同治十年(1871)，在台州志馆里，他从临海藏书家郭协寅“八砖书库”转卖给潘日初“三之斋”的旧藏中借钞了不少台州历代乡贤的著述。当时志馆内的文献资料“尤以潘氏三之斋所藏，更为珍贵”。民国十七年(1928)，“三之斋”不小心着火，藏书化为灰烬，郭协寅的旧藏“得流传未泯者，赖有此耳”[3]。所以，项士元先生称黄瑞的“秋籁阁”藏书“多为海内孤本”[3]。

“秋籁阁”藏书楼中有许多图书是黄瑞从当时台州著名的藏书家王棻、叶书那里“无间寒暑”借抄来的。[3]从中我们不难发现，清朝临海乃至台州的藏书家们多有交往，而且他们的藏书在相互之间也是开放的。

二是“兼好蒐聚乡邦文献”。项士元在《秋籁阁藏书记》中说黄瑞“兼好蒐聚乡邦文献”[3]，他的藏书楼内聚藏乡邦文献不下数千卷。黄瑞好藏乡贤著述与他的一生很少走出台州直接相关。黄岩教育家、藏书家王棻在《三台名媛诗辑》序中说：“忆少时则留意乡邦之文献而恨同志者无其人，既而数子者出，吾邑有王子裳、杨定夫诸君，临海则子珍为最。”[4]梁子涵的《中国历代书目总录》有《秋籁阁书目》抄本，所载也以台州前辈著述为多。

三是藏以致用。黄瑞的藏书与他的学术专攻联系紧密。他的学术研究涉及面很广，主要有科举、经籍丛书、金石书画、人物、方志等，他的“爱日草堂”，亦称“溪南书藏”，聚书数千册，多供他自己研读、著述之用。王棻在《三台名媛诗辑》序中说：“余与子裳、定夫皆好收藏乡先辈遗书而未遑撰述，唯子珍购觅借抄，兼攻铅椠。”[4]不到十年时间,黄瑞编著的书稿已经达110多卷,其中有许多是关于台州文史的书稿,保存了一些珍贵的史料,比如黄瑞在《秋籁阁笔谈》中记载了南明鲁王监国时期,临海满目疮痍,民不聊生的真实情况:当时市面上货物奇缺,物价飞涨,一斗米要卖到五钱足文,一斤肉十六钱,一斤盐八分银子,在这种情况下,衙役、里胥如狼似虎,他们提着鞭子来催粮征税。这都是研究南明历史的宝贵资料。可见黄瑞写作之勤奋,他也因此以地方文献专家扬名三台。

黄瑞精通诗词、古文,晚年居家读书、著述,曾经以“秋籁阁”藏书为基础“鸠集刻工刻活字万余,谋印秋籁阁丛书,以资本不继中缀”[1],实在遗憾。现在有不少人写临海盖竹山的文章,却不知道他曾经撰写《盖竹山志》2卷;我们想了解国家历史文化名城临海的古迹,却无处可寻他的《临海古迹记》10卷。如果有识之士能够整理、点校、出版他的书稿,必能推进台州传统文化的研究。

三、黄瑞旧藏的归宿

黄瑞去世后,一代藏书楼失去昔日的盛风。宣统三年(1911),“秋籁阁”遗书又遭水浸,颇多损坏;“阁亦垂圮”[3]。黄瑞的藏书活动对项士元先生影响很大,项士元多次访问那里,一边勉励他的遗属妥善保管,一边撰写《秋籁阁之残影》《临海黄子珍生平及其著作》《秋籁阁藏书记》等文章加以表彰。民国三十一年(1942),黄瑞的后代在项士元先生力劝下,将“秋籁阁”遗书旧存寄存到临海县立图书馆,每本书上都钤印“黄氏秋籁阁寄存”,其中单单乡贤之作就有400余种。中华人民共和国成立以后,他的旧藏又转赠临海县博物馆。这样,黄瑞毕生蒐聚的书,除通常刊本外,包括他自己编著的80余种书(绝大多数是稿本)、历代乡贤撰著的400余种书,都找到了一个很好的归宿。项士元先生还为黄瑞的旧藏编出了《“秋籁阁”台籍录要》,内容分子珍先生编著之书、乡贤撰述之书和其他三大块。据台州近代著名学者项士元记载,在1955年,项氏还编写了《“秋籁阁”现存书目》,寄给浙江省文管会。

“世之敬恭桑梓,留心文献者”,像黄氏藏书这样得以保存,在台州历史上是不多见的。项士元先生在1945年作的《七区文物展览会杂咏二十首》(二)说:“秋籁频年我惯听,遗书深喜未消沉。台山文献黄溪画,同是人间席上珍。”[5]

【参考文献】

[1] 项士元.临海黄子珍生平及其著作[J].浙江省通志馆馆刊,1945(1).

[2] 何奏簧,等.民国临海县志[M].北京:中国文史出版社,2006.

[3] 项士元.秋籁阁藏书记[J].浙江省通志馆馆刊,1945(3).

[4] 黄瑞.三台名媛诗辑[M].临海周少谦雕板,1875.

[5] 项士元.七区文物展览会杂咏二十首[J].浙江省通志馆馆刊,1945(3).

明长城的“师范”和“蓝本”

——台州府城墙的特色与价值研究

卢如平

【摘　要】台州府城墙兼具军事防御和防洪双重功能。早在宋仁宗庆历六年(1046)为增加牢固程度,将城墙两侧全部用砖石包砌。戚继光在台州抗倭时创建了空心敌台。担任蓟镇总兵时,以北调的戚家军为骨干,参考台州府城墙的形制和结构,大规模修建长城城墙敌台。因而台州府城墙被誉为明长城的“师范”和“蓝本”。

【关键词】台州府城墙;空心敌台;砖石包砌;戚继光;长城;“师范”和“蓝本”

长城,是我国古代一项伟大的军事防御工程,长城,更以其雄伟的身影成为中华民族精神的标志和伟大力量的象征。《中国军事百科全书》的“长城筑防体系”条记载:“在中国历史上先后有20多个诸侯国和封建王朝相继构筑、修缮过长城,至今保存仍较完好的长城,是明代修建的。”“敌台是城墙上的主要设施,有实心敌台和空心敌台两种……空心敌台是明代中期蓟镇总兵戚继光戍守长城时创建的”[1]。关于空心敌台,施元龙先生主编的《中国筑城史》和景爱先生所著的《长城》亦均认定是戚继光在主持蓟镇军防时首创。[2]而罗哲文先生的《长城》一书则表述为“是明朝抗击倭寇的名将戚继光所建”[3]。事实上戚继光早在台州抗倭时便创建了空心敌台,到北方修建长城时大筑空心敌台,正式推广他在台州取得的成功经验。

许多参观游览台州府城墙的同志经常会提一个问题:“你们的城墙为什么与北京长城非常相似?”这里有一个渊源关系,历史名将、抗倭英雄戚继光及其长期的亲密战友谭纶,使台州府城墙与北京一带的明长城之间结下了不解之缘。

“南倭北虏”,即东南沿海一带倭寇的侵扰和北部边境蒙古骑兵的袭扰,是长期困扰明朝廷、危及大明江山社稷的两大祸患。倭寇早在元末就开始侵扰我国东南沿海,到了明嘉靖年间,最为猖獗。倭寇到处烧杀劫掠,给东南沿海人民带来了巨大的灾难，对东南沿海地区的经济造成了极其严重的破坏，台州则是重灾区。而大明王朝政治黑暗，吏治腐败，海防废弛，部队缺乏战斗力，面对凶狠的倭寇，十战九败，于是倭患愈加严重。

在倭患形势如此严峻的情况下，戚继光与谭纶分别从山东和南京同时调任浙江。戚继光于嘉靖三十四年(1555)七月任浙江都司佥书，三十五年(1556)七月任宁绍台参将，三十九年(1560)二月转任台金严参将，四十一年(1562)十二月升为分守台、温、福、兴、福宁等处副总兵，四十二年(1563)十月升任福建总兵，镇守福建全省及浙江金、温两府，防守台州，抗击倭寇七年余。谭纶于嘉靖三十四年(1555)八月任台州知府，三十七年(1558)闰七月升浙江海道副使，治兵宁波，四十年(1561)三月，丁忧回江西宜黄县。

在台州，戚继光与谭纶成为亲密的朋友，结下了深厚友谊。在台州，谭纶完成了文官向军事家的过渡，修城浚壕，练兵训卒，抗击倭寇，保卫六县。在台州，戚继光真正开始了他一生辉煌的军事历程，他修城墙，造战船，整顿卫所，招募勇士；就地取材发明狼筅，充分发挥火器威力，创“鸳鸯阵”和“一头两翼一尾阵”；撰写《纪效新书》，以此为教材，亲自训练了一支守纪律、听指挥、勇敢善战的精锐之师——戚家军。台州的杨文(临海大汾人)、张元勋(太平新河人)、李超(太平松门人)随戚继光南征北战都累功至总兵。

戚继光军事思想最突出的一条是攻守结合，既强调练兵，建立威武之师，又重视防御工程的建设。戚继光和谭纶防守台州时，都把加固城防作为重点，以提高防御能力。

戚继光在台州城防建筑史上还有个突破性的创造——空心敌台。桃渚，于洪武二十年(1387)九月设千户所并建城，因处于从海上进入台州的咽喉之地，“为卫城府治之藩翰”，故亦是倭寇侵扰的重点。正统四年(1439)五月，数千倭寇分乘40多艘战船突袭临海桃渚，攻破城池，大肆抢杀。一时之间，“官庾民舍，焚劫一空，驱掠少壮，发掘冢墓，束婴竿上，沃以沸汤，视其啼号，拍手笑乐。捕得孕妇，卜度男女，刳视中否为胜负饮酒。荒淫秽恶，至有不可言者”。桃渚城内外，“积骸如陵，流血成川，城野萧条，过者陨涕”[4]。嘉靖三十八年(1559)四月，数千倭寇登陆台州，一股倭寇围攻桃渚城达七昼夜。戚继光在消灭入侵宁海鉴溪的倭寇后，与时任浙江海道副使谭纶率兵冒着暴雨急行军300余里，解桃渚之围。四至五月，连捷于连盘、肯埠、章安、海门、金清、桃渚、昌埠、梅澳、南湾等处，彻底歼灭入侵之倭。五月，在再次解桃渚之围后，进驻桃渚城，看到城池破败，立即动员军民大规模修复城墙。他以军事家的眼光发现东北角和西北角“为薮泽，蔽塞不通”,成了死角。于是用官府空基易价作为费用,在两角创造性地各修筑了一座空心敌台,使桃渚“城上有台,台上有楼,高下深广,相地宜以曲全,悬瞭城外,纤悉莫隐”①。空心敌台的修建,大大增强了桃渚城的防御能力。嘉靖四十年(1561),又在台州府城策划修筑了 13 座空心敌台,为其晚年大规模建造北方长城空心敌台开启了先河。戚继光创建空心敌台,是其军事实践的一个伟大创举,是对中国古代军事建筑学的巨大发展,是军事建筑史和城防史的重大突破。

关于在台州府城修建空心敌台的数量问题,《戚少保年谱耆编》卷之二载:嘉靖四十年夏四月,“时台城久雨多倾圮,又因议建敌台,拆毁二十余处未修”[5]59,从文字理解,当年计划应是建 20 多座空心敌台,但本地的古建专家黄大树先生陪同国家文物局古建筑专家组组长、中国文物学会会长、全国历史文化名城保护专家委员会副主任、中国长城学会名誉会长罗哲文先生实地考察认定实建是 13 座,[6]故相关书籍资料均采用 13 座这个观点。关于组织建造者,杨秀敏先生编著的《筑城史话》认为是戚继光与谭纶共同所为[7],而胡长春先生编著的《谭纶评传》说系谭纶所为[8],观点显然是错误的,谭纶在嘉靖三十七年 1558 闰七月已调离台州,四十年 1561 三月则因丁父忧回原籍江西宜黄县,嘉靖四十年 1561 年初的台州知府为王可大,故谭纶不可能参与台州府城墙空心敌台工程。

通过戚继光、谭纶、胡宗宪、俞大猷、卢镗、汤克宽、刘显等文臣武将的共同努力,经过大小数百战,至隆庆元年(1567)四月,彻底消灭了长期侵扰我国东南沿海的倭寇和勾结倭寇的各路海盗。至此,日本各岛的来犯者,才承认在中国冒险没有便宜可占,因而逐渐放弃了继续骚扰的念头,东南沿海几百年的倭患得以平息。

东南沿海倭患渐次平息以后,长期以来高悬在明廷头上的“南倭北虏”两把利剑,好不容易摘除了一把,朝廷便把主要精力放到整饬北方边务,消除蒙古部落的袭扰上。朝廷商议对策,工科给事中吴时来(台州仙居人)提议调两广总督谭纶、福建总兵戚继光、广西总兵俞大猷到北方“专督练边兵”。福建巡抚涂泽民则恳求:“戚继光才猷超迈,忠勇性成,功勋茂著,八闽爱戴,如出一口……盖一日有闽即不可无此官,乞将戚某专心料理闽事。”兵部意见:“戚某与谭纶向在福建,文武相资,练兵御寇,立有成效,应取回京,共修戎政。”明穆宗朱载垕决定:“速召戚某同谭纶回京,训练兵马,以备缓急之用。”[5]197

戚继光于隆庆二年(1568)二月任神机营副将;五月,总理蓟、昌、保练兵事

① 出自桃渚《新建敌台碑记》,明朝何宠撰文。

务，节制三镇与总督同；三年正月，破例以总理兼任蓟镇总兵，镇守蓟州、永平、山海关等处。谭纶则于隆庆二年(1568)三月任蓟辽总督；四年十月为兵部左侍郎，协理京营戎政；六年七月为兵部尚书，入掌兵部。

明代的蓟镇，作为京师的门户，军事地位十分重要，是明朝北部边防的重中之重，辖区内的两个最重要关隘——居庸关和山海关是通往塞外和辽东的要隘。[9]34 由于蓟镇兵士分散，军士缺乏训练，加之缺乏防御纵深，在蒙古鞑靼、兀良哈、土蛮等部落的多重威胁之下，往往顾此失彼，疲于应付，致使蒙古铁骑屡屡突破蓟镇防区的长城，深入京师腹地袭扰劫掠。在戚继光之前的17年间，调换大将10人，均因罪去职。[9]598

戚继光兼任蓟镇总兵后，在长期的亲密战友谭纶的极力举荐和倾力支持下，在内阁大学士张居正(隆庆六年六月出任首辅)的高度赏识和极度信任下，开始了军事生涯的又一次辉煌。

戚继光认为："夫摆边之说，须驻重兵以挡其长驱，而又乘边墙以防其出没，方为完策。"[10]37 而当时的长城守卫部队疲弱不堪，戚继光多次提议调部分戚家军北上，作为练兵的骨干和示范，把蓟镇部队练成精锐之师。在《戚少保奏议》一书中收录有《请兵破虏疏》《辨请兵》《定庙谟以图安让疏》《练兵条议疏》《增募南兵》《题奏取用被劾战裨辩诬疏》等六个相关奏议，戚继光认为"浙兵俯攻仰斗，无有不胜"[10]53，要求："先调原练乌、台兵一万，授以战阵几宜，期已半年入彀。"[10]38"募浙江旧兵一万余，以充教练可也。"[10]91"南兵除请募三千鸟铳手外，再募取臣旧练经历战阵者七千，共合一万，专属于臣，居中团练。"[10]42"更募绍、宁、金、台兵，增募南兵。"[10]234 并希望将能征善战的胡守仁、王如龙、李超、金科、朱钰、吴惟忠、陈子銮等部分旧部将调到蓟镇。[10]44 在谭纶的努力下，杭嘉湖参将胡守仁、署事参将李超等率3000名戚家军于隆庆三年(1569)二月到达密云郊外待命。优良的军纪，震撼了长城守兵。是年，增至一万，六年南兵再增一万[5]327。戚继光对各种冷热兵器进行了全面的更新改造，以最新式、最精良的武器装备自己的部队；与谭纶一起设计、制造了偏箱战车，上架火炮，堪称现代战车之雏形；建立车步骑营，创造三兵种联合作战的新战术——马背上的鸳鸯阵；撰兵书《练兵实纪》，以北调的戚家军为骨干队伍，大规模训练将士；修建边墙敌台，大大增强长城的防御能力；调整防区，部署严密防守。这富有创造性而又成功的防御措施，使蓟镇有了从未有过的精兵强将，蓟镇的防御水平也达到了前所未有的高度。

大规模修建长城城墙敌台。自洪武初年，元廷遁北之始，明廷即开始修复长城,主要是在秦汉长城、北魏长城、北齐长城和隋长城的基础上加以修筑,并增筑烟墩、烽堠、戍堡、关隘等。但筑城的方式多数还是采取传统的夯土而筑,局部地区将土墙改为石墙,即砌石为墙。戚继光深感这样的长城在防御功能上的不足:边墙修得低薄,缺乏凭险据守的堡垒,并且多以泥土夯实而成,日子一久,倒塌倾圮严重,甚至“岁修岁圮”,根本无法阻挡鞑靼部落的袭扰。“每年修守,每年贼入,大虏不犯则已,犯则如蹈无人之境,何也?”戚继光深深地感到:“人亦以险固,设险为虚,人何由守?”提出按高质量的要求全面修复城墙,“金汤势成,不战而屈人之兵者在是矣”[10]192。在《戚少保奏议》一书中收录有关修建城墙敌台的奏议有《请建空心台疏》《议筑台规则》《蓟镇急务》《呈修各路边墙》《议修补》《更修台墙》等24个之多。他将在台州抗倭时修筑城防的成功经验推广运用到北方长城的加固改建上。一是修建空心敌台,将在台州抗倭时的发明——空心敌台在长城依山就势大量修建,亲自拟定筑台规则,在台州所筑敌台的基础上加以改进创新,至万历九年(1581),蓟昌二镇先后三期共建1448座空心敌台,进可攻,退可守。[11]隆庆五年(1571)八月,时任蓟辽总督刘应节将空心敌台总结为有利于屯兵、储藏粮食弹药、居高居险等攻守之十利,其功皆属戚继光。[6]313 二是加固长城,先是将城墙增高加厚,但仍感不足,万历四年(1576)起参考台州城在城墙两侧用砖石包砌使之更牢固的经验①,大规模用砖石包砌长城,即用经过修整的石条为基,墙体内外用青砖包砌,一直到顶,白灰勾缝,内实三合土,保障墙体坚固耐久。[6]389 三是完善长城的附属设施,增建垛墙、悬眼等设施。四是墙外削偏坡、挑壕堑、挖品坑,减弱敌人的攻击能力。五是墙内建附台军营(老营)。这就构成了一个城墙高峙、敌台林立、烽堠相望、完整而坚固的防御工事体系。在张居正、谭纶等推动下,宣府、大同、太原三镇参照戚继光的范例亦全面修建辖区长城敌台,但只有部分城墙砖包城,因而保存得远不如戚继光所主持修建的山海关至居庸关段长城完好。[12]

戚继光在《蓟镇急务》中认为:“夫守固以筑台为策,而战必以练兵为先。”[6]106 将蓟镇守军从原先的多项事务调整为练兵和筑城建台这两项主要工作上来。同时将北调的以义乌、台州籍士兵为主体的1万(后南兵增至2万)戚家军为骨干和示范,带领蓟镇守军练兵筑城,因而非常能领会戚继光的意图,其结果是所修的长城与戚继光、谭纶在台州抗倭时所修缮的台州府城在规格、形制、

① 台州府城墙因兼具军事防御和城市防洪双重功能,早在宋仁宗庆历六年(1046),将夯土墙两侧全面用砖石包砌。

结构上都有很多相似之处，而所筑的空心敌台则是直接推广戚继光在台州取得的成功经验。正如罗哲文先生所说的："现存北京八达岭、慕田峪、司马台，天津黄崖关，河北金山岭，山海关角山、老龙头等处的长城、敌台、敌楼、关城的雄姿之所以与临海古城墙如此地相似，是因为它们都源于临海古城墙。""可以说，临海古城墙堪称北京八达岭等处长城的'师范'和'蓝本'"。[13]

【参考文献】

[1] 中国军事百科全书编审委员会. 中国军事百科全书：军事技术Ⅰ[M]. 北京：军事科学出版社，1997：32.

[2] 工程兵工程学院《中国筑城史研究》课题组. 中国筑城史[M]. 北京：军事谊文出版社，1999：158.

[3] 罗哲文. 长城[M]. 北京：清华大学出版社，2008：83.

[4] 徐学聚. 嘉靖东南平倭通录[M]//国朝典汇. 上海：上海书店，1982：59.

[5] 戚祚国. 戚少保年谱耆编[M]. 北京：中华书局，2003.

[6] 周向潮，徐三见. 采访黄大树先生[M]//历史文化名城临海. 杭州：浙江人民出版社，2002：3.

[7] 杨秀敏. 筑城史话[M]. 天津：百化文艺出版社，2010：141.

[8] 胡长春. 谭纶评传[M]. 南昌：江西人民出版社，2007：67.

[9] 张廷玉，等. 戚继光传[M]//明史. 上海：上海古籍出版社，1986.

[10] 戚继光. 戚少保奏议[M]. 北京：中华书局，2001.

[11] 范中义. 戚继光评传[M]. 南京：南京大学出版社，2006：119.

[12] 林幹. 中国古代北方民族通论[M]. 呼和浩特：内蒙古人民出版社. 2007：274.

[13] 罗哲文. 江南八达岭巍巍临海城[J]. 风景名胜，2009(11).

历史上的台州属县

卢如平

【摘　要】从公元前85年置回浦县，公元257年设临海郡到公元621年设台州，台州行政区划设置经历了从无到有，从低到高，从无定型到定型的过程，境域面积从大到小，辖县数量从少到多，且数经变迁。

【关键词】台州；历史；属县；沿革

台州行政区划设置经历了从无到有，从低到高，从无定型到定型的过程，境域面积从大到小，辖县数量从少到多，且数经变迁。本文分现境域内外和立县先后记述之。

一、章安县

汉惠帝三年(前192)，勾践的七世孙驺摇因率领瓯越族人反秦、击楚、佐汉有功，被封为东海王，世俗号东瓯王。章安为东海国地，并是东海国都治东瓯的三个争议地点之一，李祖弼先生在《闽中疆域考》一文中说："汉惠帝三年立闽君摇为东海王，其地为东瓯所并，故都在今临海东南的章安镇。"[1]汉武帝时，东海国及以后建立的东越国先后举国迁徙江淮间，元封元年(前110)，以原东海国地置回浦乡，属会稽郡鄞县。汉昭帝始元二年(前85)，以回浦乡置回浦县，县治回浦(今章安)，隶会稽郡。县及以前的乡取名回浦，则是因水而得名，一条自北向南的浦水，在章安回环旋转注入椒江，因此得名回浦。东汉章帝章和元年(87)七月，取"章治久安"之意，将回浦县改名为章安县。

汉顺帝永和三年(138)到三国吴大帝赤乌二年(239)，章安县境域先后析置永宁、松阳、(南)始平、临海、罗阳、罗江6县。吴会稽王太平二年(257)二月，分会稽郡东部置临海郡，治章安，隶扬州，辖章安、临海、始平、永宁、松阳、罗阳、罗江7县。临海郡的辖境基本上沿袭了回浦县旧境，大致相当于今台州、温州全部，丽水大部和宁波、金华部分境域以及福建闽江以北地区。晋武帝太康元年(280)，分章安县北部200户和会稽郡鄞县南部800户置宁海县；太康三年，罗江县划属晋安郡。东晋明帝太宁元年(323)，分临海郡置永嘉郡，于是临海郡辖境缩少至后世台州府之地，辖章安、临海、始丰、宁海4县。

隋文帝开皇九年(589)，"并省郡县，废郡为州"，废临海郡，并省章安、始丰、乐安、宁海4县入临海县，县治章安，属处州(后改括州、永嘉郡)。十一年，建临海镇于大固山上，迁县治于今临海古城街道。唐高祖武德四年(621)，于临海县置台州，并分临海置章安、始丰、乐安、宁海4县，台州辖5县。七年，废宁海入章安；八年，又废章安、始丰、乐安入临海，此时台州仅辖临海一县。从此章安作为县名不复存在，章安古镇则长期沿袭，1984年12月19日划属椒江市，现为台州市椒江区章安街道。

二、天台县

三国吴大帝黄武、黄龙(222—231)年间，分章安县西北部置始平县，属会稽郡。[①] 县治今天台城关，所谓"始平"，就是指对山区越族的平定。因曹魏亦改雍州的平陵为始平，故孙吴始平习惯上称为南始平。辖境大致上相当于今天台、仙居二县及磐安、缙云东部的部分境域。吴会稽王太平二年(257)二月，分会稽郡东部置临海郡，始平属临海郡。晋武帝太康元年(280)，因雍州也有一个始平县，遂改(南)始平县为始丰县。灵江水系流经天台县城长达134.2公里的源流后亦得名为始丰溪。晋穆帝永和三年(347)，分始丰县南部置乐安县(今仙居)。

隋文帝开皇九年(589)，废临海郡，并始丰县入临海县。唐高祖武德四年(621)，置台州，分临海县复置始丰县，八年又并入临海县。太宗贞观八年(634)，复分临海置始丰县。肃宗上元二年(761)，改名唐兴县。五代十国时，后梁太祖开平二年(908)八月，改名为天台县，后唐同光(923—925)初，复为唐兴，后晋高祖天复(936—942)中又改为台兴。宋太祖建隆元年(960)，再改台兴为天台县，从此天台县名沿用至今。

天台县因天台山而得名。三国至清，一直属于台州(临海郡)。民国元年

---

① 始平立县时间，史料所载多有异同，二十五史没有准确记载，《台州地区志》取历代大部分方志之说作吴初，《浙江分县简志》明确为黄龙三年(231)，《嘉定赤城志》作汉献帝兴平元年(194)，有待于进一步考证。

(1912)废府,天台直属于省;1914 年属会稽道;1927 年道废,又直属于省;1932 年后实行行政督察专员制度,天台又属台州(督察区名称曾多次变更),1942 年划属宁波(时称第六区),1946 年回归。

1949 年 5 月 24 日,天台解放。6 月 1 日成立天台县委县政府,邹逸任书记兼县长。建国后,属台州专区。1954 年 5 月 22 日,撤销台州专区,天台划属宁波专区。1957 年 9 月 23 日,复置台州专区,天台划归。1958 年 12 月 22 日,再次撤销台州专区,天台又属宁波专区。1962 年 5 月 28 日,恢复台州专区,天台县回属台州。

天台县目前辖赤城、始丰、福溪 3 个街道办事处,平桥、白鹤、石梁、街头、三合、洪畴、坦头 7 个镇,三州、龙溪、雷峰、南屏、泳溪 5 个乡。

三、临海市

三国吴大帝黄武、黄龙年间(221—231),分章安县西部置临海县,属会稽郡。[①] 县治在今古城街道,辖境大致相当于今临海中西部,黄岩全部,温岭、玉环部分。吴会稽王太平二年(257)二月,分会稽郡东部置临海郡,郡治章安(另一说为初治临海,寻徙章安),辖章安、临海、始平、永宁、松阳、罗阳、罗江 7 县。东晋明帝太宁元年(323),分临海郡置永嘉郡,于是临海郡辖境缩小至后世台州府之地。

隋文帝开皇九年(589),废临海郡,并省章安、始丰、乐安、宁海四县入临海,属处州(后改括州、永嘉郡)。因章安原为郡治,故当时县治在章安。十一年(591),在大固山设立军事机构临海镇,兼管临海县的行政事务,临海县治便从章安迁到今临海古城街道。自此,历 1400 多年,临海均为台州的政治文化中心。

唐高祖武德四年(621),于临海置台州,州因境内天台山而得名,台州之名自此始。并分临海复置临海、章安、始丰、乐安、宁海五县以属之。八年,并省台州各县入临海县,台州仅辖临海县。后又陆续分出始丰、永宁(黄岩)、乐安、宁海等县。至中宗神龙元年(705),台州辖临海、永宁、始平、乐安、宁海、象山 6 县。玄

---

① 置县时间《二十五史》没有准确记载,其他史料所载亦有异同,《台州地区志》作黄武、黄龙年间(222—231),《临海县志》作吴大帝时(222—252),《浙江地名简志》和《临海市地名志》作黄武元年至神凤元年之间(222—252),《大清一统志》和《嘉定赤城志》四库本作太平二年(257),清宋世荦刻本作太平三年(258),《浙江分县简志》作太元二年(252)或太平二年(257),孙吴初期立县是无疑的,准确年份有待于进一步考证,本文取《台州地区志》之说。

宗天宝元年(742)二月,台州改称临海郡,肃宗至德二年(757)十二月,临海郡复称台州。

自唐至清,临海县历为台州、临海郡、台州路、台州府治所。民国元年废府,临海县直属省;三年属会稽道;十六年道废又直属省;二十一年始行行政督察专员制,专员公署除1930年代曾两度短暂驻当时本县海门镇外,基本上都驻临海城关。

1949年5月29日临海县城和平解放,6月8日设置浙江省人民政府第六专员公署,简称第六专区,6月15日,中国人民解放军华东军区临海市军事管制委员会成立,统一管理全市(指台州地区)军事、民政事宜,驻临海。6月17日,临海县人民政府成立,驻大田,县长魏瑗,副县长梅法烈。同月,分临海设置县级临海城区和海门区,第六专员公署辖临海、黄岩、温岭、天台、仙居、三门、宁海7县及临海城区、海门区。1949年10月10日,第六专区改称台州专员公署,简称台州专区。1950年5月5日,省人民政府批准临海县人民政府从大田迁入城关,5月15日,省人民政府批准(县级)临海城区撤销,并入临海县。1954年5月22日,台州专区撤销,临海县属宁波专区。1957年9月23日,恢复台州专区,临海县仍为专署驻地。1958年10月4日,三门县撤销,并入临海县(国务院11月21日正式批准)。12月22日,台州专区再撤,临海县划属温州专区。1961年7月,双港区(除黄坦公社外)划属仙居县,1963年5月划回临海。1962年5月28日,恢复台州专区,临海县仍为专署所在地。6月1日又分临海恢复三门县。台州专区辖临海、黄岩、温岭、玉环、天台、仙居、三门7县。1986年3月1日,撤销临海县,设立临海市。

1980年7月7日,分黄岩、临海建立海门特区,前所人民公社划属之。1981年7月21日,撤销海门特区,设置椒江市,1982年1月23日,沿海人民公社划属之;1984年12月19日,章安区(欠溪口乡、龙南乡)和黄礁乡及大汾乡的五田、七年、横蒋、横西4个村划属之。1994年8月22日,台州撤地设市,驻地由临海迁往椒江。

临海市现辖古城、大洋、江南、大田、邵家渡5个街道办事处,杜桥、东塍、沿江、桃渚、白水洋、河头、永丰、汇溪、括苍、上盘、小芝、涌泉、汛桥、尤溪14个镇。

四、仙居县

东晋穆帝永和三年(347),分始丰县的南部置乐安县,属临海郡,辖境相当于今仙居县全境及磐安、缙云小部分,这是仙居立县之始。取名乐安,系吉祥之语,县治在盂溪前金家店村,后移县治于青圭前,即今城关。隋文帝开皇九年(589),废乐安县入临海县。唐高祖武德四年(621),于临海立台州,分临海县,复置乐安县,八年又废乐安入临海。唐高宗上元二年(675)四月,再分临海县置乐安县,仍属台州。五代十国时乐安县属吴越国台州,后唐明宗长兴元年(930),因治理盂溪水患,吴越改乐安县为永安县,以祈永保平安,而灵江水系流经仙居的长达141.3公里的源流盂溪后亦得名永安溪。相传北宋时期,永安县城西门外西郭垟村有个名叫王温的人,平时救危济贫,乐善好施,被神仙点化,全家连同鸡犬一起升天,成了神仙。宋真宗景德四年(1007),赵恒听了这一奇事后,欣然下旨"洞天名山屏蔽周围,而多神仙之宅",诏改永安县为仙居县。从此,仙居县名沿用至今。

仙居自立县之始至清,一直隶属于台州。民国元年废府,直属于省;三年属会稽道;十六年道废,又直属于省;二十一年后实行行政督察专员制度,仙居又属台州(督察区名称曾多次变更)。

1949 年 7 月 5 日仙居县解放,7 月 10 日县人民政府成立,县长李振洲,属台州专区。1954 年 5 月 22 日,撤销台州专区,仙居县划属温州专区,1956 年 3 月 9 日改属宁波专区。1957 年 9 月 23 日,复置台州专区,仙居县划归。1958 年 12 月 22 日再次撤销台州专区,仙居又属温州专区。1962 年 5 月 28 日,台州专区再次恢复,仙居回属台州。

仙居县现辖福应、南峰、安洲三个街道办事处,横溪、白塔、田市、官路、下各、朱溪、埠头 7 个镇,安岭、溪港、湫山、皤滩、淡竹、步路、上张、广度、大战、双庙 10 个乡。

五、黄岩区

唐高宗上元二年(675)四月,分临海县南部置永宁县,以永宁山(今方山)而得名,县治设在方山下,这是黄岩设县之始,属台州。此永宁县非汉晋时期的永宁县(温州),此永宁县的辖境相当于今黄岩、路桥、温岭大部及椒江和玉环部分境域。唐玄宗天宝元年(742)九月"丙寅(二十四日),改天下县名不稳及重名一百一十处"[2],时因全国有 4 个永宁县,仅保留河南府永宁县,台州的永宁县改名黄岩,蕲春的永宁改名广济,开阳的永宁改名建水[3](本地的方志均取《新唐书·地理志》之说:"黄岩,本永宁,高宗上元二年析临海置,天授元年更名。"[4]其实有误)。县名以县西有黄岩山,山顶有黄褐色巨石而得名,从此黄岩一名沿用至今。

黄岩从立县之始直至清,一直隶属于台州。元成宗元贞元年(1295)五月,黄岩以民户达5万,升为黄岩州,属台州路。明太祖洪武三年(1370)三月甲辰,黄岩州复为县。明成化五年(1469)十二月,以台州知府阮勤奏请,析黄岩南部方岩、太平、繁昌三乡置太平县。民国元年废府,黄岩直属于省;三年属会稽道;十六年道废,又直属于省;二十一年后实行行政督察专员制度,黄岩又属台州(督察区名称曾多次变更)。

1949年5月11日,黄乐县人民政府在乐清大荆成立;5月29日,黄岩县城和平解放;6月1日,黄乐县人民政府迁入黄岩县城;6月12日,撤销黄乐县建制,成立黄岩县人民政府,县长曹子决,属台州专区(时称第六专员公署)。1954年5月22日,撤销台州专区,黄岩划属温州专区。1956年3月9日,海门区(县级)撤销,并入黄岩县。1957年9月23日,复置台州专区,黄岩县划归。1958年12月22日,再次撤销台州专区,黄岩又属温州专区。1962年5月28日,复置台州专区,黄岩回属台州。

1980年7月7日,分黄岩、临海置海门特区,海门区、海门镇、大陈镇和山东公社划入特区。1981年7月21日,海门特区改为椒江市,1982年1月23日,界牌公社划属之;1984年12月19日,三甲区、洪家区和金清农场划属之。1989年9月26日,撤销黄岩县,设置黄岩市。1994年8月22日,台州撤地建市,黄岩市一分为二,西部的城关、宁溪、头陀、北洋、焦坑、江口、新前、院桥8个镇和上郑、富山、屿头、上垟、平田、茅畲、高桥、沙埠8个乡置黄岩区;东部的路桥、桐屿、峰江、新桥、横街、下梁、金清、蓬街8个镇和螺洋、黄琅2个乡置路桥区。

黄岩区现辖东城、南城、西城、北城、江口、新前、澄江、高桥8个街道办事处,宁溪、北洋、头陀、院桥、沙埠5个镇,富山、上郑、屿头、上垟、平田、茅畲6个乡。

六、温岭市

明成化五年(1469)十二月壬申,以台州知府阮勤奏请,析黄岩县南境的方岩、太平、繁昌3乡置太平县,属台州府。《宪宗实录》卷七四记载,台州知府阮勤奏请:"黄岩县地广民嚣,素号难治,兼濒海居民去县治远,恃险恣肆,遇有征逋捕亡,往往旅拒。其太平乡居民颇稠,宜分本县三十都至五十都民隶之,于此设立县治,名曰太平。"户部议如所请。[5]太平乡因境内泾岙有太平山,太平山有太平岩而得名,县以乡名,这是温岭设县之始。成化十二年(1476),又根据知县袁道之奏,析温州府乐清县之山门乡、玉环乡共6都之地划入太平县。

清雍正六年(1728),浙江巡抚李卫奏析乐清、太平等地置玉环厅,属温州府。太平县的二十四、二十五、二十六3都之地划入玉环。乾隆六十年(1795),复以玉环详请,以太平原辖之石塘、横门等十四山原系太平所管营汛,应仍归太平,经奏准行。

民国元年废府,太平县直属于省。民国三年(1914)6月属会稽道。同年1月30日,内务部遍查地名,因与山西、四川、安徽等省的太平县同名,故改县名为温岭,以县西温峤岭另称温岭而得名,从此沿用不变。十六年道废,又直属于省。二十一年后实行行政督察专员制度,温岭又属台州(督察区名称多有变更)。

1949年5月28日,温岭县解放,6月1日,温岭县委县政府成立,张学义任书记兼县长。中华人民共和国成立后温岭属台州专区。1954年5月22日,撤销台州专区,温岭划属温州专区。1956年6月,温岭县湖雾乡划属乐清县。1957年9月23日,复置台州专区,温岭县划归。1958年12月22日,再次撤销台州专区,温岭又属温州专区。1959年3月8日,中共浙江省委、省人民委员会通知撤销玉环县,原玉环县境域分属温岭县与温州市(4月付诸实施,1960年1月7日国务院正式批准)。1962年5月28日,恢复台州专区,温岭回属台州,6月1日,分温岭复置玉环县。1994年2月18日,撤销温岭县,设立温岭市。

温岭市现辖太平、城东、城西、城北、横峰5个街道办事处,大溪、泽国、新河、城南、箬横、松门、温峤、坞根、石桥头、滨海、石塘11个镇。

七、玉环县

玉环因玉环岛而得名。玉环岛原称木榴屿。据《太平寰宇记》载"上有流水,洁白如玉",因名玉环。《雍正玉环志》又说:"世传宋高宗南渡,遗玉环于此,故名。"

唐代始于玉环岛上建玉榴乡,属乐成县(今乐清市)。吴越天宝元年(903),避吴越王钱镠讳,木榴屿改称玉环山。明成化十二年(1476),划桃花岭溪以北下山6都地属台州府太平县,以南仍属温州府乐清县,清顺治十八年(1661),郑成功据台抗清,清政府下令"撤边海三十里而空其地",玉环居民内迁。康熙二十二年(1683),台湾纳入清朝版图后,玉环始逐渐展复。

清雍正六年(1728),三月二十四日,雍正帝批准浙江巡抚李卫的奏议,六月析乐清、太平二县,置温台玉环厅(县级),属温州府。辖境包括今玉环、洞头两县和乐清的大荆、芙蓉、蒲岐，温岭的石塘，温州的灵昆等地。乾隆六十年(1795)，石塘、横门等十四山划归太平县。

民国元年(1912)，废府、改州厅为县，2月玉环厅改为玉环县；7月直属于省。三年属瓯海道；十六年道废，又直属于省。二十一年后实行行政督察专员制度，玉环又属温州(督察区名称多有变更)。

1949年4月7日，玉环县解放，是浙江省较早解放的县城之一，当日，成立玉环县民主政府。5月12日，改称玉环县人民政府，书记丁世祥兼任县长。建国后玉环属温州专区，1953年5月20日，玉环县划出洞头、大门二区建洞头县，属温州专区(国务院6月10日批准)。1958年5月29日，洞头县建置撤销，并回玉环县。1959年3月8日，中共浙江省委、省人民委员会通知撤销玉环县，原洞头县所属的洞头、大门两个人民公社(区级)改属温州市，玉城、楚门、坎门、陈屿4个人民公社(区级)并入温岭县，4月付诸实施，1960年1月7日国务院正式批准。1962年5月28日国务院批准恢复台州专区，6月1日国务院批准恢复玉环县，以原玉环县并入温岭县的行政区域为其行政区域，从此玉环县属台州，而原玉环县的南部则留在了温州。

玉环县现辖玉城、大麦屿、坎门3个街道办事处，清港、楚门、干江、芦浦、沙门5个镇，龙溪、鸡山、海山3个乡。

八、三门县

现三门县是分临海、宁海之地合并而成。关于三门建县的历史，还要上溯到现属象山的原南田县。清道光三年(1823)，于象山县石浦设置石浦厅(县级)；光绪三十二年(1906)，又于象山县南田诸岛设南田厅(县级)，石浦、南田2厅均属宁波府。民国元年(1912)2月，废府，改州厅为县，并南田、石浦2厅，置南田县，县及以前的厅以南田岛而得名，县治设樊岙，直属于省。民国二年(1913)冬，原石浦厅境域划属象山县，南田县所领仅南田八岛。1940年7月1日，因开发三门湾需要，废时属第六督察区(宁波)的南田县建置(时下辖6个乡镇)，划临海县东北隅5个乡镇，宁海县南部17个乡镇(高吴乡划入后分为高枧、吴岙两乡，故划入后成为18个乡镇)，组合成立三门县，属台州(时称第七督察区)。县治初设六敖，当年冬即迁入海游镇。县名三门，是由于东南海面有三岛鼎立，海中鸟瞰，俨若三门，故称三门山，海湾遂以山称三门湾，县遂以湾命名。

1949年2月17日，三门县解放，是浙江省第一个解放的县城，即日成立三门县人民政府,俞圣琪任县长。中华人民共和国成立后,三门县属台州专区。1952年4月,因历史、地理原因,南田诸岛复归象山县管辖。1954年5月22日,撤销台州专区,三门划属宁波专区。1957年9月23日,复置台州专区,三门县划归。1958年10月4日,三门县撤销,并入临海县(国务院11月21日批准)。1958年12月22日,再次撤销台州专区,三门境域所属的临海县划属宁波专区,1962年5月28日,恢复台州专区,6月1日国务院批准恢复三门县,以原三门县并入临海县的行政区域为其行政区域,属台州一直至今。1983年5月20日,宁海县沙柳公社划属三门县。

三门县现辖海游、沙柳、珠岙、亭旁、六敖、横渡、健跳、里浦、花桥、小雄10个镇,高枧、蛇蟠、沿赤、泗淋4个乡。

九、临海城区

1949年5月29日,临海县城和平解放。6月1日中国人民解放军南下干部纵队第一支队第六大队到达天台,与中共台属工委会合后,建立中共浙江省临海地方委员会。6月8日,设置浙江省人民政府第六专员公署,驻临海城关。6月中旬,决定成立临海城区(县级),直属专署,李世坤任城区人民政府区长。1950年5月15日,专署直属的临海城区撤销,并入临海县。临海县人民政府从大田迁入临海城关(省政府5月5日批准)。

十、椒江区

现椒江区是分临海、黄岩之地再合并而成的。其前身海门镇原为临海地,今海门古为滩涂,宋初始有居民,北宋祥符年间(1008—1016)为临海县明化乡青令里,宝元二年(1039)为明化乡智信里;南宋为明化乡孝逊里、钦田里。元改乡里为都图,今海门为三十八都。海门一名,则是因椒江口江南牛头颈和江北小圆山南北对峙,状如大门而得名。据《嘉定赤城志》之州境图,南宋时今江北之前所称海门[6]。

元末明初,倭寇开始在台州沿海一带骚扰,后日趋严重。明太祖洪武十七年(1384),明廷遣信国公汤和巡视东南海防,二十年(1387)二月,于三十八都地置海门卫指挥使司,十一月拆黄岩城墙筑海门卫城。从此海门之名在今地使用,并沿用至今。洪武二十八年在北岸建海门卫前千户所，因而原海门之地得名前所。

清雍正四年(1726)都图改称乡庄，海门为明化乡，明化乡辖赤山东、赤山西、海门、栅浦、家子(葭沚)、三山、杜岐、白岩、长田、外王、水家洋等11庄合114村。清光绪三十四年(1908)十二月，始行地方自治，宣统元年(1909)，临海县计10区21乡镇，海门为第七区，该区仅有海葭镇，辖海门、葭沚、赤山东、赤山西、栅浦、三山6庄。民国十八年(1929)6月5日，南京国民政府修订公布《县组织法》，县以下设区、乡(镇)、村(里)、闾、邻，海门为临海县第七区海门镇。二十二年(1933)10月第四特区(台州)督察专员办事处驻海门，二十四年(1935)8月改称临海行政督察区，回驻临海城关。二十六年(1937)11月至三十年(1941)4月，第七督察区(台州)也曾移驻海门。民国三十六年(1947)，临海县辖6区50乡(镇)，海门为海门区，辖章安、前岸、玉岘、涌泉、海门、山东、三山、葭沚8乡镇计119保1548甲。

1949年5月29日，临海县城和平解放，6月25日，海门镇正式解放。为加强沿海地区对敌斗争，6月中旬中共临海地委决定将原属临海县的海门区划出，建立专署直属海门区(县级)，6月27日，海门直属区人民政府成立，辖8个乡镇，梅法烈任区长。

1950年3月，椒江北岸章安、前岸、玉岘、涌泉4个乡镇划归临海县管辖。1950年5月15日，浙江省人民政府报告备案："撤销海门区，其行政区域并入黄岩。"1950年6月10日，省人民政府府民字第3878号文件以无专署直属区设置之规定，"拟将海门直属区改为二普通区划归黄岩县管辖"。但没有正式实施，仅是撤销海门镇，增设葭南乡，并将葭南、山东、三山3个乡划属黄岩县管辖。而县级海门区继续存在运行，原任临海城区区委书记的程精业于1950年7月任海门区委书记兼区长。根据台州专署的要求："海门原属临海县辖"，而且"按照经济、人口、国家形势需要"，"直属专署领导，较为便利"。1950年7月17日，省府民字第5092号呈请中央，内务部8月25日批复"同意设海门区暂归专署领导"。1952年11月，临海县水岙乡老鼠屿划属海门，次年6月在该屿建立椒江乡。1953年3月建立义士(岩屿)乡。1954年5月22日，撤销台州专区，海门区划属温州专区。1954年初，中共浙江省委批准筹建海门县，县境地域包括三门县小雄区，临海县章安、涂桃、连盘3区，黄岩县三甲、金清2区，后因大陈岛解放而计划撤销。

1955年1月18日，中国人民解放军第一次陆海空三军联合作战，一举解放一江山岛。4月18日，建立大陈办事处，划属直属海门区。1956年3月9日，

(县级)海门区撤销,改为黄岩县属海门区。是年5月,老鼠屿划归临海县,同时将临海头门乡划属海门区,1957年9月头门乡划回临海。

1980年7月7日,省人民政府批准建立县级海门特区,属台州地区,辖境包括原黄岩县海门区、海门镇、大陈镇、山东人民公社和临海县前所人民公社。1981年7月21日,国务院批准撤销海门特区,以其行政区域置椒江市,以境内横贯市域的椒江而得名,为浙江省改革开放后设立的第一个县级市(注:台州相关史料都说椒江为浙江省第一个县级市,有误,此前的绍兴、金华、衢州、湖州、嘉兴等市均为县级市)。1982年1月23日,黄岩县界牌人民公社和临海县沿海人民公社划属椒江市;1984年12月19日,黄岩县的三甲区、洪家区和金清农场,临海县的章安区(欠溪口乡、龙南乡)及黄礁乡和大汾乡的五四、七年、横蒋、横西4个村(划入后设置前岸乡)划属椒江市。1994年8月22日,台州撤地建市,市政府驻椒江,椒江市改为椒江区。

椒江区现辖海门、白云、葭芷、洪家、下陈、前所、章安、三甲8个街道办事处和大陈镇。

十一、大陈区

大陈诸岛,位于浙江省中部台州湾之中,据《中国古今地名大辞典》记载,“清时为台州府境,故称台州列岛”,名称沿用至今。

民国初大陈为温岭县凤尾区,辖上大陈岛之红美、黄土两乡和下大陈岛之沙头、南坑、南浦、凤尾4乡。民国十八年为温岭县第二区之凤尾乡,后为温岭县石陈区。而一江山岛所在的东矶列岛民国时期则属临海县。1949年6月后,国民党曾先后在大陈成立“浙南行署”、“江浙人民反共游击总指挥部”(胡宗南化名秦东昌,任总指挥兼“浙江省政府”主席)、“大陈地区行政督察专员公署”等机构。蒋介石也曾于1953年5月8日亲赴大陈、一江山视察。

1955年1月18日,中国人民解放军第一次陆海空三军联合作战,一举解放一江山岛,全歼岛上守敌。2月3日至8日,在美国第七舰队的掩护下,大陈岛居民14911人(另有7人侥幸逃脱)被国民党守军残部劫往台湾(《台州军事志》记载数字,而台湾学者、海峡两岸和谐文化交流协会会长陆炳文先生2012年2月24日在“海峡两岸纪念卫温船队远航台湾1782周年座谈会”上发言时说,据他考证,“实为18628人”)。

1954年初,中共浙江省委批准筹建海门县。同时,根据中共浙江省委“为了开展敌区工作，大陈可成立区、乡政府，采取武装工作队的形式进行工作”的指示，中共温州地委积极筹建大陈区人民政府。1955 年 2 月 11 日，成立大陈区人民政府（县级），直属温州专区，驻地海门。2 月 13 日，区政府随军登陆大陈岛。4 月 18 日，撤销大陈的县级建制，建立大陈办事处，归属于海门区。大陈现为椒江区大陈镇。

十二、路桥区

路桥区原属黄岩。据《嘉定赤城志》载：“新安桥在县南三十里，一名路桥。”《路桥志略》又载：“路桥镇亦称新安镇，以新安桥（俗呼粜糠桥）得名，桥在廿五间路中，为本街中心点。”镇以桥得名。又传路桥地处温黄平原水网地带，周围河道密布，南官河穿镇中而过，“路路有桥”，因此称为路桥。该镇在宋代为黄岩县五大市镇之一，历史上手工业发达，集市贸易兴盛。

1994 年 8 月 22 日，国务院批准撤销台州地区和县级黄岩市、椒江市，设立地级台州市和县级椒江区、黄岩区、路桥区。路桥区分原黄岩市东部路桥、桐屿、峰江、新桥、横街、下梁、金清、蓬街 8 个镇和螺洋、黄琅 2 个乡置。路桥区现辖路桥、路南、路北、螺洋、桐屿、峰江 6 个街道办事处和横街、蓬街、金清、新桥 4 个镇。

十三、永宁县

汉顺帝永和三年（138），分章安县东瓯乡置永宁县，属会稽郡。[①] 县取名“永宁”，系吉祥之语，反映东汉王朝期望“永远安宁”的心态。这是温州置县之始，县治贤宰（今永嘉县瓯北镇），辖境大致相当于今温州市和台州的温岭部分境域、玉环部分境域。三国吴大帝赤乌二年（239），分永宁县南部置罗阳县。吴会稽王太平二年（257）二月，分会稽郡东部置临海郡，永宁属之。东晋明帝太宁元年（323），分临海郡的永宁、松阳、安固、横阳 4 个县置永嘉郡，隶扬州，郡治永宁。这是温州建郡之始，郡取名永嘉，是为纪念“永嘉南迁”。

---

① 置县时间取《后汉书》之说，《宋书》作“汉顺帝永建四年（129）立，或云顺帝永和三年（138）立”。《浙江通史》则取永建四年（129）立之说。

十四、松阳县

汉献帝建安元年(196)九月,孙策攻取会稽郡,控制了大片东南沿海地区。建安四年(199),孙策分章安县西南部置松阳县[①],属会稽郡。因处长松山之南,故取名松阳,县治在今古市镇。这是丽水市置县之始,辖境相当于今丽水市大部分境域。吴会稽王太平二年(257)二月,分会稽郡置临海郡,松阳属临海郡。东晋明帝太宁元年(323),分临海郡置永嘉郡,松阳县划属永嘉郡。

十五、安固县

三国吴大帝赤乌二年(239),分永宁县大罗山(泉山)以南地域置罗阳县,县治设在鲁岙(今集中山南麓西岙一带),属会稽郡。县以山而得名,这是瑞安市设县之始,辖境相当于今温州的瑞安、平阳、苍南、泰顺等县市和文成县东部。吴会稽王太平二年(257)二月,分会稽郡东部置临海郡,罗阳属之。吴末帝宝鼎三年(268),罗阳改名安阳。晋武帝太康元年(280),安阳又改名为安固。太康四年(283)分安固南境置始阳县。东晋明帝太宁元年(323),分临海郡置永嘉郡,安固县划属永嘉郡。

十六、罗江县

三国吴大帝赤乌二年(239),在闽北立罗江县,属会稽郡。县治大约在今福安县的罗江镇,辖境大致相当于今福建闽江以北沿海地区的福安、罗源、连江、霞浦、福鼎等县市。吴会稽王太平二年(257),分会稽郡置临海郡,罗江属之。晋武帝太康三年(282)分建安郡置晋安郡,罗江县以山势水流之便从临海郡划属晋安郡。

---

① 置县时间依据《大清一统志》和《丽水志》,另《光绪松阳县志》作建安八年(203),《嘉定赤城志》作兴平元年(194),《民国台州府志》作兴平三年,但兴平仅二年。

十七、宁海县

晋武帝太康元年(280),分章安县北部 200 户,会稽郡鄞县南部 800 户置宁海县[①],县治白峤,属临海郡,这是宁海设县之始。传说当时晋将王濬率兵沿海南下,到处怒海狂涛,到三门湾则风平浪静,因此设县取名"宁海"。由于宁海与临海发音相近,习惯上称(外)宁海。辖境相当于今宁海县以及象山县西部、三门县大部。

隋文帝开皇九年(589),废临海郡,并宁海县入临海县。唐高祖武德四年(621),于临海设台州,分临海复置宁海县,治徙海游;七年宁海县并入章安县,八年章安县又并入临海县。武后永昌元年(689),复分临海县东北部置宁海县,县治设广度里(今宁海城关),属台州。中宗神龙元年(705),分宁海及越州鄮县置象山县,亦属台州。

宁海自立县之始至清,一直隶属于台州。民国元年(1912)府废,宁海直属于省;1914 年属会稽道;1927 年道废,又直属于省。1932 年实行行政督察专员制度,宁海又属台州(督察区名称多有变更)。1940 年 7 月,新置三门县,宁海县的海游、上叶、琴江等 18 个乡镇划属三门县。在接管划界过程中,麻岙乡因疆界不清,乡民不愿划归三门,后省府同意留在宁海;而高吴乡划出后分为高枧、吴岙两乡,这样,就出现了宁海划出 17 个乡镇,而三门划入 18 个乡镇的情况。1943 年,宁海县划属第六区(宁波);1948 年 4 月宁海回属台州。

1949 年 7 月 5 日,宁海县城解放,属第六专区(台州)。1952 年 10 月 22 日,宁海县改属宁波专区。1957 年 9 月 23 日,宁海县复属台州专区。1958 年 10 月 4 日,宁海县撤销,并入象山县(国务院 11 月 21 日批准),象山县从舟山专区划属台州专区。12 月 22 日,台州专区撤销,象山县划属宁波专区。1961 年 12 月 15 日,分象山县复置宁海县,除紫溪仍属象山县外,原宁海地基本回归。1983 年 5 月 20 日,沙柳公社划属三门县。

宁海自晋建县以来,曾 3 次并入他县,辖区亦屡有变动,治所亦数次变动,但县名却从未更易,沿用至今。历史上基本是台州属县,1961 年复县后一直属宁波。

---

① 置县时间依据《台州地区志》《宁海县志》《浙江分县简志》等史料,而《太平寰宇记》《大清一统志》《浙江通史》等则作晋穆帝永和三年(347)。

十八、横阳县

三国吴大帝赤乌二年(239),在罗阳县横屿、阳屿间(今平阳县宋埠镇仙口村一带)置横屿船屯,委派典船校尉监督造船、操练水师。晋武帝太康四年(283),分安固县(罗阳县改名)南境横屿船屯置始阳县,旋改名为横阳,属临海郡。这是平阳建县之始,辖境相当于今温州的平阳、苍南2县及泰顺县南境。东晋明帝太宁元年(323),分临海郡置永嘉郡,横阳县划属永嘉郡。

十九、象山县

唐中宗神龙元年(705),分宁海县及越州鄮县置象山县,属台州,此为象山县建县之始。立县时间取《新唐书》《浙江分县简志》《象山县志》等说,而《旧唐书》《嘉定赤城志》《台州地区志》等称神龙二年(706)而立。县治彭姥村,其北有山,其山背负隆起,雄压海垠,前后瞻望,屹如伏象,故名象山。唐代宗广德二年(764),象山县改属明州,即今宁波。

1954年4月5日,象山县从宁波专区划属舟山专区(1953年6月10日政务院批准设立)。1958年10月4日,宁海县撤销,并入象山县(国务院11月21日批准),组合后的象山县划属台州专区。12月22日,台州专区撤销,象山县划属宁波专区。

二十、磐安县

民国二十八年(1939)四月,分东阳、缙云、永康、仙居、天台5个县,置磐安县。以境内有大盘、安文,各取一字为名,又引申"磐石之安",故名磐安。县治设大盘学田,属第四行政督察区(金华)。1946年,磐安县划属台州(时称第七行政督察区)。1948年4月,又划属金华。

【参考文献】

[1] 李祖弼.闽中疆域考[J].厦门大学学报(哲学社会科学版),1980(1).

[2] 刘昫.玄宗本纪[M]//旧唐书.长沙:岳麓书社,1997:126.

[3] 华林甫.中国地名学源流[M].长沙:湖南人民出版社,2002:148.
[4] 欧阳修.志第三十一[M]//新唐书.长沙:岳麓书社,1997:651.
[5] 郭红,靳润成.明代卷[M]//中国行政区划通史.上海:复旦大学出版社,2007:156.
[6] 陈耆卿.嘉定赤城志[M].北京:中国文史出版社,2004:4.

台州商代文化遗存初探

张 峋①

【摘 要】近几十年来,浙江台州地区陆续发现了诸多商代文化遗存,信息量较为丰富,但有些材料仅停留在内部资料的层面上,总体也少人关注和整理。对其详加梳理和归类,并进行考古学探索,十分必要。台州商代文化遗存的性质或为村落遗址,或起因于巨石崇拜,或为祭祀器物,反映了台州地区青铜时代的社会面貌以及文化现象的独特性和复杂性,为研究商文明对南方的辐射提供了新的资料。

【关键词】台州;商代;文化遗存

台州地处浙江省沿海中部,东濒东海,南邻温州,西连丽水、金华,北接绍兴、宁波,是一个相对独立的地理单元。台州居山面海,平原丘陵相间。南面以雁荡山为屏,西北有天台山、大雷山横亘,括苍山绵延于境西南,为灵江水系和瓯江水系的分水岭。椒江水系由西向东流经温(岭)黄(岩)平原入台州湾,形成了西北高东南低的地理格局和地形特征。近几十年来,该区域陆续发现了不少先秦文化遗存,其中商代文化遗存的面貌似乎少人关注,今不揣浅陋,拟对其进行初步探索,以期引起学术界的进一步关注。

一、台州商代文化遗存的资料和判别

台州地区已发现的遗址、墓葬和器物材料有:

(一)遗址

已经调查的商代或含有商代文化堆积的遗址有:梅屿遗址、灵山遗址、施岙

① 张峋(1966—),浙江仙居人,台州市博物馆副研究馆员,主要研究方向:瓯越文化和博物馆建设。

遗址。

1. 梅屿遗址位于台州市路桥区峰江街道山后许村梅屿顶端，遗址分布面积约40平方米。2001年4月11日，许山村村民在山顶建造凉亭掘土时发现了该遗址，当时遗址已遭到人为破坏，路桥区文物办于次日即开展实地勘探、调查，在离地表0.6—1米处发现一批石器、印纹陶器、青铜器以及陶片。其中石斧2件，石镞、石凿、砺石、石锛、石锤各1件，印纹硬陶罐、印纹硬陶瓮、陶碗各1件，青铜戈、青铜短剑、青铜斧各1件，还有陶鼎足3个，陶片若干件。石斧制作较粗糙，平面皆呈长方形，双面磨刃，刃面平齐稍弧，1件顶部平齐稍弧，另1件顶部圆弧。石镞磨制精细，柳叶形，中起棱脊，铤较明显。石凿平面呈长方形，单面出刃，一面平齐，一面呈屋脊形，顶端圆弧。砺石平面呈长方形，顶端平正，一侧平齐，一侧微凹，中部下凹，磨制精细。石锛平面呈近似正方形，单面出刃，刃部微弧。石锤椭圆形，略扁。印纹硬陶罐，经修复成形，直口，短颈，斜肩，扁圆腹，平底。胎灰白，肩腹部饰不规则小方格纹。印纹硬陶瓮，经修复成形，敛口，侈唇，短颈，丰肩，深腹略鼓，圜底，胎灰白，口沿饰六道粗弦纹，肩腹部饰云雷纹。陶碗，灰陶，厚胎，敛口，折肩，斜腹，平底。青铜戈，短胡，援体狭长条，近援处下延展成胡，阑残。青铜短剑，剑身叶状，剑身后端有凸脊与剑茎相通，形似矛之銎管，銎口略残。无格，圆空茎。茎上端铸一对扉耳作为自然分界，扉耳已残。青铜斧，正面呈弧形，背面略平，直体，狭刃，长方銎。梅屿遗址所出的青铜戈，短胡、细长援体、近援末延展成胡等形制特征与1990年出土于台州黄岩小人尖西周土墩墓的青铜戈一致[1]202，也与2003年出土于温州瓯海杨府山的西周土墩墓的青铜戈基本相同[2]30，青铜短剑的叶状剑身、剑身后端有凸脊与剑茎相通以及圆空茎上端铸一对扉耳作为自然分界等造型特征也与小人尖西周土墩墓[1]202、杨府山西周土墩墓的青铜短剑相一致[2]30。因此，这几件青铜器应该属于西周时期的文化遗存，而梅屿遗址采集到的印纹硬陶瓮、罐形制和纹饰，均与温州市瓯海杨府山2009年出土的2件商代晚期的同类器物基本一致[3]，也同样具有商代晚期的风格。因此，梅屿遗址含有商代文化遗存是大致可以肯定的。

2. 灵山遗址位于台州市路桥区灵山街西侧灵山东坡。2010年3月在建设中央山（灵山）公园时发现，2010年7月，浙江省文物考古研究所会同路桥区博物馆专业人员进行了钻探和试掘。试掘表明灵山遗址是一处史前至商周时期的村落型遗址，总面积约10000平方米，现存遗址面积3000—5000平方米。该遗址上部文化层厚0.4—0.6米，出土有泥质、夹砂等质地的陶片，还有少量印纹陶和原始瓷器碎片，以及少量石锛、石镞、石刀、石戈、砺石等磨制石器，初步判断时代为商周时期[4]71。

3. 施岙遗址位于临海市汛桥镇汛东村施岙南光私山东麓,属山前台地型遗址,最初发现于1983年5月,未见文化层断面,遗址堆积情况不明。从分布情况看,遗址东西长约100米,南北宽约50米。地表可见的遗物碎片有印纹硬陶、灰色硬陶及青瓷碎片,印纹有米字格、回纹间网纹、方格纹、花窗纹等。同时还发现夹砂陶足。根据遗物判断,施岙遗址为商周时期的聚落遗址[4]254。

(二)墓葬

主要指石棚墓。台州地区的石棚墓主要发现于三门和仙居。三门县发现的石棚墓位于满山岛。满山岛位于县城海游镇东35公里的三门湾口,分南、北两个岛屿。1986年8月,经台州地区文物部门实地调查,南岛山顶上发现有5座石棚墓。石棚墓有规则排列,棚盖倒塌已久,棚壁条石仍耸立明显可见。从海浪撞击倒塌山坎断面看,不仅发现了大量的印纹陶片和原始青瓷片,而且发现了印文陶冲击文化层。这些碎片主要是当时人类使用的炊器、盛器、饮器、祭器等,如罐、坛、瓶、壶、碗等,印纹有弦纹、细布纹、云雷纹、波浪纹和S纹。根据遗物判断,含有商周时期的文化遗存[5]。仙居的岩石殿石棚墓位于安洲街道西门村西俗名"岩石殿"的台地里,目前共发现了4座,墓向坐北朝南。最东边一座保存较完整[6]。目前尚未发掘,文化面貌不清楚。

台州地区的石棚墓虽然未经科学发掘,但从墓葬周边采集到的器物残片可以看出,印纹硬陶、原始青瓷的器形与浙江其他地区同时存在的土墩墓出土的同类器物相一致,因此,两者具有可比性。目前有研究成果显示,包括台州地区在内的浙南地区石棚墓的总体年代上起西周早期,下迄春秋晚期。调查资料则表明,石棚墓的产生年代可能会早到商代晚期[7]。

(三)文化遗物

中华人民共和国成立后台州地区零星出土的商代文化遗物不多,较有影响者当数温岭市琛山乡1984年出土的青铜蟠龙盘,现藏温岭市文物管理委员会办公室。该蟠龙盘高26厘米,口径61.5厘米,重22.5公斤,圆下收腹,宽折沿,高圈足。外腹以扉棱间隔,每组饰鸟纹一对。圈足饰龙纹。盘中心铸一圆卷的高浮雕螭龙,高10厘米。龙昂首翘立,口、耳、目、双角鲜明生动,是目前所见的商周时代圆形盘中最大的一件。关于它的时代,以前有关考古资料曾判为西周时期的器物[8]。在近期对它定级时,专家将它定为商晚期的一级文物[9],并且已经得到国内学术界的认同,一些学术专著已加以采纳引用[10]。1989年3月,临海市水洋乡水洋村村民在平整宅基时，在距地表 1.5 米深处出土了一件青铜直内戈。戈虽尾端残缺，但大部尚完整。残长 34 厘米，本长 10 厘米，后缘残长 10 厘米，侧阑宽 5.5 厘米。中脊棱起，中段至本呈矛形凹进。援体尖长，近本放宽成阑，内上饰 2 圆穿，后端内有阙口，面间纵列 7 粒鼓钉纹，在凹进矛形间饰横线纹 4 组，中间 1 组为 3 线，两端 2 组为 4 线。在横线纹空间饰 3 组鼓钉纹，1 组为 6 钉，2 组为 5 钉。侧阑呈长方形，上下缘平直，缘部上下刃完好锋利[11]。该戈经专家鉴定为商晚期器物，也属国家一级文物，现藏临海市博物馆。

二、台州商代遗存的文化性质

路桥灵山遗址近年进行过科学发掘，已经明确为村落型遗址。梅屿遗址出土的石器、陶器、青铜器为先民的生产、生活、战争工具，具有实用性，作为古墓葬的可能性并不大。该遗址虽然处于山顶，但海拔不高，仅 50 米，且山顶较平坦，适宜古人村居，因此，极有可能是村落遗址。施岙遗址目前并没采集到窑具之类的器物或残片，因此根据目前的资料，确定为窑址似乎不适宜，暂定为村落型遗址较为妥当。

台州石棚墓产生的年代可能早在商代晚期，它的墓葬形式特殊，其起因可能来源于瓯越先民的巨石崇拜或石神崇拜。石棚盖石面积大，分量重，小者三四吨，大者 10—15 吨。如此巨大的工程，当为当地的社会上层人士才有劳动组织能力，反映了墓主人生前社会等级比较高。

温岭琛山出土的青铜大盘，盘心雕饰的螭龙，盘身所饰的方斜格纹，工艺繁复有致，美轮美奂，再加它造型精美大气，不像实用的器具。考察它的出土地点在村前山坡上，出土时又不见其他遗物，因此很有可能是祭祀山神的祭器。临海水洋出土的青铜直内戈本身应属兵器，但此戈形制奇特，工艺精湛，不像作武器使用，可能是祭祀一类的东西。考察这件直内戈出土地点水洋村，即位于江河边，因此很有可能是祭祀河神的祭器。

民族学的材料告诉我们，远古人类由于生产力低下，人们对周围的许多自然现象无法给予科学的解释，因而信奉鬼神，以为高山大川、江河湖泊都是鬼神的归宿地，久而久之，便成了人们心目中的自然崇拜神。为了求得神灵的保佑，他们常常定期或不定期地举行祭祀活动。在中原地区，常常于山麓或河岸发现商周时代的青铜器，这就是当时人们祭祀山川神灵，就地掩埋的祭器。同时，在两广和云南等地，窖藏出土了数量较多且时代较早的铜鼓，专家们考其缘由，是因为南方古代各族多信巫鬼，在山坡水畔祭祀时，常用铜鼓赛神、娱神，铜鼓作为祭器不能抬回家去，活动的最后一步就是随地挖一深坑，将铜鼓投入土地神的怀抱[12]。台州，商周时属于瓯越之地，先民们的原始宗教意识非常浓郁，他们也不例外地崇尚高山、江河等自然神灵，温岭出土的青铜大盘、临海出土的青铜戈也应该是祭祀山神、河神后就地掩埋的祭器。

三、关于台州商代文化遗存价值的几点思考

(一)反映了台州地区青铜时代的社会面貌

根据上述一些商代文化遗存中伴出石器、印纹硬陶和青铜器的现象，我们知道，台州地区在商代已经从石器时代进入了青铜文化时期。尽管如此，该时期的社会经济的发展是缓慢而低潮的。考古学界普遍认为，包括台州地区在内的浙南地区，其好川文化是良渚文化向该区域迁徙后形成的既有良渚文化因素又有当地土著文化元素的一种新型的考古学文化，好川墓地出土的随葬品玉器、石器、漆器、陶器组合齐全，数量丰富；玉器、陶器制作精美，说明距今 4000 年左右的好川文化时期，浙南的社会发展面貌还是光彩夺目的。但到了距今 3500 年左右的相当于中原的商代，浙南地区却进入了一个发展相对缓慢的时期。诸多文化遗存中，不见了好川文化时期的精美的玉器，这和良渚文化的突然整体消失颇为相似。但是，我们不能低估该区域的青铜文化的历史。首先，瓯越先民已在该时期引进了青铜器制造的技术。温岭出土的青铜大盘、临海出土的青铜戈，造型精美，纹饰繁复，在商周青铜器中极为罕见，可见商代晚期，台州地区的青铜文化已经到了一个比较发达的高度。同时，该时期台州地区普遍存在着打制石器、磨制石器并存和以印纹硬陶为主体内涵的文化发展现象。特别是印纹硬陶为台州地区商代文化遗存所共有，说明印纹硬陶制作技术已经被普遍传播和使用于台州地区。

(二)反映了台州商代文化现象的独特性和复杂性

据王海明先生研究，进入印纹硬陶为主要特征的青铜时代，浙南地区的瓯江以南区域，从松阴溪源头的好川岭头岗到下游沿海丘陵地区、飞云江流域普遍发现施黑褐色彩的彩陶器，泰顺司前狮子岗、瑞安山前山出土的黑褐色彩陶和福建庄边山上层彩陶、福建霞浦黄瓜山遗址出土彩陶、福安等地彩陶相似，用彩相同，施彩部位一致，集中在器物口沿和肩部，彩绘图案都是以线条变化组合而成。最

能反映浙南地区这一时期文化特征的当推出土数量占绝对多数的打制石器,以砾石为原料的打制石锛、石斧、半圆形石刀也普遍发现于瓯江以南地区。闽江上游、闽西北山区建阳等地也有较多的发现[13]。因此我们完全可以有理由认为,浙南地区的瓯江以南区域和闽西北、闽东地区的文化存在渊源。瓯江以北的台州地区的文化面貌却另有特色,梅屿遗址发现的陶器以灰陶、灰黄陶为多,灵山遗址、施岙遗址等考古资料也表明,该区域很少发现施黑褐色彩的彩陶器,发现的陶器碎片也以灰陶、灰黄陶为多,红陶碎片也有少量发现。以砾石为原料的打制石锛、石斧、半圆形石刀也基本不见,因此笔者认为台州地区印纹硬陶文化面貌应该有别于瓯江以南地区,具有自己的地域特色。

温岭市琛山乡出土的青铜蟠龙盘,有研究者认为,其造型特征和装饰风格与徐文化器物十分相似,为徐文化融合当地土著文化的一类青铜器,是徐人进入台州后把淮泗流域先进的冶炼、铸造青铜器的技术经验和技术工匠带入台州,利用当地资源,帮助当地土著民族,对发展清新的台州青铜文明做出了巨大努力的结果[14]。也有研究者认为,该青铜盘,其盘心饰盘旋而出的龙首,这种手法在邻省出土的青铜器上也曾见到,同属于越族风格。但它深受中原文化的影响,其龙首的造型曾见之于中原商代的青铜器,龙身所饰的重斜方格纹也见之于殷墟妇好墓出土的妇好盘内底的盘龙及妇好鸮尊身上所饰的龙、蛇的躯体[15]。晚商时期,浙南地区青铜文化的总体发展水平还是比较低下的,却在温岭出土了这么一件精美绝伦的青铜器,似乎显得有点突兀,这种孤立的现象很值得探讨。有学术界朋友对它是否为当地土著先民所铸造,还是心存怀疑的。但笔者认为有一点是可以肯定的,即它是既带有中原文化影响又具有本地文化风格的青铜器。

(三)为研究商文明对南方的辐射提供了新的资料

关于商代的疆域,殷墟卜辞中有“四土”之说,即东土、南土、西土、北土。近年来的考古资料表明,商代的南土已经跨过长江到达五岭以南广大地区。安徽、福建、江苏、江西等地近年来都陆续发现了商文化遗存,说明商文明已经辐射至长江流域。地处长江下游的台州地区是否也在辐射范围?答案是肯定的。李学勤先生曾指出:“长江下游的青铜器在商代受到中原文化的很大影响……”[16]台州地区自然也不例外。上文已讲到,温岭出土的青铜大盘的形制纹饰,明显曾受到中原商文化的影响。临海水洋的青铜直内戈,其细部纹饰虽为各地所不见,明显具有土著文化的色彩,但其范式、形制与中原各地的同期直内戈无异。路桥梅屿出土的青铜戈器形,与殷墟西区 M698:01、安阳刘家庄 M9:40 出土的青铜戈相似[17],其器形是否曾受到商文化的影响,很值得探究。虽然目前台州地区发现的商代青铜器数量很少,但少数几件青铜器也弥足珍贵,它们为研究商文明对南方地区的辐射提供了新的宝贵的实物资料。

【参考文献】

[1] 浙江省文物考古研究所,黄岩市博物馆.黄岩小人尖西周土墩墓[C]//浙江省文物考古研究所.浙江省文物考古研究所学刊(建所十周年纪念).北京:科学出版社,1993.

[2] 浙江省文物考古研究所,温州市文物保护考古所,瓯海区文博馆.浙江瓯海杨府山西周土墩墓发掘报告[J].文物,2007(11).

[3] 温州市瓯海区文博馆.温州瓯海杨府山出土三件西周青铜鼎[C]//浙江省博物馆.东方博物:第36辑.杭州:浙江大学出版社,2010:10.

[4] 浙江省文物局.古遗址:上[M].杭州:浙江古籍出版社,2012.

[5] 金祖明.满山岛考古记[N].台州日报,1986-10-04(4).

[6] 仙居县文物管理办公室.台州市不可移动文物名录之岩石殿石棚墓[R].台州:台州市第三次全国文物普查领导小组办公室,2011.

[7] 陈元甫.浙江石棚墓研究[J].东南文化,2003(1):32.

[8] 李一,江尧章,金祖明.浙江温岭出土西周铜盘[J].考古,1991(3).

[9] 马自树.中国文物定级图典:一级品·上[M].上海:上海辞书出版社,1999:228.

[10] 浙江省博物馆.越魂[M].杭州:浙江人民美术出版社,2004:69.

[11] 朱世学.土家族地区巴式青铜器的分类与探讨[J].重庆师范大学学报,2006(2).

[12] 王海明.浙江南部先秦文化遗存浅析[C]//浙江省文物考古研究所.纪念浙江省文物考古研究所建所二十周年论文集.杭州:西泠印社,1999:144-145.

[13] 金祖明.徐人与台州文化[J].东南文化,1994(2):296.

[14] 曹锦炎.浙江出土商周青铜器初论[J].东南文化,1989(6):105.

[15] 李学勤.从新出青铜器看长江下游文化的发展[J].文物,1980(8).

[16] 井中伟.早期中国青铜戈[M]//戟研究.北京:科学出版社,2011:34.

温岭明代金氏家族墓志考略

张淑凝①

【摘 要】2013年3月，温岭市出土了四方明代金氏家族墓志，本文结合现存史料，对金氏世系、相关历史事件、人氏及地点等问题加以考释。

【关键词】金氏；明代；墓志

2013年清明前夕，温岭太平街道山下金村金氏后裔对祖坟进行整修，在整修墓前空地挖土地时发现了墓门和墓志四方。该墓为石板墓，朝向东南，合计四座，共十室。从南往北依次为三室、三室、二室、二室。墓均为长方形并列，每座墓门排列有参差。整体沉于地表下。墓志四方，其中后三座墓的墓志均有志盖。墓志置于封门外，紧贴封门石板。按墓葬的排序，四方墓志的墓主分别为金一直、金月洲、金慕南及金宾凤。

一、墓志录文

(一)金一直墓志

青石质地，正面磨光，背面未打磨。上端两角抹成圆弧。志石长58厘米，宽70厘米，厚8厘米。志文为阴刻楷书，共29行886字。内容如下：

明故处士一直金公墓志铭

处士一直金公，余仲氏大伦之外翁也。公六旬时，余尝属文为之寿，大致谓公温温有先民长者遗意，至今语在月旦中。往余得告归，访公于泉溪之上，握手叙平生懽甚。自是不在雁鸣，在锦屏，可撰杖屐来

① 张淑凝(1970—)，浙江温岭人，温岭市文化遗产保护中心主任，副研究员，主要从事文博工作。

也。居无何,公疾作,遽以讣闻,握手数言,竟成永诀。呜呼!惜哉!逾年其仲子会戒襄事,以童氏舜弘所譔状谒余,铭公墓上之石。余自筮仕迄今,雅知公为善人且稔,铭何可辞?

按状,公讳世仲,字德承。其先闽人,徙家邑之黄淡岙。革除中,坐先正静学之戚族,族传京师。有讳廪者在髫髻,自戍所释还,逮公凡六世矣。曾祖欣,祖洪,父璞,号慕南,有潜德。妣安人邵氏,同邑著姓,有丈夫子四,公其仲也,孝友天至。自慕南翁下世,晨夕兄弟雁鹜行于邵安人左右,退则愉愉相顾恋。及安人以寿终,哀毁不出庐寝。或有外侮轹蹙,公如在其身,弗一校彼此。蚤失偶,昆弟劝为继室,公从容言曰:“古有三不惑,吾欲效其一也。”竟不复娶。

嘉靖中岁,大侵,民交首沟壑,捐粟给助,为里开先,义声由是殷殷起。邑令赵侯孟豪下车採问风谣,遍召耆德,为乡敬向者数人,以宾礼礼之,至公则曰:“是乃所谓温温者非耶?”寻致书宾之乡饮,公力谢不往。时乡人有朱姓者,以赤金为同事所卖,欲鸣之官。公廉知同事人贫,出己金售之,曰:“是非得已者。”朱唯唯,归义公不绝于口。其振穷赒急类如此。公皙肤伟姿,语言爽亮,胸中坦坦无他肠。晚好吟。延童君塾中,范模诸孙严甚。每朔望,戒子妇罗列堂下,动以饬治振起为事,庶几颜氏遗训焉。配母族邵氏,有贤行,子三,长佐,与邵俱先公卒;次会;次望;女一,即伦妇,亦先公卒。孙男八,长云霄,次电,次蛟、师、霖、霞、韶、音也。孙女一,适林子循祥。先是,公多疾,性不喜呼医饮药,二子每每用为忧。公曰:“若无虞,岁在丁卯,是吾所谓大还者”。比是岁秋,公巾服与叔季剧饮终日,别去,已而果卒,时八月五日也。君子谓为知命,无让于汉周磐、矫慎二氏云。公生弘治壬子(1492)三月廿六日,距其终享年七十有六。望等卜以今月念八日壬寅葬公于包山之原,启邵氏窆合焉。噫嘻!自里选法废,士怀琬琰就煨尘者,盖不可胜纪。假令侧席幽人如匡稚圭所称,温良洁白以范俗易视者,屈指及公,可复多得?求公所居,又静学先生元采之故里也。语称地灵,岂尽诬耶?铭曰:

我有寸地,莫或茀之。我有尺宅,莫或椓之。皎皎硕人,爰籽爰居。揭云陵阿,韬伏明姿。坦彼周行,桃李成蹊。君子有榖,后食其施。百祀弗替,名言式兹。

隆庆戊辰(1568)季冬十日甲申

资政大夫南京兵部尚书在告终养同邑赵大佑世胤乙未进士譔

(二)金月洲墓志

墓志破裂,拼粘而成。青石质地,正面磨光,背面未打磨,中书"明黄淡岙月洲金公志"9字。志石长52厘米,宽59厘米,厚8厘米,上端两角抹成圆弧。有志盖,盖长70厘米,宽66厘米,上端两角斜削。志文为阴刻楷书,共31行803字。铭文内容如下:

明故月洲金隐君墓志铭

君讳世胄,字德宗,别号月洲,其先为闽人。前宋时自闽迁台之黄岩,居黄淡岙,今分隶太平,遂贯太平籍,为太平巨族云。先世以王修撰叔英先生外戚故,没入京,至栖碧公讳廪者始复籍,自兹益繁衍。栖碧即君之高祖也。曾祖讳欣,祖讳守洪,皆有隐德。父讳璞,克承先志,德益裕而其后益昌,室予姊虞溪邵氏。君少时与予同学,业于虞溪之书楼,有志于举子,弗就,乃习声律为诗歌。雅爱读书,尝创书屋,延名师以教子孙,责其成人。客至必恭敬延迓,觞酌尽欢。凡士夫以诗鸣、以文学鸣、以行谊鸣者,皆虚心结纳。

嘉靖庚寅(1530),市有堕井者,井石随覆压之,众皆谓必死。予尝观《梅溪集》,有从覆井中救出者,于是往救之。君适集群仆操版锸以来,迨晚,而生出其人焉。君之义可壮也!邑里旧不平,君乡苦于户繁而人日贫。辛卯岁(1531),邑侯陶以里甲事委君,君条陈便宜,裁其乡之户而人咸称平。先是,岁饥,君出粟以赈贫民,二守王公岩潭摄府事,乃勒石以嘉君义。乙巳岁(1545),又饥,有林姓者逋君粟,欲黜妻以偿之。君曰:"吾以粟故,使人失夫妇之配,仁者不为也。"乃焚券以免其偿。君气性高雅,不肯下于人,亦不肖为卑鄙诡随之行。卒之日,犹从容赋诗。时予方左相东藩,不及临棺一恸,有负吾月洲君多矣。其少子一匡,予孙婿也,走山东视予,惓惓以墓志为请,时尚未暇,今在告还乡里,始终知君者,莫予若也。予故摭君实书之。呜呼哀哉!君已矣!未知予言能垂不朽否也?

君生于成化丁未(1487)十一月二十二日,卒于嘉靖壬子(1552)二月十五日,享年六十有六。先娶盘马江氏,继娶林次庵司训女,即予甥女,善事夫子,勤俭克家,以嘉靖戊午秋卒。子男六:长一亨,江氏出,娶六十二王氏;次一龙,为庠生,娶南閤吴氏,继娶山下陈氏;次一阳,幼议婚予孙女,未嫁而卒,娶蔡旸陈氏;次一宾,从事府庭,娶岩下陈氏;次一参,故;次一匡,为县吏,娶邵氏,亦予之孙女,皆林所出也。孙男十,云鹏、梯、阶、同、瑞、麟、刚、班、環、金柳。而女孙四也。呜呼!君不为不寿,家不为不丰,其为人足为乡闾表望,又得诸弟友于之爱,相与劝导以振先声,诸子尚翅然未艾,君可以无憾矣!惜予归来至于其庭,不见其人,宁不悽然一洒泪乎?因为之铭曰:

至于其庭,不见其人,其人何归,归于元钧。云山冥冥,烟草青青,其人虽亡,不亡者灵。百年一瞬,千载斯铭。

嘉靖戊午(1558)秋七月望日奉政大夫山东德府左长史象峰邵濬怀原撰

(三)金慕南墓志

白石质地,正面磨光,背面未打磨。志石长 69 厘米,宽 57 厘米,厚 7 厘米,上端两角抹成圆弧。有志盖,盖长 73 厘米,宽 66 厘米,上端两角斜削,中间竖书篆书“处士慕南金公墓志”。志文为阴刻行楷,共 22 行 708 字。内容如下:

明故处士金公墓志铭

予季弟大桂与太平金君德宗交甚习,每归自郡城,必为予道其为人风度。今年春,予因访予友黄石龙于委羽山中,宿澄江之馆。忽报有麻衣者来谒,既相见,道姓名,则其人也。已乃再拜,泣请曰:“不肖孤得罪于天,祸延先考,兹将于明年正月八日卜葬于本处包山之原,而未有铭其墓者,先生其肯哀其穷而赐为铭乎?”予曰:“予耳熟君名旧矣!不自意得见君于此,铭其敢辞?顾予自病发归,文思荒落殆甚,且于尊公地远迹疎,不能周知践履,为贤达累耳。铭其敢辞?”德宗又泣拜者三,乃不得辞。

按,公讳存璞,字蕴辉,别号慕南。其先徙自闽,七世祖万十一府君始居于太平之凤山,至其孙黄四府君,永乐初(1403),坐与翰林编修王叔英通婚,谪戍南省,家业一空,并其先世所藏遗书、谱牒亦无存者。又二世,至公曾祖,始还故里。因其旧址而新之。生公祖兄弟五人,咸读书能诗,家声复振。父恒范,又徙于旧址之北,大创室堂,再光先烈。至公重加增葺,旧观愈彰。为人义重于利,弟有早卒者无嗣,则宜公之子为后。公曰:“此礼虚而大类于贪,吾不欲因此与诸弟心有贰也。”遂谢众义而不受。其处兄弟和气类如此。母陈氏,早卒,事其父顺颜,使忘其哀戚,性率易,存心不烦,遇亲戚朋旧一以诚恳□其,无不留意,亦不肖小假词色,以轻可否。人亦无甚怨者。居常好宾客,于士夫尤厚,有过其间者,必务延纳之,而求以自通焉。配安人邵氏,有淑德,助成家业。生子四人:长冑即德宗,次仲,次顕,咸克斡蛊。少子葩,习举子业,期有长进。生于天顺壬午(1462),卒于正德戊寅(1518),享年五十有七。铭曰:

恕以持己,和以处众。大利在前,让而弗用。有德如公,是可颂而不可颂也耶?

赐进士翰林院庶吉士郡人应良撰

赐进士奉敕天津兵备副使施槃书丹

正德十五年(1520)庚辰正月庚寅朔七日立

(四)金宾凤墓志

青石质地,正面磨光,背面未打磨。志石长60厘米,宽60厘米,厚10厘米,上端两角抹成圆弧。有志盖,盖长77厘米,宽66厘米。志文为阴刻楷书,共22行398字。内容如下:

明故处士宾凤金公墓志铭

宾凤金公,讳世显,字德耀,为凤山主人,故号宾凤子。按状:公先世闽人,徙于台之黄岩,今隶太平邑,曰黄淡岙者,世所居也。革除间,以静学王公姻族被谴,已而获宥归。曾祖欣;祖洪;父讳璞,以作善起家,妣邵氏,司训吾溪先生姑也。以弘治甲寅(1494)十有一月望日生公于今里,性惠慈,行质而直,和亲以恩著,睦乡以义著,教子弟以文学著。

嘉靖乙巳(1545)饥,公发粟以赈,死无葬者给之棺,乡之人德之。己未(1559)倭寇于邑城,官率众捍卫,缺饷,公捐金四十以助。好义者效其美,城赖以全,邑主魏、赵诸公亟奖焉。府判徐公署邑事,慎乡饮之举。闻公贤,虚宾席以待公一至焉。自是辄社门,非礼见不轻造也。隆庆戊辰(1568)四月十有九日,以疾终正寝。去生年七十有五岁。娶横山陈氏,有顺德善相。侧室二,阮氏、周氏。阮氏生女一,适长山李宗鲁,邑庠生;生子一儒,娶泉溪高氏、叶屿陈氏。周氏生子一新,善文学,为邑庠高等弟子,娶鳖屿钟氏,继娶晋岙毛氏,又娶泉溪丘氏。孙八人,云冬、云秋、云察、云晓、云仍、云昭、云映、云曦。孙女一,适团江林顕道,贵兆之长孙也。曾孙三,居仁、戴仁、熟仁。于万历十五年(1587)十二月吉旦扦柩于包山之原窆之。未窆前,一新衰绖来请铭,兆忝属姻好,不敢以耄辞。铭曰:

刑家有道,惟善是疆。公心不二,行直以良。裕我孙子,式我乡邦。包山郁郁,卜宅允臧。厥灵孚佑,百世用昌。

万历十五年(1587)岁次丁亥季冬吉旦

文林郎知江西都昌县事白峰居士姻侍生林贵兆拜雁云樵子白峰□□子林道行记撰

二、墓主及金氏世系考略

根据出土的四方墓志,可以确定墓葬时代为明代,墓主人是今温岭市太平街道金氏家族中的一支,从左往右分别为金一直夫妻、金月洲夫妻、金慕南夫妻及金宾凤夫妻。他们中金慕南是父亲,金月洲是长子,金一直是次子,金宾凤是三子,是一个父子四人的夫妻合葬墓群。

金慕南(1462—1518),享年57岁,1521年1月葬于包山。金公又名栖公,讳存璞,字蕴辉,慕南是其别号。居凤山黄淡岙,即今温岭太平山下金。妻邵氏。有四子:胄、仲、显、葩。

金月洲(1487—1552),享年66岁。讳世胄,字德宗,别号月洲。居太平黄淡岙。配江氏、林氏。有六子:一亨、一龙、一阳、一宾、一参、一匡。孙十人:云鹏、云梯、云阶、云同、云瑞、云麟、云刚、云班、云環、云金柳。孙女四人。

金一直(1492—1567),享年76岁。讳世仲,字德承。居太平黄淡岙。妻邵氏。有三子:一佐、一会、一望。有一女,嫁与赵大佑弟赵大伦。孙八人:云霄、云电、云蛟、云师、云霖、云霞、云韶、云音。孙女一,嫁林循祥。

金宾凤(1494—1568),享年75岁。1587年12月迁葬于包山。讳世显,字德耀,为凤山主人。妻陈氏,侧室有阮氏、周氏。有二子:一儒、一新。女一人,嫁长山(即长屿)李宗鲁。孙八人:云冬、云秋、云察、云晓、云仍、云昭、云映、云曦。孙女一人,嫁箬横团江(即团浦)林显道。曾孙三人:居仁、戴仁、熟仁。

从慕南墓志中得知,金氏先人徙自闽,七世祖万十一府君始居于太平之凤山，其孙黄四府君因与王静学姻族，革除间受牵连被谴，家族巨变，家业一空。至该房高祖栖碧公始复籍，曾祖欣始还故里，重振家业。后又徙于旧址之北，即黄淡岙，大创室堂，再光先烈，成为巨族。

从四方墓志铭中可以推知，金氏慕南一房的高祖为栖碧公，讳廪；曾祖讳欣；祖讳守洪，字恒范；慕南为父，讳存璞，字蕴辉，号慕南。其下有四子，为世胄、世仲、世显、世葩。世葩在此没有墓葬，根据慕南墓志铭中"弟有早卒者无嗣则宜公之子为后"，可以推断世葩已过继给慕南之弟。由此，可以排列金氏世系图：

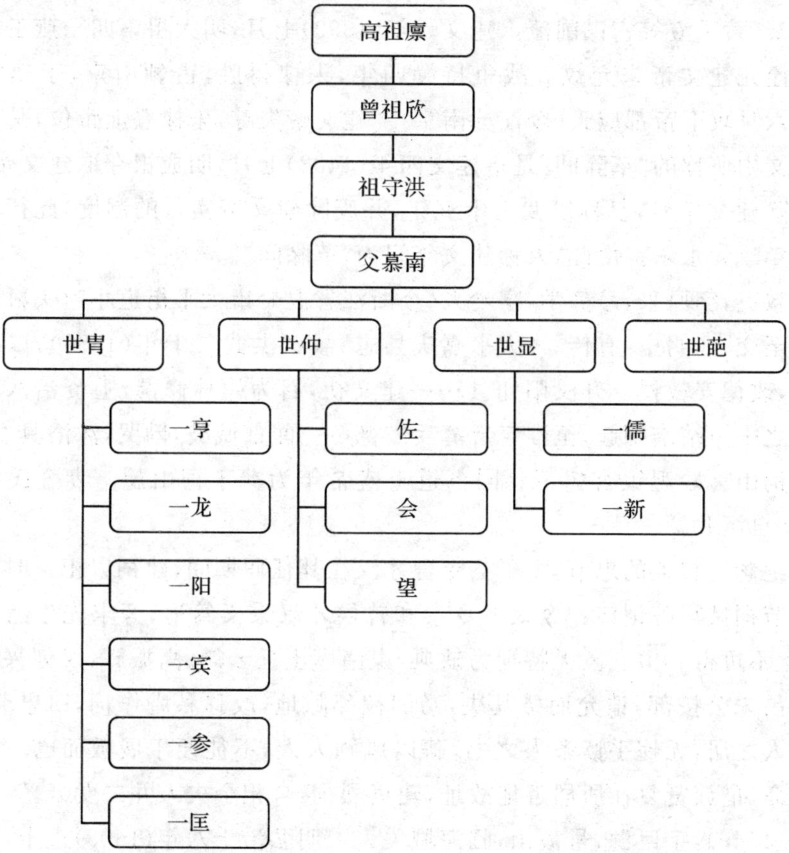

三、墓志铭中相关事件的考略

四位墓主人历经明代天顺至隆庆间六位皇帝，四方墓志铭文对其间涉及的很多事件均进行了载述。

(一)王叔英与革除事件

四方墓志中,每一方都提到王叔英。金慕南墓志“永乐初,坐与翰林编修王叔英通婚,谪戍南省”;金月洲墓志“先世以王修撰叔英先生外戚故,没入京”;金一直墓志“革除中,坐先正静学之戚族”;金宾凤墓志“革除间,以静学王公姻族被谴”。志文中提及的王叔英与革除事件就是明代的靖难之变。

靖难之变,是中国明朝建文年间发生的内战。洪武三十一年(1398),朱元璋死后,因太子朱标早死,皇太孙朱允炆继位,年号建文。建文帝即位后,即与亲信大臣齐泰、黄子澄等密谋削藩。建文元年(1399)七月,明太祖第四子燕王朱棣起兵反叛侄儿建文帝朱允炆。战争持续四年,朱棣得胜,占领南京,于建文四年(1402)六月攻下帝都应天(今江苏南京)。建文帝失踪,朱棣登上帝位,是为明成祖。志文中所称的“革除间”是指建文四年(1402)七月,明成祖夺取建文帝帝位,下诏革除建文年号,复称洪武三十五年,并废除建文帝实行的制度,此行称为革除。次年改元永乐。由此,人称建文年间为“革除间”。

王叔英,字原采,号静学,亭岭人(今浙江省温岭市太平街道小河头村),与方孝孺为至交。《明史》有传。《太平嘉庆县志》载:“洪武二十年(1385),以荐为仙居训导,改德安教授。升汉阳知县……建文初,召为翰林修撰,上资治八策……帝嘉纳之……靖南师起,至淮奉旨募兵广德……闻都城破,恸哭,沐浴具衣冠,遂自经于祠山玄妙观银杏树下。同乡道士盛希年为葬于祠山麓。妻金氏瘐死狱中,二女自沉井。”[1]399

为纪念王叔英的忠节,太平县令曾才汉在其任职期间,建祠以祀。时方伯蔡潮为忠节祠撰写碑记曰:“今太平令泰和曾侯才汉秉义笃道,旁求先生遗裔欲树立之,竟不可得。恒念邑无特祠为缺典,谋诸庠士丘云鹤、高振辉,议创兴作。适郡侯南昌朱公按部,请允而赞其决,乃即校邻隙地,改移私庵作祠,曰忠节,明先生近圣人之居,无愧乎读圣人之书,蕲以风励人人,不徒便于展敬而已。时世葩以曾侯命,偕族贤复让所居近地故址,建贞烈祠,合祀金夫人并二女云。”[1]70 蔡潮(1467—1549),字巨源,号霞山,临海城关人。明弘治十八年(1505)进士,授翰林院庶吉士,后官至河南右布政使。著有《霞山集》10卷、《湖湘学政录》1卷、《判义》6卷、《编次名言》2卷、《对偶菁华》1卷。

忠节祠现已不复存在,但在温岭新河镇三部村另有一座“忠节祠”,其门两旁刻有楷体楹联“大节在人间万世纲常永赖,崇祠临水曲四时俎豆长馨”,门楣上方行书“忠节祠”三字,边上还刻着“中华民国拾壹年十一月吉旦”“先贤静学王公第十六世孙奉祀生留日法学士曾任陆军部正执法官温处刑庭长绍兴民庭长衢州地方推事乃升立"等字。忠节祠其所在的三邵村旧称三至王，多王姓。该祠应是王静学后裔祭祀先生的祠堂。

(二)太平壬子抗倭事件

金一直墓志铭中"嘉靖中岁，大侵"，说的就是太平嘉靖壬子抗倭事件。明代，温岭县境屡遭倭寇劫掠，嘉靖壬子(1552)五月，倭寇自松门登陆后，直抵县城南门，纵火焚烧，被王庚用火器击退。《嘉庆太平县志》兵寇对此有详细记载："嘉靖三十一年壬子(1552)五月，倭寇益肆，恶少附之。自松门弃舟登陆，直抵邑南门，吹螺蚁附，纵火焚近郊室庐，城几破。邑人王庚以火器攻退。次日，贼登山觇城，以竹编牌裹牛皮，拥逼城下，架云梯欲上。城中弩石叠发，贼不得近。会郡守谭纶遣杨文将兵至，乃退去，文追破之于南湾。时任县事为方公辂，备御督战甚力，民恃以安。时儒学有关帝君显神事。"[1]567 明周世隆的《太平抗倭图》(又称《关公退倭图》)形象地描绘了当时太平(温岭)人民英勇抗击倭寇的历史事实，画面中的樟树上，关羽骑马被众士兵簇拥，面向发生战事的西北边。该图现藏国家博物馆。

金宾凤墓志铭中"己未，倭寇于邑城，官率众捍卫"，则是倭寇在新河遭谭纶、戚继光打击后，残倭狼狈逃窜，打算从乐清出海，谭、戚乘胜追击，五月十一日薄暮倭寇抵达太平县城，遭到官兵的抗击，次日退至南湾，占海岸高山，并掳渔船，准备随时出海。经各路明军分进合击，倭寇向海边溃退，最后全部被歼。在戚继光等人的指挥下，太平倭患直到嘉靖四十一年(1562)四月终于平息，当年知县徐钺撰写《南塘戚公奏捷实记》，颂扬戚继光抗倭功绩。今碑尚在新河戚公祠内，字迹漫漶。

(三)乡饮酒礼

在金一直、金宾凤二方墓志中，均提到了乡饮之举。乡饮也就是乡饮酒礼，是我国古代以敬老尊长、宾兴贤能、宣扬教化为目的的公众性礼仪，起源于宋，盛行于明清。《嘉庆太平县志》卷八载："乡饮酒，宋高宗绍兴十四年，诏郡县岁习乡饮。其后流口颇混，乃诏颁行于里社者听，官弗预。明洪武间，令每岁孟春、孟冬之朔，官行于学宫，士庶行于各乡。其学宫行礼，以知县为主，择本处致仕官年爵高者为僎，以乡人年高有德者为宾，其次介，又次为众宾，又选有德者为司正，后以教读为之，二人通文字者讲读律诰，后以生员为之。国朝，乡饮酒礼二次，准开销银七两五钱。"[1]269

墓主金一直、金宾凤因在抗倭、赈饥方面的突出表现，在乡里享有贤达之盛誉,因而受到当时县令赵孟豪、徐钺之邀,虚以宾席以待。这种以宴饮为形式的礼仪,有一套严格的礼制程序,对礼仪活动中的人员设置、座次安排与物品陈设都做出了严格、细致的规定,以保证整个仪式的庄严、隆重。其作为明清时期中国古代地方政府的一种重要官方礼仪活动,旨在示范、引导社会秩序,教化民众,以利于朝廷统治。

四、对有关地名的考略

四方墓志都提及金氏宗族的始居地,其中金慕南墓铭载“其先徙自闽,七世祖万十一府君始居于太平之凤山……父恒范,又徙于旧址之北”,其他三篇志文则均为“其先自闽迁台之黄岩,居黄淡岙,今分隶太平”,表明金氏宗族始居太平凤山,后徙至黄淡岙。凤山即今浙江省温岭市石桥头镇下黄一带。黄淡岙据《嘉靖太平县志》载:“黄淡岙,在县东南亭岭下。”“亭岭,在县东南十五里,南通隘顽,东通松门。王修撰叔英故居在其下。”[1]22《嘉庆太平县志》又载:“黄茅山,西连天马,东即亭岭……黄淡岙在其下……王修撰二女井在路口,有碑。”[1]171 据调查,二女井碑确在山下金村。据此可以断定,黄淡岙即今太平街道山下金村。《温岭地名志》对此也有类似的记载:“山下金,因地处黄茅山下,金姓居此,故名……多金姓,迁自福建,有墓碑可稽。”[1]171

志文中“黄淡岙今分隶太平”指的是明成化五年太平设县之事。在明成化五年前,当时温岭隶属台州府黄岩县,明成化五年(1469),置太平县,属台州府,治所设太平乡泉溪。黄淡岙因之后隶属太平。民国三年(1914),因与山西、四川、安徽等省的太平县同名,改以县西温峤之别称“温岭”为名,始称温岭县。

金氏宗族墓葬所在地包山,史料上找不到直接的依据,根据现有的位置判断,即太平八家山,旧称福泉山。《嘉靖太平县志》载:“福泉山,在天马山东北,亦名覆船山,有八姓共葬于此,又称八家山。南对雁鸣塔,兴善堂在其西麓。自小泉村一路小水微津,回流澄素,静夜听之,恒有清响,林木离离蔚蔚,外悉田畴,邈然林壑之趣矣。”[2]256 这样的环境自是适合卜宅为葬。

五、对墓志有关人氏的考略

四方墓志的志文中涉及很多人氏,有对金氏家族命运产生巨变的王静学,也有为四方墓志撰、书的各位名人,如应良、施槃、邵濬、赵大佑、林贵兆等,还有与他们相关的姻亲等人氏,下面一一进行考略。

金慕南墓志铭由赐进士翰林院庶吉士郡人应良所撰。应良因其弟大桂与慕南之子德宗交好,在德宗亲谒泣请之下,撰写了这篇墓志铭。据《光绪仙居县志》载:"应良,字原忠,号南洲。浙江仙居下各人。少以奇童子称。正德六年(1511)辛未进士,选庶吉士,从湛甘泉、王阳明讲良知之学。后亲老归养,讲学山中将十年。嘉靖初还任,授官编修。刚正不阿,伏阙争大礼,遭廷杖,几毙。后升山东提学副使、河南参政,广东右布政使。嘉靖乙酉年(1525)卒。所著《南洲集》,浙江左布政使郭宾为梓行,题曰《间存集》。"[3]76

其弟应大桂,字邦才。嘉靖丙戌年(1526)进士。曾任汉阳、登州知府,多惠政,有清誉。官至湖广使致仕。

在明朝的嘉靖和万历年间,仙居下各应氏堪称县之望族。自明正德九年(1514)应大猷首登进士榜后,应家"蝉联不绝,科名与宦业并显"。短短 80 年里,应家共出了六位进士、两位举人,且个个声绩并著,或为朝中大臣,或为封疆大吏,真可谓进士世家,官宦门第。

为金慕南墓志铭书丹是施槃。施槃,字彦器,号新斋,浙江黄岩人。成化十九年(1483)进士,授刑部主事,历员外、郎中,擢河间知府,进山东按察副使、天津兵备副使。性坦易,才钜致豪,居林下,日惟赋诗饮酒,兴趣悠然。尤善书,为世所珍。著有《新斋稿》。[1]377

金月洲墓志铭由奉政大夫山东德府左长史象峰邵濬撰。邵濬,字怀源,号象峰,太平泉溪人(即温岭肖泉村人)。嘉靖戊子(1528)举人。任崖州知州,安戢黎甿,州民生为立祠。后升山东德府长史。著有《陈伯玉、杜少陵诗注》。[1]341 邵濬是墓主之舅,与墓主既是姻亲,又是同学,可谓知君莫若他。当其孙女婿即月洲少子一匡为父请写墓志时,邵濬欣然应允,摭君实书之。

志文"继娶林次庵司训女,即予甥女"中的林次庵司训,即林润,字克和,号次庵,温岭太平北山人。左都督府训导,有《次庵集语》。[1]371 为明代名臣林鹗从弟。林鹗(1423—1476),字一鹗,浙江太平(今温岭)人。景泰二年(1451)进士,授御史,明英宗复辟,出知镇江,治有声,调知苏州,历官江西按察使、左右布政使,办事一以法令为据,成化中官至刑部右侍郎。卒年五十四,谥恭肃。工楷书。[1]378

金一直墓志铭由资政大夫南京兵部尚书在告终养同邑赵大佑撰。赵大佑(1510—1569),字世胤,号方崖,明太平(今浙江省温岭)人。嘉靖十四年(1535)进士,历任凤阳推官、广东道监察御史、大理寺丞、少卿,至都察院都御史、副都御史，刑部左、右侍郎，南京都察院右都御史，官终南京兵部尚书，为官清正。善书法，有晋人风骨。诗文温雅俊爽，有《燕石集》。[1]379 赵大佑与墓主既是姻亲，又是好友。墓主的女儿嫁与赵大佑弟赵大伦。

金宾凤墓志铭由文林郎知江西都昌县事白峰居士姻侍生林贵兆所撰。林贵兆，字道行，号白峰，明团浦（今浙江省温岭市箬横镇）人。嘉靖十九年(1540)举人，选任江西都昌知县，以正直廉洁得誉。时赋役繁重，不满于严嵩父子把持朝政，叹道："我岂能为若作鹰犬耶！"为官9个月，即解印归里。著书乐道，结社讲约，为时砥柱30年。乡人化之，所居称仁里。年82岁卒，门生尊为文贞先生。著有《四书申解》《易经申义》《正志》《近说》《大学困知录》及《识知》《齐治》《五伦理》诸编。

纵观墓志的有关人氏考略，可以看出给金氏撰书墓志铭的都是太平或台州的乡贤，他们或为进士，或为举人，都为当时的望族，而且其中的大溪赵里赵氏家族、太平北山的林氏家族、虞岙邵氏家族以及长屿李氏家族与金氏均为姻亲，林氏与邵氏又是姻亲，这些宗族之间互相亲上加亲，形成了一张宽广的社会关系网，也足见金氏在当时的声望与影响。试想，在讲究门当户对的旧时婚配中，如果金氏宗族没有足够的资本，如何与这些官宦人家潘杨之睦。

综上所述，温岭八家山出土的四方金氏墓志铭文内容丰富，不仅记载了志主的世系、郡望、任官、操行、家世等，丰富和补充了金氏宗谱的内容，而且蕴藏了许多温岭旧时的历史信息，如王静学与靖难之变、太平嘉靖壬子抗倭、乡饮酒礼等史料，亦收有不少名人或地方名士，且撰文者均为有名望、任官职的挚友或姻亲。它们的出土，是研究墓主及当时社会最原始的史料，对温岭的地方史、地理环境和明代人文历史都有一定的参考价值，同时也可据此了解一些望族的姻亲关系和名人交往的历史信息。

【参考文献】

[1] 温岭市地方志办公室.太平县古志三种[M].北京：中华书局，1997.
[2] 仙居县地方志办公室.光绪仙居县志[M].上海：同济大学出版社，1990.
[3] 王及.台州历代书画篆刻家传略[M].西安：陕西旅游出版社，1997.

方国珍籍贯解说及辨误

管彦达[①]

【摘　要】方国珍的籍贯在黄岩洋屿(现属台州市路桥区)，得到史学界大多数学者的认可，也有少数人认为方国珍是太平(今温岭市)人，或台州宁海(宁海县今属宁波市)人。根据正史、方志和家谱等史料，考证方国珍的籍贯当属洋屿，并辨明其出错原因。

【关键词】方国珍；籍贯；辨误

方国珍是中国历史上的风云人物之一，他揭开了元末农民大起义的序幕，《明史》有《方国珍传》，白寿彝主编的《中国通史》有《方国珍》专节[1]。

方国珍有三大历史功绩：1.他是元末第一个有影响的起义军领袖，朱元璋说他"当尔起事之初，元尚承平，天下谁敢称乱？惟尔倡兵海隅"[②]。《明史·方国珍传》说："先是，天下承平，国珍兄弟始倡乱海上。"2.保境安民，使浙东人民免受战争苦难。由明翰林学士承旨宋濂撰写的《故资善大夫广西等处行中书省左丞方公神道碑铭》，即"方国珍碑铭"说他"公以豪杰之姿，庇安三路六州十一县之民"[2]。3.顺应历史进程，归降朱元璋。宋濂"方国珍碑铭"又说："公至京师，上(朱元璋)且喜且嚷曰：'若来何晚也？'""天兵压境，避而去之，曾无一夫被乎血刃，其有功于生民甚大。"

对于这样一位历史人物，他的籍贯自然引起人们的注意。虽然台州的大多数史学工作者认为他是洋屿(原属黄岩县，现属路桥区)人，但也有一些学者认为他是温岭人或宁海人。因此，有必要对他的籍贯做一个全面的梳理和辨析。

---

① 管彦达(1945—)，浙江路桥人，路桥区志主编。

② 中央研究院历史语言研究所校印：《明实录·太祖洪武实录》。

一、历史记载

《明史·方国珍传》载:"方国珍,黄岩人。"那么方国珍是黄岩哪里人?

方国珍的二哥方国璋死于元至正二十二年(1362)二月二十一日,葬于至正二十三年(1363)十月二十一日,由其幕僚萧德吉提供行状,由元翰林学士张翥撰的《大元赠银青禄大夫江浙等处行中书省平章政事上柱国追封越国公谥荣愍方公神道碑铭》,即"方国璋碑铭"载"惟方氏其先家台之仙居,后徙黄岩灵山乡塘下里"①。宋濂撰"方国珍碑铭"载:"其系分自莆田,再迁台之仙居,三迁于黄岩,遂占籍焉。"这是方国璋、方国珍兄弟籍贯最明确详细的记载。唯一需要了解的是灵山乡塘下里在什么地方。宋《嘉定赤城志》及黄岩各《县志》均载"灵山乡在县南三十里,管里二:贵丰、塘下"[3]。灵山乡即今路桥区。

《万历黄岩县志》②载:"方谷珍(即国珍,降朱元璋后避讳改),世居洋屿。"

《嘉靖太平县志》载:"杨屿方国珍兵起。"[4]杨屿即洋屿,同音别字。

《光绪黄岩县志》③载:"国珍,洋屿人。"

《嘉庆太平县志》载:"方国珍,世居黄邑之洋屿。洋屿者,近海童山也。"[4]

民国时期的《台州府志》④载:"国珍,黄岩人,世居洋屿。"

《台州地区志》说"方国珍,黄岩县新桥乡洋屿村人"[5]。此时洋屿属新桥区(大乡)。

新编的《黄岩志》载:"方国珍,洋屿人。"[6]

二、"宁海说"的错误

与方国珍同时代的叶子奇《草木子》载:"方国珍,台之宁海人,其居有山在中,曰杨屿。"[7]叶子奇是龙泉人,他是根据当时传言记录的。明·郎瑛《七修类稿·方国珍始末略》亦说"方国珍,台州宁海人"。只要拿方国珍兄弟的墓志铭对照,大家都会明白说方国珍是宁海人是错误的。

---

① 此碑现由临海市博物馆收藏。

② 现由路桥档案局收藏。

③ 现由黄岩博物馆收藏。

④ 现由临海博物馆收藏。

三、认为是温岭人的依据及错误

元代的黄岩州境包括今黄岩、路桥、温岭和椒江大部分。明成化五年(1469),析黄岩南方岩、太平、繁昌三乡置太平县。灵山乡辖二里九都,其中塘下里的五十都南塘也划为太平,灵山乡九存其八,因此也有人认为方国珍是太平塘下(南塘)人。原来宋元时灵山乡塘下里包括南塘、下塘(即下梁原称)、洋屿、长浦等沿海地,有人认为塘下里即塘下(南塘)是不对的。《嘉靖太平县志》《万历黄岩县志》除了载方国珍洋屿人外,又说"一日清晨,诣南塘戴氏借大桅木造舡,将入海货鱼盐",如果方国珍是南塘人,就不会说"一日诣南塘"这样的话,可见方国珍不居住在南塘(塘下)。

有人从"洋屿者,近海童山也",研究出方国珍是温岭"王府基"人。该作者了解到范岙附近有的老人称神童门山为童山,又了解到王府基原先叫双洋屿,结论是,王府基靠近神童山这个事实,正与《太平县志》"洋屿者,近'海童山'也"合。我们仅从"洋屿者,近海童山也"这句话,把它理解成洋屿在海童山附近,就有点可笑。"洋屿者,近海童山也",说的是:洋屿是近海的小山(童山)啊! 不是说:洋屿靠近海童山啊。这是论者不知道方氏兄弟《碑铭》又不理解古文的结果。

四、认为方国珍在玉环起义同样错误

有人看到"灵山""洋屿",联想到玉环有"灵山""灵山塘"和"洋屿",认为方国珍兄弟是玉环洋屿(今新洋乡)人,或在玉环洋屿起义。殊不知玉环当时是乡,元末明初还属乐清县,明代改属太平县,与黄岩县灵山乡的洋屿毫不相关。

五、《石曲方氏宗谱》的记载

虽然正史只记载方国珍为黄岩人,几乎台州所有地方志均记载方国珍为(黄岩)洋屿人,其必有根据。我们找到《石曲方氏宗谱》,其方国珍七世孙宗盛等所作的《乾隆始修石曲方氏宗谱》中说:"我方氏祖籍台州,侨居黄岩,世居洋屿,后迁石曲。"其"石曲方氏四修宗谱序"曰:"是以国珍公前代世居洋屿者,为远祖列外纪,以国珍公后裔转迁石曲者,为近祖列内纪。"由此可见,方国珍确实是洋屿人,其洋屿今属台州市路桥区。

六、方国珍是方家垷人的解说

清末民初路桥人杨晨在所编的《路桥志略·叙山》①中说:“横街山北有洋屿,元末方国珍据此。古谣云‘洋山青,出海精’者也(原注:山顶不生草,元仁宗延祐六年,忽草木郁然,是岁国珍生)。”卷四《人物》又载:“方国珍其先仙居人,迁黄岩灵山乡塘下里,即今方家垷,遂著籍焉。”《路桥志略》前后行文有些抵齬。

《石曲方氏宗谱》记载得比较清楚,其“方氏源流原序”曰:“方氏祖籍台州,自大宋年间侨寓黄岩,世居洋屿,后迁石曲,历传至元,有太祖考、祖妣墓葬在方家垷下汇头,又传数世及元武宗时,出兄弟五人,长国馨,次国璋,三国珍,四国瑛,五国珉。”宗谱里明确说明方家垷下汇头是方国珍祖坟所在。

《明史·方国珍》载:“方国珍,世以贩盐浮海为业。”《万历黄岩县志》载:“方谷珍,世居洋屿,昆弟五人,国馨、国璋、谷珍、国瑛、国珉,咸有膂力,以渔盐为业。谷珍与蔡乱头以盗牢盆相仇……”牢盆为煮盐工具。

明·黄溥《闲中今古录摘抄》(《嘉靖宁波府志》同)载:“谷珍(即国珍)父为佃户,过于恭主,谷珍兄弟既长,谷珍谓父曰:‘田主亦人尔,何恭如此?’父曰:‘我养赡汝等由田主之田也,何可不恭?’谷珍不悦。”《明书·方国珍记》:“父,伯奇,农。”

“世以贩盐浮海为业”方国珍祖辈煮盐贩盐,应住在洋屿盐场附近;但方国珍父亲种田,应住在离农田较近的方家垷。方家垷离洋屿只有两公里路,宋元时代的“洋屿”范围较大[3],东至海边的洋屿山,西把方家垷亦包括在内,这与方国珍是洋屿人没有矛盾。

七、结论

综上所述,方国珍的籍贯不在现今温岭或宁海,而在原黄岩东南的洋屿。

1994年8月22日,国务院同意撤销台州地区和县级黄岩市、椒江市,设立地级台州市。台州市新设椒江、黄岩、路桥三个县级区。路桥区辖原黄岩市的路

① 现由路桥档案局收藏。

桥、桐屿、峰江、新桥、横街、下梁、金清、蓬街8个镇和螺洋、黄琅2个乡。

现在洋屿属于路桥区横街镇,而方家垸属于路桥区路南街道,两地毗邻,不管是洋屿或方家垸,方国珍的籍贯都是台州市路桥区。而现今标准的注法是:方国珍,台州市路桥区洋屿人(不再注路南街道或横街镇)。

【参考文献】

[1]白寿彝.中国通史·第八卷[M].上海:上海人民出版社,1999.

[2]宋濂.文宪集[M].文渊阁四库全书本.

[3]陈耆卿.嘉定赤城志[M].北京:中国文史出版社,2004.

[4]叶良佩.嘉靖太平县志[M]//太平县古志三种.北京:中华书局,1997.

[5]方山,池招福.台州地区志[M].杭州:浙江人民出版社,1995.

[6]严振非.黄岩志[M].北京:中华书局,2002.

[7]叶子奇.草木子[M].文渊阁四库全书本.

戚继光与“南北长城”

卢如平

【摘　要】长城是中华文明史的重要载体，是非常珍贵的历史文化遗产，也是中华民族的精神标志和伟大力量的象征。隋代及以前的万里长城，受风雨侵蚀，大都不完整，明代修筑的，尤其是东起山海关西至山西黄河边的一段，保存得相对完整，起伏于崇山峻岭之间，气势磅礴，蔚为壮观。这是我国历史上杰出的军事家、抗倭英雄——戚继光和谭纶等将帅给我们留下的一份珍贵遗产。

【关键词】戚继光；历史文化遗产；中华文明史；中华民族；万里长城；山海关

被列为世界中古七大奇迹之一的长城，是我国古代一项伟大的军事防御工程，是人类历史上修建时间持续最长的建筑工程，是中华文明史的重要载体，是非常珍贵的历史文化遗产。长城，更以其雄伟的身影、坚强不屈的性格，而成为中华民族精神的标志和伟大力量的象征。

雄伟的万里长城，由于风雨的侵蚀和人为的原因，隋朝及以前用土石、砂砾等材料修筑的城墙几乎很难找出完整的段落。保存相对完整的是明长城，东起鸭绿江边，西至嘉峪关，全长 14600 多里。其中从鸭绿江到山海关这一段，由于工程比较简单，毁坏较为严重；山西以西，因大多以泥土夯实而成，低矮单薄，也倾圮严重；而东起山海关，西至山西黄河边的长城则保存得最为完整，像一条巨龙起伏于崇山峻岭之间，蜿蜒曲折，连绵不断，烽堠敌台，高下相间，突兀参差，气势磅礴，蔚为壮观。这是我国历史上杰出的军事家、伟大的抗倭英雄——戚继光给我们留下的一份珍贵遗产。这其中也有戚继光的亲密战友谭纶等将帅的一份功劳。而鲜为人知的是，江南的临海也有一座由戚继光与谭纶等整修并保存完好的台州府城墙，其在规格、形制和构造上，与山海关至山西段明长城的共同点颇多。据中国长城协会名誉会长罗哲文先生考证认为，台州府城墙是北方长城的“师范”和“蓝本”，民间称台州府城墙为“江南长城”。“江南长城”西北部一段，建于危崖之巅，错落盘旋，敌台林立，雉堞连云，城楼高峙，民间亦誉为“江南八达岭”。因而，戚继光和谭纶使明长城与台州府城墙这“南北长城”之间结下了不解之缘。

“南倭北虏”，即东南沿海一带倭寇的侵扰和北部边境蒙古骑兵的袭扰，是长期困扰明朝廷、危及大明江山社稷的两大问题。而这两大难题是在戚继光、谭纶、俞大猷、胡宗宪、李成梁、张居正、王崇古等文臣武将的齐心协力下予以解决的。其中，戚继光居首功。他南歼倭寇，屡战屡捷，扫平了长期为害的倭寇，保障了东南海疆的安宁；北御鞑靼，固我长城，保卫了北部疆域的安全，促进了汉族与蒙古族的和平发展。戚继光为保卫国家安全和维护大明王朝奋斗了一生，立下了汗马功劳。

倭寇早在元末就开始侵扰我国东南沿海，明嘉靖年间是其最为猖獗的时期。他们到处烧杀劫掠，给东南沿海人民带来了巨大的灾难，对东南沿海地区的经济造成了极其严重的破坏。台州则是重灾区。而明朝，政治黑暗，吏治腐败，海防废弛，部队缺乏战斗力，面对凶狠的倭寇，十战九败，于是倭患愈加严重。

在倭患形势如此严峻的情况下，戚继光与谭纶分别从山东和南京同时调任浙江。戚继光于嘉靖三十四年(1555)七月任浙江都司佥书，三十五年七月任宁绍台参将，三十九年二月转任台金严参将，四十一年十二月升为分守台、温、福、兴、福宁等处副总兵，四十二年十月升任福建总兵，镇守福建全省及浙江金、温两府，防守台州，抗击倭寇七年余。谭纶于嘉靖三十四年八月任台州知府，三十七年闰七月升浙江海道副使，治兵宁波。

在台州，戚继光与谭纶成为亲密的朋友，结下了深厚友谊。在台州，谭纶完成了文官向军事家的过渡，修城浚壕，练兵训卒，抗击倭寇，保卫六县。在台州，戚继光真正开始了他一生辉煌的军事历程，他修城墙，造战船，整顿卫所，招募勇士；就地取材发明狼筅，充分发挥火器威力，创“鸳鸯阵”和“一头两翼一尾阵”，撰写《纪效新书》，以此为教材，亲自训练了一支守纪律、听指挥、勇敢善战的精锐之师——戚家军，培养了胡守仁、李超、陈大成、王如龙、杨文(临海大汾人，后累功至辽阳总兵)、张元勋(太平新河人，后累功至广东代总兵、都督)、丁邦彦、金科等一批能征善战的将领。戚继光在台州与倭寇前后数十战，每战必胜，尤其是嘉靖四十年(1561)四五月间，以 4000 名戚家军的兵力，面对总计 2 万余倭寇，连获新河、花街、上峰岭、长沙等水陆九战大捷，使侵犯台州的倭寇遭到歼灭性的打击，并解救了万余名被掳百姓，而戚家军累计阵亡不到 20 人，史称台州大捷。从此，戚家军的威名传遍东南各省，倭寇亦畏戚家军如猛虎，惧称戚继光为“戚老虎”而不敢再犯浙江，浙江倭患遂平。

戚继光军事思想最突出的一条是攻守结合，既强调练兵，建立威武之师，又重视防御工程的建设。戚继光和谭纶防守台州时，把加固城防作为重点，以提高防御能力。台州府城墙始建于晋安帝元兴元年(402)，扩建于唐武德四年(621)。扩建后的台州府城，西、南两面墙外就是浙江第三大河流灵江，每逢夏秋，台风暴雨来临之后，自西而下的洪水，汹涌咆哮直冲西门，尔后绕城东去，因此城墙兼具军事防御和城市防洪的双重功能。宋仁宗庆历五年(1045)六月，“大水毁城郭，死人万余”(另一说为数千)。灾后重建，朝廷遣太常博士彭思永至台督修，集台州各县之力“三旬而成”，又惧万一“复罹水灾……或有颓者”，商议“周之以陶甓(城砖)……兼用石”[①]。将城墙两面全部用砖石包砌，使其更加牢固，在中国首开全面以砖筑城之先河。戚、谭二人对台州的砖包城留下了很深的印象，台州府城墙为万历年间戚继光对山海关至居庸关长城全面实施砖包城提供了蓝本。

戚继光在台州城防建筑史上还有个突破性的创造——空心敌台。桃渚，于洪武二十年(1387)九月设千户所并建城，因处于从海上进入台州的咽喉之地，“为卫城府治之藩翰”，故亦是倭寇侵扰的重点。正统四年(1439)五月，数千倭寇分乘40多艘战船突袭临海桃渚，攻破城池，大肆抢杀。一时之间，“官庾民舍，焚劫一空，驱掠少壮，发掘冢墓，束婴竿上，沃以沸汤，视其啼号，拍手笑乐。捕得孕妇，卜度男女，刳视中否为胜负饮酒。荒淫秽恶，至有不可言者”。桃渚城内外，“积骸如陵，流血成川，城野萧条，过者陨涕”。嘉靖三十八年(1559)四月，数千倭寇登陆台州，一股倭寇围攻桃渚城达七昼夜。戚继光在消灭入侵宁海鑑溪的倭寇后，与时任浙江海道副使谭纶率兵冒着暴雨急行军300余里，解桃渚之围。四至五月，连捷于连盘、肯埠、章安、海门、金清、桃渚、昌埠、梅澳、南湾等处，彻底歼灭入侵之倭。五月，在再次解桃渚之围后，进驻桃渚城，看到城池破败，立即动员军民大规模修复城墙。他以军事家的眼光发现东北角和西北角“为薮泽，蔽塞不通”，成了死角。于是用官府空基易价作为费用，在两角创造性地各修筑了一座空心敌台，使桃渚“城上有台，台上有楼，高下深广，相地宜以曲全，悬瞭城外，纤悉莫隐”[②]。空心敌台的修建，大大增强了桃渚城的防御能力。嘉靖四十年(1561)，又在台州府城策划修筑了13座空心敌台，为其晚年大规模建造北方长城空心敌台开启了先河。戚继光创建空心敌台，是其军事实践的一个伟大创举，是对中国古代军事建筑学的巨大发展，是军事建筑史和城防史的重大突破。

---

① 出自宋・苏梦龄《台州新城记》

② 出自桃渚《新建敌台碑记》，明朝何宠撰文。

倭寇在浙江受到戚家军的痛击后，把侵扰的重点转向福建、广东。朝廷先后任命谭纶为福建巡抚和两广总督，并命令扩军后的戚家军出兵闽粤。自嘉靖四十二年(1563)四月至隆庆元年(1567)四月，戚继光与谭纶、俞大猷、刘显、汤克宽等配合作战，戚家军历经水陆大小五十余战，攻无不克，战无不胜，彻底消灭了侵犯福建、广东的倭寇和勾结倭寇的吴平等部海盗。至此，日本各岛的来犯者，才承认在中国冒险没有便宜可占，因而逐渐放弃了继续骚扰的念头，东南沿海几百年的倭患得以平息。

东南沿海倭患渐次平息以后，长期以来高悬在明廷头上的“南倭北虏”两把利剑，好不容易摘除了一把，朝廷便把主要精力放到整饬北方边务，消除蒙古鞑靼部落的袭扰上。

“北虏”问题，由来已久。洪武元年(1368)，元廷退居漠北，此后由于与明朝的长期战争及内乱、内战不休，元气大伤，蒙古人逐渐丧失了进取中原的雄心。但在失去了原农业地区的支援和调节后，单一的原始畜牧业和不发达的手工业使蒙古人的生活陷于困境。获取汉地的物资成为蒙古部落的期盼。而朝贡和打仗都是获取物资的手段，因而鞑靼、瓦剌诸部及兀良哈三卫不断袭扰明朝边地，往往是大掠之后自动退兵，形成历史上所谓的“北虏之患”。随着明朝吏治腐败程度的不断加深，边防力量渐趋削弱，“北虏之患”日益加重。嘉靖年间，鞑靼诸部屡屡入犯，兵力动辄数万，甚至数十万，明王朝的腐败军队根本抵挡不住蒙古人骁勇善战的骑兵。二十九年(1550)六月，鞑靼首领俺答率领所部数万精兵犯大同、蓟镇，大破古北口入塞，一直攻到北京城下。而明军不仅京营官兵毫无斗志，各路“勤王”之师也怯懦不敢战，听任鞑靼军队在京师周围肆意劫掠八日，满载而去，史称“庚戌之变”。

隆庆元年(1567)，俺答数犯边地，而土蛮亦同时入寇，进犯蓟州，蹂躏昌黎、抚宁、乐亭、卢龙，使人民的生命财产遭受严重损失，边境形势极为严峻。朝廷商议对策，工科给事中吴时来提议调两广总督谭纶、福建总兵戚继光、广西总兵俞大猷到北方“专督练边兵”。福建巡抚涂泽民则恳求：“戚继光才猷超迈，忠勇性成，功勋茂著，八闽爱戴，如出一口……盖一日有闽即不可无此官，乞将戚某专心料理闽事。”兵部意见：“戚某与谭纶向在福建，文武相资，练兵御寇，立有成效，应取回京，共修戎政。”明穆宗朱载坖决定：“速召戚某同谭纶回京，训练兵马，以备缓急之用。”[2]197

戚继光于隆庆二年(1568)二月任神机营副将；五月，总理蓟、昌、保练兵事务，节制三镇与总督同；三年正月，破例以总理兼任蓟镇总兵，镇守蓟州、永平、山海关等处。谭纶则于隆庆二年(1568)三月任蓟辽总督;四年十月为兵部左侍郎,协理京营戎政;六年七月为兵部尚书,入掌兵部。戚继光兼任蓟镇总兵后,在亲密战友谭纶的长期极力举荐和倾力支持下,在内阁大学士张居正(隆庆六年六月出任首辅)的高度赏识和极度信任下,开始了军事生涯的又一次辉煌。

戚继光认为“须驻重兵以挡其长驱,而又乘边墙以防其出没,方为完策”[3]37。而当时的长城守卫部队疲弱不堪,戚继光多次提议调部分戚家军北上,在谭纶的努力下,杭嘉湖参将胡守仁、署事参将李超等率 3000 名戚家军于隆庆三年二月到达密云郊外待命。优良的军纪,震撼了长城守兵。是年,南兵增至一万,六年增至二万。戚继光以此为骨干队伍,对各种冷热兵器进行了全面的更新改造,以最新式、最精良的武器装备自己的部队;与谭纶一起设计、制造了偏箱战车,上架火炮,堪称现代战车之雏形;建立车步骑营,创造三兵种联合作战的新战术——马背上的鸳鸯阵;撰兵书《练兵实纪》,大规模训练将士;修建边墙敌台,大大增强长城的防御能力;调整防区,部署严密防守。

大规模修建城墙敌台。自洪武初年,元廷遁北之始,明廷即开始修复长城,主要是在秦汉长城、北魏长城、北齐长城和隋长城的基础上加以修筑,并增筑烟墩、烽堠、戍堡、关隘等。但筑城的方式多数还是采取传统的夯土而筑,局部地区将土墙改为石墙,即砌石为墙。戚继光深感这样的长城在防御功能上的不足:边墙修得低薄,缺乏凭险据守的堡垒,并且多以泥土夯实而成,日子一久,倒塌倾圮严重,甚至“岁修岁圮”,根本无法阻挡鞑靼部落的袭扰。“每年修守,每年贼入,大虏不犯则已,犯则如蹈无人之境,何也?”戚继光深深地感到:“人亦以险固,设险为虚,人何由守?”提出按高质量的要求全面修复城墙,“金汤势成,不战而屈人之兵者在是矣”[3]192。他将在台州抗倭时修筑城防的经验运用到北方长城的加固改建上。一是修建空心敌台,将在台州抗倭时的发明——空心敌台在长城依山就势大量修建,亲自拟定筑台规则,在台州所筑敌台的基础上加以改进创新,至万历九年(1581)蓟昌二镇先后三期共建 1448 座空心敌台,进可攻,退可守。[6]119隆庆五年(1571)八月,时任蓟辽总督刘应节将空心敌台总结为有利于屯兵、储藏粮食弹药、居高居险等攻守之十利,其功皆属戚继光。[2]313二是加固长城,先是将城墙增高加厚,但仍感不足,万历四年(1576)起参考台州城在城墙两侧用砖石包砌增加牢固的经验,大规模用砖石包砌长城,即用经过修整的石条为基,墙体内外用青砖包砌,一直到顶,白灰勾缝,内实三合土,保障墙体坚固耐久。[2]389三是完善长城的附属设施,增建垛墙、悬眼等设施。四是墙外削偏坡、挑壕堑、挖品坑,减弱敌人的攻击能力。五是墙内建附台军营(老营)。这就构成了一个城墙高峙、敌台林立、烽堠相望、完整而坚固的防御工事体系。在张居正、谭纶等推动下，宣府、大同、太原三镇参照戚继光的范例亦全面修建辖区长城敌台，但因只有部分城墙砖包城，因而保存得远不如戚继光所主持修建的山海关至居庸关段长城完好[11]274。

为了检验修城练兵的效果，戚继光在隆庆六年(1572)十月借朝廷阅视之机，在蓟州的中心地带汤泉(今河北遵化市北)组织了16万主客兵参与的防御鞑靼骑兵入侵的演习，历时20余日，规模空前，成绩巨大。这次大检阅、大演习，充分展示了蓟镇守军士气之高昂，战法之精湛，防守之严密，也展示了经戚继光修建的长城敌台在防御上的重要作用，是戚继光军事思想的一次成功实践。

戚继光兼任蓟镇总兵时，对蓟镇构成威胁的蒙古部落主要有三支：西部的鞑靼俺答，边墙外的朵颜、泰宁、福余三卫和东部的土蛮。自隆庆二年(1568)十二月至万历三年(1575)正月，朵颜部酋长董狐狸先后5次侵犯边关，戚继光率强大的车步骑营，将马背上的鸳鸯阵发挥得淋漓尽致。步兵与车兵配合作战，相辅相成，合为一体，与骑兵时分时合，三个兵种结合成一个完整战斗团体，攻守结合，使蒙古骑兵束手无策，每仗均打得董狐狸大败而逃。戚家军在万历三年(1575)二月，出塞追击时还活捉了董狐狸的侄子长秃，使朵颜等三卫心寒胆裂，彻底慑服。三月一日，董狐狸率部落头面人物240多人到喜峰口请罪，对天盟誓，子孙永远内附，世世代代不再进犯。而由于张居正和宣大总督王崇古正确处理隆庆四年(1570)把汉那吉的投奔事件，达成“隆庆议和”，俺答表示臣服，俺答部从此再也没有进犯蓟镇。但土蛮部依然时时在觊觎着蓟镇的财富，于隆庆四年(1570)八月和万历三年(1575)四月，两次集结数万之众分别准备进攻古北口和山海关，最后都慑于戚继光的威名而没敢进犯，转而将袭扰的目标转向辽东。戚继光分别于万历七年(1579)十月和八年(1580)十月，两次率兵援助辽东，与辽东总兵李成梁配合作战，击败敌人。

蓟镇作为北京的门户，军事地位十分重要，在戚继光之前的17年间，调换大将10人，均因罪去职，戚继光在蓟镇16年，蓟门宴然。继任者随其成法，数十年间太平无事。

戚继光所著的《纪效新书》《练兵实纪》是其军事思想的集中体现，影响巨大，广为流传。《四库全书》收集兵书20部，其中就有这两部。戚继光重修的东起山海关西至居庸关长城如今已成为中华民族的瑰宝；其重修的临海两座英雄古城也作为长城之师范和蓝本而列为“国保”。“南北长城”互为参照，彼此呼应，彰显了戚继光功高当时、誉在千秋的丰功伟绩。

【参考文献】

[1] 张廷玉,等.明史[M].上海:上海古籍出版社,1986.

[2] 戚祚国,等.戚少保年谱耆编[M].北京:中华书局,2003.

[3] 戚继光.戚少保奏议[M].北京:中华书局,2001.

[4] 黄仁宇.万历十五年[M].北京:中华书局,2006.

[5] 范中义,仝晰纲.明代倭寇史略[M].北京:中华书局,2004.

[6] 范中义.戚继光评传[M].南京:南京大学出版社,2006.

[7] 胡长春.谭纶评传[M].南昌:江西人民出版社,2007.

[8] 乌云毕力格,白拉都格其.蒙古史纲要[M].呼和浩特:内蒙古人民出版社,2007.

[9] 罗哲文.长城[M].北京:清华大学出版社,2008.

[10] 黄大树.真如集[M]//山海长城一脉情.杭州:西泠印社,2002.

[11] 林幹.中国古代北方民族通论[M].呼和浩特:内蒙古人民出版社,2007.

三门湾明代海防遗迹考论

俞海华[①]

【摘　要】唐宋以来即为军事要冲之区的三门湾，历代海防遗迹多有所存，尤以明代所存最富。三门湾沿海明代构筑的一条以卫、所为点，巡检司、寨汛、烽堠为线的雄伟壮观的海防长城，肩负着防御倭寇的重任。这些海防遗迹是研究台州海防文化重要的实物见证。

【关键词】三门湾；明代；海防遗迹

一、概况

三门湾位于台州湾和象山港之间，东临东海，南为临海，北为象山，居全国海岸之中心，为浙中门户，地理位置十分重要。三门湾三面环山，口外有许多岛屿为屏障，口内港汊纷陈，以石浦港、健跳港为翘楚。三门县因三门湾口三山鼎峙，砥柱中流，气势雄伟，中分三航道，远望俨若"三门"而得名。三门湾不但位置冲要，港湾优良，且物产丰饶，素称"一年之耕，三年之食，山多林木，海富鱼盐"。

自唐朝以来，三门湾已成为国家海防建设要地，历代所留遗迹甚多。莆西巡检司唐代始设墩煌防营，为南北会防之所，是三门最早的驻军单位。宋绍兴年间在南田岛设临门寨，嘉定年间设东门寨，元设东门巡检司。至明初，因倭寇时常侵袭，三门湾沿海遍置卫、所等海防设施，规模空前，修筑了昌国卫城、石浦、健跳所城，并在当时的宁海县长亭、越溪、铁场、曼岙、窦岙等地先后设立巡检司。明代海防设施犹如一条翻山越岭、蜿蜒起伏于丛山峻岭中的巨龙，在三门湾这片富饶的土地上时隐时现，孤寂的城墙、烽火台耸立于群峰之间，一路敌楼相望，烽墩

---

① 俞海华(1963—)，浙江三门人，三门博物馆馆员，主要研究方向：地域历史文化。

相连,曲折跌宕几百里,是明代海防工程中伟大的军事防御工程,凝结着劳动人民的血汗与智慧。

二、历史背景

朱元璋建立大明帝国后,不少倭寇出没于沿海岛屿,而且越演越烈,为防御倭寇,朱元璋下诏征询抗倭方略,并接受了黄岩人方国珍的侄子方鸣谦的提议:“倭海上来,则海上御之耳。请量地远近,置卫所,陆聚步兵,水具战舰,则倭不得入,人亦不傅岸。”[1]乃派信国公汤和巡视东南沿海,构筑城防,在沿海各省建立卫所防御倭寇。

明朝海防及军制,“自京师达于郡县,皆立卫所,外统之都司,内统于五军都督府。大率以五千六百为卫,千一百二十人为千户所,百十有二人为百户所。所设总旗二,小旗十,大小联比以成军”[2]。明代卫所制,是朱元璋统一全国后建立的一种新的军事制度,它既是明代军队的基本组织形式,又是按规定数额屯驻军队的据点依据。立军卫法,建卫所以控扼要地,卫军、边兵和民兵均为明朝军队的地方军,卫军配置于内地各军事重镇和东南海防要地。都指挥使司(都司)和都指挥使是省一级的军事机构和统兵长官,都司之下,置卫或所,通常卫由卫指挥使率领,辖前、后、左、右、中五个千户所。

明代倭患“惟浙江为最”,而浙江又以台州为最。台州由于“地滨东海,实为倭邻,故设卫所特密”[3]。卫所是以防守为主的军事设施,建筑位置都在要扼之处,这些卫所、巡检和烽火台,布局完整、缜密,当时对抗击倭寇起到了重要作用。

浙江东面濒海,水陆交织,地形险峻,海岸曲折漫长,海岛众多,“北接苏松,南连闽峤”,从嘉兴之平湖,至温州之苍南,“凡一千三百余里”,其间设置 11 个卫,31 个千户所。据《两浙海防类考续编》记载,浙江沿海卫、所下辖有巡检司 48、寨 33、台 44、烽堠 234 等。这些卫、所、巡检司、兵寨等都离海不远,近者一里、三里,远者五里、八里,多数建于港湾、河口,可以监控锚泊舟船,以及陆路驿道等。自洪武十七年(1384)开始,至洪武二十年(1387)的四年当中,信国公汤和为防倭寇入侵,循朱元璋“高筑墙、广积粮”的旨意,当时在台州所修筑的就有海门卫、松门卫、前所、桃渚、健跳、新河、隘顽、楚门八座卫所城,其中在三门湾境内建筑了昌国、石浦、爵溪、钱仓、健跳五个千户所,筑城防守,下设八个巡检司,在三门境内的就有莆西、吴都、曼岙、关头、窦岙五座巡检司城,环三门湾卫、所、巡检司林立,沿海遍置烽火台。可见三门湾在当时是明朝政府主要的海防重地。

这些卫、所城堡多数依山傍水，既易守难攻，又便于望远。因为是依山筑城，所以城内近半为山地，如健跳所城背依凤山山势而筑城，濒临健跳港而立城，扼在水陆交通要隘。

健跳所城，依山而筑城，三面阻山，东面距海，非兵船预伏探哨，贼卒很难靠岸。城南有健跳港，港阔四百余丈，接海直通三门湾猫头洋，上接蛇蟠诸岛，下接青屿与牛头洋，是海防哨卡。健跳所城初属台州卫，继属海门卫，正统间隶属宁海县，"辖千户等官十一员，旗军二百四十一名，辖台一，曰高湾。烽台五，曰茅(猫)头，赤头、后沙、小渔西、大渔西，巡检司五，曰曼岙，窦岙、越溪、长亭、铁场"[4]。健跳所置正副千户三员，操兵一千名，并在沿海隘水口置兵，承担着防守健跳港并统辖整个海湾防务。

巡检司为中国元朝、明朝与清代县级衙门底下的基层组织，归当地州县管辖，通常为管辖人烟稀少地方的非常设组织，除了无行政裁量权之外，也没有常设主官，其功能以军事为主。明代巡检司具有军事武装性质，却属于地方行政辖管，并无正规的军队，巡检所统领的不过是从当地农民中佥点的弓兵，每个巡检司各置弓兵一百名，囚兵二百五十名。弓兵乃地方性武装力量，巡检司则是地方性军事机构，巡检统领相应数量的弓兵，负责稽查往来行人，打击走私，缉捕盗贼。洪武十七年(1384)十月，改巡检司巡检品级为从九品。弘治之后，各地巡检司大量裁革。

汤国公一边广筑防卫城寨，置司派兵，巡逻戍边，一边在沿海百姓中实行四丁抽一，以充戍边兵力不足。沿海百姓既遭倭寇之灾，又受兵役之苦，生计艰难，苦不堪言。一些寨所一时未建成营房，官兵寄食于民，扰其业而匮其财，这在许多古籍宗谱中都有记载。

除卫、所、巡检司外，还在关口要隘处设寨汛、烽堠等海防设施，自洪武以来，三门湾沿海遍布卫、所、巡检司、寨汛、烽堠，形成了一条以卫、所为点，巡检司、寨汛、烽堠为线的雄伟壮观的江南长城，肩负着防御倭寇的重任。

三、主要海防设施

《台州府志》载："明洪武二十年，信国公汤和奏请在健跳设千户，尚膺筑城，形马蹄，城高二丈三尺，周回三里二十七步。城门四，两门有记载，西登'明门'，北曰'崇武'，明正统年间指挥王谦重建，弘治八年(1495)副使文贵檄千户徐信复建。""健跳所孤悬于重山外，恃舟楫为命，守港之师不可暂撤是也。"[3]

健跳所城是现属三门唯一的千户所,城内主要建筑有所署、校场、营房、城隍庙、戚公祠、瞭台、寺庙等。明代朝鲜人崔溥(1454—1504)在《漂海录》中曾详细记述了健跳所城:“门皆重城,鼓角、铳冲声震海岳……城中人物、第宅视桃渚所尤丰盛。”[5]

明代卫、所之间还设置巡检司,据《明会典》兵部七:“凡天下要冲去处,设立巡检司,专一盘诘往来奸细及贩卖私盐、犯人、逃军、逃囚、无引面生可疑之人。”[6]根据卫、所之间的空间距离,选择设置,所谓“卫之隙置所、所之隙置巡检司”“莫不因山堑谷、崇其垣墉,陈列兵士,以御非常”。

明朝设置巡检司始于何时?据万历《大明会典》记载,是在洪武二十六年(1393),而《明史·职官志》依据《明太祖实录》确定为洪武二年。据崇祯《宁海县志》记载,三门湾沿海巡检司最早设置时间是在洪武三年,宁海长亭、越溪、铁场、曼岙、窦岙等地先后设立了巡检司。

莆西巡检司古城位于六敖镇小莆村东北2公里,北濒大海,南连群山,地处水陆交通咽喉,俯视三门湾,为三门门户,地理位置十分重要。城墙依山势而筑城,城围500多米,四门,城高三丈,宽6～8米,以蛇盘石垒彻而成,异常坚固。据《三门年鉴》载:“巡检司古城,为唐代南北会防之所,明设巡检司防倭寇,城内有城隍庙、社稷祠、秦伯庙,更有唐代建墩煌,明万历所凿石鸣。”[7]民国初年,爱国华侨曾倡议在此设埠开市,开发三门湾。

桃峙巡检司位于三门县城东南32公里的小雄镇桃峙村炮台山,由原蛟湖巡检司移驻,城址尚存。《民国临海县志·叙山》记载:“蛟湖山,在县一百一十五里,旁有桃峙故城,即旧志蛟湖巡检司城。”[8]

曼岙巡检司位于三门县城东北10公里的沙柳镇大周村笔架山,城垣已毁。

关头巡检司位于三门县城东南23公里,占地5000平方米,曾关卡于埠头,大小船只进出均要在此靠埠接受检查。部分城墙尚存。

窦岙巡检司位于三门县城东面8公里,据《光绪宁海县志》记载:“窦岙巡检司城,在南八十里,明洪武三年汤和奏设。”[9]

明代卫、所、巡检司之下设寨、烽台等海防设施,“皆屯兵置舰,以为防守”[10]。明代关多为水关,也有陆上关隘,所谓“津陆要冲,置为关隘”[10],水关则设置兵船,加以巡查,“盘诘舟航,以防奸细”[10]。

海游寨位于海游镇东木杓山,珠游溪自山脚下流过。木杓山因形似木杓而得名。木杓山自古为海游门户,明洪武为防倭寇始建海游汛,设左营千总一员,下辖头岙台、枫坑台、老鼠山台烽台等;清延设,旧建有烟墩女墙,清同治年间建有城隍庙和关帝庙，今已圮。

北沙壁垒位于三门县城35公里小岭下村北沙。明洪武二十年，为防倭寇而筑，北起大官山，南至山塘山，环山傍海，长约500米，原高3米多，块石结构，20世纪60年代因围海造田拆除。

牛头门哨，在沿赤乡。哨官一员，部领大小战船六只，兵一百二十九名。泊牛头门汛地，南哨至北泽、技人沙奥等处海洋，与主山官兵会哨，东北哨至渔西、沙堰等处海洋，与静寇门官兵会哨。

汛地，明代为抗击倭寇入侵，防备严密，在海口或险要关隘处设立水师汛地并墩台、塘铺以备防务，在三门县境内曾设汛地13处，墩台34处。

石桥汛左营把总一名，兵额9，辖田岙台；西郭汛左营把总一名，兵额9，辖白岩、咽喉山台；海游汛左营千总一名，兵额44，辖窦岙山台、枫坑山台、老鼠山台。

烽火台，又称墩堠、烽燧、狼烟台、烟墩、炮台，用于传递军情。如遇敌情，昼燃烟，夜举火。明代为防倭寇，在沿海山头一带建烽堠，形制较多，多为方形、长方形，也有圆形、多边形（如六角形）等，有的一字排列两三座烟墩，皆以石块砌筑，多位于山顶，高3米至4米，底径4米至10米不等，块石包砌，中夯泥土，有的前为瞭望台，一侧为烟墩。烽台驻有军士，还建有营房等设施。有燧卒数名，其中必须有1人守望，其余从事防务活动，如积薪、炊事等杂务。现存明代烽台主要有猫头山墩台、瞭高山台、高湾台、满山台、田岙山台、石岩台等。

猫头山烽台在三门县城东24公里，健跳镇猫头村西，旧标双岩山，据《光绪宁海县志·山脉》记载："双岩山。可设瞭台，登巅望之内地诸港口及外洋，皆在目前。"[11]

高山烽台在三门县城东26公里，又称凤山，健跳东北。《光绪宁海县志·山脉》记载："凤山，如凤张翼，明洪武间，设备以控制海道，城其山为健跳所。"[11]

石岩烽台位于三门县城南3公里，石岩村西，又名烟墩山。据《光绪宁海县志·山脉》记载："石岩山，下有石岩村。"[11]

烟墩山在三门县城东南20公里，健跳镇梅山村东南，据《光绪宁海县志·山脉》记载："梅岙山旧置墩台，今圮。"[11]故又称烟墩山。

卫所是以防守为主的军事设施，建筑位置都在要扼之处，这些卫所、巡检司和烽火台，布局完整、缜密，当时对抗击倭寇起到了重要作用。

四、海防设施的功能和价值

明洪武元年以后,全国各地普遍、大量设置卫所、巡检司。当然,不仅有设置,亦有裁撤迁置。洪武十三年十月,吏部裁汰大量巡检司,“凡非要地者悉罢之”[12],这一次就裁撤了354司。由此可以看出,根据地方社会、经济、治安情况的变化,不断调整数量、分布,乃明代巡检司制度的一大特点。明初,由于国势强大,兵力雄厚,倭寇的侵扰仅限于沿海岛屿,时间短,规模小,未成大乱。嘉靖以后,明朝社会矛盾日益激化,日本国内进入战国时期,在内外因的作用下,逐渐形成了倭寇海盗集团。因温、台一带海岸曲折,便于倭寇伺机行动,成为受害重灾区,尤以嘉靖年间最为惨烈。这也正吻合窦岙巡检司、关头巡检司多次迁置的史实,也从一个侧面表明了巡检司迁置的原因。

巡检司一般设于关津要道重地,背倚山冈、前临港湾。有些位于河口,是河、海交界处,舟船可以沿河而上,地理位置最为重要。如六敖镇莆西巡检司东接大海,背倚众山,孤悬海外,乃三门湾之门户,海游港之咽喉。

巡检司的主要职能是盘查过往行人,缉拿奸细,截获脱逃军人及囚犯,打击走私,维护正常的商旅往来,所在地方的盗贼缉捕、治安巡防、震慑甚至镇压寇乱等,也是巡检司的重要任务。

明代的巡检司尽管品秩不高,在地方事务中却占有重要地位,是明太祖朱元璋加强基层社会控制的制度体系中的一个重要环节,对基层社会的控制起着无可替代的作用。巡检司制度亦与卫所制度相关联,是卫所制度的重要补充。军事力量对维护国家安全、社会治安的重要性自不待言,可是,正规军队的数量毕竟有限,卫所不可能遍布广大乡村。巡检司制度弥补了卫所制度之不及,成为国家发挥暴力作用的重要补充,更何况巡检司置撤灵活,巡检司弓兵又无须国家财政供养。

据史书记载,15世纪初,倭寇屡犯东南沿海,江浙首当其冲,受害最甚。倭寇到处攻城劫寨、抢掠财物、杀人放火、奸淫掳掠,闹得三门湾畔民不聊生,给沿海民众带来了深重的灾难。倭寇多次进犯三门湾骚扰,激起了三门军民的强烈反抗,明朝政府派重兵征剿倭寇,并筑海防设施防御,名将俞大猷、戚继光、谭纶等先后在三门湾驻守抗倭,并屡与倭寇鏖战于三门湾畔,威震海疆,留下许多先辈可歌可泣的英雄事迹。

三门湾地处海防前沿,特别是明代倭害成灾,健跳地处海防前沿,历来受外国侵略者的垂涎和掠抢，明景泰六年(1455)倭寇进犯健跳所。嘉靖二十七年(1548)倭寇进犯三门湾，嘉靖三十一年(1552)，倭寇连岁入侵娄坑、海游、沙柳等地，明嘉靖三十八年(1559)倭寇盘踞石马林，抗倭名将、台州知府谭纶会同牛天赐剿灭之。嘉靖四十年(1561)四月，倭寇犯浬浦，戚继光率领戚家军大败倭寇于龙山，四月二十八日，倭船18艘2000余人在宁海圻头登陆(属健跳所，今越溪乡岐头自然村东)。五月八日，倭寇后继部队2000余人，分乘船舰7艘从健跳上岸。五月十三日登岸的另一支倭寇2000多人，自烧其船，做垂死挣扎，企图南犯台州府城。戚继光挥师迎敌，在当地群众积极配合支援下，大败倭寇。为纪念戚继光，健跳人民修建了戚公祠，并立《大都督南塘戚令公去思碑》，详细记载这段抗倭史实。

三门湾儿女为抗击外侮，不畏强暴，自强不息，主动走上了抗倭斗争的第一线，涌现了许许多多抗倭英雄，写下了民族战争史上光辉的篇章。

面对凶恶残忍出没无常的倭寇，腐败的明军表现得软弱无力，往往一触即溃，无力战胜凶顽。为了抵御外侮，许多氏族筹集资金，购置衣甲，习武自卫。正德乙亥(1515)年间，倭寇又犯临(临海)、黄(黄岩)、宁(宁海)、太(太平，今温岭)沿海，海门总戎招募沿海一带的青壮年以补充军队，三门湾乡民纷纷应征抗倭。如东屏人陈崇彩，应征入伍后，作战勇敢，富于谋略，屡建奇功，后任百户员。其子陈贵渠随父从戎，加入了抗击倭寇的行列。在临海涌泉的一次战斗中，陈贵渠迎战负伤，仍浴血奋战，终因寡不敌众，弹尽粮绝，壮烈牺牲于涌泉沿海之滨。其妻金氏收拾尸骸埋葬于海门迭杜山。陈贵渠抗击倭寇，抵御外侮为国捐躯，后朝廷追封他为骠骑将军，并在海门建祠纪念。

正是无数三门湾儿女浴血奋战、英勇抗击、抵御外侮，才使百姓得以安居乐业，从他们身上可以看到中华民族抗暴御侮、前赴后继、自强不息的民族精神。

沿着三门湾曲折的海岸线，众山叠嶂，港湾绵延，卫、所、巡检司、炮台、烽堠随处可见。正如崔溥《漂海录》中记载：在牛头门外，“见山上多有烽遂台列峙”。这些海防军事设施占浙江省的一半，留下了一笔丰富的古代军事设施、军事文化的宝贵遗产，寻觅当年金戈铁马的防倭战场，依稀可觉当年边关将士浴血奋战的英雄气概。

明代海防设施是一道古代遗留下来的中华民族抗暴御侮见证，仿佛又让我们一睹明代抗倭时的烽火连营、刀光剑影的历史片段。这些海防遗存有的在明代就被撤销，有的到清代被废，有的由于地处海防前沿，一直到近代都驻有军兵。这些海防由于岁月沧桑，完整保存下来的不多，一些卫、所的所在地原本即是重要的集镇,经过以后的变迁、城镇建设等,多已遭破坏。如初建于明洪武二十年(1387)的健跳千户所,城墙用不规则块石包砌,中间夯土,城西段已毁,为现代建筑所代替。南段城墙被拆。南门只剩一个缺口,北段城墙基本完好。

莆西巡检司城,城墙基本保存完好,是一处不可多得的明代海防遗址。目前我县烽堠由于地处荒僻的山岗高处,较少人为破坏,保存数量最多,保存状况也相对较好。

在飞速发展的今天,三门湾明代海防遗址正在迅速地消失,这些抗倭斗争中曾发挥了重要作用的明代抗寇海防设施,曾岿然屹立在三门湾畔的江南长城,许多在历史的烟云中湮灭,也有一些还保存完好,历史的硝烟已经褪尽,海防遗址已成一个远去的背影,但它的历史雄姿将永远驻留人心。

【参考文献】

[1] 汤和传[M]//明史.北京:中华书局,1974.

[2] 兵志[M]//明史.北京:中华书局,1974.

[3] 喻长霖.台州府志[M].台北:成文出版社,1970.

[4] 光绪宁海县志:卷十八[M].刻本.1902.

[5] 葛振家.漂海录[M].北京:中国社会科学文献出版社,1992.

[6] 兵部[M]//明会典.台北:台湾商务印书馆,1986.

[7] 三门年鉴[R].台北:成文出版社,1942.

[8] 何奏簧.民国临海县志[M]//叙山.北京:中国文史出版社,2006.

[9] 光绪宁海县志:卷二十[M].刘本.1902(清光绪二十八年).

[10] 严从简.殊域周咨录[M].北京:中华书局,2009.

[11] 光绪宁海县志:山脉[M].刘本.1902.

[12] 明太祖实录:卷134[M].据广方言馆本补,用嘉业堂本校,1928.

谢铎年谱

林家骊①

【摘　要】对明成化、弘治年间著名教育家、茶陵诗派的重要作家谢铎的生平事迹进行了逐年考订，如实记录了其三次出仕、三次辞官回乡的始末，并比对了与其生平有关的时代背景，可为研究谢铎及“茶陵诗派”提供基础研究依据。

【关键词】谢铎；茶陵诗派；年谱

谢铎，字鸣治，别号方山，后更号方石，浙江太平人。高祖温良，字伯逊，为桃夏谢氏始祖，以孝名。曾祖本雍，事迹无考。祖廷乾，字性端，早卒；祖母赵欣，守节不移，哺育幼子成人。父宗胤，字世衍；母高氏。宗胤共五子，铎为长子。

明宣宗宣德十年乙卯(1435)一岁

正月，宣宗崩。太子祁镇即位，是为英宗，年九岁。以宦官王振为司礼监。振揽权纳贿，为明代宦官乱政始。

谢铎于是年二月出生于浙江省台州府黄岩县方岩乡。（成化五年析黄岩县南三乡置太平县，方岩乡属太平县。铎故里在今浙江省温岭市大溪镇兆岙村。）李东阳[2]《通议大夫礼部右侍郎掌国子监祭酒事赠礼部尚书谥文肃谢公神道碑》（以下简称《神道碑》）：“公生宣德乙卯年二月某日。”

族叔谢省十六岁。李东阳《宝庆知府谢公墓表》：“公寿七十四，以弘治六年十二月卒。”

正统六年辛酉(1441)七岁

按照七岁入学之俗，铎约于是年开始读书。《桃溪谢氏宗谱》（以下简称《宗谱》）引《台州府志·谢铎传》：“幼苦学，常悬髻读书，至夜分不辍。”黄绾[3]《谢文肃公行状》（以下简称《行状》）：“少颖敏，能为韵句。”王廷相《方石先生墓志铭》

---

① 林家骊(1951—)，浙江大学人文学院中文系教授，中国古代文学专业博士生导师，浙江树人大学人文学院院长，任浙江大学楚辞学研究中心副主任、浙江树人大学区域文化研究所所长。主要研究方向：中国周秦汉魏晋南北朝文学、中国古典文献学、浙江地域文化。

(以下简称《墓志铭》):“生而姿性澄朗,机神警悟,童时即能为韵语。”

正统十三年戊辰(1448)十四岁

铎从谢省学《四子书》《毛诗》。黄绾《行状》:“年十四,其叔父逸老先生授《四子》《毛诗》,辄悟大意。”

正统十四年己巳(1449)十五岁

瓦剌也先犯边,英宗亲征,土木堡兵败,王振死,英宗被俘。景帝即位,尊英宗为太上皇。

景泰四年癸酉(1453)十九岁

铎约于是年游县学。李东阳《神道碑》:“少为县学生。”王廷相《墓志铭》:“将冠,游邑校,与同邑黄文毅公孔昭友契,服膺儒素,日相砥砺,以古人自期,乃并有时名。”

景泰五年甲戌(1454)二十岁

谢省是年举进士。《宗谱·谢省传》:“景泰甲戌进士。”(按:据《历科进士题名录·景泰五年甲戌科》,谢省是年登科,在二甲第八十名。)

景泰八年英宗天顺元年丁丑(1457)二十三岁

正月,石亨、曹吉祥、徐有贞等趁景帝患病,迎太上皇入宫复位,改元天顺,史称“夺门之变”。谢省拜南京车驾主事。(《嘉靖太平县志》[4]卷七《人物志·谢省》)

天顺三年己卯(1459)二十五岁

铎是年举乡试第二。《宗谱》引《台州府志·谢铎传》:“天顺三年举乡试第二。”

天顺四年庚辰(1460)二十六岁

黄孔昭举进士。《明史·黄孔昭传》:“举天顺四年进士,授屯田主事。奉使江南,却餽弗受,进都水员外郎。”[5]

天顺八年甲申(1464)三十岁

正月,英宗崩。太子见深即位,是为宪宗。

铎是年登进士第,与李东阳同入翰林,为庶吉士。黄绾《行状》:“甲申,登进士第,与今少师长沙李公、大司马华容刘公同选入翰林为庶吉士。”(按:据《历科进士题名录·天顺八年甲申科》,谢铎在二甲三十一名,李东阳为二甲第一名。)

宪宗成化元年乙酉(1465)三十一岁

是年,铎在翰林院,授编修,预修《英宗实录》。《明史》本传:“授编修,预修《英宗实录》。”李东阳《神道碑》:“乙酉授编修。”王廷相《墓志铭》:“授编修,预修《英庙实录》。”

成化二年丙戌至十五年己亥(1466—1479)三十二岁至四十五岁

铎在翰林院。成化二年仍任编修,三年预修《英宗实录》成,升从六品俸。李东阳《神道碑》:"成化丁亥,预修《英庙实录》成,升从六品俸。"王廷相《墓志铭》:"赐银币,升俸。"九年被旨校勘《通鉴纲目》。上《论西北备事宜状》和《癸巳封事》。黄绾《行状》:"癸巳,被旨校《通鉴纲目》。先生因指历代得失,为疏数千言以进。"十一年秩满,迁侍讲。李东阳《神道碑》:"乙未秩满,迁侍讲,仍加从五品俸。"

其间,友黄孔昭成化五年调任吏部文选郎中。(《明史·黄孔昭传》)

谢省成化五年迁宝庆知府,九年辞官还乡。(《嘉靖太平县志》卷七《人物志·谢省传》)族叔谢绩成化七年九月卒于杭州。谢铎《叙录王城先生诗后》:"成化七年辛卯秋九月某日,铎叔父王城先生卒于杭。讣达于京师,铎南望踊哭。"《嘉靖太平县志》卷七《人物志·谢绩》:"其门人文肃公谢铎辑其遗稿曰《王城山人诗集》刊焉。"李东《怀麓堂全集》文卷二有《王城山人诗集序》。

父世衍成化十三年与谢省建会缌庵。《嘉靖太平县志》卷四《书院》:"方岩书院,国朝封翰林编修谢世衍与弟宝庆守省所建。"谢铎《墓祭学田记》:"成化丁酉,先公与叔父太守先生,作庵曾祖孝子府君墓侧,以时祭扫,曰'会缌庵'。"(按:会缌庵为方岩书院前身。)

成化十六年庚子(1480)四十六岁

是年铎五月前仍在翰林院任侍讲,五月以家艰离职回乡。黄绾《行状》:"庚子,丁外艰,再罹内艰。"李东阳《神道碑》:"戊戌,以家艰去,既免丧,谢病居数年。"王廷相《墓志铭》:"接丁内外艰,饮水、倚庐、祥禫,一如古礼终制。"谢铎《谢病疏》:"成化十六年四月十六日,丁父谢某忧,钦蒙照例还家守制。本年六月二十二日奔丧至杭州府地面,又闻母高氏病故,照给勘合内事理具告本县。"[6]又《朝阳阁书目序》《游雁山诗序》《乞致仕疏》《再乞致仕疏》均言"成化十六年"。(按:内艰,丧母;外艰,丧父。本年铎父母相继亡故,奔丧回家守制,然李东阳《神道碑》与黄绾《行状》及谢铎《谢病疏》等文所述时间有异,必有一误,今以黄绾《行状》及谢铎《谢病疏》等文中自述为准。)

成化十七年辛丑(1481)四十七岁

铎是年丁忧在家。

成化十八年壬寅(1482)四十八岁

铎仍丁忧在家。

长子兴仁死,年二十二岁。《亡妻封孺人陈氏墓志铭》曰:"(兴仁)乃死,实成化壬寅冬十一月有四日。”

至本年闰八月初一铎丧期满，例该起复，然铎谢病家居。与叔谢省扩建会缌庵，执教其中。《明史》本传：“服除，以亲不逮养，遂不起。”黄绾《行状》：“壬寅终制，谓人曰：‘初心美禄为亲，今无及矣，苟仕非义也。’遂以疾闻。”王廷相《墓志铭》：“时侍逸老登眺方岩、雁荡之上，怡神自足，弹冠之念泊如也。”《嘉靖太平县志》卷四《书院》：“方岩书院，在县西北三十里方岩山北，国朝封翰林编修谢世衍与弟宝庆守省所建，文肃公铎在告，邑之俊秀多从之游。李文正公东阳有记。”谢铎《谢病疏》：“至成化十八年闰八月初一日，例该服满起复。缘臣居丧以来，心神耗乱，气血摧毁，几不能生。去年四月内忽感伤寒等疾，困苦缠绵，至今未获平复。”(按：方岩书院正式建成命名在弘治二年。方岩书院的前身是会缌庵，《嘉靖太平县志·书院》和《宗谱·谢铎简传》概而言之，阅者当慎察焉。)

黄孔昭升迁吏部右通政。《明史·黄孔昭传》：“为郎中满九载，始擢右通政。”

成化十九年癸卯至二十三年丁未(1483—1487)四十九岁至五十三岁

铎仍谢病家居，兼执教会缌庵。黄绾《行状》：“明年癸卯，吏部趣起复，坚以疾谢，楗门读书，暇则侍逸老登眺方岩、雁荡之上，仕进之念泊如也。”

黄孔昭成化二十三年升迁南京工部右侍郎。(《明史·黄孔昭传》)

孝宗弘治元年戊申(1488)五十四岁

是年八月铎应召回朝，以原官翰林院侍讲修《宪宗实录》。《明史》本传：“弘治初，言者交荐，以原官召修《宪宗实录》。”王廷相《墓志铭》：“孝皇初，新庶政，徵贤铨德。廷臣交章论荐，会修《宪庙实录》，诏起之。长沙李文正公贻书劝驾，极言君子道隆乘运拯世之义。先生乃勉力入朝，供事史馆，于汪直、王越开边事，书之最直。”

弘治二年己酉(1489)五十五岁

是年铎仍在翰林院任侍讲，修《宪宗实录》。

妻孔氏卒。作《亡妻孺人孔氏墓志铭》。《铭》曰：“弘治己酉夏六月朔，吾妻孔氏孺人之讣至。”

方岩书院于是年八月建成命名。铎有归志。李东阳《方岩书院记》：“方石谢先生作方岩书院于台州太平之缌山……自先生叔父愚得公以宝庆守致仕，始为会缌，仰高而下，次第交作。先生又欲为是院，请公主教其中。会有纂修之命，乃留赀于族叔怡云翁世弼。越一年，而以成报，则弘治己酉八月也……院既成，先生有归志。又逾年，拜南京祭酒，不可遽言去，而愚得公实领之。”

弘治三年庚戌(1490)五十六岁

是年铎擢南京国子监祭酒。上书言六事。《明史》本传:“三年擢国子祭酒。上言六事,曰择师儒,慎科贡,正祀典,广载籍,复会馔,均拨历。其正祀典,请进宋儒杨时而罢吴澄。礼部尚书傅瀚持之,乃进时而澄祀如故。”

弘治四年辛亥(1491)五十七岁

是年三月铎次子兴义卒,铎谢病致仕回家,家居将十年。《明史》本传:“明年谢病去。家居将十年。”黄绾《行状》:“先生以师道难尽,疏请致仕,不许。明年辛亥,仲子死,先祀无托,遂致仕。诸生以状历部台,请留于朝。先生尝抑诸生之纳粟马者,至是举则多所抑者。一时荐绅荣其归,皆祖于郊外。”

弘治五年壬子至十年丁巳(1492—1497)五十八岁至六十三岁

铎致仕家居,兼在方岩书院讲学。

谢省于弘治六年十二月卒。

弘治十一年戊午(1498)六十四岁

铎致仕家居,兼在方岩书院讲学。会国子缺祭酒,吏部因荐者益力,以谢铎名进之。黄绾《行状》:“家居几十载,惟读书求志,日不少懈,势利一毫不婴于怀。天下之思其人、想其风者,皆谓可望而不可及,而荐者益力,孝庙于是深知先生,欲大用之。戊午,会国子缺祭酒,吏部以先生名进。”

弘治十二年己未(1499)六十五岁

八月升谢铎为礼部右侍郎,管国子监祭酒。十二月,差官赍文催谢铎赴任。谢铎两次上疏辞免,不许。李东阳贻书来劝。《明史》本传:“荐者益众。会国子缺祭酒,部议起之。帝素重铎,擢礼部右侍郎,管祭酒事。屡辞,不许。时章懋为南祭酒,两人皆人师,诸生交相庆。”谢铎《乞致仕疏》:“弘治十二年八月内,过蒙皇上误采人言,不忘求旧,增以爵秩,特起自家。”

弘治十三年庚申(1500)六十六岁

是年四月,铎奉旨进京。五月至绍兴,病,经金华、丽水、温州返回太平。再辞官,七月圣旨下,不准辞职。谢铎于是年十一月抵京,又辞礼部右侍郎职,十二月圣旨下,不允所辞。铎就任礼部右侍郎,掌国子监祭酒。黄绾《行状》:“次越,得疾径归,以状投绍兴府缴进,力求致仕,不许。又疏投台州府转奏,知府不敢上……使者再致,有司劝驾益急,遂行至京。以求退而得迁,非义所安,辞以旧官供职,不许,始受命。”又详谢铎《乞致仕疏》。

弘治十四年辛酉(1501)六十七岁

铎在京任礼部右侍郎,掌国子监祭酒事,提出考官设置改革意见。《明史》卷七十《选举志二》:“弘治十四年,掌国子监谢铎言:‘考官皆御史方面所辟召,职分既卑,听其指使,以外帘官预定去取,名为防闲,实则关节,而科举之法坏矣。乞敕两京大臣,各举部属等官素有文望者,每省差二员主考,庶几前弊可革。’时未能从。”作《维持风教疏》,提出正祀典、重科贡、革冗员、塞捷径四条改革措施。

弘治十五年壬戌(1502)六十八岁

铎在京任礼部右侍郎,管国子祭酒事。又连疏乞致仕,不许。黄绾《行状》:“连疏乞致仕,六馆师生上章乞留,廷臣吴世忠、张芝、吴蕣荐益力,被旨不允。”

弘治十六年癸亥(1503)六十九岁

修《历代通鉴纂要》,命铎为润色官。黄绾《行状》:“癸亥,上命会辑《通鉴纲目》,并续编为《纂要》,先生为润色官。论黜晋、隋、元之统,说皆有据。”

弘治十七年甲子(1504)七十岁

铎是年仍修《历代通鉴纲目纂要》。求得祖母赵氏旌表。黄绾《行状》:“任职三载,念祖母赵氏守节未白,俟满考,请以本身诰命易为赵氏旌表。例死者不旌,上特破格行之,仍给诰命。”

李东阳作《寿方石先生七十诗序》以贺铎七十寿辰。

弘治十八年乙丑(1505)七十一岁

五月,孝宗崩。太子厚照即位,是为武宗,年十五岁。宦官刘瑾等八人,号“八虎”,导武宗游戏,内府支出大增。大学士刘健等谏,不听。

铎于是年称病,连上五六疏,获准回家养疾,时间大约在五月孝宗驾崩之前。《明史》本传:“居五年,引疾归。”黄绾《行状》:“既而复疏,乞致仕,半岁之间疏凡五上,辞署印至再四上,皆以温旨勉留,又不能夺,方许养疾,命驿归,俟疾愈以闻。”

武宗正德元年丙寅(1506)七十二岁

大学士刘健、谢迁,户部尚书韩文等请诛刘瑾等,不听。刘健、谢迁、韩文等被迫致仕。铎仍居家养疾,闻大学士刘健、谢迁被迫致仕,大恸。《嘉靖太平县志》卷七《人物志·谢铎》:“已而权奸用事,公闻刘、谢二阁老致仕去,辄又恸。”

正德二年丁卯(1507)七十三岁

刘瑾矫诏开列刘健、谢迁等五十三人名单,称为奸党,榜示朝堂。命天下镇守太监照巡抚都御史之例,干预刑名政事。时武宗喜玩乐,章疏多由刘瑾剖断,传旨施行。作“豹房”为武宗游乐之所。以国用不足,开浙、闽、川银矿。

铎仍居家养疾。

正德三年戊辰(1508)七十四岁

御道上出现揭露刘瑾罪恶之匿名书。刘瑾矫诏召集百官,责令长跪,有中暑死亡者。是年铎仍居家养疾,吏部荐先生儒术宏深,当大用。然阉党掌权,矫令致仕。王廷相《墓志铭》:"正德三年,吏部荐先生儒术宏深,当大用。会权阉用事,矫令致仕。"

正德四年己巳(1509)七十五岁

黜前大学士刘健、谢迁为民。铎致仕家居。

正德五年庚午(1510)七十六岁

是年二月二日,铎卒于家。赠礼部尚书,谥文肃。《明史》本传:"正德五年卒。赠礼部尚书,谥文肃。"黄绾《行状》:"先生归六岁,终于正寝,享年七十有六,正德庚午二月二日也。有司以闻,赠礼部尚书,谕祭赐,谥文肃,命进士桂萼治其葬。"葬于太平县洋岙大梦山,廿六年后,迁葬于华盖山麓上黄坦。

铎有三子:长兴仁、次兴义皆县学生,早卒;次兴寅出侧室焦氏。女二:长适黄孔昭子侹,俱夭;次适金忻。孙一:必阼,兴义遗腹子也。

铎卒后六个月,刘瑾伏诛。

铎卒后十一年,即正德十六年,谢铎诗文集《桃溪净稿》八十四卷(诗四十五卷,文三十九卷)由台州知府顾璘刊刻行世。

【参考文献】

[1] 温岭大溪谢氏.桃溪谢氏宗谱[M].1998.

[2] 李东阳.怀麓堂全集[M].清嘉庆八年陇上学易堂刻本.

[3] 黄宗羲.明文海[M].北京:中华书局,1987.

[4] 浙江温岭县地方志办公室.太平县古志三种[M].北京:中华书局,1997.

[5] 明史[M].北京:中华书局,1974.

[6] 谢铎.谢铎集[M].林家骊点校.北京:中华书局,2002.

◆语言

台州方言动物俗语的文化阐释

丁　健[①]

【摘　要】语言与地域文化有着密切的联系。台州独特的民俗文化和地理环境是台州方言动物俗语产生和发展的基础，同时，这些动物俗语也承载着丰富的地域文化信息。因此，对台州方言动物俗语的研究，不应该避开其文化背景，而应该从文化的角度出发，来更好、更充分地解释一些特殊的动物俗语。

【关键词】台州方言；动物俗语；民俗文化；地理环境

"俗语是群众所创造的，并在群众口语中流传、结构相对定型的通俗而简练的语句。"[3] 俗语是民俗文化的重要载体，它的内容包罗万象，反映了人民群众的生活经验和风俗习惯，也保留了历史人文的痕迹。俗语中有大量包含动物词语的成语、谚语、歇后语和惯用语等。这些动物俗语不仅具有动物世界的指称意义，还具有特定的民俗文化意义，体现出人类对动物形象的主体认识和情感评价。

台州地处浙江东南沿海，方言地理分区属吴语台州片。台州方言中的动物

---

① 丁健，(1987—)，浙江台州人，任职于上海师范大学语言研究所，主要研究方向：汉语语法学、汉语方言学。

俗语数量众多，形态各异，风格通俗，寓意深刻，是富有沿海特色的民俗文化之一。本文从语言和文化两者间关系的角度出发对台州方言的动物俗语进行阐释，来展示其背后丰富的民俗文化内涵。

一、动物俗语与民俗文化的关系

语言和民俗文化是相互渗透的，正如索绪尔所指出的“一个民族的风俗习惯常会在它的语言中有所反映，另一方面，在很大程度上，构成民族的也正是语言”[4]。作为一种独特的语言风俗，动物俗语反映了人类与动物之间的复杂关系。人类在狩猎、驯养等活动中逐渐熟悉了动物的生活习性。同时，人们往往还把自身的主观意识投射到动物身上，使动物具有了人类的情感和品质。久而久之，人们就会将动物的习性和人类的品性之间的某些相似性和相关性对应起来，借助动物形象来反观人类社会，动物俗语也就应运而生了。由于动物俗语一般只出现在口语中，也没有加以规范化、定型化，因此带有一定的原始性，能以一个独特的视角折射出特定地域中的民俗事象、思维模式和情感色彩，揭示出当地的民俗文化底蕴。

（一）审美心理

人们在建构动物俗语时，不仅着眼于动物与自然环境的客观关系，更多地还根据人与动物之间的相互联系而形成联想意义。这种联想意义又总是与文化心理相契合。比如汉民族提到龙凤，自然会联想到高贵与吉祥，而谈及狐狸，就会想到狡猾和奸诈。所以，动物俗语中的动物形象一般都具有固定的“人格化”的形象特征，蕴涵着丰富的文化信息，成为充当民俗文化的意象符号。动物俗语的这一功能正是由人们的审美心理所决定的。

德国美学家立普斯认为：“审美的欣赏并非对于一个对象的欣赏，而是对于一个自我的欣赏。它是一种位于人自己身上的直接的价值感受，而不是一种涉及对象的感觉。”[5]在建构动物俗语时，人们喜欢以自我的主观意志来观照动物，把人类的审美情感强加给动物形象。人们往往因动物某些方面的特征而产生喜爱或厌恶的情感，并将这种主观情感反过来投射到动物形象中，赋予其人类的性格以及与人事相关的特定含义，这就使动物俗语有了人格化的情感特征。审美活动本身是一种价值体验，凡是能够满足人们审美需要和审美理想的对象，主体就会对其做出肯定的审美评价，反之，就会做出否定的审美评价。因此，俗语中的动物同人一样有美丑善恶、高低贵贱之分，它们的外在形象、生活习性、品质特征等都是被人格化了的。台州方言中的动物俗语就体现了台州人民对具体动物形象的固定的审美心理评价。

老虎(台州方言中称“大虫”)具有力大、凶猛等物象特征，被定型为危险或强权的象征，反映了人们对强者的畏惧心理：

(1)大虫头搔痒——寻死。(比喻做非常冒险的事情，自寻死路。)

(2)大虫口里剜碎肉。(比喻与强者争夺利益，不可能得到好处。)

(3)大虫追到脚后跟，还要旋转望雌雄。(比喻在危难关头还认不清形势的人。)

螃蟹除了食用之外，在其他方面没有什么实际价值。在古代，江南地区的稻田还时常会受到螃蟹的破坏，这就使人对其产生了消极的审美心理。于是螃蟹就成了一无是处的意象符号：

(4)死白蟹。(比喻一无是处的人或行将必败的事。)

(5)死蟹一只。(比喻无法挽回的僵局。)

(6)大水蟹。(比喻随波逐流的人。)

鸭子的外形被认为是丑陋的(尤其是它的嘴和脚)，另外鸭子的叫声也不为人们所喜欢，因此鸭子就成了招人讨厌的文化形象。这反映了人们对于丑陋者的厌恶心理：

(7)钉头鸭脚。(比喻人的长相矮小而丑陋。)

(8)鸭脚老爷嘴。(比喻生活条件较差却又贪图享受的人。)

(9)鸭头碰着鸭犁锹。(比喻再蛮横的人也会碰到比他更蛮横的人。)

然而，人们对动物形象的审美评价又是不公平的。狗是人类驯养最早的家畜之一，是看家狩猎的得力助手，并且狗对主人极为忠诚，因而受到人们的喜爱。但是汉民族以狗的形象构建的俗语却多含贬义，台州方言中的动物俗语也不例外：

(10)一岁肖狗，千岁肖狗。(台州方言中“生肖”的“肖”字可以用作动词，表示一个人的属相是什么。这句话比喻一旦有了坏的品行和习惯，就不容易改变。)

(11)狗面生毛。(比喻过河拆桥，翻脸不认人的人。)

(12)花眼狗朝天嚎。(花眼即瞎眼。这句话比喻毫无目的地大喊乱叫的人，多用于讥讽。)

无论对俗语中的动物形象加以赞誉还是嘲讽，实际上都是人类对自身的一种认知反映，都强烈地渗透着人们的主体意识与审美情感，从一个侧面折射出民俗文化的内涵。由审美心理建构的人格化的动物俗语不仅是人类观察和研究动物的产物，也是人类借助动物形象来思考和表现自我的重要手段。

(二)传统观念与价值取向

许多动物俗语还表达了台州人民的传统观念和价值取向。处于文化结构深层的价值观念是人们从主体的需要出发对各种物质或精神现象做出的评价，是地方文化心理的重要组成部分。这些生动形象的动物俗语大都通过各种动物的生理特点和活动习性折射出某些积极或消极的思想观念，鲜明地反映了台州人民为适应社会基本存在而在意识中形成的价值取向。

1. 男女价值

男尊女卑是原始社会末期伴随着父系社会替代母系社会，男子的社会经济地位超越女子而确定的一种社会价值观。这一价值观经儒家文化强化以后长期影响着人们的行为规范，也影响着方言俗语的表达内容。

台州方言中的一些动物俗语间接地反映了旧时女性地位低微的社会现实。例如：

(13)三个囡好比一群鸭。(比喻女人多的地方往往吵吵嚷嚷，用来批评妇女多嘴多舌。)

(14)回娘家两脚撩虾，回夫家眼泪抹呵。(比喻妇女回娘家时心情愉快，走得很快，就像在海里捞虾一样，而一回到夫家就会受到一些不公正的待遇，只能自我哀伤。)

(15)自古红颜多薄命，赖孵鸡姆有福气。(比喻长相漂亮的女子往往受到地方豪强的欺凌，命运艰苦，而那些有权有势人的妻子反而是长相丑陋的女人。)

但是台州方言中却基本上没有专门用来针对男性的动物俗语。又如，同样以鸭子作为喻体，(13)中的"一群鸭"是批评妇女的多嘴多舌，而在"一潮鸭路过，鸭爸没几个"中，雄性的鸭子(鸭爸)却用来比喻精英人才。此外，像"爷爷贪孙，猫贪荤"等俗语也从另一个角度揭示出旧时台州地区重男轻女的社会心理。这些动物俗语在文化心理上存在的性别歧视反映出男女地位不平等，妇女人格遭受歧视的史实。

2. 婚姻观念

男婚女嫁，是人类社会的一种组织形式，在世界各地都是普遍的社会现象，但是不同的时代、不同的地区，人们会有不同的婚姻观。在动物俗语中，我们也

能看到一些传统婚姻观的形象表现。例如:

(16)要想富,嫁毛兔。(三门等地的人们认为属兔的人容易发财,所以女性嫁给属兔的男人会过上富裕的生活。这是传统婚姻观中属相迷信的一种表现。)

(17)好马弗喫回头草,好女弗嫁二夫郎。(比喻女子应有忠贞不渝的婚姻爱情观。)

(18)家呒梧桐树,怎引得凤凰来?(比喻女孩一般是不愿意嫁给社会经济条件不好的男人的。指女性择偶时往往只看中的是男人的金钱与地位。)

这些动物俗语从一个侧面生动地展示了台州人民婚姻观念发展和变迁的一些痕迹,虽然流露出一些受传统社会民间信仰、伦理道德等影响的因素,但也不乏一些合理性和现实意义。这对于研究当地的婚姻观念,乃至进一步把握当地人民婚姻习俗的深层文化结构,都有积极的作用。

3. 贫富意识

贫富差距的社会矛盾由来已久,并深深地根植在中国人的文化心理中。往大的方面说,这种矛盾是中国历史上农民起义、朝代更迭的重要动因;往小的方面说,它也会渗透到民间日常生活的方言俗语中。中国传统文化历来对贫穷弱小者富有同情心,对为富不仁的人予以批判和反击,以求维护社会结构整体的和谐。例如:

(19)富人喫鱼肉嫌腥臭,穷人烂脚咸菜呒得过。(富人吃鱼肉还嫌腥气,穷人连咸菜都吃不上。)

(20)有铜钿羚羊犀角,呒铜钿天萝丝壳。(羚羊角、犀牛角和丝瓜的外壳都是凉性的药材,但前者价格高昂,后者价格低廉。)

(21)斑鸠起得早,身穿破絮袄;雏鸡慢腾腾,身价穿绸绫。(比喻旧时劳动人民每天起早贪黑地辛勤劳作却衣衫褴褛,而富家子弟懒惰成性却衣着华丽。)

这些动物俗语不仅从现实生活中与动物有关的具体事物出发,来揭示物质生活层面存在的严峻的贫富差距问题,同时还运用修辞手法将动物的特点与这一社会问题联系起来,反映出贫富差距的不平衡心理,加大了批判的力度。

二、动物俗语与地理环境的联系

地理环境的差异对社会的存在和发展有着重大影响,并渗透到人们生活的方方面面。“人类各种群落的社会生活都是在特定的地理环境中展开的,语言和文化的形成与演变经常都打上了这种环境的深刻烙印。”[2]方言俗语既是地域文化的重要载体，又是地域文化的组成部分之一，同样也以地理环境为依托。具体来说，特定的地理环境会深深影响到人们的生产习惯、生活模式乃至风俗文化的形成，这些文化现象又必然会在语言中反映出来。要了解或研究某地的方言俗语，就必须联系当地的地理环境来考察。

(一)地理位置与动物俗语

地理环境往往决定了不同种类动物的分布情况。不同的动物在不同地域人们生活中的作用和地位也是不同的。动物俗语的建构也与动物赖以生存的地理环境密切相关。人们在俗语中运用动物意象来表现民俗文化时，要对它们进行必要的选择和调整。那些在日常生活中为人们所熟悉，并且对人类社会生活影响较大的动物，往往是动物俗语运用时的首选对象。这样，生活于不同地理位置的人们在俗语表达时所惯于选用的动物形象也是有所差异的。

台州不仅东邻东海，而且境内河道众多，有始灵江、丰溪、永安溪等河流，所以鱼类在当地居民的日常生活中占有重要的地位，自古以来就是人们最喜爱的食物来源之一。渔业也是当地历史悠久的重要生产行业之一。正是在这种地理环境的影响下，台州方言中形成了大量与鱼类有关的动物俗语。这些俗语以鱼来表现民俗文化，并且对鱼类的区分也很细致，生动地传递出了具有海洋特色的地域文化。例如：

(22)小黄鱼抲来，大黄鱼叫来，乌贼摇来，带鱼冻来。

(23)黄鱼喫唇，鳓鱼喫鳞，米鱼喫脑髓，带鱼喫肚皮。

(24)三鲳、四鳓、五鳠、六弹、七月沙鱼鯱、八月白蟹板。

这些俗语反映出鱼类与当地人民生活的关系是十分密切的：(22)描写的是捕鱼时的情景，针对不同种类的鱼有不同的捕捞方法；(23)是写当地人民吃鱼时讲究选择不同品种的鱼身上最美味的部分；(24)是渔民对渔汛时节的经验总结，反映了不同种类的鱼在丰收时间上的差别，句中的数字表示农历的月份。

台州方言中鱼类俗语的语义是很细腻的。除了用于各类鱼种的命名之外，它们更主要的是作为台州地域民俗和文化的载体，寄托着当地人民的情感世界，是当地人民认识世界的一个观照点，也是一系列生动、形象而又复杂的象征符号。例如：

(25)浮头鱼。(比喻做事昏头昏脑的人。)

(26)啃鲻鱼头。(比喻被上司训斥。)

(27)搅塘乌鱼。(比喻捣乱、搞破坏的人。)

(28)鲳鱼嘴。(形容人的嘴巴小,也可以比喻食量很小的人,多用于女性。)

(29)鳓鱼骨头——里戳出。(指人的思想或品质由内而外地突显出来,用于贬义。)

除了鱼类意象外,其他水生动物的形象在台州方言俗语中也有所反映:

(30)墨鱼注岩。(比喻许多人围聚在一起看热闹。)

(31)白眼泥螺。(比喻自高自大,看不起别人的人。)

(32)尚鱼头颈矾弗瘪。(尚鱼即海蜇,打捞上来之后要用明矾使其脱水,只有颈部是不会缩水的。这句话比喻那些说话不注意场合,同时又不听别人劝告我行我素的人。)

(33)安稳弗安慰,弹胡钻竹滚。(弹胡,是滩涂上的一种小鱼,身体滑腻,会跳跃。这句谚语指为人要谨慎,随时警惕周围可能出现的危险情况。)

(34)虾虮翻弗起大浪。(比喻力量小的势力起不了大作用或构不成大威胁,也用来讽刺不自量力的人。)

这些以水生动物意象建构的方言俗语是其他地区所不常见或没有的,尤其是对于广大内陆地区而言。人和动物的生存发展都必须依赖于一定的地理环境。台州地区的先民很早就开始开发和利用海洋生物资源,并在生产生活中逐渐熟悉了水生动物的习性,创造了许多富有沿海民俗文化特色的动物俗语。这些俗语通过一代代人的口耳相传,直至今天仍在台州地区广泛使用。这正是沿海人民社会生活的真实写照,体现了地理环境对语言的深远影响。

(二)动物形象的地域变体

不同地区的民俗文化各有不同,即使相同的民俗事象在不同地区往往也有不同的象征意义与文化内涵。这种差异就是同一种民俗事象的地域变体。动物俗语也不例外,虽然许多动物是不同地区所共有的,但是同一种动物形象在不同的方言区中具有不同的文化地位,反映出不同的地域文化特征。对比相同动物形象在台州方言俗语和普通话中的不同文化地位,有助于我们认识动物形象的地域变体。

我们发现汉民族共同语中普遍受到喜爱、崇拜的一些吉祥的动物形象在台州方言中的文化地位并不高,有的甚至成了贬义的文化形象。例如:

(35)麒麟脚,呒宝弗落地。(比喻某人如果得不到利益,是绝不会帮助别人的。)

(36)家呒梧桐树,怎引得凤凰来?(比喻女孩一般是不愿意嫁给社会经济条件不好的男人的。指女性择偶时往往只看中的是男人的金钱与地位。)

(37)喜鹊衔梅高高飞,乌鸦衔柴碎毛衣。(寓意相当于普通话中的“以五十步笑百步”。路桥等地的人们认为喜鹊和乌鸦一样都是对人不利的,只是衔着梅花来伪装自己而已。)

上述现象的历史根源现在已经很难考证。因为我们发现这些在语言里不为人们所崇拜的动物形象在其他民俗事象中(如服饰等)却受到当地人民的热爱和推崇。我们认为,这很可能与台州地区的原始宗教有一定联系。上古时期江浙一带为越族所居住。古越人以蛇、鳄等为图腾,当时中原地区汉民族盛行的动物崇拜在越地并不典型,后世也没有流行。[1] 后来,经过战争、移民等历史沿革,越族被汉族同化,融入汉族文化之中,但这种原始宗教遗留下来的象征文化的情结却不能说是完全不复存在了的。

地理环境的差异会影响人们对动物产生不同情感认同,从而决定了动物形象在特定区域内的文化地位。这也是动物形象地域变体出现的重要因素。又如,牛在古代农耕社会中占有极为重要的位置。汉民族心中牛是勤劳执着、力大勇敢的文化意象。如“老黄牛”象征踏实肯干、吃苦耐劳的品德;“孺子牛”象征人民公仆;“初生牛犊不怕虎”则比喻年轻人敢作敢为的无畏精神。但在台州方言俗语中“牛”却是带有贬义色彩的文化意象:

(38)牛讨犁。(比喻自讨苦吃的人。)

(39)牛皮凿洞。(比喻人的脸皮厚,不要脸。)

(40)牛尾巴盖弗牢牛髋臀。(比喻自己的事情没有管好,还要插手别人的事情。)

从这些俗语中我们可以看到不同地区的人们在同一动物身上倾注的情感会带上鲜明的地域个性,而这种情感又总是伴随着情感单一的特点。一种动物通常在一定地区内只体现出当地人民的一种感情,很少出现同一个地区的人对同一种动物有两种相互对立的情感的现象。这种文化心理的差异是由不同地域中人们生产生活的历史积淀所形成的。

方言中的动物俗语是地理环境外在的民俗标记之一。它既多方面地受到地理环境的影响,又深深地沉淀着特定地域中的人文因素,敏感地折射出方言区人民的社会心理和生活方式。所以方言中的动物俗语是了解民俗事象地域差异的重要途径。可以说每一句看似简单的动物俗语,都与其背后复杂的地理环境有着千丝万缕的联系,都有其鲜明的地域文化特征。

三、结语

台州方言动物俗语是广大台州人民千百年来智慧的结晶,它们不仅有着特定的理喻对象,还与地方民俗文化有着特殊的历史联系。它们由鲜明的区域特征反映出强烈的地缘个性,又由强烈的地缘个性烘托出浓厚的民俗文化特征,已经由简单的交际工具上升为地域文化整体的一部分。这些动物俗语风格通俗而又寓理深刻,以其生动的语言形式、形象的交际思维折射出深刻的社会底蕴和朴素的处世哲理,符合了大众文化传播的需求。这就奠定了它们能够在民间长期流传并得到广泛应用的基础,也赋予了它们独特的文化价值与研究价值。

方言俗语的文化指向与地域文化基本特征之间往往都具有传承性与一致性的关系。台州方言俗语又是浙江沿海地区民俗文化的重要组成部分。因此,要全面、深入地研究台州方言,就必须结合其使用范围内的社会生活、文化背景来做细致的探讨和深入的把握。

【参考文献】

[1] 范荧.上海民间信仰研究[M].上海:上海人民出版社,2006:49-62.

[2] 李如龙.关于方言与地域文化的研究[J].泉州师范学院学报(社会科学),2005(1):48-56.

[3] 温端政.中国俗语大辞典[M].上海:上海辞书出版社,1989:1.

[4] 索绪尔.普通语言学教程[M].高名凯,译.北京:商务印书馆,1980:43.

[5] 立普斯.论移情作用[A].古典文艺理论译丛编辑委员会.古典文艺理论译丛第八辑.北京:人民文学出版社,1963:40.

台州府城与临海杜桥方言字音对照分析

蔡海燕[①]　方金华[②]

【摘　要】浙江台州府城(临海城)周边方言,东南片杜桥的字音与府城区别较大:府城的阳平和阴上单字调分别是22和42,对应到杜桥单字调中,多念213;府城[c][c‘][ɟ][ç]声母字,杜桥大都念[tɕ][tɕ‘][dʑ][ɕ]声母;府城[tɕ][tɕ‘][dʑ]声母字,杜桥部分念[ts][ts‘][dz]声母;府城部分[o]韵字,杜桥念[u]韵;府城部分[e][ø]韵字,杜桥念[ɛ]韵;府城部分[ø][ɛ]韵字,杜桥念[e]韵;府城部分[ɔ̃]韵字,杜桥念[uɔ̃]韵;府城[yɔ̃]韵字,杜桥读[iɔ̃]韵。

【关键词】台州府城;临海杜桥;方言;字音;区别

2010年前后,我们对浙江临海方言进行了语料采集与分析工作,着重整理分析了台州府城(临海城关)方言的声韵调音系、同音字表、双音节连读变调规律及词汇表等(《台州府城方言概况》,发表于《临海社会科学》2011年第2期)。在采集分析府城周边几个方言点的语料时,发现临海东南片的杜桥字音与府城字音区别较大。本文着重立表分析杜桥字音不同于府城者。本表收400多常用字,以台州府城方言字音为参照,加下画线字音表示杜桥不同于府城者,并着以红色显示主要区别点。主要区别的整理叙述于表后。(本表采用国际音标记音。)

对照字	台州府城	临海杜桥
多	to^{33}	$\underline{tu^{33}}$
大	do^{13}	$\underline{du^{13}}$
左	tsu^{42}	$\underline{tso^{213}}$
歌	ko^{33}	ko^{33}

---

① 蔡海燕(1969—),浙江温岭人,副教授。

② 方金华(1973—),浙江仙居人,讲师。

续 表

对照字	台州府城	临海杜桥
河	ɦo^{22}	ɦo^{213}/ɦu^{213}
个	ke^{55}	ke^{55}
坡	po^{33}	po^{33}
破	pʻo^{55}	pʻu^{55}
躲	to^{42}	(文)to^{213}/(白)ieʔ^{5}
螺	lo^{22}	lu^{213}
坐	zo^{22}	zo^{213}
过	ku^{55}	ku^{55}
火	ho^{42}	hu^{213}
爬	bo^{22}	bo^{213}
马	mo^{42}	mo^{213}
怕	pʻo^{55}	(文)pʻa^{55}/(白)hɔʔ^{5}
拿	do^{22}	du^{213}
茶	dzo^{22}	dzo^{213}
家	ko^{33}	u^{33}li^{243}
牙	ŋo^{22}	ŋo^{213}
虾	ho^{33}	ho^{55}
哑	o^{42}	o^{213}
写	ɕia^{42}	ɕia^{42}
车	tsʻo^{33}	tsʻo^{33}
蛇	zo^{22}	zo^{213}
扯	tsʻɿ^{42}	tsʻe^{213}
夜	jia^{13}	jia^{13}
傻	ŋe^{22}do^{13}	ŋe^{22} du^{13}
瓜	kua^{33}	kua^{33}
徒	du^{22}	du^{213}
土	tʻu^{42}	tʻu^{213}/nɛ^{13}ɦu^{13}ȵi^{243}
兔	tʻu^{55}	tʻu^{55}

续 表

对照字	台州府城	临海杜桥
粗	ts'u^{33}	ts'u^{33}
做	tso^{55}	tsu^{55}
吴	ɦu^{22}/ŋ^{22}	ŋ^{213}
苦	k'u^{42}	k'u^{213}
五	ŋ^{42}	ŋ^{213}
户	u^{42}	u^{213}
女	ȵy^{42}	ȵy^{213}
絮	sɿ^{55}	sɿ^{55}
猪	tsɿ^{33}	tsɿ^{33}
初	ts'u^{33}	ts'u^{33}
锄	zɿ^{22}	zɿ^{213}
梳	sɿ^{33}	sɿ^{33}
书	ɕy^{33}	ɕy^{33}
煮	tsɿ^{42}	tsɿ^{213}
鱼	ŋ^{22}/ŋ^{243}	ŋ^{213}
举	cy^{42}	cy^{213}
去	k'e^{55}	k'e^{55}
府	fu^{42}	fu^{213}
须	ɕy^{33}	ɕy^{33}
取	tɕ'y^{42}	tɕ'y^{213}
住	dʑy^{13}	dʑy^{13}
主	tɕy^{42}	tɕy^{213}
树	ʑy^{13}	ʑy^{13}
句	cy^{55}	cy^{55}
雨	y^{42}	y^{213}
胎	t'e^{33}	t'e^{33}
代	de^{13}	de^{13}
来	le^{22}	le^{213}

续 表

对照字	台州府城	临海杜桥
灾	tse^{33}	tse^{33}
在	ze^{22}	$\underline{\text{ze}^{213}}$
菜	tsʻe^{55}	tsʻe^{55}
开	kʻe^{33}	kʻe^{33}
改	ke^{42}	$\underline{\text{ke}^{213}}$
海	he^{42}	$\underline{\text{he}^{213}}$
爱	e^{55}	$\underline{\text{ɛ}^{55}}$
埋	ma^{22}/u^{55}	u^{55}
阶	ka^{33}	ka^{33}
牌	ba^{22}	$\underline{\text{ba}^{213}}$
买	ma^{42}	ma^{42}
败	ba^{13}	ba^{13}
柴	za^{22}	$\underline{\text{za}^{213}}$
街	ka^{33}	ka^{33}
鞋	ɦa^{22}	$\underline{\text{ɦa}^{213}}$
蟹	ha^{42}/ha^{453}	ha^{453}
梯	tʻi^{33}	tʻi^{33}
弟	di^{22}/di^{243}	di^{243}
泥	ȵi^{22}	$\underline{\text{ȵi}^{213}}$
犁	li^{22}	$\underline{\text{li}^{213}}$
西	ɕi^{33}	ɕi^{33}
细	ɕi^{55}	ɕi^{55}
鸡	ci^{33}	$\underline{\text{tɕi}^{33}}$
杯	pe^{33}	pe^{33}
梅	me^{22}	$\underline{\text{me}^{213}}$
妹	me^{13}/me^{243}	me^{13}/me^{243}
堆	te^{33}	te^{33}
雷	le^{22}	$\underline{\text{le}^{213}}$

续 表

对照字	台州府城	临海杜桥
罪	ze^{22}	ze^{213}
块	kʻue^{55}	kʻue^{55}
灰	hue^{33}	hue^{33}
回	ɦue^{22}	ɦue^{213}/tsə^{42}le^{22}
怪	kua^{55}	kua^{55}
怀	ɦua^{22}	ɦua^{213}
话	ɦua^{13}	ɦua^{13}
肺	fi^{55}	fi^{55}
岁	ɕy^{55}	ɕy^{55}
税	ɕy^{55}	ɕy^{55}
桂	cy^{55}	cy^{55}
碑	pe^{33}	pe^{33}
皮	bi^{22}	bi^{213}
紫	tsɿ^{42}	tsɿ^{213}
纸	tsɿ^{42}	tsɿ^{213}
是	zɿ^{22}	zɿ^{213}
儿	n̩^{22}	n̩^{213}
蚁	ȵi^{22}	
寄	ci^{55}	tɕi^{55}
戏	çi^{55}	ɕi^{55}
眉	mi^{22}	mi^{213}
屁	pʻi^{55}	pʻi^{55}
地	di^{13}	di^{13}
梨	li^{22}/li^{243}	li^{213}
私	sɿ^{33}	sɿ^{33}
死	sɿ^{42}	sɿ^{213}
四	sɿ^{55}	sɿ^{55}
师	sɿ^{33}	sɿ^{33}

续 表

对照字	台州府城	临海杜桥
指	tsɿ^{42}	tsɿ^{213}
二	n̩^{13}/ni^{13}	n̩^{13}
你	ŋ̍^{42}	ŋ̍^{213}
李	li^{42}	li^{213}
字	zɿ^{13}	zɿ^{13}
事	zɿ^{13}	zɿ^{13}
时	zɿ^{22}	zɿ^{213}
志	tsɿ^{55}	tsɿ^{55}
耳	ŋ̍^{42}/zɿ^{22}	ŋ̍^{213}/zɿ^{213}
旗	ɟi^{22}	dʑi^{213}
喜	çi^{42}	ɕi^{213}
几	ci^{42}	tɕi^{213}
嘴	tɕy^{42}	tɕy^{213}
吹	tɕʻy^{33}	tɕʻy^{33}
跪	ɟy^{22}	ɟy^{213}
泪	li^{13}	li^{13}
醉	tɕy^{55}	tɕy^{55}
追	tɕy^{33}	tɕy^{33}
锤	dʑy^{22}	dʑy^{213}
水	ɕy^{42}	ɕy^{213}
季	cy^{55}	cy^{55}
飞	fi^{33}	fi^{33}
尾	mi^{42}	mi^{213}
鬼	cy^{42}	cy^{213}
胃	jy^{13}	jy^{13}
毛	mɔ^{22}	mɔ^{213}
抱	bɔ^{22}/gəʔ$\underline{23}$	bɔ^{213}/gəʔ$\underline{23}$
桃	dɔ^{22}/dɔ^{243}	dɔ^{213}

续 表

对照字	台州府城	临海杜桥
稻	dɔ^{22}	dɔ^{213}
脑	nɔ^{42}	nɔ^{213}
曹	zɔ^{22}	zɔ^{213}
早	tsɔ^{42}	tsɔ^{213}
高	kɔ^{33}	kɔ^{33}
靠	k'ɔ^{55}	k'ɔ^{55}
袄	ɔ^{42}	ɔ^{213}
饱	pɔ^{42}	pɔ^{213}
罩	tsɔ^{55}	tsɔ^{55}
抄	tɕ'iɔ^{33}	tɕ'iɔ^{33}
炒	ts'ɔ^{42}	ts'ɔ^{213}
教	kɔ^{55}	kɔ^{55}
瓢	biɔ^{22}	biɔ^{213}
苗	miɔ^{22}	miɔ^{213}
小	ɕiɔ^{42}	ɕiɔ^{213}
笑	ɕiɔ^{55}	ɕiɔ^{55}
赵	dʑiɔ^{22}	dʑiɔ^{213}
烧	ɕiɔ^{33}	ɕiɔ^{33}
桥	ɟiɔ^{22}	dʑiɔ^{213}
摇	jiɔ^{22}	jiɔ^{213}
挑	t'iɔ^{33}/t'iɔ^{42}	t'iɔ^{55}
鸟	tiɔ^{42}/tiɔ^{453}	tiɔ^{453}
尿	ɕy^{33}	ɕy^{33}
叫	ciɔ^{55}	tɕiɔ^{55}
亩	m̩^{42}	m̩^{213}
头	də^{22}	də^{213}
豆	də^{13}	də^{13}
楼	lə^{22}	lə^{213}

续 表

对照字	台州府城	临海杜桥
走	tsə^{42}	tsə^{213}
狗	kə^{42}	kə^{213}
猴	ɦə^{22}/ɦə^{243}/ɦu^{22}səŋ^{33}	ɦə^{243}/ɦu^{22}səŋ^{33}
厚	gə^{22}/ə^{42}	ə^{213}
妇	vu^{22}/u^{42}	vu^{213}
流	liɵ^{22}	liɵ^{213}
秋	tɕʻiɵ^{33}	tɕʻiɵ^{33}
抽	tɕʻiɵ^{33}	tɕʻiɵ^{33}
瘦	za^{13}	za^{13}
手	ɕiɵ^{42}	ɕiɵ^{213}
臭	tɕʻiɵ^{55}	tɕʻiɵ^{55}
牛	ŋə^{22}	ŋə^{213}
九	ciɵ^{42}	tɕiɵ^{213}
旧	ɟiɵ^{13}	dʑiɵ^{13}
有	niɵ^{42}/iɵ^{42}	iɵ^{213}
丢	tø^{55}/luɔʔ $\underline{23}$	luɔʔ $\underline{23}$
探	tʻø^{55}	tʻɛ^{55}
答	təʔ^{5}	təʔ^{5}
南	nø^{22}	ne^{213}
蚕	zø^{22}/zø^{243}	ze^{213}
鸽	køʔ^{5}	kɛʔ^{5}
暗	ø^{55}	ɛ^{55}
痰	dɛ^{22}	dɛ^{213}
三	sɛ^{33}	sɛ^{33}
敢	kø^{42}	kɛ^{213}
赚	dzɛ^{22}	dzɛ^{213}
插	tsʻɛʔ^{5}	tsʻɛʔ^{5}
减	kɛ^{42}	kɛ^{213}

续 表

对照字	台州府城	临海杜桥
夹	kɛʔ^{5}	kɛʔ^{5}/kɛ^{453}
咸	ɦɛ^{22}	ɦɛ^{213}
甲	kɛʔ^{5}	kɛʔ^{5}
鸭	ɛʔ^{5}/ɛ^{453}	ɛʔ^{5}/ɛ^{453}
镰	lie^{22}（文）/tɕie^{453}（白）	lie^{213}（文）/tɕie^{453}（白）
猎	lɛʔ$^{\underline{23}}$/lieʔ$^{\underline{23}}$	lɛʔ$^{\underline{23}}$
闪	ɕieʔ^{5}	ɕieʔ^{5}
染	ȵie^{42}	ȵie^{213}
验	ȵie^{13}	ȵie^{13}
盐	jie^{22}	jie^{213}
叶	jieʔ$^{\underline{23}}$/jie^{243}	jieʔ$^{\underline{23}}$/jie^{243}
甜	die^{22}	die^{213}
店	tie^{55}	tie^{55}
嫌	jie^{22}	jie^{213}
凡	vɛ^{22}	vɛ^{213}
法	fɛʔ^{5}	fɛʔ^{5}
林	liŋ^{33}	liŋ^{33}
心	ɕiŋ^{33}	ɕiŋ^{33}
深	ɕiŋ^{33}	ɕiŋ^{33}
今	ci^{33}	tɕi^{33}
集	ʑieʔ$^{\underline{23}}$	ʑieʔ$^{\underline{23}}$
枕	tɕiŋ^{42}	tɕiŋ^{213}
湿	ɕieʔ^{5}/lɛ^{13}	ɕieʔ^{5}
十	ʑieʔ$^{\underline{23}}$	ʑieʔ$^{\underline{23}}$
急	cieʔ^{5}	tɕieʔ^{5}
荫	iŋ^{33}	iŋ^{33}
滩	tʻɛ^{33}	tʻɛ^{33}
兰	lɛ^{22}	lɛ^{213}

续 表

对照字	台州府城	临海杜桥
肝	kø^{33}	ke^{33}
韩	ɦø^{22}	ɦɛ^{213}
炭	t'ɛ^{55}	t'ɛ^{55}
辣	lɛʔ$^{\underline{23}}$	lɛʔ$^{\underline{23}}$
割	køʔ^{5}	kəʔ^{5}
按	ø^{33}/nəʔ$^{\underline{23}}$	ɛʔ^{5}/nəʔ$^{\underline{23}}$
八	pɛʔ^{5}	pɛʔ^{5}
山	sɛ^{33}	sɛ^{33}
眼	ŋɛ^{42}	ŋɛ^{213}
班	pɛ^{33}	pɛ^{33}
慢	mɛ^{13}	mɛ^{13}
雁	ŋɛ^{13}	ŋe^{13}/ŋe^{243}
瞎	hɛʔ^{5}/hua^{33}	hɛʔ^{5}/hua^{33}
鞭	pie^{33}	pie^{33}
棉	mie^{22}	mie^{213}
连	lie^{22}	lie^{213}
钱	dʑie^{22}(书)/doŋ^{22}die^{22}	jia^{-22}die^{22}
展	tɕie^{42}	tɕie^{213}
扇	ɕie^{55}	ɕie^{55}
变	pie^{55}	pie^{55}
线	ɕie^{55}	ɕie^{55}
舌	ʑieʔ$^{\underline{23}}$	ʑieʔ$^{\underline{23}}$
热	ȵieʔ$^{\underline{23}}$	ȵieʔ$^{\underline{23}}$
边	pie^{33}	pie^{33}
扁	pie^{42}	pie^{213}
篾	mieʔ$^{\underline{23}}$	mieʔ$^{\underline{23}}$
天	t'ie^{33}	t'ie^{33}
田	die^{22}	die^{213}

续　表

对照字	台州府城	临海杜桥
铁	tʻieʔ^{5}	tʻieʔ^{5}
莲	lie^{22}	lie^{213}
千	tɕʻie^{33}	tɕʻie^{33}
切	tɕʻieʔ^{5}	tɕʻieʔ^{5}
牵	cʻie^{33}	tɕʻie^{33}
结	cieʔ^{5}	tɕieʔ^{5}
盘	bø^{22}	bø^{213}
端	tø^{33}	tø^{55}
短	tø^{42}	tø^{213}
官	kuø^{33}	kuø^{33}
半	pø^{55}	pø^{55}
钵	pəʔ^{5}	pəʔ^{5}
末	məʔ $^{\underline{23}}$	məʔ $^{\underline{23}}$
脱	tʻøʔ^{5}	tʻøʔ^{5}
活	ɦuəʔ $^{\underline{23}}$	ɦuəʔ $^{\underline{23}}$
滑	ɦuəʔ $^{\underline{23}}$	ɦuəʔ $^{\underline{23}}$
闩	ɕyø^{33}	ɕyø^{33}
关	kuɛ^{33}	kuɛ^{33}
绝	ʑyøʔ $^{\underline{23}}$	ʑyøʔ $^{\underline{23}}$
船	ʑyø^{22}	ʑyø^{213}
软	ȵyø^{42}/ȵø^{213}	ȵyø^{213}/ȵø^{213}
拳	ɟyø^{22}	dʑyø^{213}
院	jyø^{13}	jyø^{13}
晚	mɛ^{42}/ɛ^{55}	mɛ^{213}
饭	vɛ^{13}	vɛ^{13}
袜	mɛʔ $^{\underline{23}}$	mɛʔ $^{\underline{23}}$
月	ȵyøʔ $^{\underline{23}}$	ȵyøʔ $^{\underline{23}}$
远	yø^{42}	yø^{213}

续 表

对照字	台州府城	临海杜桥
缺	cʻyøʔ^{5}	cʻyøʔ^{5}
血	çyøʔ^{5}	çyøʔ^{5}
跟	kəŋ^{33}	kəŋ^{33}
民	miŋ^{22}	miŋ^{213}
密	mieʔ$^{\underline{23}}$	mieʔ$^{\underline{23}}$
尽	ʑiŋ^{22}	ʑiŋ^{22}
七	tɕʻieʔ^{5}	tsʻəʔ^{5}
陈	dʑiŋ^{22}	dzəŋ^{22}
侄	dʑieʔ$^{\underline{23}}$	dzəʔ$^{\underline{23}}$
真	tɕiŋ^{33}	tsəŋ^{33}
人	ȵiŋ^{22}	ȵiŋ^{213}
紧	ciŋ^{42}	tɕiŋ^{213}
一	ieʔ^{5}	ieʔ^{5}
近	ɟiŋ^{22}	dʑiŋ^{213}
本	pəŋ^{42}	pəŋ^{213}
笨	bəŋ^{13}	bəŋ^{13}
不	fəʔ^{5}	fəʔ^{5}
嫩	nəŋ^{13}	nəŋ^{13}
村	tsʻəŋ^{33}	tsʻəŋ^{33}
孙	səŋ^{33}	səŋ^{33}
困	kʻuəŋ^{55}	kʻuəŋ^{55}
骨	kuəʔ^{5}	kuəʔ^{5}
稳	uəŋ^{42}	uəŋ^{213}
春	tɕʻyŋ^{33}	tɕʻyŋ^{33}
准	tɕyŋ^{42}	tɕyŋ^{213}
出	tɕʻyøʔ^{5}	tɕʻyøʔ^{5}
粉	fəŋ^{42}	fəŋ^{213}
问	məŋ^{13}	məŋ^{13}

续 表

对照字	台州府城	临海杜桥
群	ɟyŋ^{13}	dʑyŋ^{13}
云	jyŋ^{22}	jyŋ^{213}
帮	pɔ$^{-33}$	pɔ$^{-33}$
薄	bɔʔ$\underline{23}$	bɔʔ$\underline{23}$
汤	tʻɔ$^{-33}$	tʻɔ$^{-33}$
托	tʻɔʔ^{5}	tʻɔʔ^{5}
浪	lɔ$^{-13}$	lɔ$^{-13}$
昨	zɔʔ$\underline{23}$	zɔʔ$\underline{23}$
钢	kɔ$^{-33}$	kɔ$^{-33}$
恶	ɔʔ^{5}	ɔʔ^{5}
详	ʑia^{-22}	ʑia^{-213}
张	tɕia^{-33}	tɕia^{-33}
霜	sɔ$^{-33}$	sɔ$^{-33}$
厂	tɕʻia^{-42}	tɕʻia^{-213}
香	çia^{-33}	ɕia^{-33}
羊	jia^{-22}/jia^{-243}	jia^{-213}
雀	tɕʻiaʔ^{5}/tɕʻia^{-33} tɕʻia^{-453}	tɕʻiaʔ^{5}/tɕʻia^{-33} tɕʻia^{-453}
壮	tɕyɔ$^{-55}$	tɕiɔ$^{-55}$
上	zɔ$^{-22}$（动）/zɔ$^{-13}$（方位）	zɔ$^{-213}$
让	ʑia^{-13}	ʑia^{-13}
脚	ciaʔ^{5}	tɕiaʔ^{5}
药	jiaʔ$\underline{23}$	jiaʔ$\underline{23}$
光	kɔ$^{-33}$	kuɔ$^{-33}$
黄	ɦɔ$^{-22}$	ɦuɔ$^{-213}$
网	mɔ$^{-42}$	mɔ$^{-213}$
王	ɦɔ$^{-22}$	ɦuɔ$^{-213}$
剥	pɔʔ^{5}	pɔʔ^{5}
桌	tɕyɔʔ^{5}	tɕiɔʔ^{5}

续 表

对照字	台州府城	临海杜桥
双	ɕyɔ$^{\sim 33}$	ɕiɔ$^{\sim 33}$
讲	kɔ$^{\sim 42}$	kɔ$^{\sim 213}$
学	ɦɔʔ$^{\underline{23}}$	ɦɔʔ$^{\underline{23}}$
北	poʔ^{5}	poʔ^{5}
等	təŋ^{42}	təŋ^{213}
凳	təŋ^{55}	təŋ^{55}
能	nəŋ^{22}	nəŋ^{213}
贼	zəʔ$^{\underline{23}}$	zəʔ$^{\underline{23}}$
黑	həʔ$^{\underline{23}}$	həʔ$^{\underline{23}}$
逼	pieʔ^{5}	pieʔ^{5}
直	dʑieʔ$^{\underline{23}}$	dʑieʔ$^{\underline{23}}$
色	səʔ^{5}	səʔ^{5}
蒸	tɕiŋ^{33}	tɕiŋ^{33}
织	tɕieʔ^{5}	tɕieʔ^{5}
鹰	iŋ^{33}	iŋ^{33}
国	koʔ^{5}	koʔ^{5}
百	paʔ^{5}	paʔ^{5}
白	baʔ$^{\underline{23}}$	baʔ$^{\underline{23}}$
冷	la$^{\sim 42}$/na$^{\sim 42}$	na$^{\sim 213}$
拆	ts'aʔ^{5}	ts'aʔ^{5}
生	sa$^{\sim 33}$	sa$^{\sim 33}$
硬	ŋa$^{\sim 13}$	ŋa$^{\sim 13}$
麦	maʔ$^{\underline{23}}$	maʔ$^{\underline{23}}$
摘	tsaʔ^{5}	tsaʔ^{5}
耕	ka$^{\sim 33}$	ka$^{\sim 33}$
病	biŋ^{13}	biŋ^{13}
影	iŋ^{42}	iŋ^{213}
饼	piŋ^{42}/piŋ^{453}	piŋ^{213}/piŋ^{453}

续 表

对照字	台州府城	临海杜桥
井	tɕiŋ^{42}	tɕiŋ^{213}/tɕiŋ^{453}
净	ʑiŋ^{13}	ʑiŋ^{13}
声	ɕiŋ^{33}	ɕiŋ^{33}
石	ʑieʔ$^{\underline{23}}$	ʑieʔ$^{\underline{23}}$
瓶	biŋ^{22}/biŋ^{243}	biŋ^{213}/biŋ^{243}
壁	pieʔ^{5}	pieʔ^{5}
丁	tiŋ^{33}	tiŋ^{33}
滴	tieʔ^{5}	tieʔ^{5}
踢	t'ieʔ^{5}	t'ieʔ^{5}
零	liŋ^{22}	liŋ^{213}
青	tɕ'iŋ^{33}	tɕ'iŋ^{33}
醒	ɕiŋ^{42}	ɕiŋ^{213}
锡	ɕieʔ^{5}	ɕieʔ^{5}/ləʔ$^{\underline{23}}$
兄	ɕyoŋ^{33}	ɕyoŋ^{33}
木	moʔ$^{\underline{23}}$	moʔ$^{\underline{23}}$
东	toŋ^{33}	toŋ^{33}
洞	doŋ^{13}	doŋ^{13}
鹿	loʔ$^{\underline{23}}$	loʔ$^{\underline{23}}$
送	soŋ^{55}	soŋ^{55}
公	koŋ^{33}	koŋ^{33}
谷	koʔ^{5}	koʔ^{5}
哭	k'oʔ^{5}	k'oʔ^{5}
冬	toŋ^{33}	toŋ^{33}
毒	doʔ$^{\underline{23}}$	doʔ$^{\underline{23}}$
梦	moŋ^{13}	məŋ^{13}
六	loʔ$^{\underline{23}}$	loʔ$^{\underline{23}}$
中	tɕyoŋ^{33}	tɕyoŋ^{33}
竹	tɕyoʔ^{5}	tɕyoʔ^{5}

续 表

对照字	台州府城	临海杜桥
叔	ɕyoʔ^{5}	ɕyoʔ^{5} / ɕyoŋ^{453}
熟	ʑyoʔ$^{\underline{23}}$	ʑyoʔ$^{\underline{23}}$
肉	ȵyoʔ$^{\underline{23}}$	ȵyoʔ$^{\underline{23}}$
穷	ɟyoŋ^{22}	dʑyoŋ^{213}
捧	p'oŋ^{42}	p'oŋ^{213}
龙	loŋ^{22}	loŋ^{213}
绿	loʔ$^{\underline{23}}$	loʔ$^{\underline{23}}$
钟	tɕyoŋ^{33}	tɕyoŋ^{33}
触	tɕ'yoʔ^{5}	tɕ'yoʔ^{5}
局	ɟyoʔ$^{\underline{23}}$	dʑyoʔ$^{\underline{23}}$
胸	çyoŋ^{33}	ɕyoŋ^{33}
用	jyoŋ^{13}	jyoŋ^{13}

根据本表整理出台州府城与临海杜桥字音主要区别如下：

(1)台州府城的阳平调和阴上调，单字调值分别是 22 和 42；对应到杜桥的单字调中，多念 213 调值(进入词中则仍区别为 22 调值和 42 调值)。

(2)台州府城舌面中音[c][c'][ɟ][ç]开头的字，杜桥方音中大都舌位前移念舌面前音[tɕ][tɕ'][dʑ][ɕ]。如"今、鸡、几、寄、九、叫、紧、急、结、脚"等字，府城音以[c]开头，杜桥以[tɕ]开头；"牵"字，府城声母[c']，杜桥声母[tɕ']；"旗、桥、旧、拳、近、群、穷、局"等字，府城声母[ɟ]，杜桥声母[dʑ]；"戏、喜、兄、胸、血"等，府城声母[ç]，杜桥声母[ɕ]。但[c][c'][ɟ][ɕ][j]声母在杜桥方言中仍有保留，如"季、桂、鬼""缺""跪""胃、盐、院、叶"诸字，跟府城一样，杜桥音也念[c][c'][ɟ][j]声母。

(3)台州府城舌面前音[tɕ][tɕ'][dʑ]声母的字，杜桥方言中有一部分舌位前移为舌尖音[ts][ts'][dz]。如"真""七""陈、侄"，府城声母[tɕ][tɕ'][dʑ]，杜桥声母[ts][ts'][dz]。

(4)台州府城[o]韵的有些字，杜桥方言念[u]韵，如"多、大、河、螺、火、做"；府城[e][ø]韵的有些字，杜桥念[ɛ]韵，如"爱""暗、敢、韩"等字，府城方言韵母分别是[e][ø]，杜桥方言韵母都是[ɛ]；府城[ø][ɛ]韵的有些字，杜桥念[e]韵，如"南、蚕、肝""雁"等字，府城方言韵母分别是[ø][ɛ]，杜桥方言韵母都是[e]；府城

[ɔ̃]韵的有些字，杜桥念[uɔ̃]韵，如“光、王、黄”。与此同时，府城念[o][e][ø][ɛ][ɔ̃]韵的其他一批字，在杜桥方言中则跟府城相同。也就是说，杜桥方言保留着[o][e][ø][ɛ][ɔ̃]一系列韵母，只是其中一些字的韵母与府城有所不同。

5. 府城[yɔ̃]韵的字，杜桥读[iɔ̃]韵。如“桌、壮”等。

◆文学

唐诗之路的人文与自然景观

胡正武[①]

【摘　要】唐诗之路是指从钱塘江南岸萧山的西兴渡口为起点，中经越州（今浙江绍兴）或明州（今浙江宁波）到达台州天台山的路线。这条路线在唐朝近三百年的历史中吸引了为数众多的诗人来游访，他们在此创作了数量可观的诗歌作品，留下了非常丰富的人文遗迹和多彩的风流佳话。

【关键词】唐诗之路；越州；台州；天台；人文胜迹；自然景观

从汉末农民大起义时起，经过三国两晋南北朝的变迁，浙江境内的山水风光逐步得中原地区士大夫和文人墨客的赏识颂扬。中原地区每一次大的动乱，就会造成一次人口的大迁徙。由北方逃难到达江南的人口日益增多，到达浙江寻求远祸全身之所的仕宦也是如此。可以说汉魏六朝，是浙江山水风光的大发现时代。到了唐朝，由于经济社会的迅速发展，综合国力的空前强大，文学艺术也出现了全面繁荣的局面。在不到 300 年的时间里，文人骚客们频繁往来于从钱塘江边西兴渡口到台州天台山的这条充满诗情画意和佛道宗教气氛的路线，或

① 胡正武（1960— ），浙江临海人，教授，现任台州学院学报编辑部主任，副主编。

者向往仙释，或者企求超脱，或者追逐曲线入仕，或者为了排解失意苦闷……他们徜徉于青山之中，接受大自然阳光雨露的滋润；逍遥于白云之外，忘却人生的痛苦。他们挥洒才情，吐露心声，卷舒人寰风云，描绘造化文章，造就了中国文学史甚至于世界文学史上罕见的一条唐诗之路。

一、唐诗之路起讫简述

综观上述这段历史，从汉末始到唐朝止，浙江山水旅游资源开发的概貌，可以简单地归结为两条由北方进入浙东（浙东浙西的分界线是钱塘江—富春江，江以东者为浙东，以西者为浙西）的旅游线路：

一条是从杭州渡浙江（即钱塘江）向南、东南方向，经越州（今绍兴）到台州，再从台州到达永嘉（今温州），也有经明州（唐朝开元二十六年七月十三日即738年8月3日始分越州东境鄮县立明州，今浙江宁波）[1]10到达台州以至永嘉。

另一条是从杭州顺浙江向西、西南方向，经富春（今富阳）沿江上溯为两个方向：向西沿新安江到达徽州、歙州即今皖南一带；向西南沿婺江（金华江）上溯到达婺州（今金华）衢州一带；也有的从此线翻越括苍山到达括州（唐德宗朝以后避唐德宗讳，改名处州，即今浙江丽水），再沿丽水顺流而下到达永嘉。

其中东线的起点，今天学术界一般的观点都认为始于西兴（在今萧山城西30里，为一临近钱塘江的古代军事堡垒，始筑于春秋时期，由越国大谋士范蠡主持建造。今天由于钱塘江淤积或改道的缘故，西兴已经不再临江了，变成了萧山工交经济重镇）渡口，经萧山（原名永兴，属越州，直到20世纪60年代方改属杭州市）[2]——越州——上虞——剡县（今嵊州、新昌）——天台；另从越州经四明（明州）——奉化——宁海——天台为支线。也就是说，“唐诗之路”的终点是台州天台。

另外，当今也有学者认为“唐诗之路”的理想路线应当是李白送魏万诗中所说的那样：从北进入越州以后，经台州到达永嘉（温州）；复沿瓯江上溯至括州，经婺州，沿金华江顺流而下，到达富春、钱塘，刚好浇了一圈。[3]26笔者亦深赞同此说，但目前这个观点只见于少数人的文章中，尚未得到多数唐诗学者的响应。这里仅略做介绍而已。

二、唐诗之路上的“磁石名人”

从越州到台州的这一条热线,是唐朝文学史上也是中国文学史上甚至是世界文学史上的奇迹。因为这样一个地理位置比较偏僻、交通不便、经济条件和文化教育也不能算是发达的地区,竟然成为达官显宦千里寻觅、文人墨客纷至沓来的朝圣一般的地方,是不可思议的。这也正是今天引起我们极大兴趣的地方。据有的研究者的统计,在唐朝将近300年的历史中,总共有400多位大小诗人游历过这条“唐诗之路”,[3]其数量占《全唐诗》所收诗人2200多位的近1/5,这是前所未有的奇观。形成这样一种文化奇观的原因很多,除了越中天台的自然条件以外,首先是有行“非常之事”、建“非常之功”的“非常之人”。这些“非常之人”,既有客籍人士,但在越中天台一带长期隐居修炼,弘扬佛道;亦有本土人士,声名卓著,誉满朝野。前者如智顗、司马承祯、寒山;后者如贺知章。他们的存在,如同磁石一般吸引着大批文士僧俗,到此处访胜探幽,所起作用与一般来访诗人不同。故笔者将其称呼为“磁石名人”。

(一)宗教领袖——智者大师、司马承祯

智者大师法号智顗(538—598),俗姓陈,原籍颍川(今河南许昌),出生于荆州华容(今湖北监利)。18岁出家,20岁受具足戒,南北朝陈朝被尊为国师。太建七年(575),智顗毅然率领慧辨等20余名徒弟入天台山,创立道场,陈宣帝特敕他所创建的寺院为修禅寺,并下诏将全县赋税拨给寺院使用。隋文帝开皇十一年(591),时任扬州总管的晋王杨广(即后来的隋炀帝)邀请智顗下山,为杨广授菩萨戒,取法号总持,杨广赐予智顗以“智者”之号。唐朝大书法家颜真卿《天台智者大师画赞》记载:“天台大师俗姓陈,其名智顗,华容人。隋炀皇帝崇明因,号为智者诚敬申。”[4]928-929简明扼要地介绍此事。开皇十七年(597)杨广派遣使者进天台山迎请智顗,行前,智顗嘱咐要造一座大寺院,画了图,标了地。智顗行至石城(今新昌大佛寺)圆寂,俗寿61,不久归葬佛陇(今天台山智者塔院)。此后,杨广遣司马王弘以三年时间创建寺院,初名天台寺,后取“寺若成,国即清”之意,大业元年(605)改名国清寺。智者大师是佛教天台宗的创始人,天台宗是佛教传入中国以后,融合中国文化而出现的第一个宗派。天台宗的实际创始人是智顗。国清寺作为天台宗的根本道场,与荆州玉泉寺、齐州灵岩寺、润州栖霞寺合称“天下四绝”。李白《普照寺》诗云:“天台国清寺,天下为四绝。”天台宗在当

时思想界、宗教界、政界和社会其他界层中产生了很大影响，并且宗风远播，传到东邻朝鲜半岛和日本。

司马承祯(647—735)，字子微，法号道隐，又号天台白云子、赤城居士，河内温(今河南温县)人，晋朝王族后裔，是道教一代宗师，道教南岳仙派的始祖。21岁居嵩山，师从潘师正学道，是道教上清派的第六代传人。出道后遍访天下名山，约于唐高宗永隆元年(680)来到天台山，开辟道场。他作诗云："不践名利道，始觉尘土腥。不味稻粱食，始觉精神清。""逍遥此中客，翠发皆长生。"武则天圣历二年(699)，武后下诏徵司马承祯至京师，赞美其道行高操。景云二年(711)，唐睿宗下诏征至京师。睿宗将其迎入宫中，问以阴阳术数之事和修身治国之要，深加赞赏。临返天台山时，睿宗赠以宝琴及霞帔等物，朝中公卿词人百余人赠诗送别。此年，唐睿宗为他修建桐柏宫，宫观内置藏经阁，自此他成为天台山桐柏道藏的开创者。唐玄宗开元九年(721)，司马承祯奉诏入京，为玄宗主持传授法箓。次年还山，玄宗作诗赠别。开元十五年(727)，唐玄宗再次将司马承祯征至京师布道，并让妹妹玉真公主拜司马承祯为师。八年后，司马承祯无疾而终，享年89岁。唐玄宗亲自为之制作碑文，追赠为银青光禄大夫，谥贞一先生。

(二)诗坛名人——贺知章、寒山子

贺知章(659—744)字季真，越州永兴(今浙江萧山)人，自号四明狂客。证圣初(695)擢进士第，任太常博士，累迁秘书监，又为太子宾客，世称贺监、贺宾客。天宝三载(744)请为道士还乡里，未几卒，年86。贺知章年轻时即以诗文驰名，入仕以后复以清谈风流饮誉朝廷内外，其道德文章深得皇帝及朝臣之敬重。善书法，好饮酒，秉性开朗旷达，不拘常礼，故晚年自号"四明狂客"。贺氏学识高尚，有知人之雅，喜奖掖后进。与李白友善，长安一见李及其所作诗，呼为"谪仙人"，遂解金龟换酒，与白痛饮，为之揄扬。其求为道士还乡之日，唐玄宗"御制诗以赠行，皇太子以下咸就执别"，玄宗并下诏"赐镜湖剡川一曲"。送行饯别礼仪之盛，赠别诗歌之多，均为少见。当时送别的朝士大夫留有送别诗的，除唐玄宗以外还有36人。赠别之作保存在《会稽掇英总集》中。①

---

① 详见宋郑樵《通志》卷七十《艺文略》第八"诗总集类"有《贺监归乡诗集》一卷。王楙《野客丛书》卷十七云："仆寻考《会稽集》，得明皇所为送贺老归越之序与诗，及朝士自李適之以下三十七人鉴别之作，是时正天宝三载正月五日也。"陈尚君按：王楙所见《会稽集》，当即《会稽掇英总集》。该集卷二收明皇以下三十七人送贺诗，与楙所云正合。除明皇、李白、李林甫、姚鹄等四首已收入《全唐诗》外，余均失收，以下分别辑出。其中王铎、严都、李慎微三首，系晚唐人拟作，分别收入本书(笔者案：指其《全唐诗续拾》)卷三十三、三十一、三十五。

寒山子不知何处人,其生平事迹难以详考。从寒山诗歌所记述的一些内容来看,其身世亦属坎坷曲折之人,大约原本居于秦陇,早先读书为举子业,曾有过建功立业之抱负,有过家室,但后来产生了某种我们难以说明的变故,以致寒山子决心抛却红尘,远离乡井,隐居于天台县西南的寒岩,时常往来国清寺。与国清寺僧人丰干、拾得友善,是一位未入寺院名录的隐逸诗人。传世作品尚有300余首。寒山子的诗歌多写出世修炼脱俗得道之趣,融会造化逍遥方外之乐,无牵无挂轻松自由之情。其诗歌简洁明白,语言通俗,是唐朝著名的白话诗人。寒山的诗歌与拾得、丰干的作品一起被称为“三圣诗”。他的作品最近几十年来在海外引起重视,影响很大,在美国、德国和东南亚等地都曾经掀起“寒山热”。

三、唐诗之路山水风光与人文胜迹

从越州到台州这一条“唐诗之路”所经历的地方,山水奇秀,人文荟萃。它在地理上属于东南丘陵地带,水网纵横交错,自然风光非常契合魏晋士大夫追求回归自然、超越俗世的旨趣。故在当时士人心中留有特别美好的印象。如刘宋刘义庆《世说新语·言语》记载王献之称赞会稽山水云:“从山阴道上行,山川自相映发,使人应接不暇。若秋冬之际,尤难为怀。”[5]145 画家顾恺之也说:“千岩竞秀,万壑争流,草木蒙笼其上,若云兴霞蔚。”[5]143 魏晋以来封建士大夫的许多遗闻佚事就发生在此地,可见此地必有其引人入胜之处。此类胜迹在唐诗之路上难以遍举,以下仅列其中显著者,以见一斑。

(一)越州境内

1. 镜湖。又名鉴湖,原为一处大型农业水利工程。唐杜佑《通典》云:“东汉永和五年,太守马臻始筑塘立湖,周三百一十里,溉田九千余顷,人获其利。”宋朝施宿《会稽志》云:“镜湖,在会稽县东二里,故南湖也。一名长湖,又名大湖。”东晋王羲之云:山阴路上行,如在镜中游。镜湖之得名以此。”《舆地志》云:“山阴南湖,萦带郊郭,白水翠岩,互相映发,若镜若图。”

2. 兰亭。兰渚:山名,在绍兴县兰亭乡兰亭村,传说越王勾践种兰于此,汉代为驿亭所在,因名兰亭。东晋永和九年(353)三月初三,王羲之与好友谢安、孙绰等至此修禊,曲水流觞,饮酒赋诗,王羲之书写了《兰亭集序》,从此,兰亭成为书法圣地。

3. 会稽山。秦稽:秦望、会稽两山。会稽山,《元和郡县志·江南道·越州会稽县》云:“会稽山,在州东南二十里。”秦望山,施宿《会稽志》云:“秦望山,在县东南四十里。旧经云:众岭最高者。”《舆地广记》云:“秦望,在州城南,为众峰之杰,秦始皇登之以望东海。”

4. 东山。施宿《会稽志》云:“东山在上虞县西南四十五里,晋太傅谢安所居也。一名谢安山,巍然特出于众峰间,拱揖亏蔽,如鸾鹤飞舞,其巅有谢公调马路,白云、明月二堂遗址,千嶂林立,下视沧海,天水相接,盖绝景也。下山出微径,为国庆寺,乃太傅故宅。旁有蔷薇洞,俗传太傅携妓女游宴之所。”

5. 若耶溪。若邪:水名,也作若耶,又叫耶溪,在绍兴城南。《太平寰宇记》云:“若耶溪,在越州会稽县东南二十八里,传为西施浣纱和欧冶子铸剑之所。”

6. 剡溪。剡溪:又名剡江、剡川,位于曹娥江上游,因东晋时戴逵隐居于此,故又称戴溪、戴湾。溪流蜿蜒曲折,风光旖旎,浅而为滩,深而为渊,沿岸名胜古迹甚多,如谢灵运游玩过的古始宁县治(今嵊州三界镇)、王子猷雪夜访戴处等。

7. 沃洲。沃洲:山名。在今新昌县东南,东南联天台山,北通四明山,道书以为第十二福地,有放鹤峰、养马坡,相传支遁放鹤养马处。刘长卿“莫买沃洲山,时人已知处”,白居易《沃洲山禅院记》所谓“在剡县南三十里”者,都是指此山。

8. 天姥山。天姥山,在剡县南部(今新昌县)邻近天台县处,东接天台山,西连沃洲山。《太平寰宇记》云:“登此山者,或闻天姥歌谣之声。”道书以为第十六福地。李白的《梦游天姥吟留别》一诗让它名播四海。

9. 云门寺。寺址在云门山,旁有若耶溪,距今绍兴城区约20公里。晋中书令王献之居此。义熙三年(407),相传有五色祥云现,诏建云门寺。南朝智永禅师(王羲之七世孙)驻寺临书30年,留有铁门槛、笔冢。隋炀帝为表彰智永,将其改名永欣寺。唐会昌间(841)废,唐大中六年(852)重建。寺内有辨才香阁,智永禅师之徒辨才曾居此。世传辨才于云门寺凿暗槛置右军《兰亭集序》真迹于梁上,唐太宗御史萧翼以计取之。其时,云门寺缭山并溪,楼塔重复,依岩跨壑,琉檐飞涌,游观者累日乃遍。[6]2936-2937

10. 大禹陵。在今浙江绍兴城南,《越绝书》曰:禹“及其王也,巡狩大越,见耆老,纳诗书,审铨衡,平斗斛。因病亡死,葬会稽”[6]2154。从周朝少康时就为禹起祠以致祭。后历朝都有修缮,即今禹陵与禹庙。

(二)台州境内

1. 天台山。《台州府志》云:“天台山在天台县北三里。自神迹石起,至华顶峰皆是,为一邑诸山之总称。”梁陶弘景《真诰》曰:“高一万八千丈,周围八百里,山有八重,四面如一。”《十道志》谓其顶对三辰,或曰当牛女之分,上应台宿,故曰天台。《登真隐诀》云:“处五县中央,为余姚、句章、临海、天台、剡县也。”顾野王《舆地志》云:“天台山一名桐柏山,众岳之最秀者也。”

2.国清寺。为佛教天台宗祖庭。《天台山志》云:“国清寺在天台县北十里,旧名天台寺。昔智者大师初入天台,游历山水,宿石桥,有一老僧谓之曰:‘仁者若欲造寺,山下有皇太子寺基,舍以仰给。’智者曰:‘正如今日草舍尚难,当于何时能办此寺?’老僧曰:‘今非其时,三国成一,大势力人能起此寺。寺若成,国即清,当呼为国清寺。’后将灭时,复标丰杙山下。又画殿堂为图,以作样式。后晋王杨广命司马王弘依图造寺,高敞秀丽,方之释宫,呼为国清寺。”

3.华顶。在天台县东北六十里,乃天台山第八重最高处,犹如花心之顶,故名华顶。华即花也。旧传高一万八千丈,周围一百里。少晴多晦,登其顶可观日月之出没,东望大海,弥漫无际,号望海尖。下瞰众山如龙虎盘踞,旗鼓布列之状。草木薰郁,殆非人世。

4.赤城。《太平寰宇记》:“在天台县北六里。孙绰《天台山赋》:‘赤城霞起以建标’。”李善注支遁《天台山铭序》云:“往天台山,当由赤城为道径。”孔灵符《会稽记》曰:“赤城山石色皆赤,状似云霞。”《天台山图》曰:“赤城山,天台之南门也。”

5.桐柏山桐柏宫。桐柏山,在天台山之右,有玉女、卧龙、紫霄、翠微、玉泉、莲华、华琳、香琳、玉霄九峰,又称“金庭洞天”,为道家福地。有商朝九天仆射伯夷、叔齐,周朝右弼真人王子晋治桐柏之说。《全唐文》卷三〇四崔尚《唐天台山新桐柏观颂》:“桐柏山高万八千丈,周旋八百里,其山八重,四面如一,中有洞天,号金庭宫,即中右弼王乔子晋之所处也、是之谓不死之福乡,养真之灵境。”据梁陶弘景《真诰》载:吴主孙权于天台山之右,造桐柏观,命葛玄仙翁居之,玄乃炼丹于此。桐柏道场后改为崇道观,唐朝睿宗景云二年(711),司马承祯入桐柏,诏复为桐柏观。宋陈耆卿《赤城志》卷三十天台县下:“桐柏崇道观,在县西北二十五里,旧名桐柏。唐景云二年,为司马承祯建。”1973年桐柏水库蓄水,桐柏宫遂湮没于水底。千代名胜,一朝而亡。

6.桃源。在天台县位于县城西北三十余里天宫乡境内桃源坑中。相传为剡民刘晨、阮肇入天台山采穀皮,迷路乏食,摘桃充饥,在溪边与二仙女相遇,因相邀还家,结为夫妻。半年后刘阮求归,二仙女相送,到家时已历七世。后刘阮复返桃源,欲寻仙女未果,遂不知所终。桃源系一深曲山谷,桃溪两岸峭壁参差,如列绣屏,镜潭帘瀑映带其间,水皆缥碧,与山林相辉。有鸣玉涧、桃花坞、仙女峰、金桥潭、浮杯亭、会仙石、桃源洞等景点。[7]411-412

7.石梁。石梁:天台山上著名胜景,“石梁飞瀑”为天台山八大景之一。《启蒙记》注云:“天台山去天不远,路经油溪水,深险清泠。前有石桥,路径不盈尺,长数十丈,下临绝冥之涧。惟忘其身,然后能跻。跻者梯岩壁,援萝葛之茎,度得平路,见天台山蔚然绮秀,列双岭于青霄上,有琼楼、玉阙、天堂、碧林、醴泉,仙物毕具也。晋隐士白道猷得过之,获醴泉、紫芝、灵药。”《舆地纪胜·台州景物》:“石桥,在天台县北五十里。按:《天台山记》,桥头上有小亭,桥长七丈,北阔二尺,南阔七尺,龙形龟背,架在壑上,有两涧合流于桥下。桥势峭峻,过者目眩心悸。其桥有尖起,高丈余,多莓苔,甚滑,度彼不得。”谢灵运《山居赋》:“远东则天台、桐柏……凌石桥之莓苔,越楢溪之纡萦。”

8.寒山(岩)。寒山又名寒岩,据其朝向分为明岩和寒岩,朝南者为明岩,朝北者为寒岩,在天台县西南21公里处,是唐朝诗僧寒山、拾得、丰干三人隐逸之所。明岩和寒岩都有一个天然大山洞,可居人。明岩有名迹号称“五马隐”,传说为台州刺史闾丘胤寻访寒山子,寒山悄然退隐不见,刺史率五马急追,到此岩前,寒山破壁而入,闾丘五马因石壁骤合而被夹,留此痕迹。诗云:“寒山无踪迹,五马隐青山。”寒岩洞天则有“宴座石”等胜景。[7]413-414

【参考文献】

[1] 宁波市地方志编纂委员会.宁波市志[M].北京:中华书局,1995.

[2] 绍兴市地方志编纂委员会.绍兴市志[M].杭州:浙江人民出版社,1996.

[3] 邹志方.浙东唐诗之路[M].杭州:浙江古籍出版社,1995.

[4] 陈尚君.全唐诗补编[M].北京:中华书局,1992.

[5] 余嘉锡.世说新语笺疏:言语[M].上海:上海古籍出版社,1993.

[6] 绍兴市地方志编纂委员会.绍兴市志[M].杭州:浙江人民出版社,1996.

[7] 天台县地名委员会办公室.天台县地名志:卷六[M]//名胜古迹.1987.

唐诗之路与浙东经济物产

胡正武

【摘　要】浙东唐诗之路沿线除了山水优美这一基本要素外,其经济物产也是不可等闲视之的生根因素。主要有剡藤与名纸,越中名茶,仙药,鲈鱼与莼菜,藤杖几大宗。其他品类则难以枚举。这些物产对于隐士和文人具有非同一般的意义,隐士、文人来浙东的动机也有这些物产的"导引"作用。

【关键词】浙东;唐诗之路;经济物产;关系

任何一个时代任何一个人都不可能脱离经济网络而生存。唐朝诗人同样受经济力量所左右,他们为了经济利益而东奔西走,不远千里;为此而不惜献诗作赋,干谒各地方长官和其他实力人物。张维华先生说:"研究历史上任何一个问题,决不能把它看作是某种不依赖周围经济条件而独立自在的东西。"[1]9 如果把唐朝诗人纷纷来游浙东放在经济条件下来观照,就自然会想到浙东在唐朝和唐朝以前那些名扬四海的物产对人们所产生的吸引作用。浙东的经济开发,虽然比不上中原地区早,其生产规模和生产技术也难与中原地区的相提并论,然而,浙东自然条件也促成了不同于中原的自然经济;而且自东晋南渡以后浙东土地大面积的开垦,人口大量地增加,农业生产得到较大发展,依其自然条件"物土之宜而布其利",在粮食、经济作物、水产品等方面都形成了较之北方具有特色的产业。丰富的著名物产吸引了各地人士的注意力是唐朝士人乐于游历浙东的一个重要因素。考察唐朝诗人作品及其他史料,兹略加归纳,其中著名的物产有如下若干种:

一、剡藤与名纸

浙东造纸历史悠久,所产之纸号称"剡纸",因其原料为剡中山里的古藤(实际上是学名叫做"楮"的植物,其皮为造纸的优良原料),故常用"剡藤"代称之。

浙东物产丰富,在手工业方面则更涌现了一批有知名度的名牌产品。如越中的造纸历史悠久,据史料载东晋时即已有名,裴启《论林》曰:“王右军为会稽令,谢公就乞牋纸,库中唯有九万枚,悉与之。桓宣武云,逸少不节。”[2]516-517到唐朝号称“剡纸”,为当时文人画士所珍视的上品。唐人李肇《唐国史补》卷下叙天下物产论纸即首列越州之纸云:“纸则有越之剡藤苔笺。”[3]60越州所产之纸,久已作为贡品。所以唐朝散文家韩愈在其《毛颖传》中这样写道:“颖与绛人陈玄、弘农陶泓及会稽褚先生友善,相推致,其出处必偕。上召颖,三人者不待诏辄俱往,上未尝怪焉。”[4]150文中毛颖指毛笔,绛人陈玄指墨,这里是用拟人手法写的。以下砚和纸也相同。绛为今山西省绛县,产墨。弘农陶泓指弘农陶砚,弘农为今河南省灵宝县,产砚。会稽褚先生指会稽纸,会稽产纸。褚通楮,楮皮为古代造纸原料,可制桑皮纸。据《新唐书·地理志》载,弘农郡土贡有瓦砚,绛郡土贡有墨,会稽郡土贡有纸。可见当时会稽产纸业之兴盛,所产纸之闻名。唐朝剡纸之闻名,不仅见诸正史,而且形诸文人墨客的吟咏。如中唐时期著名诗人顾况所作的《剡纸歌》:

云门路上山阴雪,中有玉人持玉节。
宛委山里禹余粮,石中黄子黄金屑。
剡溪剡纸生剡藤,喷水捣后为蕉叶。
欲写金人金口经,寄与山阴山里僧。
手把山中紫罗笔,思量点画龙蛇出。
政是垂头蹋翼时,不免向君求此物。

又如晚唐崔道融《谢朱常侍寄贶蜀茶剡纸二首》之二(即咏剡纸之诗)云:

百幅轻明雪未融,薛家凡纸漫深红。
不应点染闲言语,留记将军盖世功。

其他唐朝诗人所咏诗歌还有很多,如刘禹锡《牛相公见示新什谨依本韵次用以抒下情》诗云“精彩添翰墨,波澜起剡藤”、皮日休《二游诗·徐诗》云“宣毫利若风,剡纸光与月”等。可见唐朝时期越中所产之剡纸,在社会上的影响和在文人心目中的地位,是其他地方所产纸张难以比拟的。

二、越中名茶

茶叶在唐朝已经为社会各阶层所共宝,成为日常生活中重要的饮料。李肇《唐国史补》卷下云:"风俗贵茶,茶之名品益众。"其在社会各阶层所贵重的程度,诚如唐朝诗人顾况在《茶赋》中所说的那样:"赐名臣,留上客,谷莺啭,宫女嚬,汎浓华,漱芳津,出恒品,先众珍,君门九重,圣寿万春。此茶上达于天子也。滋饭蔬之精素,攻肉食之膻腻,发当暑之清吟,涤通宵之昏昧,杏树桃花之深洞,竹林草堂之古寺,乘槎海上来,飞锡云中至。此茶下被于幽人也。"[5]2375-2376 茶叶上达天子,下被幽人,广为普及。饮茶不但在中国成为风习,而且影响到周边少数民族的生活习惯,李肇《唐国史补》卷下载西番亦甚嗜茶,且多中国各地输出之茶:"常鲁使西番,烹茶帐中,赞普问曰:'此为何物?'鲁公曰:'涤烦疗渴,所谓茶也。'赞普曰:'我此亦有。'遂命出之,以指曰:'此寿州者,此舒州者,此顾渚者,此蕲门者,此昌明者,此灉湖者。'"[3]可见当时饮茶风习之一斑。正是在这种社会共珍视茶叶的情况下,文人之间将饮茶视为雅事,以饮茶相尚,其风愈扇愈烈,对社会饮茶习俗的培养起到重要的推动作用。当时由越州的严维、李洞等骚客发起组织了"云门茶会",堪称为当时的茶叶品评鉴定会。与越州相邻的浙东婺州(今浙江金华)出产名茶,号称"东白"茶,被李肇的《唐国史补》载入史册。越中亦出产名茶,其茶叶只取叶尖,故被誉为"越笋"。被誉为"茶圣"的诗人陆羽足迹遍及浙东,既徜徉于山水风月之间,又逍遥于仕宦之中,"尝镜水之鱼,宿剡溪之月"。正如他友人皇甫湜在《送陆鸿渐赴越序》中所云:"野墅孤岛,通舟必行。渔梁钓矶,随意而往。余兴未尽,告云遐征。夫越地称山水之乡,辕门当节钺之重。进可以自荐求试,退可以闲居保和。吾子所行,盖不在此。"[5]3113 陆羽品评各地茶叶和泉水,所著《茶经》号称世界上第一部茶叶著作。晚唐诗人皮日休《茶中杂咏》诗序云:"何得姬公(笔者案:即周公也)制《尔雅》云:'檟,苦荼。'即不撷而饮之,岂圣人纯于用乎?抑草木之济人,取舍有时也。自周以降,及于国朝茶事,竟陵子陆季疵言之详矣。然季疵以前称茗饮者,必浑以烹之,与夫瀹蔬而啜者无异也。季疵始为《经》三卷,由是分其源,制其具,教其造,设其器,命其煮,俾饮之者除痟而去疠,虽疾,医之不若也。其为利也,于人岂小哉?余始得季疵书,以为备矣。后又获其顾渚山记二篇,其中多茶事。后又太原温从云,武威段碣之各补茶事十数节,并存于方册。茶之事由周至于今,竟无纤遗矣。"[6]1548 不仅如此,越中茶叶之影响还远及日本。日本留学僧最澄在越中天台山留学期间将天台山茶叶引种到日本，成为日本茶叶种植的开端。有的学者将它称为“中日茶叶之路”。唐朝诗人写到越中产茶、饮茶之作颇多，如温庭筠《宿一公精舍》诗云：“夜阑黄叶寺，瓶锡两俱能。松下石桥路，雨中山殿灯。茶炉天姥客，棋席剡溪僧。还笑长门赋，高秋卧茂陵。”司空图《暮春对柳二首》诗云：“萦愁惹恨奈杨花，闭户垂帘亦满家。恼得闲人作酒病，刚须又扑越溪茶。”更为难得的是诗僧皎然《饮茶歌诮崔石使君》诗中对剡溪出产的茶叶极其赞赏，高度评价其清香与功用：“越人遗我剡溪茗，采得金牙爨金鼎。素瓷雪色缥沫香，何似诸仙琼蕊浆。一饮涤昏寐，情来朗爽满天地。再饮清我神，忽如飞雨洒轻尘。三饮便得道，何须苦心破烦恼。此物清高世莫知，世人饮酒多自欺。愁看毕卓瓮间夜，笑向陶潜篱下时。崔侯啜之意不已，狂歌一曲惊人耳。孰知茶道全尔真，唯有丹丘得如此。”

三、仙丹妙药

浙东在古代很长的历史时期内是以出产仙药闻名四方的，观唐道士柳泌亲赴天台山采炼丹药一事，即可概见。《旧唐书·宪宗本纪下》也载柳泌要求亲赴天台山采药的事件，并且记载连朝廷言官进谏宪宗都不听：“丁亥，以山人柳泌为台州刺史。为上于天台山采仙药故也。制下，谏官论之，不纳。”若以考证学的眼光来看这个问题，揆诸古代医药书籍所载，亦可说明仙药在浙东地区的丰富与影响的突出。宋唐慎微《证类本草》卷第六云：“伏鸡子，根味苦，寒，无毒。主解百药毒，诸热烦闷，急黄、天行黄疸、疽疮、疟瘴、中恶、寒热头痛、马急黄及牛疫。并水磨服。生者尤佳。亦傅痈肿，与陈家白药同功。但霍乱诸冷不可服耳。生四明、天台。叶圆薄似钱，蔓延。根作鸟形者良。一名承露仙。”[7]卷第十二云：“石松，味苦辛，温，无毒。主人久患风痹，脚膝疼冷，皮肤不仁，气力衰弱。久服好颜色，变白不老。浸酒良。生天台山石上，如松高一二尺也。”[7]

仙丹妙药是古人梦寐以求的，但只能用来向皇帝上奏吹牛，实不可得。这类事物特别容易引起人们无限美好的愿望，让人们在遐思遥想中有滋有味地品尝享受，待梦醒之后便会不惜代价地到处搜索，想方设法寻觅。越中天台由于有前述美好的客观存在，名山秀水，触目皆是；又有许多前人寻仙访道，搜索灵丹妙药的事迹为可援之例，导致更多的后人来加入这一寻找灵丹妙药的行列。至少到唐朝时期，人们通常知识中，越中天台山出产的仙物仙药特别丰富。前文已经述及天台宗祖师栖止之名山每多丹药，越中天台则自然具备此项条件。如李白《经乱后将避地剡中留赠崔宣城》诗云：“无以墨绶苦，来求丹砂要。”当时人们对越中天台山仙物仙药的发现和利用都是有实际意义的,否则也难以解释这么多人尤其是具备高度文化修养的文人来此采药的行为。明李时珍《本草纲目》引唐朝名医陈藏器云:“石髓生临海华盖山石窟,土人采取澄洮如泥,作丸如弹子,有白有黄弥佳。”李时珍说:“按:《列仙传》言邛疏煮石髓服,即钟乳也。”[8]临海华盖山即天台华顶,因为台州前身为临海郡,华顶又称华盖。这些传说中出现的美好仙物,在唐朝诗人眼中,是十分珍视的,他们在越中天台山仙药的寻觅采集是有实际行动和实际成果的。如唐人皮日休在一首诗题中就指出的那样,当时爱好仙药的人极其珍重天台山上的药草仙物:“重玄寺元达,年逾八十,好种名药。凡所植者,多至自天台、四明、包山、句曲。丛翠纷糅,各可指名,余奇而访之。”[6]1553任华《送虔上人归会稽觐省便游天台山序》:“是将采掇灵药,搜访仙经,归献北堂,永同西母也。”[5]1691唐朝来越中天台的诗人中,名声大者如孟浩然、李白、李绅,小者如张祜、许浑、皮日休,都可以说耽于此道。方外人则更不须说,如司马承祯、寒山子、贯休等即其典型。尤其是天台山传说出产琪树、灵芝、钟乳、石笋、仙桃、天鸡等人间所无之物,令诗人们兴致大发,笔之于吟咏,留下了许多充满遐想、超凡脱俗的名作佳句。孟浩然《宿天台桐柏观》:“缅寻沧洲趣,近爱赤城好。扪萝亦践苔,辍棹恣穷讨。息荫憩桐柏,采秀弄芝草。鹤泪清露重,鸡鸣信潮早。愿言解缨络,从此去烦恼。高步凌四明,元踪得二老。纷吾远游意,学彼长生道。”李白《天台晓望》:“攀条摘朱实,服药炼金骨。”李绅在其追述早年游历越中天台的《琪树》诗小序中将这种神奇的仙物说得极其真切,似乎要让我们感觉它又像人间普通之物一样:“琪树垂条如弱柳,结子如碧珠。三年子可一熟。每岁生者相续,一年绿,二年碧,三年者红。缀于条上,璀错相间。”诗人徐彦伯《淮亭吟》也对天台山上的琪树称赞不已:“撷瑶芳兮吊楚水,弄琪树兮歌越岑。”张祜《游天台山》诗云:“琼台下昏侧,手足前采乳。但造不死乡,前劳何足数。”许浑《早发天台中岩寺度关岭次天姥岑》:“来往天台天姥间,欲求真诀驻衰颜。”皮日休《华顶杖》诗云:“金庭仙树枝,道客自携持。探洞求丹粟,挑云觅白芝。”王贞白《寄天台叶尊师》诗云:“采药霞衣湿,煎芝古鼎焦。”寒山子诗云:“我闻天台山,山中有琪树。永言欲攀之,莫晓石桥路。”晚唐诗僧贯休在《寒月送玄道士入天台》诗中说得更加明白:“送君丁宁有深旨,好寻佛窟游银地。雪眉衲僧皆正气,伊昔贞白先生同此意。若得神圣之药,即莫忘远相寄。”天台山中飘落的桂子,都要与天上的神灵赐福结合起来。陆龟蒙《和袭美天竺寺八月十五夜桂子》诗中自注云:“垂拱中,天台桂子落,一百余日方止。”总而言之,越中天台山上的花卉草木,鸟兽虫鱼,都在诗人笔下带上灵仙的气息。就如诗人方干《送孙百篇游天台》(一作《寄台州孙从事百篇》中所歌咏的:“远近常时皆药气,高低无处不泉声。”“更有仙花与灵药,恐君多半未知名。”

四、鲈鱼与莼菜

古代江东盛产鲈鱼,其中又以松江之鲈其味尤美。《吴郡志·土物》:“鲈鱼生松江,尤宜脍,洁白松软,又不腥,在诸鱼之上。”[9]自从晋朝“江东步兵”张翰看到局势不稳,社会即将转入动荡,前途有些可忧,就借口因为思念家乡的鲈鱼脍和莼菜做的莼羹而弃官返乡,不久天下果然大乱,被人誉为有先见之明,千古传为美谈,江东美味鲈鱼莼羹因而名声遐播。《晋书·文苑·张翰传》载:“翰因见秋风起,乃思吴中菰菜、莼羹、鲈鱼脍,曰:'人生贵得适志,何为羁官数千里,以要名爵乎!'遂命驾而归。”晋人的高致遗风,引起了唐朝诗人的向往;菰菜莼羹,吊起了文士骚人的胃口。就如初唐诗仙李白在初入浙东时所作的《秋下荆门》:“此行不为鲈鱼鲙,自爱名山入剡中。”后来邑人项斯《寄剡中友》诗也说:“山晚迥寻萧寺宿,雪寒谁与戴家期。夜来忽觉秋风急,应有鲈鱼触钓丝。”羊士谔诗:“山阴道上桂花初,王谢风流满晋书。会作江南步从事,秋来还复忆鲈鱼。”

越中唐诗之路因与吴郡地缘邻近,亦盛产此等名吃。在有唐近三百年之间,游览唐诗之路的诗人当中,就有不少是打着为品尝鲈鱼和莼羹旗号而来的。如孟浩然《与崔二十一游镜湖,寄包、贺二公》:“试览镜湖物,中流到底清。不知鲈鱼味,但识鸥鸟情。”羊士谔《忆江南旧游二首》:“曾作江南步从事,秋来还复忆鲈鱼。”元稹《酬友封话旧叙怀十二韵》:“莼菜银丝嫩,鲈鱼雪片肥。”韩翃《送山阴姚丞携妓之任兼寄山阴苏少府》:“加餐共爱鲈鱼肥,醒酒仍怜甘蔗熟。”李频《明州江亭夜别段秀才》甚至劝告朋友不要为莼鲈钩魂,乐不思归:“莫为莼鲈美,天涯滞尔才。”李群玉《将之吴越留别坐中文酒诸侣》:“非思鲈鱼脍,且弄五湖船。”喻凫《送越州高录事》:“笋成稽岭岸,莲发镜湖香。泽国还之任,鲈鱼浪得尝。”李郢《友人适越路过桐庐寄题江驿》:“桐庐县前洲渚平,桐庐江上晚潮生。莫言独有山川秀,过日仍闻官长清。麦陇虚凉当水店,鲈鱼鲜美称莼羹。王孙客棹残春去,相送河桥羡此行。”

就是那些未到达唐诗之路的诗人,只要诗歌中涉及江南,也常常表现了对鲈鱼脍的羡慕。如高适《送崔功曹赴越》:“传有东南别,题诗报客居。江山知不厌,州县复何如。莫恨吴歈曲,尝看越绝书。今朝欲乘兴,随尔食鲈鱼。”李贺《相和歌辞·江南弄》:“江中绿雾起凉波,天上叠巘红嵯峨。水风浦云生老竹,渚暝蒲帆如一幅。鲈鱼千头酒百斛，酒中倒卧南山绿。吴歈越吟未终曲，江上团团帖寒玉。”可见在唐朝诗人眼中，莼、鲈这些美味是很有留人之功用的。

仕途虽然令人向往，但是也充满污秽和险恶。晚唐刘兼《秋夕书怀》：“宦情总逐愁肠断，一箸鲈鱼直万金。”正是亲身经验的总结。江东鲈鱼不仅味美，而且因为张翰之识时知退，成为归隐江湖、远祸全身极巧妙之借口，故鲈鱼就被赋予隐居江湖、高蹈不仕之内涵。唐朝诗人来寻求鲈鱼者，或多或少有羡慕其高蹈不仕，“得圣人之清”之意图。无论是无意识的还是“蓄谋已久”的，恐怕难以超出此一范围。虽然唐朝诗人来寻觅唐诗之路者极多，但不能否认其中也有一些沽名钓誉之徒，为求高名而来此招摇。就如晚唐诗人韩偓在其《招隐》诗中所揭露的那样：“立意忘机机已生，可能朝市污高情。时人未会严陵志，不钓鲈鱼只钓名。”所以张翰之归隐江东是为了避祸，被后人视为清高之举，先见之明。后人只见其“成功之美”，而不悟其“所致之由”，故真正能够像张翰那样抛开世俗功利者是很少的。唐朝诗人黄滔《钟陵故人》：“一箸鲈鱼千古美，后人终少继前踪。”已经一针见血地指出了这一迷障。

江东莼菜制作的莼羹，最为有名。元稹《送王协律游杭越十韵》：“章甫官人戴，莼丝姹女提。”王贞白《泛镜湖□□》：“我泛镜湖日，未生千里莼。”即使未到越中来过的诗人也赞不绝口，如高适《秦中送李九赴越》：“镜水君所忆，莼羹余旧便。”莼菜与鲈鱼因张翰之典故，便往往联用，成为一个有共同寓意的象征事物。

五、藤杖

越中多仙山，山中多古藤。古藤除了大量被用于造纸(采其皮造纸)以外，这些古藤便成为制作日常生活用品的良好材料。其代表作便是藤杖。古藤富于韧性，生命力顽强，经久不死，就如李商隐《幽人》诗中所说的：“丹灶三年火，苍崖万岁藤。”古人以为它有延年益寿的作用。“求寿藤与蟠木，吾将出于东方。”(元结《演兴四首·讼木魅》)以古藤制作的手杖形状似龙须虬髯，盘纡诘诎，我国民间年画上的老寿星一手捧仙桃，一手持藤杖，即以藤杖之饱经风霜，久历春秋寓长寿之意。唐朝骚人韵士每以藤杖为馈赠之雅品，而且以其藤之稀罕为珍贵。如张籍《赠太常王建藤杖笋鞋》：“蛮藤剪为杖，楚笋结成鞋。称与诗人用，堪随礼寺斋。寻花入幽径，步日下寒阶。以此持相赠，君应惬素怀。”元稹《春余遣兴》：“笑倚连枝花，恭扶瑞藤杖。”白居易《三谣·朱藤谣》：“朱藤朱藤，温如红玉，直如朱绳。自我得尔以为杖，大有裨于股肱。”“虽有佳子弟、良友朋，扶危助蹇，不如朱藤。嗟乎，穷既若是，通复何如，吾不以常杖待尔，尔勿以常人望吾。朱藤朱藤，吾虽青云之上、黄泥之下，誓不弃尔于斯须。”

越中藤杖以天台山所出者为良，号称“华顶杖”。皮日休《华顶杖》诗云：“金陵仙树杖，过客自携持。探洞求丹粟，挑云觅白芝。量泉将濯足，阑鹤把支颐。以此将为赠，唯君尽得知。”其诗题自注曰：“毗陵处士魏君有天台杖一，色黯而力遒，谓之华顶杖。”陆龟蒙《和袭美华顶杖》诗云：“万古阴崖雪，灵根不为枯。瘦于霜鹤胫，奇是墨龙须。拄访玄谈客，持看泼墨图。拔云如有路，兼可到仙都。”齐己《梓栗杖送人》：“禅家何物赠分襟，只有天台杖一寻。拄去客归青洛远，采来僧入白云深。游山曾把探龙穴，出世期将指佛心。此日江边赠君后，却携筇杖向东林。”这种藤杖不仅以其出自深山老林，寻觅非易，且以其有助于实际生活，不限僧俗。故和尚道士用得着，如齐己《水边行》诗中写道：“身著袈裟手杖藤，水边行止不妨僧。”文人雅士亦用得着，得到一根来自天台山的藤杖，自然视若珍玩，珍爱非常，吟诗作赋，以记其事。晚唐著名诗人杜荀鹤在《送项山人归天台》中也提及了天台山藤杖在人们心目中的地位：“因话天台归思生，布囊藤杖笑离城。不教日月拘身事，自与烟萝结野情。”这些举动均可窥见时代风尚，于无意间为历史留一段真实片断。

当然浙东所出产的富于特色的物产远不止上述几种，对唐诗之路的文人来说，吸引力最大的恐怕还是仙药。此物与道教佛教紧密相连，成为支撑浙东宗教声名远扬，招徕四海信徒的“法宝”。其他的浙东物产与仙药一起使浙东成为文人心向往之的胜地，这些文人共同汇成唐诗之路的文人队伍，其锦心绣口，谱写了唐诗之路秀丽的诗歌华章。

【参考文献】

[1] 张维华. 明代海外贸易简论[M]. 上海：上海人民出版社，1956.

[2] 徐坚. 初学记第三册[Z]. 北京：中华书局，1962.

[3] 李肇. 国史补[M]. 上海：上海古籍出版社，1979.

[4] 潘吉星. 天工开物译注[M]. 上海：上海古籍出版社，1993.

[5] 董诰，等. 全唐文[Z]. 上海：上海古籍出版社，1990.

[6] 彭定求，等. 全唐诗[Z]. 上海：上海古籍出版社，1986.

[7]唐慎微. 证类本草[M]. 四库全书. 上海：上海古籍出版社，1987.

[8] 李时珍. 本草纲目[M]. 北京：人民卫生出版社，1982.

[9] 范成大. 吴郡志[M]. 四库全书. 上海：上海古籍出版社，1987.

唐朝文学作品中的袁晁起义

胡正武

【摘　要】唐朝安史之乱尚未完全平息之际爆发于台州的袁晁起义，正史记载尚有不够翔实之处。唐朝笔记小说以及有关诗文中对袁晁起义的记载或描写，于无意中保留了历史的真实瞬间，为研究袁晁起义提供了可资比较的参证材料，可以补充正史记载中的不足与缺陷。袁晁起义在宝应元年(762)，其主力覆灭时间在广德元年(763)，但其余部尚存在于此后近十年，袁晁起义给台州和浙东带来了巨大而深远的影响。

【关键词】唐朝；文学作品；浙东；袁晁起义；补充；正史；影响

唐朝历史上重大转折点的安史之乱尚未完全平息，在东南沿海的台州，爆发了一次大规模的农民暴动，席卷了当时浙东观察使所辖地域(包括越州即今天浙江绍兴和杭州市萧山区、婺州即今金华、衢州、处州即今丽水、温州、台州和明州即今宁波和舟山)，并且远及浙东以外的信州(今江西上饶)。在抗击安史之乱的大后方掀起了新一轮危及风雨飘摇中的唐王朝主要赋税来源地区安全的汹涌波澜，这就是震动唐朝中枢的袁晁起义。

袁晁起义发生于宝应元年即762年，正是安史之乱尚未完全平息之际，浙东浙西(唐江南道浙西观察使简称，与浙东观察使合称两浙)是支撑唐朝中央政府抗击安史叛军所需钱粮来源的后方腹地。而此次农军来势之迅猛，远出于统治者的意料，在短短的时间里就集结了几十万人，令整个浙东官僚机构与地方军队土崩瓦解，其西南前锋直达信州，大有在唐朝大后方掀起星火燎原之势，与北方安史残余势力和江淮地区“暴乱贼寇”如史朝义、刘展等势力形成南北呼应之局面，成为朝廷心腹大患。唐朝中央有鉴于此，采取“快刀斩乱麻”的快速打击战略，派遣在镇压安史之乱中屡建奇功的中兴名臣李光弼为统帅，率领“中央军”前来围剿。其作战计划是从西、西南方向长驱直入，攻其不备，力挫农民军锋芒，打击农民军士气和信心。在信州与浙东之间选择作战地点上已经棋高一着，直扼浙东要冲衢州，使袁晁农民军进退失据，陷于被动。以后袁晁农民军即难以与唐朝"中央军"抗衡，直到事态平息。故袁晁起义从宝应元年秋九月向西南攻陷信州，冬十月向北攻陷明州，向南攻陷温州，随后势如破竹，浙东全没于袁晁之手。到次年四月，李光弼奏擒袁晁，浙东皆平，共为时半年多。

袁晁起义经过在正史记载中大略相同。如《旧唐书·代宗纪》记载，宝应元年八月，"台州贼袁晁陷台州，连陷浙东州县"。广德元年三月丁未，"破袁晁之众于浙东"。四月庚辰，"河南副元帅李光弼奏生擒袁晁，浙东州县尽平"。《资治通鉴》卷二百二十二宝应元年载："台州贼帅袁晁攻陷浙东诸州，改元宝胜。民疲于赋敛者多归之。李光弼遣兵击晁于衢州，破之。"此处所要展示者，系唐人笔记小说和诗文等文学作品中所记载的袁晁起义信息，提供了起义事件发生的时间、波及的范围、起义所造成的影响等，都与正史记载有不尽相同之处，有广异闻、资博识、助探讨之用。唯此类笔记小说材料，其史料价值虽与正史难以同日而语，亦未可遽以信史视之，尤其是其中掺杂了神仙的成分，更不可以作为史实之记录。然而亦未可以小说家言尽皆虚构、子虚乌有为由而一笔勾销。此类材料所载史事，每于不经意中信手写来，非为记史而留下了历史的某些真实记录。近人陈寅恪先生以为此类笔记小说的史料价值"虽无个体的真实，而有整体的真实"。故此文乃就翻览所及，以文学作品中的袁晁起义为题探讨这一影响浙东甚巨的农民起义。

一、关于袁晁起义时间

(一)笔记小说助证袁晁起义发生于宝应元年

袁晁起义爆发时间大致有发生于唐肃宗宝应元年(762)和唐代宗广德元年(763)两说。正史中对此事件发生时间的记载本身即有不同，如前引《旧唐书·代宗纪》载为宝应元年。《新唐书·肃宗纪》载亦同。而《旧唐书·王栖曜传》则载："广德中，草贼袁晁起乱台州，连结郡县，积众二十万，尽有浙东之地。御史中丞袁傪东讨，奏栖曜与李长为偏将。联日十余战，生擒袁晁，收复郡邑十六。"这两条记载早在宋朝就已经有人注意到其时间上的差异。宋朝学者吴缜撰《〈新唐书〉纠谬》卷九"九曰纪志表传不相符合"下就指出"《李光弼传》平袁晁年月与《代宗纪》不同"："《李光弼传》云：'浙东贼袁晁反台州，建元宝胜，以建丑为正月，残剽州县。光弼遣麾下破其众于衢州，广德元年遂禽晁，浙东平。二年，光弼薨。'

今案《代宗纪》:'宝应元年八月辛未,台州人袁晁反。九月癸卯,陷信州;十月乙卯,陷温(州)明(州)。二年十二月甲戌,李光弼及袁晁战于衢州,败之。广德元年三月丁未,李光弼及袁晁战,败之。二年七月己酉,李光弼薨。十一月癸丑,袁晁伏诛。'以此而校本传,则颇不相应,未知何者为是。"[1]

由正史记载观之,尽管有些小的出入,若参以唐人笔记小说材料所记袁晁起义时间综合推论,则正史记载与之基本一致。如《太平广记》卷二百八十《豆卢荣》载:

> 上元初,豆卢荣为温州别驾卒。荣之妻即金河公主女也,公主尝下嫁辟叶。辟叶内属,其王卒,公主归荣。荣出佐温州,公主随,在州数年。宝应初,临海山贼袁晁攻下台州。公主女夜梦一人,被发流血,谓曰:"温州将乱,宜速去之。不然,必将受祸。"及觉,说其事,公主云:"梦想颠倒,复何足信。"须臾而寝,女又梦见荣谓曰:"适被发者即是丈人,今为阴将。浙东将败,欲使妻子去耳。宜遵承之,无徒恋财物。"女又向公主说之。时江东米贵,唯温州米贱。公主令人置吴绫数千匹,故恋而不去。他日,女梦其父云:"浙东八州,袁晁所陷。汝母不早去,必罹艰辛。"言之且泣。公主乃移居栝州,栝州陷,轻身走出,竟如梦中所言也。(出《广异记》。[2]1045)

《豆卢荣》称袁晁攻下台州是在宝应初,不但前引正史记载多相同,而且浙东、江西地方志和唐人碑志中的许多材料亦可作为证据。如宋陈耆卿等纂《嘉定赤城志》卷三十九云:"石垒寨,在天台县北五十里关岭上,垒石为之,侧有李相公庙。盖唐广德元年王师讨袁晁处,今遗迹尚存,父老皆能言之。"《宝庆四明志》卷二《学校》载:"唐州县皆有学,开元二十六年,明始置州,学宜随州立矣。宝应、广德间,州毁于袁晁之乱。"《宝庆四明志》卷十七载:"宝应元年,海寇袁晁散掠浙东。"《江西通志》卷三十载:"宝应元年壬寅秋九月,台州贼袁晁陷信州。"唐人舒奎《唐临淮王李武穆庙碑》载:"宝应初,袁晁反台州,尽有浙东地。王遣其将张伯议、李皋讨平之。此土之民,被王德,立祠祀王。迨于今,火盗雨旸,螟蟊疾厉,有禳有祝焉。呜呼,王之食于此土,非忝也;民之报王,盍忠信矣乎!"

不但如此,而且李光弼广德元年四月擒获袁晁也可以从唐朝文人作品中得到印证。如刘长卿《和袁郎中破贼后军行过剡中山水谨上太尉即李光弼》诗云:"赦罪春阳发,收兵太白低。"[3]347 说明了官军释放袁晁农军战俘收兵凯旋之时是在“春阳”。据李肇《国史补》载:“袁傪之破袁晁,擒其伪公卿数十人州县大具桎梏,谓必生致阙下。修曰:‘此恶百姓,何足烦人!’乃遣笞臀逐之。”[4]22 李嘉祐诗《和袁郎中破贼后经剡县山水上太尉》诗当与刘诗作于同时,其中有“地闲春草绿,城静夜乌啼”之句;[3]488 皇甫冉诗《和袁郎中破贼后经剡中山水》亦同,其中亦有“受律梅初发,班师草未齐”之句,[3]635 都可以说明官军剿灭农军是在春天。

(二)袁晁农军于广德元年四月以后尚在活动

袁晁起义结束以及袁晁农军活动销声匿迹的时间,正史记载到广德元年四月擒获袁晁浙东尽平,唐人笔记小说反倒提供了明显不同与正史的信息,值得思考。从唐人笔记小说涉及袁晁起义的另一则材料记载来看,袁晁军直到广德二年还在扰乱永嘉(今温州)。而且其材料之来源属于身历其事之人的“亲说其事”,其可靠性当不容等闲视之。如《太平广记》卷三十九《慈心仙人》:

> 唐广德二年,临海县贼袁晁寇永嘉。其船遇风,东漂数千里,遥望一山,青翠森然有城壁,五色照曜。回舵就泊,见精舍,琉璃为瓦,玳瑁为墙。既入房廊,寂不见人。房中唯有胡□子二十余枚,器物悉是黄金,无诸杂类。又有衾茵,亦甚炳焕,多是异蜀重锦。又有金城一所,余碎金成堆,不可胜数。贼等观不见人,乃竞取物。忽见妇人,从金城出,可长六尺,身衣锦绣,上服紫绡裙。谓贼曰:“汝非袁晁党耶,何得至此?此器物须尔何与,辄敢取之!向见□子,汝谓此为狗乎?非也,是龙耳。汝等所将之物,吾诚不惜,但恐诸龙蓄怒,前引汝船,死在须臾耳。宜速还之。”贼等列拜,各送物归本处。因问:“此是何处?”妇人曰:“此是镜湖山慈湖仙人修道处。汝等无故与袁晁作贼,不出十日,当有大祸,宜深慎之。”贼党因乞便风还海岸,妇人回头处分,寻而风起,群贼拜别,因便扬帆,数日至临海,船上沙涂,不得下,为官军格死,唯妇人六七人获存。浙东押衙谢诠之配得一婢,名曲叶,亲说其事。(《广异记》。[2]1043)

据上述《慈心仙人》所提供的材料可以作如下推论:袁晁“贼党”主力被剿灭的时间在广德元年,李光弼于广德二年去世,袁晁于广德二年十一月被解押到长安枭首示众。但其余部或散兵游勇尚继续骚扰地方,而漂流大海的袁军属于小股“贼党”,而非大军;文中妇人所言及所记“群贼”回到临海即被官军格死,唯存六七个妇人,则当时官军已经消灭了袁军主力,占领了暴动的发源地台州州治临海自可推知。据宋人陈耆卿等纂《嘉定赤城志》卷二十二载:“紫溪洞,在(宁海)

县西北四十里,地幽阻,仅线路。唐宝应元年,袁晁据浙东,河南副元帅李光弼击斩之。晁弟瑛从五百骑遁入洞中,光弼驻兵洞口,绝其粮道,其徒竟饿死。今岩石中多得刀剑鼎铛云。"[5]可见官军占领临海就已经"洗荡巢穴""斩草除根"了。但《慈心仙人》记载广德二年袁晁寇永嘉仍然值得考史者再研究。

(三)官军平乱得到文人普遍的赞赏

当时遭逢动乱而身在越中的文人如刘长卿、李嘉祐等对此次平息袁晁事件多表示欣喜歌颂,作品亦多以诗歌这一传统形式出现。刘长卿诗《和袁郎中破贼后军行过剡中山水谨上太尉即李光弼》:"剡路除荆棘,王师罢鼓鼙。农归沧海畔,围解赤城西。"可以称得上此类作品中的代表作。[3]347 李嘉祐诗《和袁郎中破贼后经剡县山水上太尉》诗中写到官军"翦寇人皆贺",也应看作当时社会的普遍心理,而不仅属文人阿谀之词。皇甫冉当时正好在越中,《赋长道一绝送陆邃潜夫》并序:"顷者江淮征镇……予方耕山钓湖,避人如逃寇。"[3]663 亲身经历了这场农军暴动和官军平暴的战争,他作有《和袁郎中破贼后经剡中山》《送袁郎中破贼北归》等诗歌,前一首诗云:"武库分帷幄,儒衣事鼓鼙。兵连越徼外,寇尽海门西。节比全疏勒,功当雪会稽。旌旗回剡岭,士马濯耶溪。受律梅初发,班师草未齐。行看佩金印,岂得访丹梯。"比较详细地叙说了官军从平暴到班师的过程。

不但文人对此持赞赏、歌颂态度,就是一般社会人士也认为参与袁晁暴动是"做贼",是不长久、不正当的行为。就如《慈心仙人》中的妇人所说:"汝等无故与袁晁作贼,不出十日,当有大祸,宜深慎之。"此妇人虽以神仙面目出现,预言袁晁农民军结局。但亦未尝不可以普通社会妇女身份和立场来看待。

二、袁晁起义影响波及范围

袁晁起义所及范围,除了攻占信州(今江西上饶,唐时属江南道江西观察使管辖)以外,自正史记载到野史笔记,大多称袁晁尽有浙东之地,未闻其兵锋及于浙西者。而唐人笔记小说材料中则有记载袁晁起义波及于浙西观察使属下,似可以为我们研究袁晁起义范围提供有别于正史的信息。特别是为袁晁起义席卷整个浙东以后农军发展的去向和行动策略,提供富有意义的参考资料。如《太平广记》卷二百七十《妇人》—《邹待徵妻》:

> 邹待徵妻薄者,武康尉自牧之女也,从待徵官江阴。袁晁乱,待徵

解印窜匿，薄为贼所掠。将汙之，不从。语家媪，使报待徵曰："我义不辱。"即死于水。贼去，得其尸，义声动江南。闻人李华作《哀节妇赋》曰："昔岁隋盗并起，横行海浙。江阴万户，化为凝血。无石不焚，无玉不折。峨峨薄媛，炯然名节。自牧之子，邹徵之妻。玉德兰姿，女之英兮。邹也避祸，伏于榛莽。婉如之宾，执为囚虏。匍匐泥沙，极望无睹。出授官之告，托垂白之姥。姥感夫人，爰达邹君。兵解求尸，在于江滨。哀风起为连波，痛气结为孤云。凫雁为之哀鸣，日月为之蒙昏。端标移景而恒直，劲芳贯霜而犹存。知子莫如父，诚哉长者之言。[2]1045

此处所涉及袁晁起义波及范围则可与正史记载相比照。据《资治通鉴》载，袁晁起义军占领了整个浙东以及信州，则其地域未过浙江（钱塘江）以北。而此则材料所记女主人翁薄氏从夫官江阴，值袁晁乱起，其夫解印窜匿，薄氏为"贼"所掠，为保全节义而投水自尽。查唐人李吉甫《元和郡县图志》卷第二十五《江南道·常州》属下有江阴县："本汉毗陵县之溉阳乡，晋太康二年置溉阳县，梁敬帝置江阴县、郡，隋开皇九年罢郡，县属常州。"[6]599 则其地域已及浙西。据《旧唐书·李光弼传》："浙东贼首袁晁攻剽郡县，浙东大乱。光弼分兵除讨，克定江左，人心乃安。初，光弼将赴临淮，在道舁疾而行。监军使以袁晁方扰江淮，光弼兵少，请保润州，以避其锋。光弼曰：'朝廷寄安危于我，今贼虽强，未测吾众寡。若出其不意，当自退矣。'遂径往泗州。"是袁晁农军占领浙东以后，其声势影响到达浙西，但遍考有关史料，袁晁农军无占领浙西的记载，因此必定属当地贫民乘机而起事，亦遂以托名袁晁。此《李光弼传》所以称"袁晁方扰江淮"之来由，也是李光弼军监军使欲以其数量不占优势的官军采取守势，保全润州（今江苏镇江），以避其锋芒的原因。这些内容均未尝于正史中正面记载，而以侧面和笔记野史稗官小说的形式无意中记载了下来。

在行政区划上润州与常州相邻，润州在北，江阴隶属常州在南。那么袁晁起义给两浙诸州带来巨大震荡则先冲击靠南边的地方，也自在情理之中。《册府元龟》卷一百二十二载："台州贼帅袁晁攻陷台州，刺史史叙脱身而逃，因尽陷浙东诸州县，有众数万。越及浙西诸州咸理兵以御。"[7] 可见当时情势汹汹，不容那些无以聊生的贫民不起来逼上梁山、铤而走险。《册府元龟》卷三百八十五载："王栖曜，肃宗时为浙东节度王璵马军兵焉（胡案：焉当作属，形近而误）使。代宗广德中，草贼袁晁起乱台州。御史中丞袁傪东讨，奏栖曜为偏将，生擒袁晁，收复郡邑十六。授常州别驾、浙西都知兵马使。时江左兵荒，栖曜击，贼大溃。"[7] 在此兵荒马乱、浊流滚滚之际,揭竿而起的农民以声势最大者袁晁为旗号是形势使然。故袁晁兵马虽未直接过钱塘江,但浙西诸州均治兵讲武以防御袁军可能的进攻。袁晁农民军虽未涉足江阴,亦未虏获邹待徵的夫人薄氏,但最终薄氏未能逃脱被“袁贼”所掠的命运。

三、袁晁起义的影响

前文已述及广德元年四月李光弼奏称擒袁晁,浙东州县尽平。此时大致上暴动的农民已经被镇压下去,社会亦基本上恢复了正常的秩序。但从唐朝文人所留下为数不算很多的作品看来,这次爆发于台州的规模空前的浙东农民起义,给这一地区的社会生产和人民生活带来了巨大而深远的影响。这一情况可从顾况的《仙游记》文字得到证明:

> 温州人李庭等大历六年入山斫树,迷不知路,逢见祭水。祭水者,东越方言以挂泉为祭。中有人烟鸡犬之候,寻声渡水,忽到一处,约在瓯闽之间,云古莽然之墟。有好田泉竹果药。连栋架险,三百余家。四面高山,回还深映。有象耕雁耘,人甚知礼,野鸟名鸲,飞行似鹤,人舍中唯祭得杀,无故不得杀之。杀则地震。有一老人,为众所伏。容貌甚和,岁收数百匹布,以备寒暑。乍见外人,亦甚惊异,问所从来,袁晁贼平未?时政何若?俱以实告。因曰:“愿来就居,得否?”云:“此间地窄,不足以容。”为致饮食,申以主敬。既而辞行,斫树记道。还家,及复前踪,群山万首,不可寻省。[8]5371

大历六年即771年。此距李光弼奏称敉平袁晁农军的763年有八年时间,而避乱于群山之中的百姓仍未得还乡里,亦不知“人世间”的情形已经到了何种程度。其生活环境、避难经历以及与外界隔绝诸情,与陶渊明《桃花源记》颇有相似之处,古莽然之墟老人询问的话语与桃花源中人向武陵渔人询问的话语,均有“不知有汉,无论魏晋”的隔世感。顾况根据此一传奇故事写成《莽墟赋》,赋中有如下之语:“何意万里之荒谷兮,有此数百家。此家何代?图记不载。为当去殷,为当避秦?商山老人,不为汉臣。”[8]5365 可见其故事在顾况的心目中也是看作当时的“桃花源记”的。李庭等人所到之处约在今浙闽交界,为浙江南部山脉如仙霞岭、洞宫山、雁荡山与福建北部山脉如武夷山脉的交会处,即文中所称“群山万首”地带。其文所载亦非向壁虚构闭门造车之作，而必有其事迹之仿佛或故事之滥觞，复经顾况生花妙笔的艺术加工，成为无意中透露袁晁农军事件的历史材料。如与台州、温州接壤的处州（今丽水）也有类似的地方。《处州东岩梁氏祠堂碑铭》：“东岩者，四面斗绝，缘崖为门。上则泉壤甚沃，草木可蔽隐。有浮屠之舍曰定香。自唐开元末士人避袁晁之难，尝栖之；乾符、中和间，群盗继作。章承趣亦固守其上，一乡获全，俗谓之赤石楼。”[9]可以作为顾文与赋的参照。

顾况曾经在温州任盐监之职，其时间当在此文中所载李庭等游莽然之墟之后，即771年以后。温州有国家设立专营盐业的盐监，据《新唐书·地理志》载：“温州永嘉郡有永嘉监盐官。”顾况的《祭陆端公文》说：“维大历八年正月朔，同乡顾况于永嘉发使，具箪蔬野酌，敬祭陆三十二兄端公之灵。”[8]大历八年为773年，此时顾况任职于永嘉（今温州）。另一篇《释祀篇》开头就说：“龙在甲寅，永嘉大水，损盐田。温人曰：‘雨潦不止，请陈牲豆，备嘉乐，祀海龙。拣辰告庙，拜如常度。’”[8]这个“甲寅”是大历九年（774），连同上一篇文章来看，这两年中，顾况都在温州任职。联系《仙游记》事件发生的时间，到顾况将李庭迷路进入古莽然之墟写成一记一赋当是极近之事。则顾况任职于温州之时间为大历八年（773）。因此《仙游记》所录故事的可靠性就显得更高，其真实反映了袁晁起义在当时所造成的影响。

至于唐朝台州州治临海，是袁晁起义的始发地，其遭受的破坏和摧残就更加凄惨。此地亦附录顾况在居留临海期间所作诗歌为例，以便与前述笔记小说及顾况之记和赋相参照。顾况《临海所居》之一云：“此是昔年征战地，曾经永日绝人行。千家寂寂对流水，唯有汀洲春草生。”[3]664顾况作此诗时间当与《仙游记》等相仿佛，距袁晁起义约七八年，而临海当时的人民生活和社会状况仍然未能恢复，在春天来临之时，这个“昔年征战地”，却是“永日绝人行”，真可谓“方春且有死色”，丝毫不见活力和生气。这与上引笔记小说材料可以相印证，益见袁晁起义之惨烈，对浙东地区影响之久远。顾况另一首《江村乱后》诗亦写得很沉痛：“江村日暮寻遗老，江水东流横浩浩。竹里闲窗不见人，门前旧路生青草。”[3]664如果将顾诗与时间上稍早于顾况在越中亲历动乱的著名诗人刘长卿的作品相参照，则当时社会的萧条凄凉景象更加清晰。刘长卿《送朱山人放越州贼退后归山阴别业》诗云：“越中初罢战，江上送归桡。南渡无来客，西陵自落潮。空城垂故柳，旧业废春苗。闾里相逢少，莺花共寂寥。”[3]664

姑录浅见如右，以质诸高明，并为异日续考之资。

【参考文献】

[1] 吴缜.新唐书纠谬[M].四库全书本.

[2] 李昉,等.太平广记[M].上海:上海古籍出版社,1990.

[3] 彭定求,等.全唐诗[M].上海:上海古籍出版社,1986.

[4] 李肇.唐国史补[M].上海:上海古籍出版社,1979.

[5] 陈耆卿.嘉定赤城志[Z].四库全书本.

[6] 李吉甫.元和郡县图志(下)[Z].北京:中华书局,1983.

[7] 李昉,等.册府元龟[Z].四库全书本.

[8] 顾况.仙游记.莽墟赋[M]//全唐文.上海:上海古籍出版社.

[9] 南涧甲乙稿卷十九[Z].四库全书本.

罗虬《比红儿诗》考论

李最欣

【摘　要】《唐摭言》对罗虬《比红儿诗》本事的记载在表述上有漏洞，为了堵住这个漏洞，《太平广记》添枝加叶，首次提出了罗虬杀红儿的说法。《诗话总龟》等书只叙述罗虬赞美红儿的事。就现有材料看，罗虬杀人与否，还是以存疑为上。《比红儿诗》语句自然流畅、音韵和谐响亮，读来琅琅上口，显示出罗虬不凡的诗艺，"三罗"齐名而并称，罗虬并没有浪得虚名。

【关键词】比红儿诗；本事

《唐摭言》卷十《海叙不遇》条云："罗虬词藻富赡，与宗人隐、邺齐名。咸通乾符中，时号'三罗'。广明庚子(880)乱后，去从鄜州李孝恭，籍中有红儿者，善肉声，尝为贰车属意。会贰车聘邻道，虬请红儿歌而赠之缯彩，孝恭以副车所贮，不令受所贶。虬怒，拂衣而起。诘旦手刃绝句百篇，号《比红诗》，大行于时。"[1]1666

罗虬《比红儿诗》在现存古籍中的记载，这是最早的，其他记载均以此为源头。这段文字中，"手刃"与"绝句百篇"连不起来，吴在庆先生即于"手刃"二字后加按语云："此下当有脱字。"[2]134 可见，这段文字在表述上确实有漏洞。此后转引这段文字的多种古籍为了堵住这个漏洞，各显神通。一种认为罗虬手刃红儿后又写了100首诗赞美红儿，另一种只是说罗虬为红儿写了100首赞美诗，根本不提手刃红儿的事情。两种意见哪种可取，我们必须追本溯源、仔细辨析后才能回答。

一、《比红儿诗》本事记载之溯源

经笔者考证，除《唐摭言》外，罗虬《比红儿诗》还记载于十五种古籍中。这十五种古籍的记载分两类，一类认为罗虬先杀红儿再作赞美诗，另一类只说罗虬为红儿作赞美诗，绝口不提杀红儿的事情。前一说由《太平广记》首倡和代表，后一说由《诗话总龟》首倡和代表。现在罗列两种意见并作比较。

《太平广记》卷二七三曰:“罗虬词藻富赡,与宗人隐、邺齐名咸通乾符中,时号‘三罗’。广明庚子乱(880)后,去从鄜州李孝恭。籍中有红儿者,善为音声,常为副戎属意。会副戎聘邻道,虬请红儿歌而赠之缯彩。孝恭以副车所盼,不令受之。虬怒,拂衣而起。诘旦,手刃红儿。既而思之,乃作绝句百编,号《比红儿诗》,大行于时。”[3]156

此后南北宋之交的计有功所撰《唐诗纪事》和南宋初晁公武所撰《郡斋读书志》完全采用了《太平广记》的说法,只是个别字句有所不同。元人辛文房所撰《唐才子传》引用《太平广记》时在细节上有不少变更,故值得一抄。

《唐才子传》卷九《罗虬》云:“罗虬词藻富赡,与族人隐、邺齐名。咸通间,称三罗,气宇终不逮。广明庚子(880)乱后,去从鄜州李孝恭,为从事。虬狂荡无检束,时雕阴籍中有妓杜红儿,善歌舞,姿色殊绝,尝为副戎属意,会副戎聘邻道,虬久慕之,至是请红儿歌,赠以缯彩,孝恭以为副怒,拂衣起。诘旦,手刃杀之。孝恭以虬激已,坐之,顷会赦,虬追其冤,于是取古之美女,有姿艳才德者,作绝句一百首,以比红儿,当时盛传。此外不见有他作。体固凡庸,无大可采。序曰:红儿美貌年少,机智慧悟,不与群妓等,余知红者,择古灼然美色,优劣于章句间。其卒章云:花落尘中玉堕泥,香魂应上窈娘堤。欲知此恨无穷处,长倩城乌夜夜啼。情极哀切。初以白刃相加,今曰‘余知红者’。虬实一狂夫也,且声律之道大爽,姑录为笑谈耳。”[2]131

另外十一种书绝口不提罗虬是否杀红儿的问题,只是说罗虬为红儿作了100首赞美诗。例如,《诗话总龟》卷十一云:“罗虬、罗邺、罗隐齐名,号三罗。李孝恭籍中有红儿,善肉声,尝为二车属意,聘邻道,虬请红儿歌而赠之缯彩,孝恭以副车所贮,不令受所贶。虬怒,拂衣而起,诘旦为绝句百篇,号《比红儿诗》,盛行于时。”[4]294 此书将《唐摭言》所云“手刃”二字去除,加了个“为”字,事情的结局变成了“虬怒,拂衣而起,诘旦为绝句百篇,号《比红儿诗》,盛行于时”。

与《诗话总龟》持相同意见的八种古籍,依据成书时间的先后顺序排列,分别是:成书于绍兴六年(1136)的曾慥《类说》、成书于绍兴七年(1137)的朱胜非《绀珠集》、北宋政和五年(1115)进士及第的叶廷珪《海录碎事》、绍兴八年(1138)赐同进士出身的邵博《邵氏闻见后录》、成书于宋孝宗淳熙十五年(1188)的佚名《锦绣万花谷》、元人编次的《氏族大全》、元末明初陶宗仪《说郛》、明嘉靖丙辰(1600)进士凌迪知所撰《万姓统谱》。

上述八种书中值得一提的是《邵氏闻见后录》卷一七的记载:“真宗尝问杨大年见《比红儿诗》否,大年失对,每语子孙为恨。后诸孙有得于相国寺庭杂卖故书中者，盖唐末罗虬、罗邺、罗隐兄弟俱有文，时号‘三罗’。虬登科，从事坊州，有营妓小字红儿，先为郡将所嬖，人不敢近，虬亦悦之，郡将不能容，虬弃官去，然于红儿犹不忘也，拟诸美物，作《比红儿诗》百首。事出《摭言》，亦略见《太平广记》中，大年不知，何也？”[5]131

“人不敢近，虬亦悦之，郡将不能容，虬弃官去，然于红儿犹不忘也”的话是《唐摭言》和《诗话总龟》等书所没有的，显然是邵博的润饰之词。

还有两种书提到了罗虬《比红儿诗》，但没有提到罗虬求歌遭拒而恼怒的事情。

《北梦琐言》卷十三云：“虬有俊才，尝见雕阴官妓《比红儿诗》，他无闻也。”[6]273

沈括《梦溪笔谈》卷一四云：“杨大年因奏事，论及《比红儿诗》，大年不能对，甚以为恨。遍访《比红儿诗》，终不可得。忽一日，见鬻故书者有一小编，偶取视之，乃《比红儿诗》也。自此士大夫始多传之。予按《摭言》，《比红儿诗》乃罗虬所为，凡百篇，盖当时但传其诗，而不载名氏，大年亦偶忘《摭言》所载。”[7]83

《北梦琐言》成书于《太平广记》之前，《梦溪笔谈》成书于《诗话总龟》之前，成书较早的这两种书皆未言及红儿因罗虬杀而死的事，可见，罗虬杀人的说法很成问题。

二、《比红儿诗》本事记载之分析

以《太平广记》为代表的四种书认为罗虬先杀红儿再作诗，以阮阅《诗话总龟》为代表的十一种书只提罗虬写诗赞美红儿的事。何以会有此分歧呢？我们可试作分析。

《唐摭言》的记载中“手刃”与“绝句百篇”连不起来，《太平广记》引用时加了“红儿既而思之乃作”八个字，文章一下子通顺了，变成“虬怒，拂衣而起。诘旦，手刃红儿。既而思之，乃作绝句百编，号《比红儿诗》，大行于时。”[3]2156但这样做可能就改变了《唐摭言》所述事件的本来面目。笔者认为，“手刃”二字可能有误，这是其一。退一步说，即使“手刃”二字无误，《唐摭言》的本意也应当是罗虬先有100首《比红儿诗》，然后请红儿演唱遭拒绝，最后才杀红儿。这样讲，比较符合常理。而一怒之下杀掉一个歌女，然后因为追悔而作100首诗赞美此歌女，相对而言，可能性要小。也就是说，《太平广记》所加的八个字有违常理，并不适合。或许正是考虑到这一点，《唐才子传》在“诘旦，手刃杀之”之后增加了一个过渡性的情节：“孝恭以虬激已，坐之，顷会赦，虬追其冤……”[2]131只是所加的这个情节在诸书中无片言只字的记载，来路不明。

《太平广记》的改编不太理想。相对而言,《诗话总龟》的做法就可信多了。

《诗话总龟》将《唐摭言》所云"手刃"改成"为"字。故事变为:"虬怒,拂衣而起,诘旦为绝句百篇……"[4]294 如此改编,是阮阅想当然的改动,还是他所见版本的《唐摭言》本来就是这样的,今日已无从得知了。

沈括《梦溪笔谈》、阮阅《诗话总龟》、邵博《邵氏闻见后录》为什么不采用《太平广记》的说法呢?是觉得不可靠吗?有此可能,但更大的可能是此三人根本就没有看到过《太平广记》。据黄永年先生《唐史史料学》:"《玉海》称《广记》镂本颁天下,后以言者谓非后学所急,收版贮之太清楼,故北宋人多未之睹,郑樵号为博洽,而《通志·校雠略》中乃谓《太平广记》为《太平御览》中别出《广记》一书,专记异事,误合二书而一之,是樵亦未尝见矣。"[8]178 连以"博洽"著称的郑樵都没有见到过《太平广记》,那么沈括等人没有看到过就不是什么奇怪的事了。但南宋晁公武《郡斋读书志》和计有功《宋诗纪事》所引红儿事与《太平广记》如出一辙,可知此二人是看到过《太平广记》的。后来元人辛文房写《唐才子传》时对罗虬杀红儿之事的改编也可能见到了《太平广记》,也可能从晁公武《郡斋读书志》、计有功《宋诗纪事》转引而来。不管怎样,《太平广记》在罗虬《比红儿诗》的故事演变上是一个转折点,后来叙述罗虬先杀红儿再作《比红儿诗》的套路均是以《太平广记》的说法为蓝本的。

通过《太平广记》和《唐才子传》的修饰和改编,罗虬杀红儿的事坐实了。《梦溪笔谈》《诗话总龟》《邵氏闻见后录》等书对《唐摭言》的引用也有取舍,其结果是罗虬杀红儿的事越来越虚,直至踪迹全无。例如,《诗话总龟》卷二七"诘旦为绝句百篇"[4]294 的改编已经看不到罗虬杀人的影子了。《邵氏闻见后录》卷一七又做了进一步改编,云:"虬登科,从事坊州,有营妓小字红儿,先为郡将所嬖,人不敢近,虬亦悦之,郡将不能容,虬弃官去,然于红儿犹不忘也,拟诸美物,作《比红儿诗》百首……"[5]131 连罗虬愤怒后拂衣而起的情节都没有了,只给人以罗虬热恋红儿的印象。宋朱胜非《绀珠集》卷四又改了个情节:"有官妓红儿,善歌。虬为绝句诗百篇,令歌之,号《比红儿诗》,以百物比拟红儿而作诗,大行于时。"[9]卷4 这样,故事变成了:罗虬先写了100首《比红儿诗》,然后请红儿唱,而没有提到罗虬杀红儿的诗。

之所以会出现上述两种歧说,是和王定保《唐摭言》叙事上前后顺序的颠倒和语句不够通顺有关的。我们认为,假如罗虬真有杀红儿之事,其背景也应该是:罗虬极度喜欢红儿以至于作了100首赞美诗,要求红儿唱歌被人阻拦后,才一怒之下杀死红儿。问题在于,罗虬究竟有没有杀红儿还是个谜,上述16种记载罗虬《比红儿诗》的书中，只有 4 种明确地认为罗虬杀人是实，11 种根本不提罗虬杀人之事，最早一种《唐摭言》只说“手刃”，没说“手刃”什么，只能认为是表述含糊。对罗虬杀红儿之事提出疑问，不始于今人，明代王世贞《弇州四部稿》卷一六三就是这么看的：“罗虬《比红儿诗》，不过市井间烟花语耳。然《唐诗纪事》谓虬手刃此伎，而作诗追悼之。恐误。盖诗语有任伊孙武心如铁，不办军前杀此人，又若教粗及红儿貌，争肯楼前斩爱姬也。恐红儿自以他故死，不由手刃。”[10]卷163王世贞的意思是，既然罗虬认为孙武都不会杀，那他自己怎会杀呢？王氏疑古精神可嘉，可惜理由并不充分。因为假如罗虬真杀人了，那么其杀人是出于一时激愤，并不会考虑红儿这样的美人儿该不该被杀的问题。

罗虬是否杀了红儿，今人已经难以搞清了。《太平广记》和《诗话总龟》的改编用不同的方式填补了这个漏洞，因而出现了不同的说法。与《唐摭言》相比，二书的叙述更通顺、更丰富生动了，但也可能离事实的真相更远了。20 世纪顾颉刚先生创立了“层累地造成的中国古史”说，其实不仅是古史，文学史上许多事件的真相也是这么造成的，大家口耳相传，你添一枝，我加一叶，故事之树是丰茂了，但与原初形态相比，可能面目全非。

最后交代笔者对罗虬《比红儿诗》背景的看法：既然《唐摭言》的表述有漏洞而我们又一时无法填充这个漏洞，那还是维持原状的好。就是说，罗虬真杀红儿了吗？还是以存疑为妙。

三、《比红儿诗》的艺术性及其影响

既然罗虬《比红儿诗》本事的疑点搞不清楚，那不如就将注意力转移到《比红儿诗》的文本上，探讨这组诗究竟价值如何。

且看《全唐诗》卷六六六所收《比红儿诗》的前 5 首[11]7684：

姓氏看侵尺五天，芳菲占断百花鲜。
马嵬好笑当时事，虚赚明皇幸蜀川。

金谷园中花正繁，坠楼从道感深恩。
齐奴恰是来东市，不为红儿死更冤。

陷却平阳为小怜，周师百万战长川。

更教乞与红儿貌,举国山川不直钱。

一曲都缘张丽华,六宫齐唱后庭花。
若教比并红儿貌,枉破当年国与家。

乐营门外柳如阴,中有佳人画阁深。
若是五陵公子见,买时应不啻千金。

第一首"姓氏看侵尺五天"是说杜红儿出身高贵,唐代民谚"城南韦杜,离天尺五",是说韦姓、杜姓在唐代属于显赫门第,而"官必清要,婚必高门"是唐代无数士子的人生理想。"芳菲占断百花鲜"是说红儿艳盖群芳,为花中魁首。"马嵬好笑当时事,虚赚明皇幸蜀川"是说杨贵妃的姿色比红儿差远了,唐玄宗因杨贵妃而乱国实在不值得。后几首又说齐奴、冯小怜、张丽华及汉代被贵公子追捧的美人均不如红儿姿色出众。现在争执红儿是否如罗虬所说是古代头号美人并无多少意义,重要的是罗虬对红儿的赞美让我们看到他追求美人时的热烈和执着。因喜欢一个女子而尽情赞美,这是人之常情,但一下子献上100首诗,却十分难得。其余的95首诗也是这个思路,都是说红儿如何的美,以前大名鼎鼎的美人如何比不上红儿。这就是明人杨慎《升庵集》卷五八《松下》提到的诗法"尊题格"[12]卷58,意思是说作者抬高题目所咏的对象,而贬低其他事物。罗虬《比红儿诗》可以说是"尊题格"的典型,因为100首诗全是渲染红儿之美,贬低古代其他美人。思路尽管单一,但语句自然流畅,音韵和谐响亮,读来琅琅上口,显示出罗虬诗歌的写作水平的确非同一般,"三罗"齐名而并称,罗虬并没有浪得虚名。

如前文所述,罗虬《比红儿诗》曾引起宋代第三任皇帝真宗赵恒的兴趣,此后引用《比红儿诗》者代不乏人。例如,宋楼钥《攻媿集》卷九《谢潘端叔惠红梅》诗云:"缟裙练帨玉为肌,谁点微赪向北枝。若是罗虬见颜色,定须将此比红儿。"[13]卷9元陈镒《午溪集》卷九《题美人背面欠伸图》云:"东风背立好腰肢,脉脉含情睡起时。若使画工开正面,罗虬应不咏红儿。"[14]卷9明杨慎《升庵集》卷三六《赠筝人》(二首之二)云:"玄的檀痕画未成,翔鸾屏里斗轻盈。罗虬若向今宵见,不比红儿比玉英。"[12]卷36清吴绮《林蕙堂全集》卷二二《俞锦泉招观女乐席间得断句十首》之二云:"流香小阁影参差,十样蛾眉斗一时。就里搴帘能巧笑,不知谁合比红儿。"[15]卷22

除引用外,有人还给《比红儿诗》作注,例如北宋徽宗时人方悫(字性夫)有

《解注比红儿诗注》(一卷),现中国国家图书馆藏有抄本,笔者2005年8月份曾借阅过胶卷所摄该书的书影;清乾隆时人沈可培有《比红儿诗注》(一卷),刊在《香艳丛书》第三集。更能说明《比红儿诗》影响力的,是北宋神宗时鄜州太守康识因罗虬《比红儿诗》而修建了一个亭子,名曰"尘玉亭"。此事见于《陕西通志》卷七三:"尘玉亭,在鄜州。唐罗虬为鄜坊从事,赋《比红儿》百首。末曰:花落尘中玉堕泥,香魂应上窈娘堤。欲知此恨无穷极,长倩城乌夜夜啼。宋康识守鄜日,因建亭,取尘玉二字为名。"[16]卷73

宋真宗对《比红儿诗》的关注、康识"尘玉亭"的修建、宋人和清人的注解,均说明了罗虬《比红儿诗》的深远影响。遗憾的是,罗虬并没有因此而引起二十世纪以来研究者的注意,连注解《比红儿诗》的两种著作也无人整理,甚至于大多数人不知此两种著作的存佚(例如《唐才子传校笺》第五册《罗虬》的校笺者认为方悫《解注比红二诗》"宋后不传")。笔者希望本文的探讨能使罗虬受到更多研究者,尤其是台州学者的注意,既然北宋人康识能在陕西富县这个《比红儿诗》的创作地修建一个尘玉亭来渲染罗虬和红儿的风流韵事,那么台州各界为什么不能修建另外的一个什么亭子来纪念自己的乡贤,同时为台州的旅游业增加一个亮点呢?

【参考文献】

[1] 本社.唐五代笔记小说大观[M].上海:上海古籍出版社,2000.

[2] 傅璇琮.唐才子传校笺:第四册[M].北京:中华书局,1990.

[3] 李昉.太平广记[M].北京:中华书局,1961.

[4] 阮阅.诗话总龟[M].北京:人民文学出版社,1987.

[5] 邵博.邵氏闻见后录[M].北京:中华书局,1983.

[6] 孙光宪.北梦琐言[M].北京:中华书局,2002.

[7] 沈括.梦溪笔谈[M].沈阳:辽宁教育出版社,1997.

[8] 黄永年.唐史史料学[M].上海:上海书店出版社,2002.

[9] 朱胜非.绀珠集[M].文渊阁四库全书本.

[10] 王世贞.弇州四部稿[M].文渊阁四库全书本.

[11] 曹寅,彭定求.全唐诗[M].北京:中华书局,1999.

[12] 杨慎.升庵集[M].上海:上海古籍出版社,1993.

[13] 楼钥.攻媿集[M].文渊阁四库全书本.

[14] 陈镒.午溪集[M].文渊阁四库全书本.

[15] 吴绮.林蕙堂全集[M].文渊阁四库全书本.

[16] 刘于义.陕西通志[M].文渊阁四库全书本.

柳宗元与天台宗的关系及其对山水诗创作的影响

何方彤①

【摘　要】柳宗元一生,尤其是他的晚年,与佛教特别是天台宗、禅宗结下了不解之缘。佛理对其贬逐心态的调整起了较为重要的作用,人生道路随之有了很大的改变。诗人认为儒释相通,弘佛可以济儒,生活中常以统合儒释为己任,身体力行,并体现在山水诗等创作的审美进程中。他的诗艺因此有了新的格局,达到一种宗教和艺术相互交织的境界。柳宗元统合儒释的精神义脉源之于谢灵运,而他的这一努力又对苏轼等后代文人产生了深远的影响。

【关键词】柳宗元;天台宗;山水诗;谢灵运;苏轼

一、佛学渊源与接受机缘

史蒂芬·欧文《传统的叛逆》认为:"诗能使情感得到净化,但这净化剂与其说作用于读者,还不如说作用于诗人自身。"[1](P212) 以这样的判断来评说柳宗元与佛学尤其是与天台宗的关系,也许是最为恰当的了。《庄子·至乐》说:"人之生也,与忧俱生。"文学是社会生活的审美反映,可以想象,从不同的层面探索人生的意义和价值是历来文学创作的一个主要话题。宗教作为一种文化现象,是人类历史发展中的必然产物。随着佛雨东吹,中国古代更多的士人也在思索着如何根绝俗念,皈依大德,以此作为提升现实人生的一条坦途。同时,宗教也在自身的发展历程中进而形成一种无处不在的宗教美。"所谓宗教美,是指人类深切期盼的,往往由心灵深层的突然敞亮所呈现的一种人生境界之美。在这人生境界中,人与人、人与自然的对立消除,生存状态达到了自由和圆满。"[2](P18-119) 正如论者所言:"佛教把人们的心迹由泥滞引向玄远,把人们的希望由现世引向来

① 何方彤(1963—),浙江临海人,副教授。

世，使人们摆脱现世的烦恼，获得快适和满足，达到思想的解脱。尤其是新兴的禅宗和复兴的天台宗，更带着时代的色彩，抓住了社会时代的特定心理，因而在当时得以广泛流行。”[3]28 志高才雄的柳宗元一生葆有独立的人格个性，但他的佛缘却不浅。

首先，他有一个接受佛教影响的家族背景，并且家族中形成了一股较为强大的礼佛敬佛的传统。诗人早年即受佛教熏染，浸渍甚深。其母卢氏好佛，所以，在《永州龙兴寺西轩记》中自称“余知释氏之道且久”。《送巽上人赴中丞叔父召序》又强调：“吾自幼好佛，求其道，积三十年。世之言者罕能通其说，于零陵，吾独有得焉”。“中垂叔父”指柳公绰，元和六年以潭州刺史兼御史中承充湖南观察使（见《旧唐书》卷一六五《柳公绰传》）。柳宗元父亲柳镇的旧友梁肃又是天台宗湛然门徒元浩的俗家弟子。如海禅师，柳宗元的岳丈杨凭对他也要“尊师之道，执弟子礼”（《龙安海禅师碑》）。这些因素都使柳宗元与佛教有着千丝万缕的联系（主要是和天台宗与禅宗，诗人与禅宗的关系多有人论及，而与天台宗的关系及其对诗人诗歌创作的影响等尚无专文讨论）。

其次，入仕以后，诗人在现实社会生活备受挤压，一度时间甚至连生存也受到严重的威胁，宗教的影响力也就逐渐显现，或许偶尔也会闪过“始惊儒教误，渐与佛亲”（孟郊《自惜》）的念头，这一切正如李白《日出入行》所说的：“万物兴歇皆自然”，一再贬谪的残酷现实扭曲了诗人的实际生活，也就自然改变着文学的价值取向。诗人在永州生活的后半时期，传布佛教教义差不多成为他生活与创作的一个重要方面，挚爱万物的诗人也需要在彼岸世界寻找一个宁静和寄托之所，即李商隐所谓“三年以来，丧失家道，始刻意事佛，方愿打钟扫地，为清凉山行者”（《樊南乙集序》）。“艺术家在愁眉不展的人中间长大；从童年起，他日常感受的观念都令人悲伤。与乱世生活相适应的宗教，告诉他尘世是谪戍，社会是牢狱，人生是苦海，我们要努力修持以求超脱。”[4]36 丹纳《艺术哲学》中的这一番话语极为符合柳宗元当时的实际生活。柳宗元自己则在《送玄举归幽泉寺序》中特别强调：“佛之道，大而能容，凡有志于物外而耻制于世者，则思入焉。”而对诗人影响最深的，当为被倡导“无情有性”说的九世祖荆溪湛然所“中兴”的天台宗。湛然晚年归国清寺，著有《法华玄义释签》《法华文句记》等，弘扬“止观”宗旨，倡导“无情有性”，“故知一尘一心即一切生佛知心性”，“万法是真如，由不变故；真如是万法，由随缘故”（《金刚碑》），提倡以神秘的内省领悟佛理，使天台佛理在江南再度盛行。心性问题本来就是佛教最基本的问题之一。天台宗惯于传布反省观心之道，柳宗元日与“老僧道机热，默语心皆寂……一饭不愿余，跏趺便终夕”（《赠江华长老》)的道者往来,精神世界的影响是显而易见的。诗人在酬赠往来之中常常援引天台宗的话语来殷勤论学,希冀将以天台宗为主体的佛家思想融于儒家之中,他的人生道路随之有了很大的改变。因此,他的创作中深深地打上痴迷佛教的烙印也就不足为奇了,他的有些作品则能达到一种宗教和艺术相互交织的境界。这都是诗人对时代生活的真实感应,是客观生活在诗人心灵上的投影,也是诗人忠实于时代生活并予以独特表现的结晶。

柳宗元到永州后,寄居在永州城南的龙兴寺。龙兴寺住持僧重巽加以重修,刺史冯叙捐资修了门,柳宗元则助修回廊。重巽为湛然的再传弟子(门师法证),"修最上乘,解第一义"(《永州龙兴寺修净土院记》),称得上是"楚之南"中"善言佛者"(《送巽上人赴中丞叔父召序》),所以,柳宗元在作品中称其为"超师",二人关系亲密,并且由此结交了许多游方僧徒;法华寺在东山上,与龙兴寺相距一里有余,住持僧为觉照,柳宗元与他的关系也可以说是"我爱寻师师访我,只应寻访是因缘"。(方干《题龟山穆上人院》)宗教往往能让胸次旷远的主体心灵不再漂泊,从而求得一份应有的安宁,尽离尘世的纷扰。《新唐书·五行志》有着这样的记载:"天宝后,诗人多为忧苦流寓之思,乃寄兴于江湖僧寺。"白居易《和(元稹)梦游春诗一百韵》序中自述:"况与足下外服儒风,内宗梵行者有日矣。而今而后,非觉路之返也,非空门之归也,将安返乎?将安归乎?今所和者,其章旨卒归于此。"《和思归乐》诗也称,"身委《逍遥》篇,心付头陀经",在老庄和禅佛中求取绝望的安慰,藉文名来补救政治上的失意,寻找精神的家园。不可否定,这与柳宗元的行为在精神实质上也是有些相通的。

二、儒释统合与诗歌创作

柳宗元的思想并非单元,但也不是对佛儒文化的简单混合。诗人以统合儒释为己任,援儒入佛,以儒统佛,身体力行,努力拆除儒释之间的屏障,致力于完美人格的塑造,并体现在山水诗等创作的审美实践过程中,这使他的艺术之路有了新的格局,传递出内心真切的感受,也进而丰富了诗的内蕴,展现出独特的美学风貌。艺术作品中的宗教因素对作品的艺术价值产生的影响有正反两个方面,这需要结合作品具体地加以分析。许思园《中国诗之特色》认为:"宗教感以虔诚、热烈为主,虽最后祈向平静宁一,然永不能达。宗教徒无论道行如何高明,内心恒有其紧张激动一面,否则无从精进。中国先哲常称道'自得',宗教家则以'自得'为傲慢,不能容忍。中国诗之特具风格显示一种内心境界,可以'自在'与

'洒脱'形容之,而此境界与宗教精神实相互枘凿。文化有高度成就而宗教传统薄弱之民族,在人类史上仅有中国,故空灵淡雅之风格确为中国艺文所独具,绝无疑义。"[5]95这给我们解读柳宗元的有关诗歌无疑提供了精神实质上的把握导向。柳宗元又是其中较具典范意义的诗人。如著名的《与浩初上人同看山寄京华亲故》诗,"海畔千山似剑铓,秋来处处割愁肠。若为化得身千亿,散上峰头望故乡",即从《梵网经卢舍那佛说菩萨心地戒品第十》"千花上佛,是吾化身;千百亿释伽,是千释伽化身"中汲取而得,关注精神的拯救,构造出令人感到匪夷所思的奇特世界,显示出柳诗构思不凡的特性,显示出过人的才气。正如斯托洛维奇《审美价值的本质》所说:"在文化史上宗教价值有时同审美价值和艺术价值联在一起。这在原则上是可能的,因为存在着价值关系诸形式的结构和功用的某种统一。"[6]106诗人这一"若为化得身千亿"的惊人之思,开启了后人的无数法门,如袁枚《游黄山记》就有"恨不能化千亿身,逐峰皆到"的联想,陆游晚年所写的《梅花绝句》在"闻道梅花坼晓风,雪堆遍满四山中"的描绘后甚至逸兴遄飞,喷发出"何方可化身千亿?一树梅花一放翁"的奇思妙想。又如《江雪》诗:"千山鸟飞绝,万径人踪灭。孤舟蓑笠翁,独钓寒江雪。"刘永济《唐人绝句精华》称:"此诗读之,便有寒意,故古今传诵不绝。"自然山水明净、高洁、幽邃,文字简明而意境悠远。画面的冷色与世俗的滚滚红尘形成强烈的比照。晚清释敬安《题寒江独钓图》"垂钓板桥东,雪压蓑衣冷。江寒水不流,鱼嚼梅花影"则显系从《江雪》诗意翻出。《雨后晓行独至愚溪北池》一诗也是这一意蕴笼罩的产物:"宿云散洲渚,晓日明村坞。高树临清池,风惊夜来雨。予心适无事,偶此成宾主。"

"汲井漱寒齿,清心拂尘服。闲持贝叶书,步出东斋读。真源了无取,妄迹世所逐。遗言冀可冥,缮性何由熟。道人庭宇静,苔色连深竹。日出雾露余,青松如膏沐。淡然离言说,悟悦心自足。"《晨诣超师院读禅经》凸现了寺院作为宗教圣地的独特而浓厚的氛围,写出晨读佛经的情景和感受,表面上叙写那种荣辱皆忘、心随景化的美好时分,但实际上还是曲折地表达了埋藏在诗人心底的那么一种一时难以言说的抑郁之情,正如陈子昂《酬晖上人秋夜山亭有赠》所说的:"皎皎白林秋,微微翠山静。禅居感物变,独坐开轩屏。风泉夜声杂,月露宵光冷。多谢忘机人,尘忧未能整。"诗歌最后抒发的主旨,说明了诗人因为冷酷的现实而更加清醒。柳宗元的这一诗歌也完全是从内心审美感受出发,从现实生活中获取诗情,但其对哲理的体悟相当深刻,非常人能及,可以说是深奥佛理的诗意论说,构成独特的抒情方式,闪烁着诗人的悟性之光。范温《潜溪诗眼》对此叹赏不已:"'道人庭宇静,苔色连深竹',盖远过'竹径通幽处,禅房花木深'。'日出雾露余,青松如膏沐’,予家旧有大松,偶见露洗而雾披,真如洗沐未干,染以翠色,然后知此语能传造化之妙。”

由于蕴蓄着太多对此世的失望与悲痛,所以在一定的意义上说,柳宗元确实一度曾把佛教思想(尤其是天台宗的教理)作为精神上的一帖药石,这成了诗人身处逆境忧患的一种心理支撑,以此来淡化悲剧的人生体验,品出人生的真味。平心而论,佛理对其贬逐心态的调整起了不可低估的作用。因为,“宗教价值在人的因素和人的异化之间的矛盾在各种历史境遇中有不同的发展。在一些状况中,宗教价值里人的异化占优势,宗教价值遂成为伪价值,即成为妨碍社会发展、妨碍人的创造力量和能力表现的人类共同体体系的价值调节器。与此同时,在另外的社会历史条件下,宗教价值里人的内容冲破异化,对现实苦难的抗议压倒这种苦难的表现。那时候就产生了这些价值同真正的道德价值和审美价值相互影响的可能性”。柳宗元与宗教的关系从总体上看应该属于后者。也许,“幻想来生,幻想超生净土,正是佛教徒迷信的生命观,这种生命观非但不能孕育诗情,导致积极的人生观,而且它本身也极缺乏思想的刚性,是极为疲弱的心态在盲目地寻找一种依托,已经失去了热烈思考人生,追求自觉存在的勇气。”[7]348

但对于柳宗元而言,情况可能就较为复杂一些。实际上,柳宗元并没有完全把天台宗等教义作为自救的思想工具而沉溺其中,他不作无条件的认同与追随,正如韩愈《与孟尚书书》一针见血所指出的:“何有去圣人之道,舍先王之法,而从夷狄之教以求福利也!”诗人面对着梵音释影,并没有沉湎于虚幻世界,产生凌云高蹈的念头,因为不管在什么心境下,柳宗元始终以儒为精神主脉,儒者风标不能自掩,丝毫没有忘怀军国大事。苏轼《南华长老题名记》记述:“南华长老明公,其始盖学于子思、孟子者,其后弃家为浮屠氏。不知者以为逃儒归佛,不知其犹儒也。”这虽与柳宗元在外在情形上不完全一样,但在内在实质上则应该说是一致的。蒋凡《论韩愈柳宗元的思想论争及其实质》指出:“他(指柳宗元)奉佛并非如世俗的宗教迷信,而是一方面借以排遣贬斥后的心理苦闷,一方面又重在揭示佛学思想理论精义奥旨。他熟悉释典,对佛学特别是天台宗的理论有精湛的研究。因此,柳的哲学思想,颇受佛学启发,能从宏观的本体论角度,来做深刻的理论思辨。而从认识论与方法论的角度,柳又曾受佛学中因明学影响,思想颇富辨证色彩。据此,对韩柳的佛学论争,要有实事求是的态度,对韩愈攘斥佛老,不能一味盲目地歌颂。相反,对柳所受的佛学影响,除了指出其某些唯心的消极影响外,同时也应指出其思想发展与理论建树,而不可简单地一概斥之‘佞佛’。”[8]38这一分析鞭辟入里,令人信服。

三、精神之脉与传承之功

“宗教情感的核心是对超现实力量特别是人格化了的神的爱,它在本质上属于对神人合一的虚幻境界的主观体验。由于信仰对象能够引起人们的关切,这势必导致信仰者在情感上的反应,形成一定强度的感受……在艺术活动中,常出现渗透着宗教情感的心理现象”,[9]237 而“艺术品赋予它所反映的现象以某种审美意义,力图按照一定的‘轨道’引导人的价值定向”。[6]196 白居易《醉吟先生墓志铭》自称“外以儒行修其身,中以释教治其心,旁以山水风月歌诗琴酒乐其志”,品出人生的真味,抽去一些具体的生活内容,倒也较为适合柳宗元居永、柳期间的精神状态,从而表现出一种文化的传承性和艺术的多元性,以至于后来佛教徒把他列入天台宗传法体系中,认定他是重巽的俗弟子。但又应该强调,柳宗元虽如此崇信佛教,但与王维那种愚妄地“佞佛”在精神实质上判然有别,也与白居易以信佛来强化和凸显自己由“兼济天下”向“独善之志”理想挺进的路途大不相同。诗人只是希望从中找寻一些足以济世的良方,真正地拯世济民。这与诗人早年的改革精神与行为是一以贯之的。《礼记·中庸》说:“喜怒哀乐之发,谓之中;发而皆中节,谓之和。中也者,天下之大本也,和也者,天下之达道也。致中和,天地位焉,万物育焉。”从一定的意义上说,柳宗元也在实践着以“和”为尚的人生理想与审美化境。应该指出的是,柳宗元之前,调和儒佛就已经是一种社会趋势,如宗炳《明佛论》就说过:“孔、老、如来虽三训殊路,而习善共辙。”而对诗人来说,统合儒释的精神义脉正源应该来自谢灵运。谢灵运不但精研佛理,而且著论弘佛。《辨宗论》说:“释氏之论,圣道虽远,积学能至,累尽鉴生,方应渐悟。孔氏之论,圣道既妙,虽颜殆庶,体无鉴周,理归一极。有新论道士以为,寂鉴微妙,不容阶级,积学无限,何为自绝。今去释氏之渐悟,而取其能至;去孔氏之殆庶,而取其一极。一极异渐悟,能至非殆庶。故理之所去虽合各取,然其离孔、释远矣。余谓二谈,救物之言;道家之唱,得意之说。敢以折中自许,窃谓新论为然。”这一番折中调和之论,影响巨大。

同时,柳宗元儒释合流、以儒奉佛的主观努力,还在客观上促进了中国山水诗在审美品格上发生重大变化,这也许是诗人事先所不曾想到的。“那以主体意志的萧散淡远和山水意象的清冷幽深为主要内涵的‘逸品’格调,在盛唐王、孟那里只是溶解在从容安详中的活性因素,而在韦、柳那里便凝定为明确的范式。山水‘逸品’的定位,是一种文化行为。而这一文化行为的时代驱动力则是中唐之际由柳宗元主要体现出来的'统合儒、佛'的文化观念,以及主要体现于韦应物之精神风貌的'气象近道'之'静'。"[10]155-156"起信中百门,敲骨得佛髓。"(卢仝《寄赠含曦上人》)柳宗元之后,儒释合流、以儒奉佛一时还有一定的市场,尤其是当一个士人仕途不顺,被政治边缘化的时候。如姚合《赠卢沙弥小师》即宣称,"我师文宣王,立教垂书诗。但全仁义心,自然便慈悲。两教大体同,无处辨是非",认为儒释完全是相通的,这也可看出唐人总体上的价值取向。实际上,略往上溯,"大历、贞元诗人特别是江南诗人,与佛教特别是天台宗联系紧密,其根本原因乃在于天台宗'心造万物'的思维方式恰恰适应着士人厌倦乱世的心理,促使其将企求建功立业的社会热情转移到对自然景物的沉迷,并托寓情性以求心灵的超脱"。[11]221柳宗元对此加以扬弃,取其高处为我所用,实际上还是涵盖着较为丰富的历史内容。到了赵宋时代,"苏轼既置身于上述文化背景之中,遭贬逐以后又深受柳宗元思想的影响,故苏轼后期努力以儒家为主沟通三教,以建构一种有用于人生、有用于社会的博大圆融的学术思想体系",[12]33他在《南华长老题名记》借明公之口所申说的"宰官行世间法,沙门行出世间法,世间即出世间,等无有二",正是柳宗元所要为之奋斗的理想境界,这一切都表明苏轼对柳宗元儒释合流思想与行为的深切理解与认同。耶律楚材《湛然居士文集》卷六《寄用之侍郎序》也称"予谓穷理尽性莫尚佛法,济世安民无如孔教,用我则行宣尼之常道,舍我则乐释氏之真如,何为不可也?"直至龚自珍也受到这一方面的一些影响,他晚年精熟内典,皈依天台宗教义,认为内典"即以文章论,亦是九流师",并且着重申明"儒但九流一,魁儒安足为"(《题梵册》),著有《正译》七篇和《妙法莲华经四十二问》,有些作品能够灵活辨慧地加以运用,展现出审美体验情感的多维性,因而更显得异光闪烁,气体瑰奇,正可以说:"佛学也是智者的悟思,性灵的火光;在性灵的玄奥之处,佛与诗是一体的。"[13]255果真是徐玑《读徐道晖集》所谓"悟得玄虚理,能令句律精"。纵观中国山水诗史,从其开创者谢灵运开始,凡是在山水诗领域取得杰出成就的诗人一直与佛教渊源深厚,而作为中国山水诗史上最有影响的大家之一,柳宗元与天台宗为主的佛教关系自然也是缘分不浅,但诗人又并不因此失去对文学精神的把握,这一切值得我们详加探索。

【参考文献】

[1] 莫砺锋,史蒂芬·欧文.传统的叛逆[M].神女之探寻——英美学者论中国古典诗歌.尹禄光,校.上海:上海古籍出版社,1994.

[2] 胡家祥.审美学[M].北京:北京大学出版社,2000.

[3] 孟二冬．中唐诗歌之开拓与新变[M]．北京：北京大学出版社，1998．

[4] 丹纳．艺术哲学[M]．傅雷，译．北京：人民文学出版社，1963．

[5] 许思园．中西文化回眸[M]．上海：华东师范大学出版社，1997．

[6] 列·斯托洛维奇．审美价值的本质[M]．凌继尧，译．北京：中国社会科学出版社，1974．

[7] 钱志熙．魏晋诗歌艺术原论[M]．修订本．北京：北京大学出版社，2005．

[8] 蒋凡．文章并峙壮乾坤——韩愈柳宗元研究[M]．上海：上海教育出版社，2001．

[9] 鲁枢元，等．文艺心理学大辞典[Z]．武汉：湖北人民出版社，2001．

[10] 陶文鹏，韦凤娟．灵境诗心——中国古代山水诗史[M]．南京：凤凰出版社，2004．

[11] 许总．唐诗史：下册[M]．南京：江苏教育出版社，1994．

[12] 张惠民．士气文心：苏轼文化人格与文艺思想[M]．北京：人民文学出版社，2004．

[13] 李剑锋．陶渊明及其诗文渊源研究[M]．济南：山东大学出版社，2005．

戴复古诗中的慧力寺非指本地惠力寺辨

吴茂云

【摘 要】戴复古《石屏诗集》中之《慧力寺避暑》一诗,清《嘉庆太平县志》认为慧力寺就是温岭小塘岭下(今大溪镇塔岙村)之惠力寺,于是以此为据,历来成为定谳。考之诗中人物,均江西清江人,考之诗人行迹亦在清江,清江之慧力寺内有苏东坡的写经台,曾藏有苏东坡手书《金刚经》碑,为当地名刹。诗人与当地诗人游当地名刹,顺理成章。且"慧力"与"惠力"本不相同,是老县志编者未加考证所致。因此,戴诗所指慧力寺当在江西清江县,特为辨之。

【关键词】戴复古;诗;慧力寺;辨

戴复古《石屏诗集》中有《慧力寺避暑》一律诗,太平(今温岭)人常认为是指本地小塘岭(今大溪镇塔岙村)之惠力寺,清《嘉庆太平县志·卷六》记为:"惠力禅寺,在小塘岭。咸通三年建。宋戴复古《同刘兴伯、黄希宗、苏希亮惠力避暑》。"[1]255 于是历代引以为据,温岭县志办也将其选入《温岭历代风光诗词录》[2]19 中。其实非也,戴诗所指慧力寺在江西清江县,特为辨之。

(一)与三位江西清江人同游慧力寺,当在江西

查《石屏诗集》卷二原诗《刘兴伯、黄希宗、苏希亮慧力寺避暑》,如下:

何处避炎热,相期过宝坊。
万松深处坐,六月午时凉。
钟磬出深屋,江山界短墙。
醉来归兴懒,留宿赞公房。[3]44

诗中刘兴伯,名昌诗,清江(今江西樟树西南)人,1250 年进士,曾为六合县令,著有《芦浦笔记》。黄希宋,名祁,字希宋,清江人。早岁以能赋称,郡博士延入学宫,累举对策入高等,调高安簿。有《德庵类稿》三十卷等,已佚。明隆庆《临江府志》有传。苏希亮也是清江人,理宗(1224—1264)时以画名。与三位清江人到慧力寺避暑,应当就在清江。古时交通不便,三人舟车跋涉同到浙江温岭,是

比较少有的，各人当另有诗以记之，查《石屏诗集》及《芦浦笔记》都没有记载。

(二)慧力寺是江西名刹，由三位当地诗友陪同避暑较合情理

慧力是佛家语，谓智慧之力，能证明法性者也。也就是说佛的智慧有祛除烦恼的力量。慧力寺在江西清江，是一座历史悠久的著名寺院，清赵汝明著的《慧力寺志》中有："慧力寺故址在今江西省清江县，初为南朝梁武帝祠堂，名慧波禅寺，开山祖师为绍珍禅师。后因寺僧治愈唐僖宗异疮，遂敕赐慧力禅寺。历经唐、宋、元、明，至清初尚存，咸丰年间毁于太平天国兵火。庚申年素云上人开始重修。"[4]寺内有苏东坡的写经台，曾藏有苏东坡手书《金刚经》碑，此碑与供奉在慈化寺的血书《金刚经》，都是江西境内极负盛名的佛寺镇寺之宝。宋邹登龙有《上慧力寺》诗："今代空王宅，前朝处士家。牛车回象藏，鹿苑发龙华。松密风生树，江空月在沙。阇黎饭钟后，邀我试新茶。"[4]宋康伯可有《题慈力寺招风亭》诗："天涯芳草尽绿，路旁柳絮争飞。啼鸟一声春晚，落花满地人归。"[4]明严嵩也有《慧力寺》诗，可见慧力寺在当时颇有名气。而温岭惠力禅寺全无名气，只见于当地县志。

(三)从诗人行踪来看，当在江西

《石屏诗集》经明代戴氏后人按诗体分类编排，虽未按写作日期编排，但其中同一时段同一区域的诗往往还是有次序可循的。《慧力寺避暑》在《石屏诗集》卷二，其上几首有：《访杨伯子监丞自白沙问路而去》《临江军新岁呈王幼学监簿》《江村何宏甫载酒过清江》，下有《题萍乡何叔万云山》。[3]44 以上标题中的白沙在江西鄱阳县西，临江军和清江均在今江西清江县，萍乡也在江西省，与清江县同饮一条袁水，所以诗人当时应当在江西。戴复古几次在江西长住，结交了不少当地的文人墨客。1229 年春，他第三次出游，先到福建，再到江西。1232 年，他的老朋友王伯大在临江军作监簿，这一年的新年他是在临江过的，并作了一首《临江军新岁呈王幼学监簿》，所以《慧力寺避暑》一诗当作于 1233 年前后，地点是在江西临江军的慧力寺。

(四)清代县志误将本地惠力寺与江西慧力寺相混淆

查历代《太平县志》，太平只有惠力禅寺，而没有慧力寺。明(嘉靖太平县志·卷八·寺院》："惠力禅寺，在小塘岭，唐咸通三年建。"[1]114 一点也没有提到戴复古的诗。

清《嘉庆太平县志·卷六·寺院》记为："惠力禅寺，在小塘岭，咸通三年建。宋戴复古《同刘兴伯、黄希宗、苏希亮惠力避暑》："何处避炎热，相期过宝坊。万

松深处坐,六月午时凉。钟磬出深屋,江山界短墙。醉来归兴懒,留宿赞公房。”[1]255 县志编纂者戚学标将戴诗置于惠力禅寺条之下,表明该诗写的是本地小塘岭之惠力禅寺。这里需要指出的是:一是编纂者没有准确引用其标题,前加“同”字,后少“寺”字,中间将黄希宋误作黄希宗。二是直接把慧力改作惠力。“慧”字与“惠”字,仅在“聪明”一义上是相通用的,但作为名词,一般是不能通用的。就像南北朝的诗人谢惠连不能写成谢慧连,福建的惠安女不能写作慧安女。可见戚氏未加深入考证,将两者混为一谈,他是始作俑者。

综上所述,戴复古避暑的慧力寺为江西清江的慧力寺,与太平的惠力禅寺无关。特予澄清,以免以讹传讹。

【参考文献】

[1] 浙江省温岭市地方志办公室.太平县古志三种[M].北京:中华书局,1997.

[2] 吴小谦.温岭历代风光诗词录[M].温岭:温岭地方志办公室,1994.

[3] 戴复古.戴复古诗集[M].金芝山,校.杭州:浙江古籍出版社,1992.

[4] 赵汝明.慧力寺志[M].南京:江苏古籍出版社,1992.

新发现《戴氏家乘》中戴复古家世和生卒年

吴茂云

【摘　要】宁波天一阁藏《四明桃源戴氏家乘》收录有宋南塘谱系和南塘谱实,明确记载了南宋著名诗人戴复古的世系和生卒年,是新发现的有关戴复古研究的重要文献。该谱流传有序,其内容与戴复古诗集和近年发现的戴氏族人墓志铭等史料可相印证,比较可靠。谱载第一世戴溢从福建迁来,历叙其八传至戴复古,据此排出了十分直观的南塘戴氏十一世的世系表。戴复古谱名珪,字式之,号石屏,生于乾道三年(1167)十二月四日,卒于淳祐七年(1247)三月十三日,年81,娶吴氏,继娶楼氏,合葬屏山白岩下。今后可标作:戴复古(1168—1247)。至此,可以消除文学史上的问号了。

【关键词】宗谱;南宋;戴复古;世系;生卒

宁波天一阁藏《四明桃源戴氏家乘》修于民国三十六年(1947),木活字本,共分十二卷,卷首收录历代谱序,卷一有宋南塘谱系和南塘谱实,其后是明代宁波戴氏三房的世系、世传、祠堂、宅第、坟茔及艺文。值得重视的是,这部家谱明确记载了南宋著名诗人戴复古的世系和生卒年,是新发现的有关戴复古研究的重要文献。

一、关于戴氏家谱

四明桃源,就是现在的宁波市鄞州区横街镇,《四明桃源戴氏家乘》就是该地戴氏族人修的家谱。该谱中李懋作于明成化十一年(1476)九月之谱序记载:

> 吾四明桃源戴氏为后汉信都太傅戴德之胄,几叶孙讳溢,自闵徙台,家黄岩之南塘,历赵宋间,盛有五派,嘉定时八世孙讳阳者复由台徙四明,居桃源,其后子孙藩衍,袍笏蝉联。[1]

又宁波知府张帐撰于明成化十一年十月之谱序有：

在宋则石屏复古氏又以诗名海内，而世居黄岩南塘，若石屏之从第阳，则自南塘徙居于鄞，而鄞西之戴自阳始。十传为默庵公浩，领勇乐庚子乡荐，授东昌府判，历守雷永、巩昌，引年而归，家值郁攸(火灾)，凡先世重器尽遭煨烬，盖不特家乘然也。予于政暇时过访焉，公以告曰：重器不足惜，族谱之亡，罪莫大焉，将若之何？于是乃与一二宿儒，若李子懋、宋子恢续修之。复遣人往南塘访其分派之由，自阳而上，凡得八世，自阳而下，及于公凡得十世，自公之子若孙，又累累然数世矣，汇而纂之，都成一编，名曰《四明桃源戴氏家乘》。

又吏部尚书闻渊之谱序有：

迨宋石屏复古氏，又以诗鸣，至今讽咏不已，鄞西之戴实其后裔。盖五代时有讳镒者，来自莆闵，徙台岩之南塘，宋宁宗朝镒八世孙讳阳，从石屏以诗游四明，遂于桃源乡石马里择高岗居焉。今十七世矣。

宁波桃源戴氏是戴镒由福建迁到黄岩南塘，传八代后到宋朝从南塘迁来。桃源始祖就是与戴复古一起喝酒作诗在宁波桃源游玩，发现这里风景不错，就住了下来，后来戴阳竟把家也搬了过来，于是就成了宁波人。到了明代，宁波戴氏开始修谱，为了记载家族来历，专门回到南塘访问，把宋代的南塘谱也抄了回去，在卷首收录了非常难得的宋代的《南塘戴氏族谱序》两篇，还在卷一专门设立了《南塘谱系》和《南塘谱实》两章，使南塘体系得以流传下来，所以这个南塘体系族谱传承有序，是比较可靠的。我们知道，家谱的修纂有不断因袭、重修和续补的过程，这部家谱虽然重修于民国三十六年，但据谱前的各种序跋，知其源于南宋时期所修的戴氏家族，因而对于戴复古的家世、生卒年诸方面的研究，就具有重要的文献价值。

戴复古家世

考察戴复古家世，戴氏的明代后裔戴豪在其诗文集《赘言录》中记载：“始祖镒，五季时避闵乱，徙台黄岩，择，得南塘焉，久之，益蕃以大。”[2]南塘戴氏的确是在五代时由福建迁来，这在《嘉靖太平县志》里也有记载，[3]由此我曾写成《戴复古家世考》一文，发表于《成都大学学报》1987年第4期上。[4]

《四明桃源戴氏家乘》一书中收录最早的谱序是俞端礼作于宋绍熙四年(1193)的《南塘戴氏族谱序》：

> 戴氏系出闽地信都太傅德之允，后徙台岩居南塘十二叶，家传其书，士探其理，群聚百余灶，缌服袒免，情相通也，婚遣丧葬，费多均也，而朝散大夫雪溪戴羲辈，更虑后来者不能循途守辙，或至轻变先世之旧章，会予京邸，请续其谱。

以上内容告诉我们，在宋绍熙间，和戴复古同时代的南塘系十二代孙戴羲号雪溪的已在修谱，那时，南塘已有戴姓百余户了。

接着有南塘十世孙戴木号渔村作于淳祐乙巳(1245)元月的序：

> 戴氏出自子姓宋戴公之后，以祖父谥为氏，厥后信都太傅德，世居魏都斤邱，裔孙景玺仕后为司马从事，支分派别何代无人，而明贤之赫赫者则史不绝书。台岩之戴有四：一曰南塘，一曰方山下，一曰方陇，一曰泉村，大抵各据谱系以示所来。而南塘之戴，上世实自五季时由闽徙台，居黄岩之南塘，溯流寻源，盖阅世十有二，历年三百有奇。而元旦之会，上下二百位，尊卑五十人，见于石屏父祖之赋咏，尤可考也。于戏，盛矣……遂与一二同志整顿之，仍取成图，分为五派，敬于淳祐乙巳履新之始，族属会拜之日，揭之堂，俾少长皆得见而知之，继当锓梓以光其传，庶几家有其书，人安其分，于睦族之道有所补云。

戴木是戴复古的族侄孙，两人曾有诗唱和。查《石屏诗集》卷三，[5]有《岁旦族党会拜》诗："衣冠拜元日，樽俎对芳辰。上下二百位，尊卑五世人。"(本序误作"尊卑五十人"不通，应改。)可见当时已有五代并存，族人数百了。据谱序记载，当时黄岩戴氏有四处聚居地，一在南塘，一在方山下，一在佛陇，一在泉村。方山下、佛陇在今温岭新河镇。这里将该谱与《石屏诗集》对照，结果应该是真实可信的。

《四明桃源戴氏家乘》卷一《南塘谱实》记载其世系：

一世,十一处士讳溢,字维谦,娶郑氏,生卒俱无考,合葬前屏山大路下平坡,墓碑久剥蚀,九世孙鸿重立。子一镐。

二世,廿一处士讳镐,字大京,娶陈氏,继娶郭氏、张氏,生卒俱无考,合葬象狮山南岙坑边。子一景宗。

三世,三三处士讳景宗,字继先,娶李氏,继娶徐氏、姚氏,生卒俱无考合葬前屏山祖茔之右。子二:居荣、居简。

四世,八处士讳居荣,字仁之,生天圣二年十一月十三日,卒绍圣元年三月五日,年七十有二。娶杜氏,生卒无考,合葬前屏山祖茔之左。子四:仁拱、仁瑀、仁通、仁赞。

十处士讳居简字敬之,生天圣八年二月四日,卒元丰八年十月二日,年五十六。娶杜氏,生卒无考,合葬前屏山大庵南。子一仁德。

五世:一处士讳仁拱,又讳怀,字子向,生皇祐元年三月十五日,卒政和元年八月二十日,年六十三。娶于氏,生卒无考,合葬前屏山大庵西南。子一公弼。

九处士讳仁通,生卒娶葬俱无考。

十处士讳仁赞,字子见,生嘉祐元年十月十三日,卒政和四年十月十九日,年五十九。娶毛氏,生卒无考,合葬前屏山大庵东。

二处士讳仁德,字子怀,生皇祐二年六月九日,卒元丰七年四月十七日,年三十五。娶洪氏,生卒无考,合葬前屏山大庵东南。

六世:十一处讳公弼,字清臣,生熙宁元年二月十七日,卒建炎三年四月十三日,年六十二。娶周氏,继娶黄氏,生卒俱无考,合葬前屏山大庵东。子三:志捷、志操、志揆。

七世:三六学谕讳志捷,又讳敏,字敏才,别号东皋子,生靖国元年七月二日,卒乾道七年十一月十三日,年七十一。娶何氏,继娶黄氏、杨氏,生卒俱无考,合葬三丫坑,平生酷好吟咏,身后遗稿不存……子石屏遍加搜访,止得诗十首录于其所著集前,使人复见一斑,《小园》诗见遗文录。子儿:翼、复古。

四十处士讳志操,字存中,生政和三年十月五日,卒绍兴二十六年四月十三日,年四十四。娶丁氏,生卒葬无考,子一秉均。

五十处士讳志揆,字从圣,生宣和六年正月二十三日,卒淳熙十六年十二月二十六日,年六十六。娶赵氏,生卒无考,合葬三丫坑先茔之左。子一阳。

八十宣教诲翼，字振之，生绍兴二十六年十月二十九日，卒开禧元年十一月十四日，年五十。娶蔡氏，生卒无考，合葬三丫坑祖茔之右。

八三抚属讳复古，原讳珪，字式之，别号石屏，生乾道三年十二月四日，卒淳祐七年三月十三日，年八十一。娶吴氏，继娶楼氏，生卒无考，合葬屏山白岩下……

七八宣义讳秉均，又讳屋，字成之，又字瞻之，别号蒙斋，生绍兴十六年十二月二十日，卒嘉定八年六月二十六日，年七十。娶洪氏，生卒无考，合葬屏山白岩下。

又《宗元图》记载：

一世讳阳，字乾之，宋嘉定戊辰始居鄞。

以上记载第一世戴溢(《太平县志》写作镒)从福建迁来，到第五代名怀，字子向，生于1049年，卒于1111年，子公弼。公弼字清臣，生于1068年，卒于1129年，子三：志捷、志操、志揆。长房志捷又名敏，字敏才，号东皋子，生于1101年7月2日，卒于1171年11月13日，娶何氏，继娶黄氏、杨氏，子二：翼、复古。二房志操字存中，生于1113年，卒于1156年，子秉均。三房志揆字从圣，生于1124年，卒于1189年，子阳。戴阳于1208年迁居宁波。戴翼字振之，生于1156年，卒于1205年，为戴复古的长兄。戴复古谱名珪，字式之，号石屏，生于乾道三年(1167)十二月四日，卒于淳祐七年(1247)三月十三日，年81，娶吴氏，继娶楼氏，合葬屏山白岩下。戴秉均，又名屋，字成之，号蒙斋，生于1146年，卒于1215年。

从以上这些资料看，与戴复古诗集中的记载及2010年新出土墓志铭中的记载比较是相合的，是可信的，理由有六：(1)去年出土的戴忱墓志铭中戴怀与以上记载的戴怀，辈分与年代相合(见拙作《新出土戴氏家族墓志与戴复古家事新考》[6])；(2)与戴复古生于1167年冬，卒于1246年左右的推断相合；(3)其父敏才卒时子尚在襁褓中，这里记载当时戴复古才出生4年，也是相合的；(4)敏才先娶何氏，后娶黄氏，戴敏才有《约黄董二亲与桂堂诸侄避暑》，戴复古诗集第一首就是《求先人墨迹呈表兄黄季文》，从题中可知舅家姓黄，其父敏才果然有妻黄氏，因而也是准确的；(5)从戴镒到戴木的世系排列正好十世，这与戴木自称十世孙也是准确的(详见文末世系表)；(6)从他们的代际关系看，一代相差二十三岁，也都比较合理。

南塘戴氏经明初的打击曾一蹶不振,到明中叶,迁至温岭的一支开始发达起来,又成为富庶的大家族,还出了广东参政戴豪。而迁到宁波的一支,经过几代人的拼搏,也成为官宦之家。宁波戴氏到明代也读书做官成为一大家族,宗谱所载顺治十一年(1654)巡抚高斗福所撰之谱序有:

> 入明默庵公浩始以科目显,为时良二千石,历守雷永、巩昌三府,所至尸祝俎豆馨香,不特光家乘已也。自后一母五乳,而四人成进士,长静山,作牧滇甸;次南江,参藩闽省;次东石,开府西蜀而分曹徐淇;其季少山也,当是时膺辟荐、领乡书、登贡籍、沐君宠而列仕版者指不胜屈,其余子姓瓜瓞亦绵延不绝,此谱牒之修不容不加之意也。

三、戴复古生卒年

南宋诗人戴复古是江湖诗派代表人物,也是浙江省温岭市的历史文化名人,1985 年笔者曾根据戴复古《石屏诗集》中《新年自唱自和》的诗句"圣朝开宝历,淳祐四年春。生自前丁亥,今逢两甲辰"的记载,推导其出生于乾道三年(1167)不知其月份和日期。后来看到其《生朝对雪,张子善有词为寿》诗中有"腊月雪三尺",可见其生日在寒冬腊月,但一直未能找到其准确的生卒日期。现在从以上宗谱中对第八世复古的记载,可以明确:生于乾道三年十二月四日。乾道三年应该是公元 1167 年,但由于其生日是农历的十二月,而转换成公历元旦,那么十二月四日也就是次年的 1 月 15 日,所以戴复古的生日准确说法应是 1168 年 1 月 15 日。

戴复古的卒年历来缺乏明确的记载,武衍的《适安藏拙乙稿》有《悼戴式之》诗,但看不出年代。当代的文学史和戴复古研究著作往往是众说纷纭,歧义间出,如游国恩等主编的《中国文学史》[7]标的是戴复古(1167—1250?)。北大中国语言文学系中国古典文学教研室主编的《中国文学史纲要》、上海辞书出版社的《中国历史大辞典宋史》、[8]商务印书馆出版的修订本《辞源》[9]标的都是戴复古(1167—?)。我曾根据戴复古作的《懒不作书,急口令寄朝士》诗:"我已八十翁,次身宁久绊"而推导出大约在 1246 年,于是在《戴复古家世考》中考其生卒年认为是(1167—1246)。现在根据该宗谱,可以认为卒于淳祐七年(1247)三月十三日,年 81 戴复古的生卒年可以由此而确定是公元 1168—1247 年。

值得重视的是,《四明桃源戴氏家乘》还提供了戴复古家世和生卒年以外的重要信息。其一是戴复古之母系影响。戴母黄氏出生于读书之家。《先人墨迹呈表兄黄季文》中有"君家图书府,墨色照青嶂。"可见黄氏也受过不少的文化熏陶,那么戴复古 4 岁丧父之后,黄氏就是戴复古的启蒙老师。其二是戴复古夫妇的合葬之地。他们卒后合葬于屏山白岩下,并不是以前流传的葬于委羽山下。其三是戴复古《岁旦族党会拜》一诗的作年可以确定在 1245 年。其四是可以确定戴复古之妻为吴氏,颇有诗才,戴复古在第一次游历回家时妻子已经亡故,留有壁上题诗两句:"机翻白苎和愁织,门掩黄花带恨吟。"总之,这些信息对后人知人论世,了解分析戴复古的成长过程都将十分有用。

【参考文献】

[1] 四明桃源戴氏家乘[M]. 宁波:1947(民国三十六年)

[2] 戴豪. 赘言[M]. 刻本. 1911(宣统三年)

[3] 温岭市地方志办公室. 太平县古志三种[M]. 北京:中华书局,1997:110.

[4] 吴茂云. 戴复古家世考[J]. 成都大学学报,1997(4).

[5] 吴茂云. 戴复古全集校注[M]. 北京:中国文史出版社,2008:79.

[6] 吴茂云,新出土戴氏家族墓志与戴复古家世新考[J]. 台州学院学报,2008(5).

[7] 游国恩,等. 中国文学史[M]. 北京:人民文学出版社,1963.

[8] 宋史卷编委会. 中国历史大辞典宋史卷[M]. 上海:上海辞书出版社,1984.

[9] 商务印书馆编辑部. 辞源[M]. 修订本. 北京:商务印书馆,2002.

附录:结合2010年出土的几块戴氏墓志铭,可以重新排出从戴镃到戴颜老的南塘戴氏十一世世系表如下:

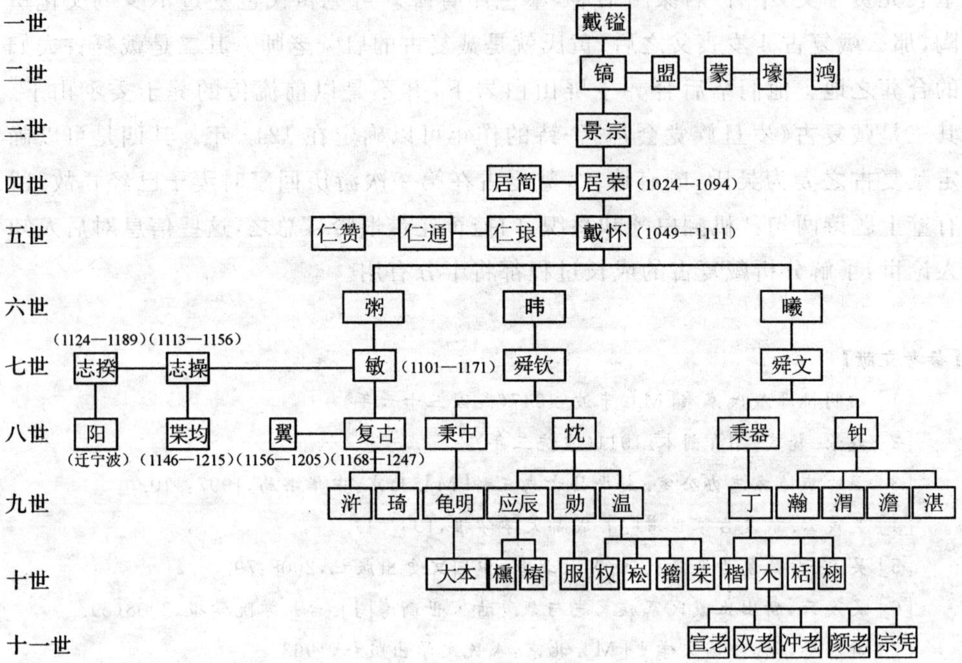

南宋台州戴氏家族诗歌创作及承传①

何方形

【摘　要】以戴复古为代表的南宋台州戴氏家族着力领悟自然真意，表达人类深细情感，其思想主要包括浓重的生命意识、强烈的人格意识与深重的忧患意识，开拓出属于自我的诗歌空间。这一切都出自作家天性。

【关键词】南宋；台州；戴氏家族；戴复古；诗歌创作；承传

一

南宋时期，苏杭一带逐渐取代北宋时期的京洛而成为新的文化中心。随着政治、经济、文化重心的全面南移，台州已不像前朝那样被视为蛮荒之地，并渐成辅郡。一批文化名人如陆游、尤袤、朱熹等相继来到台州，给这里带来浓郁的文化气息，使得台州本土士人的眼界更宽。戴氏家族就是在这样的文化环境中崛起的一个诗歌创作群体，他们的诗作中蕴含着较为丰富的地域审美因素，戴复古尤为翘楚。戴氏先祖戴镃五代时因避乱从福建徙居黄岩南塘（今属浙江省温岭市）。《嘉靖太平县志》卷八《南塘戴氏故居》以寥寥数语记载戴氏家族发迹史："在石屏山之阳，俗名塘下。地东南并海，旧有海塘，故名。五季时戴镃避闽乱徙黄岩，择地得南塘家焉。历宋及元，子孙益蕃以大，代有闻人。"[1]此后，戴氏家族便在这里繁衍生息，对南塘的感情自然也由疏转亲。戴镃，字良镃，号晋泉，父文明，世居泉州蛀湖里（今福建泉州市），徙居台州后就有"骑驴到郡郭，冒雪渡溪桥"的佳句，意有所感，即以诗的形式与节奏表达情感。作为一种先导性存在，"骑驴"一联开台州戴氏诗歌创作之先河，其意义已超越诗句本身所拥有的艺术

① 本文为2009年度台州市社科联重点课题《戴复古研究》阶段性成果之一。项目编号：09YZ05。本文为浙江省江南文化重点研究基地成果。

价值。由于年代久远,文献多有湮灭,戴氏前辈的其他创作情况难以确知。

戴复古尚在襁褓之中,其父戴敏即将辞世,弥留之际以"诗遂无传"为憾,文人自我期许之心昭然。戴复古感喟身世,自然不忘父训,继承家学,并付之以实际行动,努力收集父亲诗作,以使之传至后世。

戴敏,字敏才,号东皋子,本无致位卿相之念,唯有自得其乐、任心自适之趣。戴敏一生以闲适之心体现人生诗意化的追求,在较大意义上实现了白居易所谓"遍寻山水自由身"(《闲行》)的人生理想,真正回归生命自由状态。宋代本是中国历史上最为重视士人的朝代,科举制度趋于完善,且士人录用比例之高,更远非唐人所能及。苏辙《上皇帝书》的一段话反映出宋人的典型心态:"今世之取人,诵文书,习程课,未有不可为吏者也。其求之不难而得之甚乐,是以群起而趋之。凡今农工商贾之家,未有不舍其旧而为士者也。"[2]戴氏家族所走的却是一条奇特的人生之路,不为时役,几无追求事功之心,不去涉足凶险的官场,而是向传统的隐逸文化寻求精神支点,追求自我生命的自由和解脱,即戴复古在《庐山》四首之三中所表白的"老夫甘作无名者,不逐纷纷举子忙",这一特定的家族情结一脉相承在所难免。

"东皋"本指沃野,如阮籍《诣蒋公奏记辞辟命》"方将耕于东皋之阳"。陶渊明《归去来兮辞》中首先赋予"东皋"一词以"隐逸"的内涵,展现归欤之志,"登东皋以舒啸,临清流而赋诗"。在戴敏之前,王绩也曾号"东皋子",已与陶渊明的人生联系紧密。祖咏《田家即事》也有"旧居东皋上,左右俯荒村"一类追述。戴敏既然号东皋子,自然也有着五柳先生那一份浓郁的陶醉自然之情,真心奉持淡泊人生观,所谓"卜筑成佳致,幽栖乐圣时。何如谢公墅,略似习家池"(《后浦园庐》),堪与古人媲美,一向为人所称赏。中国传统文化崇尚人与自然的和谐,戴敏《西溪陈居士家》赞赏友人居处的幽雅宁静、生活的清幽自适,实际上隐含着诗人自身的一份怡然情怀,令人品味出陶诗余韵,也与夙好山水清赏的中国士人的精神意脉勾连:"来访西岩老,家居水竹村。紫鳞游镜曲,黄犊卧云根。自昔好宾客,相传到子孙。不行亭下路,护笋别开门。"诗以寻常之语,状寻常之事,无意求工而自工,一切都出自作家的天性。

戴敏一生努力发掘生活中的美质,所以有即景会心的"堪羡渔翁无检束,扁舟占断白云湾",并且一生"倚楼贪看夕阳山"(《楼上》),可见钟情之深。戴敏也沉溺于诗歌艺术探求,展现自由、自得的生命,传达出经过艺术升华后的审美情趣。这样,诗歌也就成了他的第二生命。戴复古《求先人墨迹呈表兄黄季文》对这一精神有较为详尽的叙说,笔意纵横:

我翁本诗仙，游戏沧海上。引手掣鲸鲵，失脚堕尘网。身穷道则腴，年高气弥壮。平生无长物，饮尽千斛酿。传家古锦囊，自作金玉想。篇章久零落，人间眇余响。搜求二十年，痛泪湿黄壤。君家图书府，墨色照青嶂。我翁有遗迹，数纸古田样。仿佛锺王体，吟句更豪放。把玩竹林间，寒风凛凄惨。昂昂野鹤姿，愧无中散状。……

戴敏之诗并不囿于时尚，而是从现实生活出发，自出己意，也讲求属句工稳，以至能声情并茂，清新可诵。《海上》诗较有代表性："万顷鲸波朝日赤，沧州四望无穷极。海山何处是蓬莱？遍问渔翁都不识。"诗人主动亲近山水，在题材的选择上表明自己的审美趣味与文化价值取向。诗歌表现了诗人被自然景色所感染与陶醉的心灵历程，快意自足的心态展露无余。诗歌既有疏旷之情的抒发，又有精工刻画的描写，可以说是格高而韵远，给人以一种洗去铅华的本色美，允称佳作。宗白华《美学》一文指出："愈伟大天才，乃愈好向平凡处表现，如大诗人、大画家，皆极好描写平凡事物"。[3]戴敏也许称不上天才，但他领悟自然真意，追求平实、自然风尚的努力符合中国诗歌发展的历史动向。戴敏诗展现了时人少有的一种情趣，又有着一种较强的现实感悟，如《屏上晚眺》："不能骑马趁朝班，自跨黄牛扣竹关。无德可称徒富贵，有钱难买是清闲。人行踯躅红边路，日落秭归啼处山。遥望蓬莱在何许，扶桑东畔白云间。"不企羡他人日日面君，而是自乐于黄牛扣关的悠闲自在生活，一派人与自然怡然相亲的景象。这样的年月打发，也直胜幻境中的神仙。综观全诗，一股"不义而富且贵，于我如浮云"（《论语·述而》）的真情流注其中，坦率真诚，一无伪饰。

由于受父亲人生之路和吟咏之风影响，戴复古也逐渐探索自己人生历程，并养成精微的观察力，进而从灵魂深处提炼出优美的诗句，又着力实现落笔明朗、用词洗练的艺术个性。此后，寄意诗苑便成了戴氏家风，庶几有杜甫"诗是吾家事，人传世上情"（《宗武生日》）的自诩了。

二

戴敏留下的作品虽然不多，但对戴氏家族来说却具有开创性的历史意义，为形成家族文学群体奠定基础。从戴复古《岁旦族党会拜》诗可以得知，戴氏家族也是人丁兴旺，富于生机，"衣冠拜元日，樽俎对芳辰。上下二百位，尊卑五世人。

排门乔木古,照水早梅春。寒春将消歇,风光又一新”。诗歌展现了家族内部的和睦融洽和诗人对家族血缘关系的珍视。而从《侄孙子渊新居落成二首》之一“礼乐陈樽俎,诗书立户庭”、之二“一区扬子宅,中有读书堂。早觉儒风好,兼看野趣长”等句则说明他们是有着遵奉礼乐、勤于耕读风范的家族,有着家族文化氛围与根基。戴复古《有感》中的“族党诸孙盛,吾宗一线存”,则由家族兴衰引发出深沉的感情。

“相过慰牢落,吾族有诗人。”(戴复古《风雨无憀中览镜有感作小诗未有断句适两侄孙携诗卷来》)戴氏家族中有数量不少的诗人创作群体,换言之,戴复古旗下形成一个较为强大的诗人族群。除戴复古外,还有戴汝白、戴泰、戴震伯、戴骧孙、戴飞等,大多具备独立的写作姿态,戴氏家族文学创作由此进入高峰期。他们都致力于诗歌创作,潜心文本建设,在浅易中寻求内涵的丰富,力求创造美的意境,其中不乏可读之章,尤以戴昺量多质优。戴昺,字景明,号东野,复古从孙。嘉熙三年(1239)授赣州法曹参军。有《东野农歌集》。人品清雅,诗律纯正,又善画,曾作《潇湘片景图》。《〈石屏后集〉锓梓,敬呈屏翁》称颂得体:“新刊后稿又千首,近日江湖谁有之!妙似豫章前集语,老于夔府后来诗。梅深岁月枝逾古,菊饱风霜色转奇。要洗晚唐还大雅,愿扬宗旨破群痴。”虽有过誉之辞,却也包含实情。又有戴觉民,景定三年(1263)进士,曾于当涂刻《李白集》,亦可想见其风雅。一个家族在很短的时间内出现这么多诗人,甚至内至闺阁,幼至童稚,充满艺术化情趣,本身就是很值得展开的话题,需要对此作进一步的深入探讨。

这里不能不提一下戴氏家族的奇才戴颜老。戴颜老,戴木之子,才智出众,嘉熙元年(1237)敕赐免解进士,可惜年十余而卒。这对戴氏家族而言,不啻是一个重大打击。戴复古有《族侄孙子荣之子神童颜老不幸短命而死哭之不足三诗以悼之》组诗三首,如其一:“亘古英灵在,颜回有后身。年才十三岁,才过万千人。学到由天悟,文高见理真。再生仍再夭,无路问鸿钧。”其二:“昨应童科日,群儿立下风。丰姿倾众目,文采动诸公。两耳能兼听,六经皆暗通。相期到杨晏,有始奈无终。”题下自注:“神童讳颜老,生而秀骨奇姿,非凡子比。及晬,父渔村徇俗修试儿故事,罗书籍玩具果殽于席,顾盼无所取,独拿《礼记》一帙,披卷若读诵然。稍长,口授以书,两耳兼听,日记数千百言。七岁能暗诵五经,举止应对俨若成人。十岁善属文,思如涌泉。……”

唱和风习,由来已久。《嘉靖太平县志》卷八载:“其时东皋子以诗名,至子石屏益著,同时子姓则有若竹洲,有若兰谷,有若渔村,有若神童,更唱迭和,金石交奏,隐然声震东南,邃为诗礼望族云”。[4]戴氏家族的文学创作确在这一时期臻于极盛。戴氏家族也有一般家族所具备的次韵唱和之风,极显亲情的可贵。戴复古《壬寅岁旦景明、子渊、君玉携酒与诗为寿次韵》展现出一个家族的融乐之状:"舍我白瓷椀,把君金屈卮。判为元日醉,共赋早春诗。冰泮鱼龙起,花开蜂蝶知。为子扶病脚,赖有古藤枝。"戴龟朋则有《次屏翁韵》诗,经过诗人的艺术提纯,容量丰富:"走遍江湖早得名,归来哦句向韦屏。故人今雨时相过,好酒新春肯独醒?未用阮生三语掾,但遵迂叟四言铭。高明已悟闲居福,当见于门发旧馨。"叶适《竹洲戴君墓志铭》称赞戴龟朋诗文"务为奇卓清简,无俗间鄙腐意"(《水心文集》卷一三),[5]《次屏翁韵》诗可见一斑。戴溥也作有《次屏翁韵》诗。

戴昺尤多,单与戴复古唱和有关的就有《侍屏翁领客游雪山,分得"生"字》《偕兄侍屏翁探梅屏山,分得"空"字》《次韵屏翁〈冬日〉》等,题材较为丰富,重复而不觉其厌烦。《侍屏翁游屏山,分得"水"字》更是诗趣盎然:"携琴入空山,修竹翠相倚。一曲千古心,泠泠寄流水。拂云卧白石,冥搜契玄理。有时采薪人,歌声隔林起。"最后一句有王维笔意,更显意境阔远。从《春日偕兄弟侍屏翁游晋原,分得"外"字,因集句而成》等诗,更使人想见当日他们之间相互唱和的景况,极一时之盛。戴复古《梅花》诗,其中有"幽兰开亦早,二妙喜同时"的巧思,戴昺则作《次韵屏翁〈咏梅〉》,其中有"心共寒霜苦,香惟夜月知。最怜清梦觉,疏影竹窗时"的妙想。而从《玉峰登眺,得"初"字》诗可以看出他们之间更多的分韵赋诗活动:"玉峰奇绝处,短策步崎岖。海近潮声壮,山空树影疏。吟情危眺外,饮兴薄寒初。数点新来雁,高飞不羡渠。"从一般情况推论,戴昺《初游方岩山》记载的应是戴氏家族的一次集体游赏活动,杖藜遍游,触景感怀:"图志旧尝看纪载,杖藜今得遍经行。渔翁化石几年钓,仙客有田何世耕。千尺枯崖蜕龙骨,一帘飞瀑撼雷声。相传逸少曾来此,惜不镌岩记姓名。"方岩山是一处胜地,距戴氏家族聚居地不远。戴昺又有《次君玉弟〈闻新雁〉》《次韵东渠兄〈观梅〉》等等,其中《次韵君玉弟〈春事〉》诗的"暖风催麦早,晴暑转花迟"等句较富韵味。

三

与一般的宋人家族文学创作比较,作为诗歌艺术笃信者的戴氏家族,情感追求主要表现在以下几个方面。

第一,浓重的生命意识。生命问题古老悠远。自然山水往往给人以热爱生命,乃至享受生命的人生启迪。戴氏家族创作多以生命体验和对人生感悟构思诗篇,强调一气贯注的真性情,其中较多地蕴涵着对生命力的张扬。如戴敏《小园》:“小园无事日徘徊,频报家人送酒来。惜树不磨修月斧,爱花须筑避风台。引些渠水添池满,移个柴门傍竹开。多谢有情双白鹭,暂时飞去又飞回。”虽然叙写的都是一些平凡景致,记录的也是一些引渠添池、移动柴门之类的生活小事,纯为日常生活式的娓娓叙说,全诗却立足于真情,把农村日常生活写得饶有情趣,洋溢着弥满的生命力,更兼有白鹭双飞的点缀,构成一种言近意远的结构。总体上看,《小园》诗能够做到丰厚的感情而出之以简洁的语言,展现一个真实的生命状态,人生感悟自在其中。戴复古《先人东皋子小园七言人多喜之浼秋房楼大卿作大字刻石》表现出一种自得之心:“父殁名随泯,诗存世莫传。敢求大手笔,为写小园篇。词翰成双美,光华照九泉。托公垂不朽,镌刻到千年。”魏庆之《诗人玉屑》卷一九“东皋子”条引《玉林诗话》载倪寿峰语:“诗和则欢适,雄则伟丽,新则清拔,远则闲暇”,并以此诗为典范,分别配之欢适、伟丽、清拔、闲暇四端,誉之“备是四体,一篇足矣。况鹤鸣子和,清唳方彻九皋耶”[6]。所论或过于坐实,但道出诗中所贯注的真情还是正确的。戴昺《如京至西兴阻风雨》则向更深的情感世界掘进:“月将圆夜出乡关,才到西兴月又残。老去问名先已懒,近来行路觉尤难。云烟漠漠吴山暗,风雨潇潇浙水寒。识破人生真逆旅,此身何处不堪安!”诗人从实际生活的遭遇勘破人生,萌发出人生自可随处而安的思考,增加作品厚重感,也属于率真的由衷之言。戴昺弟汝白的《题曹娥庙》展开对生存哲理的思考,尾句想象奇特,命意奇警超拔,更凸显出一种人生的深情:“哭得江头云气昏,泪痕多化作潮痕。波心万古团团月,疑似曹娥一片魂。”这样的思索和慨叹是何等的深沉与绵长。

第二,强烈的人格意识。戴氏家族在创作上弃绝浮华,充分展现自己的风采,人格意识是其中一个重要维度。在“不改穷居乐,何妨见二毛”(戴昺《春晚即事》)的吟唱中,人格意识就是其表现的一个重点。除了戴复古,戴昺的作品也很有代表性,如《僻居》是发自心灵的歌咏,直抒心声,富于真趣,能产生意在言外的效果:“地僻尘嚣远,身闲趣味深。清池涵竹色,老树带藤阴。引鹤随闲步,招蝉伴醉吟。有时燃古鼎,隐几自观心。”戴昺又有《亦龙弟覆篑累石,作亭其阴,屏翁名曰“野亭”,索诗,谩赋二首》:“高怀抗尘外,林杪着三间。绿绕村边树,青浮海上山。目穷天变化,心静地宽闲。鸥鸟知人乐,忘机亦往还”;“幽栖得真趣,隙地巧经营。花竹有和气,林园无俗情。带经休树影,抱甕俯池清。我亦甘肥遁,相从乐此生。”意趣丰富,思致不俗。戴昺《次韵屏翁壬寅九日再题小楼》寄情幽远:“佳节相过共举觞,为萸菊醉亦何妨。须知我辈襟怀事,不是时人酒肉狂。落雁影边寒水碧,归鸦啼处夕阳黄。诗翁樽俎风流在,老气横吞年少场。”

第三，深重的忧患意识。生当国势日蹙之际，戴氏家族多有社会与人生中悲剧性的体验，在创作中自然浸入特定时代的人生忧患，展示心系国事的情怀，从而折射出当时严酷的社会现实，也直接批评社会政治中的某些弊政乱象，并以此形成一种颇具深度的美感。这也是士大夫淑世情怀等社会审美需求在诗歌创作中反映的结果。戴复古《跋丁梅岩集》称赏乡贤“梅岩少时不碌碌，勇于为义”。丁希亮(1146—1192)，字少詹，号梅岩。曾先后问学于叶适、陈亮、吕祖谦等名家，与朱熹也常有诗文往来。好游名山大川，纵笔所就，词雅意确，人所称颂。实际上，与时人在创作过程中着力回避现实中一些关键性的重大问题不同，戴复古的作品往往充溢抑塞悲愤之情，诗的意境由此得到升华和飞跃。如《闻李将军至建康》就有着至真至纯的情感：“匹马径趋府，将军意气多。来依汉日月，思复晋山河。边将惭尸素，朝臣奏凯歌。分明御徂诈，得失竟如何。”可见，诗人《蕲州上官节推同到浮光》的“连岁经行淮上路，忧时赢得鬓毛苍”，确是济世仁心的真情道白。戴复古又和他的老师陆游一样，梦中也极为关怀国事，是诗人美学观的真实呈现。《醉眠梦中得夏闰得秋早雨多宜岁丰一联起来西风悲人且闻边事》即表达了深远的内涵：“夏闰得秋早，雨多宜岁丰。今朝上东阁，昨夜已西风。田野一饱外，乾坤万感中。传闻招战士，人尚说和戎。”戴昺《次韵屏翁〈新秋〉》构造出悲愁哀苦的境界，进一步强化这一美学意识：“检点新秋事，天公赐已丰。秋床梧叶雨，晓袂竹林风。阅世心先老，伤时酒易中。谁将和战议，细与问元戎。”戴昺又有《己亥十月晦大雷雨》，从国事到农事，无一不系念心中，最后一联别有深情，尤具意味：“舛运频年见，忧时百虑灰。入冬常苦雨，昨夜又轰雷。土烂麦难种，虫伤菜失栽。儿童不解事，喜报海棠开。”戴木有《贺杜清献入相二首》，如其一：“玉陛传呼宰相来，欢腾海内翕如雷。律身清介祁公操，佐主谋谟如晦才。梦弼已知符众望，生贤益信应三台。从容宰席调天纪，协气从头遍九垓。”淳祐四年(1244)，杜范为右丞相兼枢密使。得知乡贤终成大业，戴木作诗贺之。诗人颂赞杜范立身清正，谋略超群，深孚众望。杜范卒后，戴复古《挽立斋杜丞相》表达的也不是一般的乡情之谊，着眼点更多的在于家国：“邪正不两立，国家当再兴。有时须有命，称德不称能。方喜千年遇，如何一旦薨。世间无哭处，吾欲哭昭陵。”

四

“前水复后水，古今相续流。”(李白《古风五十九首》之十八)就有宋一代而言，戴氏家族在文学上的地位虽然没有“三苏”“三孔”那样显赫，也没有晁氏家族的“家传文学,几于人人有集”(《四库全书总目》卷一五八《嵩山居士集》提要),[7]但诗德可颂,诗艺可称,开拓出属于自我的艺术空间,构成家族文学的缤纷光华,足以名世。戴氏家族与这一前后临海的陈氏家族(如陈克、陈孚)等一起,激活文学生态,构成台州乃至浙江文化史上的独特风景。无论历史情境发生多大变化,他们具有共同的血缘关系,也传承着共同的家族文化,正如戴昺《次韵屏翁〈新元聚拜〉》一诗所说的“诗书延泽润,忠厚续长春”,戴氏文化独具自家面目,体现出一脉相承的美学特征。《四库全书总目》卷一六三《〈东野农歌集〉提要》就认为戴昺诗多“清婉可讽。亦颇具石屏家法也”。[8]元明以后,戴氏后人也多在诗歌之路上继续摸索并有所成,反映内敛深沉细腻的情感特征,维持其文学家族地位不坠。这实际上也可以理解成是家族余荫的结果。如戴子璋,元至正间人,《题钱舜举画梅》不事设色,用语简洁,但含意不浅,朴质的文字却有很强的渗透力和感染力:“故人相忆对南枝,写寄无烦驿使持。此日披图空想象,犹疑月落酒醒时。”又如戴孟韶《至后偶成》也是一首抒发胸臆之作,感人至深:“寒日初添一线长,可怜游子未还乡。梅花偏有留人意,为送黄昏一树香。”经过诗人的情感过滤,寄意幽远。戴子英《游澄照寺》:“篮舆春日暖,石磴转萦回。山鸟冲烟去,溪云带雨来。笑谈忘对奕,酩酊醉深杯。为想竹林兴,襟怀好一开。”全诗借助绘画艺术的手法构图着色,景物与人情合为一体,意趣传神,写物工妙。《嘉庆太平县志》卷二载有戴豪《泽库》诗,为所有今本戴集所未收。诗歌通过叙写家乡泽国的美景而抒发自己的高逸之情:“不受京尘染,真怀泽库清。平生无所爱,观水独多情。柳外新矶静,鸥边小艇横。沧州未得去,吾亦濯吾缨。”[9]李时渐辑《三台文献录》收有戴豪《送陈白沙留别韵》:“藤蓑不受庾公尘,懒把行藏说向人。乡梦入秋偏念母,主恩如海竟容臣。千年介石占应熟,一曲沧浪趣独真。归去旧篱寒菊在,可能漉酒试陶巾。”戴豪又有《题邹节妇卷》:“阶前死草更无春,留得旌门墨尚新。三十年前飞雨夜,一灯长伴未亡人。”戴豪从弟戴颙《玉堂对菊》也是一首从立意到描写都不错的诗歌:“玉堂帘卷日初移,影落花阶菊数枝。高兴不烦人送酒,好怀偏向此题诗。风前渐觉清香细,霜后应看晚节奇。莫道与渠心性别,陌头红紫去多时。”

由此可见,戴氏家族素有重文传统,延绵不绝。文学创作之外,戴氏家族在经学等方面也各有所成。如戴复古有《石屏新语》一卷;戴木曾问学于叶适,有《类事蒙求》三十卷等。非本题所论,兹不赘。

【参考文献】

[1] 浙江省温岭市地方志办公室.太平县古志三种[M].北京:中华书局,1997:110.

[2] 苏辙.苏辙集[M].北京:中华书局,1990:370.

[3] 宗白华.宗白华全集[M].合肥:安徽教育出版社,1994:486.

[4] 浙江省温岭市地方志办公室.太平县古志三种[M].北京:中华书局,1997:110.

[5] 叶适.叶适集[M].北京:中华书局,1961:461.

[6] 魏庆之.诗人玉屑[M].北京:中华书局,2007:616.

[7] 永瑢.四库全书总目[Z].北京:中华书局,1965:1363.

[8] 永瑢.四库全书总目[Z].北京:中华书局,1965:1399.

[9] 浙江省温岭市地方志办公室.太平县古志三种[M].北京:中华书局,1997:199.

思想·科学·旅行

——从王士性一生看其旅行的独特性

林　晖

【摘　要】王士性是一位走在国际地理学前列的人文地理学开山祖师。追踪他二十多年的旅游足迹,研究他的为学从政生平,不难发现,王士性与前代、当代著名旅行家的最大区别和独特之处是,他的行走天下既跟仕宦生涯紧密结合,又与学术研究息息相关;既不时发出治政感慨,又常常作出科学报告。巡视与旅游,政治与学术,奏疏与诗文,相辅相成,互为增益,成为我国历史上集思想家、科学家、旅行家于一身的第一人。他的著作以《广志绎》为代表,集中体现了他的经世致用民本思想、人文地理科学理论、玩轨九州游圣形象。

【关键词】思想;科学;旅行;明代;王士性;独特性

王士性(1547—1598),字恒叔,号太初,又号元白道人,滇西隐吏,浙江临海沿江镇兰道村人,生于明世宗嘉靖二十六年(1547)三月。他癖嗜山水,性喜游玩,从小就怀有玩遍九州、走遍天下的夙志。隆庆四年(1570),他与郡人王亮、钟化民一同游学于浙江杭州天真书院,从此"无时不游、无地不游、无官不游"[①],开始了"壮哉"、"难哉"、长达二十多年的旅游。万历元年(1573),王士性中举人后,游浙江金华、丽水之地。五年(1577)中进士。翌年出任朗陵令、确山知县。明代万历以后,社会风气逐渐转向崇尚经世务实,许多读书人亦以模山范水为了解社会的实践方式。王士性自上任之日起,就悉心观察这个位于河南南部,他所活动的政治舞台。确山"南多稻田,近楚俗,北乃旱地,渐见风尘。其城四里,曾经流贼入屠之。今城中民不二三百家,又多缙绅巨族,女墙睥睨七百余,有城而谁与为守?且贸易、店铺、谷粟皆聚于东门之外,一燎则城中坐困矣。县后与学校又皆空地,气象萧索。余故移一集于城中空处,使人烟喧闹以招徕。目下生气且集,场既立,店舍渐兴,则谷粟可以次入城,而北归市之民即守城之众,亦以默寓百年久远之计"[②]。朗陵县境常有山西人赶着羊群经过,羊群"动以千计,止二三人执箠随之，或二三群一时相值，皆各认其群而不相乱，夜则以一木架令跳而数之。妓妇与肩酒殽者日随行，剪毛以酬”。王士性五年间屡游中岳嵩山及少林寺。后升礼科给事中，游泰山、华山、恒山。在任上，他恪守职责，稽察违误，秉笔直书，刚正不阿，甚至不怕冒犯自己的座主和首辅申时行。十二年(1584)三月，御史丁此吕因奏疏得罪了首辅申时行，而尚书杨巍为迎合首辅旨意，要外放丁此吕。王士性闻知后，毅然上书，弹劾杨巍阿谀申时行，蔽塞言路，为丁此吕伸张正义。十三年(1585)母丧归。守制期间，游浙江、江苏、山东。十六年(1588)除母服，北上，复任原职。不久，他上疏请求召还顾宪成、顾允成、邹元标等，因此而忤旨，被迁吏科右给事中，外放四川参议。四川山水以险著称，在那里，他考察了著名的长江三峡：“江水发时，一夜遂高二十丈，至滟滪如马，此海内水口之奇也。江行在两崖间，天造地设，如凿成石岘，其狭处，谓非亭午不见日，月影亦然。霜降水涸，仅如溪流，自四月至九月，石险水深，行人不敢渡，为其湍急，舟一触石则如齑粉。蜀舟甚轻薄，不轻又难为旋转，谚云：‘纸船铁艄工。’蜀江篙师，其点篙之妙，真百步穿杨不足以喻，舟船顺流，其速如飞，将近崖石处，若篙点去稍失尺寸，则迟速之顷转手为难，舟遂立碎，故百人之命悬于一人。上者犹可牵船，篾缆名曰火仗，长者至百丈，人立船头，望山上牵缆人不见，止以锣声相呼应而已。犹幸寡崖无树木句罥，上者但畏行迟，不惧触石，所谓‘三朝三暮，黄牛如故’也。若火仗一断，则倒流碎石，与下无异。夏水下川，则虽一日江陵，真以身为孤注地。巫山神女庙，宋时范成大谓有神鸦送客，余乃未见。滟滪实一石，远望之乃似碎石合成者，土人谓其下有三足，如鸡足也，某年大旱得见之”。又见到了令人心惊胆战的铁索桥：“松藩有铁索桥，河水险恶，不可用舟，又不能成梁，乃以铁索引之。铺板于上，人行板上，遇风则摆荡不住，胆怯者坐而待其定方敢过。”同时察看了“古今以为奇产”的“蜀锦、蜀扇、蜀杉”，还有不太为人所知的“铺板”。十七年(1589)，王士性转为广西布政使，途中登衡山。广西对他来说，又是一个新天地。王士性惊喜地发现：“广西水自云、贵交流而来，皆合于苍梧”，尤其是名甲天下的桂林山水，更使他乐游不疲：“桂林无地非山，无山而不雁荡，无山非石，无石而不太湖，无处非水，无水而不严陵、武夷。百里之内，独尧山积土成阜，故名天子田。独七星山一片平芜，故名省春岩。平乐以上，两岸咸石壁林立，则溪中皆沙滩无石，舟堪夜发。平乐以下，两岸土山迤行，则江中皆石矶岩笋，动辄坏舟。李序斋闻余言笑曰：‘尚欠二句。’余曰‘何也？’李曰：‘无县非人，无人而不徭僮；无人无妇，无妇而不蓬跣。’众乃大噱。”除了优美的风景，他也记下了殊异的风俗，“瑶僮之性，幸其好恋险阻，傍山而居，倚冲而种，长江大路，弃而与人，故民夷得分土而居,若其稍乐平旷,则广右无民久矣"。"瑶僮之俗,祖宗有仇,子孙至九世犹兴杀伐",有所谓的"打冤""著事""堕禁""赔头"。谚语云:"徭杀徭,不动朝,僮杀僮,不告状。"在广西两年,他曾为当地少数民族居住的,而交通极为不便的怀远、荔波两县择地改建县城。万历十九年(1591)他升云南澜沧兵备副使。云南是少数民族荟集之地,占总人口十之六七的各族人民"布列各府,其为中华人惟各卫所戍夫耳。百夷种曰僰人、爨人。各有二种,即黑罗罗、白罗罗……大率所辖惟僰、罗二种为多。僰人与人杂居,充役公府。罗罗性疑,深居山寨,人得绐而害之。广南、顺宁诸府俗好食虫,诸处好食土蜂。南徼缅甸、木邦、老挝、车里、八百、千崖、陇川、孟艮、孟定,俱女服外事"。正因为其地与缅甸、老挝、越南等接壤,所以双方官方与民间的外交诸事也往来较多。"缅人于壬辰岁(万历二十年,1592)以贡物入,余时在澜沧。犒之牙象一,母象一。番希古喇锦,金段诸布帛皆与中国异,一金瓯嵌碎宝极工"。云南的风俗也与内地不同,如妇女"生子三日后,以子授其夫,耕织自若。男子皆髡首黥足。人死则饮酒作乐,歌舞达旦,谓之'娱死'"。云南有著名的火把节,它的来源和详情如何呢?王士性告诉我们:"云南一省以六月二十四日为正火把节。云是日南诏诱杀五诏于松明楼,故以是日为节。或云孟获为武侯擒纵而归,是日至滇,因举火祓除。或又云是梁王擒杀段功之日,命其属举火以禳之也。二十后,各家俱燃巨燎于庭,人持一小炬,老幼皆然,互相焚燎为戏,烬鬚发不顾。贫富咸群饮于市,举火相扑达旦,遇水则持火跃之。黑盐井则合各村分为二队,火下斗武,多所杀伤,自普安以达于云南,一境皆然,至二十五乃止。"在云南两年,王士性最倾心向往的则是大理:"乐土以居,佳山川以游,二者曾不能兼,惟大理得之。大理点苍山西峙,高千丈,抱百二十里如驰弓,危岫入云,段氏表以为中岳。山有一十九峰,峰峰积雪,至五月不消,而山麓茶花与桃李烂熳而开。东汇洱河于山下,亦名叶榆,绝流千里,沿山麓而长,中有三岛、四洲、九曲之胜。春风挂帆,西视点苍如蓬莱、阆苑,雪与花争妍,山与水竞奇,天下山川之佳莫逾是者。且点苍十九峰中,一峰一溪飞流下洱河。两河崖之上,山麓之下,一郡居民咸聚焉。四水入城中,十五水流村落,大理民无一垅半亩无过水者,古未荒旱,人不识桔槔。又四五月间,一亩之隔,即倏雨倏晴,雨以插禾,晴以刈麦,名'甸溪晴雨'。其入城者,人家门扃院落捍之即为塘,甃之即为井。谓之乐土,谁曰不然?余游行海内遍矣,惟醉心于是,欲作菟裘,弃人间而居之。乃世网所撄,思之令人气塞。"真可谓是个大理的拥趸。从中我们还可看出,他对官场似乎已看透,对官宦生活已厌倦,只是身不由己罢了。云南任上,他力革当地人欺诈盘剥内地商贾的宿弊;丽江产金银,但地方官狡黠而横行,他曾冒死折服之。至此，他的足迹已两上五岳、遍长江南北上下，吴、越、楚、滇、粤、蜀等。万历二十一年（1593），他升大理寺少卿，改任河南提学副使。二十二年（1594）升山东参政。二十三年（1595），因王士性在官屡有政绩而被召入京，为太仆寺少卿，掌管皇帝的私人事务——舆马和马政，兼提督京营。明中叶以后，巡抚为一省的最高长官，一般以重臣任之。当时河南缺巡抚，明神宗下旨以王士性为巡抚河南都御史。按例，旨意是不容许任何人违背的，但是，王士性早已绝意功名，萌生退隐林下之心，对于这个莫大的荣耀，一再坚持不受。遂改迁南京鸿胪寺少卿，掌管朝祭礼仪，闲暇较多，《广志绎》即成于此时。万历二十五年（1597）冬，晋南京鸿胪寺卿。翌年三月病，卒于任上，终年五十二岁，有子三人、女三人，墓在其故乡白水洋镇双港水晶坦村。其一生宦迹河南、北京、四川、广西、云南、山东、南京等地，而玩遍当时的两京十二省。

王士性在《明史列传》中被誉为名臣："端亮有雅度，立朝矜尚名节，为士类所称"。但真正垂于后世的，还是其一生旅行及其对地理学方面的贡献，表现形式为游记和诗。代表作为《五岳游草》（十二卷）、《广志绎》（六卷）。《五岳游草》写于万历十九年（1591）以前，当时王士性在云南。此书记叙了他所见到过的五岳及诸多名山胜川，并绘有地图及自己作的诗。图和记共七卷，诗三卷，不尽于记与诗者为"杂志"二卷，是一部以游记形式记述其宦游海内的原始实录。《广志绎》是王士性晚年之作，生前未及刊行。该书是于《五岳游草》《广游志》以外，追忆旧闻，以补未及。《四库全书总目提要》谓此书"其体全类说部，未可尽据为考证"。"说部"之语若仅就书中某几条迷信的记载而言，的确不错，但就全体而论，则就以偏概全，失之大谬了。其实这本书的史料因为出于作者的亲身经历，所以价值是很高的，多数记述至今仍为人称道引用。这里且举二例以证之。一记北京风俗。"都人好游，妇女尤甚。每岁，元旦则拜节。十六过桥走百病，灯光彻夜。元宵夜市，高楼珠翠，毂击肩摩。清明踏青高梁桥，盘盒一望如画图。三月东岳诞，则要松林，每每三五为群，解裙围松树团坐，藉草呼卢，虽车马杂沓过，不顾。则归高冠大袖，醉舞驴背，间有坠驴卧地不知非家者，至中秋后，游踪方息"。二记性别转换之奇闻异事。"大同右卫军马坤女年十七，将适人，化为男子，嘉靖戊申七月也。后隆庆间有李良雨者，又化为妇人，妇妆见客不羞"。前一例不言而明，后一例亦已被现代科学证明是生理上的特异现象。后来大多数人对此书的评价都很高。有云："是书该而核，简而畅，奇而有本，逸而不诬。其志险易要害、漕河海运、天官地理、五方风俗、九徼情形，以及草木鸟兽、药饵方物、饮食制度、早晚燥湿、高卑远近、各因时地异宜，悉如指掌。使经纶天下者得其大利大害,见诸石画,可以佐太平”[3]。

“蝉蜕尘表,车辙马迹遍天下,所至登高览胜,寰中佳山水一一属其杖履,入其品题”[4]。“幽岩绝壑,支筇独往之时;通邑大都,倾盖高谈之会。合胜情与胜具,千山争迓星舆;话某水与某邱,一生半经雨屐。因而擘窠作字,拂壁题诗,续《招隐》之吟,葺漫游之录”[5],这就是王士性旅游生活的写照。追踪他的足迹,研究他的生平,我们不难发现,王士性与其前后著名旅行家的最大区别是既跟仕宦生涯紧密结合,“意气凌霄,一官为寄,天下九州履其八”[6]“宦游所至,辄登临山水间,穷极幽奥,作游记数十篇”[7];又与学术研究息息相关,“穷幽极险,凡一岩一洞,一草一木之微,无不精订。他若堪舆所述,象胥所隶,千名百种,无不罗而致之”[8]。既不时发出治政感慨,又常常做些科学报告。巡视与旅游、治政与学术、奏疏与诗文相辅相成,互为增益,这是他作为旅行家的个性和典型所在,是他的独特之处。正因为此,他成为我国历史上集思想家、科学家、旅行家于一身的第一人。

首先,作为官吏思想家,王士性接受的是传统的儒家思想,“忠君报国爱民”“治国齐家平天下”是他一生的理想。他清廉刚正,为官一任,造福一方,而且很有从政谋略和思想,常结合当地的山川形胜、民情风俗而对政务、军务等提出看法,其中多有高论新见。如当时山东的备倭府沿袭以前做法而设在登州,王士性即根据登州的地理特点及倭寇活动规律等,提出“备寇者须知我险,须知彼情,难刻舟以求剑也”及备倭宜在安东的用兵策略,为朝廷所采用。就连登泰山,他也要从中观政,“泰山香税乃士女所舍物,藩司于税赋外资为额费。夫既已入之官,则戴甲马、呼圣号、不远千里、十步五步一拜而来者,不知其为何也?不惟官益此数十万众,当春夏间,往来如蚁,饮食香楮,贾人旅肆,咸藉以为生。视嵩山、庐岳、雁荡、武夷,士大夫车骑馆穀,专为邑中之累者,其损益何啻星渊”。他治政“按奸豪夙盗、悉置诸法。议四礼,以易鄙俗”[9]。曾上疏“首陈天下大计,言朝廷要务二,曰亲章奏,节财用;官司要务三,曰有司文纲,督学科条,王官考核;兵戎要务四,曰中州武备,晋地要害,北寇机宜,辽左战功。疏凡数千言,深切时弊,多议行”[10]。并认为“朝廷用人,不宜专取容身缄默,缓急不足恃者”,一针见血地指出了时弊。为不给他人可乘之机,他舍弃所爱,如在四川任上,“曾分守右江,闻融、怀以北夷人有掘地得板厚止寸余、坚重如铁、胜建昌十倍者,一片易数金,数十家共得之,云是孔明征羌归途过此,伐山通道入土年深者。余欲觅一蜕乘,恐差役缘此为奸以挟夷人,乃寝”。每逢空闲,除了观赏当地的山川风物外,很重视调查民情,能正视现实,结合职责,把游玩思考的结果推广落实到百姓的生计之上，做出了不少千秋功绩。他拥护行政区划的设立要以维护国家统一为最高原则，认为行政区的跨省界隶属，是一种犬牙相制，防止地方割据的治国方略。尤其可贵的是，他善于抓住行政区划的区域性特点，从差异性、动态性、生态性入手进行比较思考，提出浙江可以钱塘江为标志，分为泽国、山谷、海滨三个区域，并进行了独到的综合分析："两浙东西以江为界，而风俗因之。浙西俗繁华，人性纤巧，雅文物，喜饰鞶帨。多巨室大豪，若家僮千百者，鲜衣怒马，非市井小民之利。浙东俗敦朴，人性俭啬椎鲁，尚古淳风，重节概，鲜富商大贾。而其俗又自分为三：宁、绍盛科名逢掖，其戚里善借为外营，又傭书舞文，竞贾贩锥刀之利，人大半食于外；金、衢武健负气善讼，六郡材官所自出；台、温、处山海之民，猎山渔海，耕农自食，贾不出门，以视浙西迥乎上国矣。"同时又以填海造田为例，从自然环境与人相生相长，影响习性、风俗、灾祸等关系上，提出"天下事不可懦而无为，尤不可好于有为"，人与自然要和谐共处、彼此尊重的思想观点。也是从这点出发，他大大赞赏了杭州和绍兴对环境顺其自然地稍加改造，前者成为旅游佳地，后者成为鱼米之乡的做法。并且他大胆预测了全国经济的发展趋势，即重心将逐渐从江南的苏杭转移到贵州、广东。任职云南时，当有人建议开金沙江以通舟楫，使云南特产顺江而出四川，下湖南、江苏。他听说之后，十分高兴，"多方侦之，绘为图，乃知此江下武定境皆巨石塞江，奔流飞驶，石大者纵横数丈，小者丈余，间有平流可施舟楫处，仅一二里绝流横渡者也。若顺流而下，两岸皆削壁，水若悬注，巨礁巉岩承其下，自非六丁神将安能凿此？过万人嵌，深潭百丈，杉板所陷，舟无不碎溺者。又皆夷人所居，旁无村落，即使江可开，舟亦难泊，适为夷人劫盗之资也"。经过这样的调查研究，综合考虑后，他果断拒绝了此事。另外，对西湖旅游的鼓吹，对雁荡夜色的赞美，对钱江潮成因的追问，对浙江倭寇之乱形成的分析，建议以疏法治理黄河、恢复黄河故道等，无不充满了政治智慧和真知灼见。

其次，作为官吏科学家，他反对"籍耳为口、假笔于书"，注重亲身见闻，实地考察。每至一地，必探究万物，遗泽科学。游记中所涉及的历史、考古、地理、人文、民俗、物产、制度、社会等各种学问，都是他亲身经历、耳闻目睹的研究结果。如为探栖霞洞，他秉炬前行五里余，做了仔细的观察，"自灵川至平乐皆石山拔地而起，中乃灵珑透露，宛转游行。……人物飞走，种种肖形，钟乳上悬下滴，终古累缀，或成数丈，真天下之奇观也。广右山多蛇虺，独不藏匿，洞中极其清洁。若舟行阳朔江口，回首流盼，恐所称瀛海、蓬莱三岛不佳于是"。并对桂林石由单纯的观赏推及开发应用，"桂林石细润，灵珑奇巧，虽雕缋不如，胜于太湖数倍，一种名灵芝盆，觚岸如荷翻状，其洿隙成九曲之池，大小随趣，以置净室前，种小花树其上,养金鱼数十头,亦奇赏也”。又如“朗陵近有煤山,然土嫩未成,余曾凿烧之,无焰,想百余年后用物耳”。他对天文,地理等知识颇为了解,极感兴趣,并“善水刻漏”,旅行之际常对此进行考察。当听有人说,云南的“夏日不甚长”,即“以漏准之,果短二刻。今以月食验之,良然。万历二十年五月十六望,月食。据钦天监,行在乙亥夜,月食八分一十九秒,月未入见食七分一十七秒,月已入不见食一分二秒。初亏在寅一刻五更三点,正东。食甚在卯初刻,在昼,复圆卯正三刻,正西。食甚,月离黄道箕宿七度八十八分二十七秒。据此,称月食不见一分乃卯初。余在云南救护月生光一半以上,不及三分尚见。岂地高耶?抑算者入昼总以不见称耶?又已食八分,天止将明,未及昼也。则信似日稍短耳。”其书中对当时的典章制度、农民起义,特别是西南少数民族的情况也做了较真实可信的记载。从现代地理学的观点看,王士性对地脉、地貌、气候、水系、异像(佛光、海市蜃楼、地震、月食、慧星)的记录和研究,至今仍具历史价值。如记山西地震。“地震时,蒲州左右郡邑,一时半夜有声,室庐尽塌,压死者半属梦寐不知。恍似将天地掀翻一遍,砖墙横断,井水倒出地上,人死不可以数计。自后三朝两旦,寻常摇动,居民至夜露宿于外,即有一二室庐未塌处,亦不敢入卧其下。人如坐舟船行波浪中,真大变也。比郡邑未震处,数年后大首瘟疫盛行,但不至喉不死,及喉无一生者,缠染而死又何止数万。此亦山右人民之一大劫也。”尤其对西南石灰岩地区岩溶地貌的探讨,由看山问水引出的“唯水而知山”等论断,即使今天的自然科学工作者也为之折服。

再次,作为官吏旅行家,他是一位“游圣”。他的宗旨是“吾视天地间一切造化之变,人情物理、悲喜顺逆之遭,无不于吾游寄焉。当其意得,形骸可忘,吾我尽丧。吾亦不知何者为玩物,吾亦不知何者为采真”。因此,他负才寄情,笑傲江湖,车辙马迹,漫卷烟霞,收九州山水于眼下、笔下。同为宦游,前人谢灵运有比王士性更大的胆魄,兴之所至,可以扔下官事、家事,约上文友,不顾一切,快活山水,还发明了登山专用的“谢公屐”。但谢公仅是到此一游,没有如此游记,属于游侠观光型旅行家。后人袁宏道晚王士性二十年,从二十九岁任江苏吴县县令至去世前,十余年的宦海生涯常以游山玩水相伴,且留有大量的游记,这点与王士性类似。套用袁氏《满井游记》的话“能不以游堕事,而潇然于山石草木之间者”,先是王士性,后是袁宏道。但袁宏道仍属于文学型旅行家。因为他的游记以抒发闲情逸致为主,极少反映政治民生和自然科学,尽管文笔优美、率真精炼,也仅是风景观光片而已。若从旅行家角度看,在王士性之前有汉代张骞出塞、司马迁巡游,晋代法显西行,北魏郦道元考察,唐代玄奘取经、鉴真东渡,元代邱处机、耶律楚材远足,明代郑和航海。只不过这些前辈或受皇命而出行,怀揣帝国的方略;或为事业需要,胸藏宏大理想。而王士性虽然身是皇家的人,用的是官府的财力,但听从的却是心的驱使和梦的召唤,与皇命无关,与职业无关,只是为圆儿时游玩的梦,满足好奇的兴趣。可以说是名臣兼职旅游,观光不忘守土。他在探望心中山水之时,也在探究经济、社会、文化,而旅游之所获,当然也不亚于政绩了。若从纯旅行角度看,王士性与后人徐霞客相比,徐更多的是探险,王更多的是探究;徐写的多是游踪、日志,王留下许多思想、科学;徐是个人游历天下,王是公务考察九州。若再细细分析比较,晚了40年的徐霞客不知有意还是无意,选择了另类旅行。芒鞋履地,拐杖护身,一袭布衣,不附加任何资助地闯荡大明江山。他有家,但听母言而不恋家;有妻,却胜似无妻。先是断绝了谋取功名的华山一条道——科举,尔后是把祖上积聚的一点小钱全部掷到大山深处、大河谷底,当然最多的是献给了雇佣的向导。他驴行、独行、狠玩,"手攀星岳,足蹑遐荒""生寄死归""乘化而游",几度遇险,几次逃生,惊世骇俗地玩,也终于以自己的生活方式玩出了独特的人生。诚如其石友,乡贤陈函辉所云:"霞客不以游重,而千古游人,从此当以霞客重。"而王士性,这位徐霞客的先行者受到中国传统文化的浸染,走的是一条千百年来不变的人生阳关大道。先谋取功名、官职、成为达者,然后兼善天下,同时也兼善自身兴趣、理想、玩转九州,从家乡游到求学游到仕宦游。恋家与出行、尽忠与守孝、事业与私好两两周全,双双完美,演绎了完整版的"明代达人秀",成为读万卷书,行万里路,做万人官,写万言记的中国思想家、科学家、旅行家的典型。所以,从玩的角度看,王士性与徐霞客都是玩转山川、广游天下的旅行圣者;也是崇尚自由、酷爱自然探索奥秘的地理学大家。而且,他们在自己想尽办法猛玩的同时,还不忘把玩的心得变成游记,变成日记,指导后来者玩。只不过王是事后整理,徐是即时记录;王多仕宦之游,侧重人文经济地理,意在学术探究,属于学术型旅行家;徐纯私人之旅,着重自然地理,意在探险纪实而已,属于纪实型旅行家。王士性宦游硕果《五岳游草》《广志游》《广志绎》等是我国最早的人文地理学专著;《广志绎》还是世界上最早的科学记载岩溶地貌,即喀斯特地貌的地理学巨著。王士性因此成为一位走在国际地理学前列的人文地理学开山祖师。而徐霞客冒险的结果——《徐霞客日记》忠实记录了一位布衣职业旅行家探险历程中的大量原始资料及探索自然地理奥秘的全部心得,其中不乏类似纠正前人错误的真见,是被后人提炼并冠以"精神"两字的第一人,是被一代伟人毛泽东赞为"了不起,很想学"的第一人,徐霞客因此成为世界自然地理学的宗师。王、徐两人的著作在明代科技史上,与李时珍《本草纲目》、徐光启《农政全书》、宋应星《天工开物》同存不朽。完全可以这样比拟,王士性与徐霞客类似于中国诗坛的李白与杜甫,是中国地理学的双子星。如果再换个角度,那么,在中国疆域勘查上,王士性与前人郑和、后人徐霞客将构成“地理探险三剑客”。但同为剑客,待遇却不一样。郑和当时就获得了崇高的地位,徐霞客也在隐身300多年后,在20世纪20年代露出真相,受到推崇。唯独王士性被雪藏了近400年,才于20世纪80年代被发现、被研究、被追认。但重视程度仍远远不及前、后两位,其重要价值还处在刚刚认识阶段。例如,其以亲见亲闻,揭示了人与环境、天、地、自然、社会的种种关系,以及处理之法的论断;其对清初大学者顾炎武地理学观点的深刻影响,以及对顾氏《天下郡国利病书》的影响、渗透等还远远未及研究。

综上所述,王士性以官吏之身、治政之思、博学之才、科学之术,问奇、探奇、记奇于全国各地。他身游、目览、意驰于名山大川,所留下的这些作品,既是文学游记,又是思想论述,还是科学著作。其文笔简洁、生动、睿智、敏锐、真实。后人赞他:“邈然高万,数器备躬,少慧如鲊橐,淹博如剡子,辨异如茂先,察音如伯翳,赋如相如,文如班固,诗如甄城、平原、李白、王维。至其抗疏,又绝类汲长儒、陆敬舆。”写到这里,我不由想起了孔子之语:“智者乐水,仁者乐山。”乐山乐水均为王士性一人得之,可谓仁智双全了。“百氏畅其咀含,五岳恣其游览”。美哉,王士性! 壮哉,王士性!

这是一篇写于1985年的旧文,曾节选收录台州地区地方志编纂委员会办公室1986年编《台州历代文化名人》一书,原题《明代旅行家王士性》。今年整理旧稿,翻阅拜读了由周振鹤先生点校,中华书局2006年出版的《五岳游草·广志绎》,从中得知南京图书馆所藏的明万历年间所刻的王士性著作五种,共十二卷,即《掖垣稿》二卷、《朗陵稿》二卷、《入蜀稿》三卷、《尺牍》三卷、《燕市稿》二卷,极有可能就是《王恒叔近稿》,或曰《吏隐堂集》。而《朗陵稿》与《燕市稿》也极有可能就是《玉岘集》。若果是,则王士性的著作绝大多数尚存世间,王士性地下有知,亦当笑而无憾了。今天,对王士性的研究已越来越受到学术界的重视,因此,对旧作全文稍作修改,以再次求教于各位同仁。

谢深甫生平事迹考述[①]

陈卫兰[②]

【摘 要】谢深甫是南宋重臣,历经孝宗、光宗、宁宗三朝,官至右丞相,《宋史》有传,但事迹仍有模糊之处。根据《宋会要辑稿》、文人笔记、方志等可以考证出谢深甫在孝宗朝的任职时间、业绩,从光宗、宁宗朝的磨勘转官考语中可以了解朝廷对谢深甫的评价。

【关键词】谢深甫;生平;考述

谢深甫(1139—1204),字子肃,号东江,台州临海(今属浙江)人。谢深甫少年苦学,孝宗乾道二年(1166)进士,从此进入仕途,历经孝宗、光宗、宁宗三朝,官至右丞相。谢深甫的生平事迹记录在《宋史·谢深甫传》中,其中光宗、宁宗朝任职时间,政绩比较清楚,但谢深甫早年参加科举考试的情况,在孝宗朝任职的时间、业绩等无详细记载。从南宋文人诗文集、笔记,清代徐松辑《宋会要辑稿》等典籍中可以钩沉出谢深甫的早年事迹,从光宗、宁宗朝的磨勘转官考语中,可以了解当时朝廷对谢深甫的评价,以补史书之不足。

一、"奋自寒生",三次应举

据宋洪迈《夷坚志》记载,谢深甫更名"深甫"后曾三次参加解试。第一次是绍兴己卯年(1159),21 岁,用某名赴州学春补,未中选。"及应举试,始更为深甫,已而不利。"[1]951 第二次是绍兴壬午(1162)秋,仍未中试。第三次是乾道乙酉年(1165),27 岁,"仍以深甫投牒,遂预计偕,明年登第。"[1]951 这次中试,第二年春即乾道二年(1166)省试中进士,《南宋馆阁续录》卷七记为"乾道二年萧国梁榜

① 本文为 2012 年度临海市社科联委托课题"谢深甫生平事迹考述"(12WTYB04)的成果。

② 陈卫兰(1964—),黑龙江同江人,副教授,主要研究方向:古汉语教学与研究。

进士出身”[2]。在此次赴省试途中,因家贫穿草履,“至曹娥渡,与渡子钱少,不渡,反詈之”[3],谢深甫不得已从别的渡口过江。

二、孝宗朝中期,“久安下仕”

谢深甫在地方政府任职时间较长,杨万里概括为“十载江湖州县底”[4],《深甫签书枢密院制》评价为“州县早更于繁剧”[5]1309,谢深甫称自己“奋自寒生,久安下仕”[6]277-50。

(一)孝宗乾道九年(1173)嵊县尉任上修葺嵊县县学。据作于孝宗乾道九年(1173)七月的周汝士《修学碑》记载,主簿括苍江涛、尉临海谢深甫到任之初,见夫子庙破败,诸生无处学习,便商量修葺。于是“定规模,审材用,聚粽粮,命徒庸,弊者葺之,坏者新之。”[7]2347 又《嘉泰会稽志》卷一:“乾道癸巳,今丞相谢公(深甫)尉剡时,与主簿括仓江(涛)增葺,仍立诸生课试之法甚备。”[8]6727,县学修葺完成时间是乾道九年(1173)。县学修好后,二人制定考试规则,循循善诱,引导诸生学习。周汝士评价说“剡之文治,熠然一变,盖数十年未有也”。[7]2348

由于修葺县学、智断诬案(见本传)等政绩,谢深甫得到了两任地方官方滋、钱端礼的举荐。据《嘉泰会稽志》卷二记载,方滋“乾道八年二月,以敷文阁直学士右太中大夫知。九年五月移平江府”[8]6758。钱端礼“乾道九年六月,以资政殿大学士左通议大夫知。淳熙元年六月除观文殿学士”[8]6758。方滋在乾道八年(1172)二月至九年(1173)五月知绍兴府,钱端礼乾道九年(1173)六月至淳熙元年(1174)六月知绍兴府,他们分别在乾道八年(1172)二月、淳熙元年(1174)六月期间推荐了谢深甫。

由于方滋、钱端礼的推荐,淳熙元年(1174)后谢深甫调昆山丞,任职年限不详。

(二)孝宗淳熙四年(1177)为浙曹考官。漕试是宋代科举所特有的一种考试,由转运司类聚本路现任官所牒送随侍子弟和五服内亲戚,以及寓居本路士人、官文武举人、宗女夫等,举行考试,试法同州、府解试。漕试合格,才能赴省试。因参加漕试的多是权贵子弟,行贿、作弊时有发生。谢深甫为浙曹考官时,据文章气骨公平地选拔人才,得到了国子司业郑伯熊的“具眼”称誉(见本传)。郑伯熊(1123—1181),字景望,永嘉人,绍兴十五年进士。“淳熙二年(1175),翰林学士知制诰王淮荐郑伯熊等,获得擢用。三年(1176)秋,应召赴行在,至则除吏部郎中,十二月兼太子侍读,四年(1177)二月除国子司业,九月除宗正少卿。”[9]郑伯熊任国子司业为淳熙四年(1177)二月,此年正是解试年,漕试时间在八月。据此,谢深甫为浙曹考官的时间应是淳熙四年(1177)秋。

(三)淳熙八年(1181)到淳熙十一年(1184)前后知青田。《光绪青田县志》记载,谢深甫“淳熙中令。负公辅才,试邑数载”[10]。谢深甫任青田令后又有3人在淳熙年间知青田,其中王极“秩满”,王万全、陈巽无具体任职时间记录。按宋制,官员任期一般三年成任。如以淳熙共十六年为限推算,王极、王万全、陈巽每人任期三年,那么谢深甫淳熙七年(1180)可能还在青田县令任上。

在青田任上,得到侍御史葛邲、监察御史颜师鲁、礼部侍郎王蔺的推荐(见本传)。据《宋会要辑稿》记载,淳熙八年十一月十七日,湖南转运副使张栜等被罢官,原因是“侍御史葛邲论栜屡叨使节,全无善政”[11]4004。淳熙八年正月七日考试,“命……左司郎中杜民表、吏部员外郎沈揆、刑部员外郎吴宗旦、监察御史余端礼、颜师鲁……并参详”[11]4597。淳熙“九年十二月二十五日,铨试、公试、类试,命监察御史颜师鲁监试”[11]4587。周必大《文忠集》记载:淳熙十一年(1184)六月时,“礼部侍郎王蔺奏武将落阶官事,孝宗封其奏札付周必大”[12]1148-607。根据上述史料,侍御史葛邲的推荐时间是淳熙八年(1181)前后,监察御史颜师鲁推荐时间应是淳熙八年(1181)、淳熙九年(1182)前后,礼部侍郎王蔺推荐时间为淳熙十一年(1184)前后。可知谢深甫知青田是淳熙八年(1181)到淳熙十一年(1184)这段时间前后。

据上述考证,从乾道九年(1173)年嵊县尉到淳熙十二年(1185)孝宗召见,谢深甫在基层任职约十二年,符合“十载江湖州县底”的概括。其间值得称道的是尽自己所能在文化方面有所作为,如修葺嵊县县学、在漕试中据文章气骨公平公正地选拔人才。

三、孝宗朝后期,“亲擢再三”

由于侍御史葛邲、监察御史颜师鲁、礼部侍郎王蔺的推荐,孝宗召见了谢深甫。“孝宗一见,以为有唐人风,亲擢再三,如恐不及。”[13]820 谢深甫终于摆脱了“久安下仕”的境况,走入孝宗视野,跻身中央政府。

(一)约淳熙十二年(1185)孝宗召见,除籍田令。谢深甫满怀感激地在《谢除江东提举表》中叙述了除籍田令,迁大理丞的经过。“顷叨赐对,误蒙宸扆之知;旋沐褒迁,猥厕廷绅之末。仅再更于岁序,凡三冒于亲除。”[6]277-50 据此,应是召见后任籍田令,一年之内又任大理丞。召见、任籍田令时间应为淳熙十二年

(1185)。

(二)淳熙十三年(1186)至淳熙十四年(1187)任大理丞。淳熙十三年二月二十五日,谢深甫以大理寺丞身份,在"铨试、公试、类试"中,奉命"考校点检试卷"[11]4588。淳熙十四年正月二十日,他以大理寺丞身份,在"贡举"中,当点检试卷官(即点检试卷)。[11]4599

(三)淳熙十四年(1187)三月至淳熙十五年(1188)八月任江东提举官。谢深甫上任时间为淳熙十四年(1187)三月,当时任左司郎中、太子侍读的杨万里赋《送谢子肃提举寺丞》诗二首,为谢深甫送行[14]。谢深甫在江东提举任上踏实实干,颇有政绩。一是上任后根据江东大旱的灾情,制订并推行救灾条目,救活一百六十余万人(见本传)。周必大《文忠集》在淳熙十四年十月甲申的记录中评价"惟江东赖提举官谢深甫任赈济之责"[12]1148-89。二是在救灾同时,重视水利建设。淳熙十四年(1187)批准安徽南陵县重修大农陂、永丰陂水利工程,并调拨钱粮,派人辅佐。据《重修大农陂永丰陂记》记,知县郭莐到任后,见当地水利工程失修,想重修大农陂、永丰陂,"乃白于常平提举谢公深甫,竟如所请,移文支拨缗斛,委左簿徐挺之同力计视……乃鸠工于丁未之冬,讫事于戊申之夏"[15]。谢深甫对重修工程的重视与支持,让知县颇感意外。重修工程于淳熙十四年(1187)冬开工,淳熙十五年(1188)夏竣工。重修后的大农陂、永丰陂溉田6万余亩。三是谢深甫奉诏查实灾情,赈济灾民。淳熙十五年(1188)八月十一日,徽州祁门县水灾。"诏谢深甫究实以闻。其被水之家,优与赈恤。"[11]2111

从淳熙十二年(1185)孝宗召见,到淳熙十四年(1187)三月的三年内,孝宗三次拔擢谢深甫。籍田令任职时间短,业绩不详;大理丞任上,在铨试、贡举等考试中,考校点检试卷,发挥了做浙漕考官时就具备的公正的优点;在江东提举官任内虽只有一年半时间,但救灾、查灾,重视修建水利工程,实实在在地解决百姓的疾苦。

四、光宗、宁宗朝谢深甫磨勘转官考语

宋代典集中保存了若干篇(段)涉及谢深甫磨勘转官、任命等的公文,虽不乏溢美之词,但从中也可知道朝廷对谢深甫的评价。

(一)谢深甫的学识品行。绍熙三年(1192)、四年(1193)时谢深甫权工部侍郎。"权"即试官,一般"权"两年即可转正。《工部侍郎谢深甫落"权"字》的考语是"性禀粹纯,行能肤敏"[13]623。即天性朴实,品德兼优。谢深甫在绍熙四年权

工部侍郎兼权给事中。在工部侍郎任上即将转官时,《工部侍郎谢深甫》考语曰:“雍容禁橐,屡形批敇之风;润色邦条,雅得稽经之意。”[16]评价其兼权给事中出入宫中,代皇帝批敇,文风典雅。在《赐御史中丞谢深甫辞免兼侍读不允诏》中的品行考语“器资端亮,学问淹该”。即资质端正,学识渊博。“议论正平,实长风宪”,适合做御史中丞;“学问淹该”,适合兼侍读。[13]797《深甫签书枢密院制》曰“学冠儒流,才推国器”[5]1309。《赐谢深甫再辞免签书枢密院事不允仍断来章批答》曰“外宽而内明,气和而才邵”[13]822。《深甫右丞相制》曰:“事能应,物能名,智独穷于微眇;柔不茹,刚不吐,节盖秉于直方。”[5]1310即谢深甫有智慧,明辨是非;有气节,正直不阿。

(二)谢深甫的政绩。围绕任命谢深甫签书枢密院事的两份诏书评价了谢深甫在绍熙四年(1193)至庆元元年(1195)期间兼权给事中、御史中丞、侍读的政绩。《深甫签书枢密院制》曰御史中丞任上“持心近厚,白简无深刻之文”;侍读时“烛理甚明,金华有切磋之益”[5]1309。即弹劾官员时心地宽厚、奏章客观,侍读时考察事理明白。《赐谢深甫再辞免签书枢密院事不允仍断来章批答》曰履行给事中职责时,“封驳之严,屡回主意”;履行御史中丞职责时“抨弹之劲,益振台纲”;兼侍读以来“陈谟尤切”[13]822。即敢于驳正皇帝不恰当的决定,敢于弹劾行为不妥的官员,陈献谋划更加恳切率真。

综述上述考语,谢深甫天性朴实,品行端正,学识渊博;处理公务尽职尽责,明辨是非,正直不阿。这些品质、政绩,和谢深甫少年家贫苦学,科场蹉跎琢磨学问,“久安下仕”了解百姓疾苦,报答孝宗“亲擢再三”之恩的人生经历密不可分。

【参考文献】

[1] 洪迈.夷坚志[M].北京:中华书局,1981.

[2] 佚名.南宋馆阁续录[C]//丛书集成续编.上海:上海书店,1994:596.

[3] 丁传靖.宋人轶事汇编[M].北京:中华书局,1981:935.

[4] 辛更儒.杨万里集笺校[M].北京:中华书局,2007:1116.

[5] 徐自明.宋宰辅编.年录校补[M].王瑞来,校补.北京:中华书局,1986.

[6] 曾枣庄,刘琳.全宋文[M].上海:上海辞书出版社,2006.

[7] 高似孙.嘉定剡录[C]//宋元浙江方志集成.杭州:杭州出版社,2009.

[8] 施宿.嘉泰會稽志[C]//宋元方志丛刊.北京:中华书局,1990.

[9] 陈安金,王宇.永嘉学派与温州区域文化崛起研究[M].北京:人民出版社,2008:155.

[10] 雷铣.光绪青田县志[C]//中国方志丛书.台湾:成文出版社,1975:374.

[11] 徐松.宋会要辑稿[M].北京:中华书局,1957.

[12] 周必大.文忠集[M]//四库全书.上海:上海古籍出版社,1987.

[13] 楼钥.楼钥集[M].杭州:浙江古籍出版社,2010.

[14] 萧东海.杨万里年谱[M].上海:上海三联书店,2007:201.

[15] 何绍基.光绪重修安徽通志[C]//续修四库全书.上海:上海古籍出版社,2002:604.

[16] 楼钥.攻媿集[M]//丛书集成初编.北京:中华书局,1985:572.

南宋诗人戴敏生平、诗歌版本及佚文

吴茂云①

【摘　要】戴敏为南宋诗人戴复古之父，其祖上自福建迁来，到戴敏一代已经“诗书传家”，他未参加科举考试，追求闲适而安逸的生活，生有二子戴翼、戴珪（戴复古谱名）。戴敏诗歌存世虽少，但其诗“和、雄、新、远”四体皆备，实为江湖派之滥觞。其诗生前未结集，仅有十首保存于《石屏集》中传世。新发现的戴敏《一轩记》是应其姻亲潘希梁之请，以“一”立论，持做人要专一、人心要统一于孝悌之旨。

【关键词】南宋诗人；戴敏；生平；诗歌；版本；佚文

戴敏，生于宋建中靖国元年（1101），卒于乾道七年（1171）[1]，字敏才，号东皋子，宋浙江东道台州黄岩县南塘（今浙江省温岭市新河镇塘下）人，戴复古之父。

一、家世生平

戴氏世居南塘，始迁祖戴良镒于唐末五代时为避战乱从福建迁来。“南塘戴氏祖初甚贫窭，操小舡取蛎灰海上。夜半泊浦溆门，见有鼓乐舡自海上来。比近岸，闻哭声，灯烛荧煌，就视之，乃空舟也。戴怪之，束火入舟中检视，金银货物以巨万计，中有香火祀铜马神，盖劫海贼舡为敌兵剿杀，堕水死，独遗其舟在尔。戴取之，立族南塘，子孙富盛，世世祀铜马神，俗呼为铜马神戴云。”（见嘉靖《太平县志·外志》）[2]此后六传至戴敏一代，已诗书传家，其堂兄舜钦“宣和中上书言时政，上嘉其忠，授迪功郎，监宣州合同茶场，任满转修职郎、南康军户掾”（见《戴忱墓志铭》）[3]。戴敏之父戴公弼，生于北宋熙宁元年（1068），卒于南宋建炎三年（1129），字清臣，生子三，谱名：志捷、志操、志揆，都无事迹可考，其中长子志捷即

① 吴茂云（1957— ），浙江温岭人，温岭市政协文史委主任。

戴敏，娶何氏，继娶黄氏、杨氏。生子二：翼、复古。戴翼，生于南宋绍兴二十六年(1156)，卒于开禧元年(1205)，字振之。戴复古生于南宋乾道三年(1167)，卒于淳祐七年(1247)，谱名珪，字式之，号石屏[4]。

戴敏出生的年代正是大宋帝国兴盛了一百多年后，由盛转衰的时期，一代名臣王安石和司马光都已于元祐元年(1086)卒，元符三年(1100)宋哲宗死，徽宗赵佶登基，这时蔡京掌权，党争不绝，边患不断。将偌大一个国家交给大书画家来打理，也确实有点难为了他，于是国势只能每况愈下了。建中靖国元年(1101)，大文学家苏轼搁下了如椽之笔，回归道山。而戴敏就在这一年出生了。宣和二年(1120)，方腊起义于青溪，攻睦州、杭州，东南大震。宣和七年(1125)，金兵大举入侵，徽宗禅位于钦宗，1127年4月，金虏徽、钦二帝北去。5月，康王赵构称帝于商丘，是为高宗建炎元年，史称南宋。北宋时由北而南的战火还只在中原地带蔓延，台州离战乱尚远，到南宋已是“江淮百姓正流离”。到建炎四年(1130)，金兵破定海(今属浙江舟山)、明州(今浙江宁波)，宋高宗赵构乘舟浮海南奔台州(治今浙江省临海市)、温州避难，于是台州也就被卷入战火。戴敏就成长于时局变乱之中，直到绍兴十一年(1141)宋金和议达成，才逐渐安定下来。

戴敏生平资料甚少，从其仅有的几首诗中看，他的一生都只在家乡活动，也许去过南宋首都临安，也只是投亲访友，没有参加过科举考试。绍兴十一年(1141)戴敏40岁，在乱世之中，读书人一般只求苟全性命，而不求闻达，正像戴复古诗中所说：“有道行其志，非时做甚官。”所以戴敏不为举子业也就可以理解了。

台州地处海隅，历来为荒蛮贬谪之地，到唐代广文博士郑虔贬台州后，办学馆、重礼仪，从此民风日游，士风渐进。宋都南迁临安后，不少皇族宗亲移居福建、浙江，当时的政治、文化重心南移，台州地位上升而成为重要的辅郡，大批文人墨客也相继来到台州，像朱熹、陆游、尤袤等，带来了浓厚的文化气息。战乱使戴敏不想仕进，而他的率真性格，更使他亲近山水和自由，在宋金议和后的和平日子里，江南富庶的环境，能让他过着富足又安乐的生活。

“东皋”是指平野，陶渊明《归去来兮辞》中有：“登东皋以舒啸，临清流而赋诗。”从他自号东皋子上可以看出，他追求的是闲适而隐逸的生活，而他的一生也正是在饮酒和诗情中度过的：“卜筑成佳致，幽栖乐圣时。何如谢公墅，略似习家池。地暖梅开早，天寒酒熟迟。催租人去后，续得夜来诗。”(《后浦园庐》)[5]315 这正是他日常生活的真实写照。

几十年的诗酒生涯，使他从消极避世渐渐地转入了以诗为业的境界：“唐人以诗名家者众，近时文士多而诗人少。文犹可以发身，诗虽甚工，反成屠龙之技，苟非深得其趣，谁能好之？黄岩戴君敏才独能以诗自适，号东皋子，不肯作举子业，终穷而不悔。”(见《石屏诗集·楼钥序》)[5]393按儒家兼济天下的目标来看，戴敏注重诗词不求举业，的确有点离经叛道，钱钟书先生曾指出“古代知识分子要得官，自隋唐以来实行科举，明清尤烈，这是封建统治者禁锢思想、进行文化专制的重要手段。于是一些陋儒把学问与功名、诗词与八股的矛盾判若水火，认为时文可以富人，文学能穷人，因而视制举应试之外的学业为仇寇[6]”。南宋这种重时文轻诗词的现象已十分普遍，而不图仕进，唯求“外学”，的确是需要勇气的。这种勇气贯穿了戴敏一生，甚至还影响到戴复古的一生：戴敏“且死，一子方襁褓中，语亲友曰：吾之病革矣，而子甚幼，诗遂无传乎！为之太息，语不及他，与世异好乃如此。子既长，名曰复古，字式之。或告以遗言，收拾残编，仅存一二，深切痛之，遂笃意古律……且言：吾以此传父业，然亦以此而穷”。戴敏死时长子十五岁，次子四岁，看来长子翼没有多少培养前途，他想把希望寄托在六十六岁得子的复古身上，戴敏特为其取名复古，是希望其在诗学上能继承其事业，恢复汉唐之古朴诗风。但在戴敏一病不起时复古年仅四岁，所以他只能抱憾而终。好在其丈人黄家也是读书人家，“君家图书府，墨色照青嶂”(《石屏诗集》诗卷一《求先人墨迹呈表兄黄季文》)[5]1。戴敏的这位妻子也知书识礼，使戴复古幼年得到良好的启蒙教育，后来复古得知父亲的遗言，就决心继承父业，少年时就跟当地的诗人徐渊子、林景思学诗，长大后再奉陆游为师，终于卓然成家，实现了父亲的遗愿。

戴敏还擅长书法，有钟、王笔意，“书名入御定书谱中”，可惜也没有流传下来，就是找现今存世的几种书谱，也没有发现戴敏的名字。

二、诗歌和版本

戴敏的诗虽然留下的不多，但质量都不错，他的人生和诗在儿子戴复古眼里是值得骄傲的：“我翁本诗仙，游戏沧海上。引手掣鲸鲵，失脚堕尘网。身穷道则腴，年高气弥壮。平生无长物，饮尽千斛酿。传家古锦囊，自作金玉想。篇章久零落，人间眇余响。搜求二十年，痛泪湿黄壤。”(见《求先人墨迹呈表兄黄季文》)他的诗该雄浑时雄浑，气象阔大，如《海上》一诗：“万顷鲸波朝日赤，沧洲四望无穷极。海山何处是蓬莱，遍问渔翁都不识。”写出了海天的空阔。而该秀丽时又十分秀丽，如《小园》一诗。当时诗坛对他的诗也是肯定的，编撰《诗人玉屑》的魏庆之就十分称赏。戴复古有《先人东皋子小园七言人多喜之浼秋房楼大卿作大字刻石》一诗:“父殁名随泯,诗存世莫传。敢求大手笔,为写小园篇。词翰成双美,光华照九泉。托公垂不朽,镌刻到千年。”楼秋房是书法家,作大字刻石,可见其受人喜爱的程度。诗人倪祖义就这样评价他的《小园》一诗:“诗和则欢适,雄则伟丽,新则清拔,远则闲暇。东皋子诗云:‘小园无事日徘徊,频报家人送酒来。’欢适也;‘惜树不磨修月斧,爱花须筑避风台。’伟丽也;‘引些渠水添池满,移个柴门傍竹开。’清拔也;‘多谢有情双白鹭,暂时飞去又飞回。’闲暇也。备是四体,一篇足矣,况鹤鸣子和,清唳彻九皋耶!”而赵以夫则推崇他的平和自然,有如天籁:“物以忘为适。腰适于带,足适于屦,忘故也。东皋子一生嗜诗,工造妙境,而吟稿不存,脍炙而传者仅十首,是真能忘于诗而适其所适者也。则其人之萧散洒落,可想象见,岂比夫世之刻削嚼啮于一联半句间,沾沾自喜,期以衒能夸富者哉!”他的诗应该是和晋陶渊明、唐王维的山水田园诗一脉相承,但戴敏是从乡村到乡村,更加从容自然,不像陶、王的诗从官场中逃离,还经常要将官场与田园做对比,有一种城里人下乡的味道,虽然惊奇喜悦,终隔一层,非出于自然。比如王维的《竹里馆》:“独坐幽篁里,弹琴复长啸,林深人不知,明月来相照。”可能只有移居到乡间的人,才会弹琴、长啸,还会对明月相照也表示惊喜。这是一种“久在樊笼里,复得返自然”的感觉,如果是一位土生土长者,会习以为常,不再敏感。戴敏却是生于斯,长于斯,他写的就不一样:“不行亭下路,护笋别开门。”(见《西溪陈居士家》)为了保护四处乱长出的新笋而另外开一扇门来行走,这是人与自然的融合,互相体贴入微,没有长久在山村生活,就体味不到这种自然情调。体味其诗,可知是其本真的流露,而不像陶、王刻意去寻求“遍寻山水自由身”(白居易诗句)。这就像五祖大师选法嗣时,神秀作的偈“身是菩提树,心如明镜台。时时勤拂拭,弗使惹尘埃”心境还要时时去打扫。而六祖慧能是“菩提本无树,明镜亦非台。本来无一物,何处惹尘埃”更见其本性。就像陶渊明的“悠然见南山”,南山本自在,不待见也,而戴敏是“人行踯躅红边路,日落秭归啼处山”。人本在山中,不必再见,人即是景,浑然一体。让科班出身的音乐家去唱民歌,好听是好听了,但没有了一股野味,想追求原生态的东西,还是要去当地听民间艺人的歌。他的诗虽然留下的不多,但开了戴氏家族诗人群的先河,也可以说是江湖诗派的滥觞,影响力是深远的。

戴敏一生作诗多少已无法考证,戴复古稍长从其老师徐渊子处得到父诗一篇《小园》和《屏上晚眺》中的一联,曾向舅家表兄写信求先人墨迹(见《求先人墨迹呈表兄黄季文》),还在江湖上处处留心搜集。到端平元年(1234)还没有进展,“集首东皋子二诗,虽斑驳不完,而思致风骨概可想见”(见《石屏诗集·赵以夫跋》)[5]397。直到淳祐四年(1244)才找到10首,就将它刻于自己诗集卷首,并作小跋于其诗后,这就是本集所有的全部诗篇了。还有《初夏游张园》一诗,《千家诗》题为戴敏作,流布尽广,为历代读者所熟悉,其实《千家诗》非宋人所编,为后人托伪,不足为据。后来《宋诗钞·东皋集补钞》也收入该首,应是误收。各本均将此诗编入《石屏诗集·卷七》,当是戴复古所作。

戴敏诗的流传方式也是民间的,先是流行在朋友之间,本人家中也没有个集子和抄本。后来戴复古着意去搜寻,20年后找到10篇,刻于石屏诗集卷首才得以流传下来,所以《石屏诗集》的版本流变也就是戴敏诗的版本流变。在戴复古最初由赵蹈中选集于嘉定年间的《石屏小集》里,父诗还没有放入。最早为戴敏诗作跋的是倪祖义,他在宝庆丁亥年(1227)见到只有《小园》一首。赵汝腾于绍定二年(1229)为之作的序言中也没有提到其父的作品。最早将父诗刻于卷首的应该是袁甫编于绍定五年(1232)的《石屏续集》四卷本,因为端平甲午年(1234),赵以夫的《石屏诗跋》中已有"集首东皋子二诗"。淳祐二年,戴复古再找到父诗九首,写信给陈昉,请他为父诗作跋,于是在淳祐四年陈昉写了跋文:"岁绍定之己丑,叟来闽中,携其先人遗稿,仅一篇一联耳,俾余题其后,予已窃敬其事。后十三年,叟以书来,则又得十余首,与叟近诗合为卷矣。"这个合为卷的本子应该是由吴子良作序的《石屏后集》,吴序作于淳祐三年,吴子良也应该看到过戴敏诗,但已有人专门为戴敏作跋,所以吴序里没有提到。后来一些版本也都把这十首作为石屏诗集的卷首。到明弘治马金编成的十卷本《石屏诗集》,也将戴敏诗十首单独成卷置于卷首,于是这就成为定式,这个版本就成为此后历代通行的版本。至于在另外一些版本体系里,如明万历潘是仁编入《宋元诗四十二种》的六卷本《石屏诗集》,仅选收戴复古一人的部分诗词,就没有了戴敏诗。而清乾隆的《四库全书》,收《石屏诗集》六卷,不收戴氏后人的诗和全部的序跋,但仍将戴敏诗十首置于卷首。清嘉庆宋世荦编的《台州丛书》本,也就是本书的底本,编排体例仍与明弘治本大体无异。至于一些选本,有将戴敏诗十首单行的,像《宋诗钞初集》,将戴敏诗名为《东皋诗钞》,也有小序和诗十首。后又有《宋诗钞补》,其第六册有《东皋集补钞》,内容仅《初夏游张园》和"人行踯躅红边路,日落秭归啼处山"一联,其《初夏游张园》诗应是戴复古所作,却被编者错抄了进来。今人重新整理而由浙江古籍出版社出版的《戴复古诗集》将东皋子诗十首作为附录,放在戴氏族人诗之首位。北京大学整理出版的《全宋诗》则单立一作者作品:戴敏,诗十首。

三、佚文：一轩记

最近在翻阅1996年重修的《沈岙潘氏宗谱》时，看到卷十《艺文》里有一篇《一轩记》，下署戴敏，不知是否即戴复古之父，将其标点后，全文如下：

沈山潘君希梁，素位而不愿外，定静而不华逞，以一名其燕居之轩，请予以记。

一之名义磋乎？一之为用大矣。天得一而清，地得一而宁，吾人得一而为诚。天以气言，地以质言，而人则以心言。天不一则不清，地不一则不宁，日月何系焉，万物何覆焉，华岳何不载重，河海何振不泄焉，则又奚论于人心。人心不一，志可不贰以二，意可不参以三亦鲜矣。

人心之一何归？子之事父，一于孝也，曾子之养志，子路之尽思，希梁之一于孝是欤。弟之事兄，一于悌也，君实之奉伯康，公权之事公绰，希梁之一于悌是欤。宾主之恭，贤否之哲，希梁处之不戾，何莫不由心之一也。引而伸之，一此心者，非一当人然，天下之人，上下皆当然。为天子者，一此心而天下治，为诸侯者，一此心而境内安，为大夫士庶人者，一此心身修而家齐矣。纯一者，全此心而无外也，专一者，守此心而在内也，若希梁甫能守此心之一以名轩者，义正渊深也。且潘世为吾邑著姓，诗礼传家，其先多隐君子，今希梁高尚其志，匮玉不炫，清静自怡，盖将登首阳之巅，涉富春之濑，寻问饿夫狂奴遗事，不耀其采与光者也。

古云：表之曲者影必斜，源之清者流必洁。守一于心，源清之得，于家尚已，一之称，情何喙。同邑戴敏拜撰[9]

这是戴敏应姻亲潘希梁之请，为其居所所作之记，作者对潘氏用“一”来命名，并自号一轩大为赞赏。他认为做人要专一，人心要统一，要统一到孝悌上来，只有这样才能做到身修家齐，所以潘氏以一来命名，是“义正渊深”。全文不长，但内容深邃，文笔老到，说理酣畅，对“一”的理解入木三分，确实是一篇言简意赅可以传世的好文章。

沈岙潘氏世居温岭市大溪镇小塘岭下，距戴氏故里约三十公里，耕读传家。据该谱记载：

一轩主人潘希梁“讳旨灏，名希梁，号一轩。仔芳公长子，生于宋元符庚辰年

(1100)十一月十六日子时，性孝友，与从兄同心无间一膜，博极群书，熟悉古今成败之迹，卒于绍兴丁卯年(1147)五月初三日午时，配椒江安人林氏，合葬于白山西麓，子一，馨英。”

“馨英字从华，号芍阑，希梁之子，生于宋绍兴壬戌年(1142)八月十五日午时，性刚直，少游邑校，勤学好问，深得八行先生体用之学，以对策举孝廉，不阿权贵，官终提举洞霄宫。卒于庆元戊午年(1198)十二月十一日戌时，享年五十有六。配恭人林氏，合葬于狮岩前。”

戴敏生于建中靖国元年(1101)，比潘希梁小一岁，戴家与潘家数通婚姻，希梁之堂侄女舜英即嫁与南塘戴伯仁，堂侄馨蒙娶佛陇戴氏，因此，戴敏以姻亲之家为同龄者作《一轩记》，是比较可靠的。

唯恐修谱者误将别人之文题作戴敏，笔者特将《全宋文》的篇目检索了一遍，也未见《一轩记》，可见《全宋文》编者也未发现过此文，今特公之于众，今后可作为《全宋文补辑》时的资料。

历代对戴敏的研究很少，都是在研究戴复古时略提一下其家学渊源，近人的研究更少，还未见独立成篇的论文，但就其诗作的质量和对戴复古的影响，在地方文学史的研究中，戴敏应该是不可或缺的人物。因此不揣固陋，先抛引玉之砖，因存世之戴敏资料太少，本篇所述难免挂一漏万，希各方专家学者予以批评指正。

【参考文献】

[1] 吴茂云.新发现《戴氏家乘》中戴复古家世和生卒年[J].台州学院学报,2013(2):47-48.

[2] 温岭市地方志办公室.太平县古志三种[M].北京:中华书局,1997:110.

[3] 吴茂云.新出土戴氏家族墓志与戴复古家世新考[J].台州学院学报,2008(5).

[4] 四明桃源戴氏家乘[M].宁波:1947(民国三十六年).

[5] 吴茂云.戴复古全集校注[M].北京:中国文史出版社,2008.

[6] 钱钟书论学文选:第三卷[M].广州:花城出版社,1990.

[7] 沈岙潘氏宗谱编委会.岙潘氏宗谱[M].1996.

台州名媛卢德仪生平及其诗歌考略

李秀华①

【摘　要】卢德仪为晚清台州名媛的代表,被当时著名学者张文虎赞为孝女、令妻、顺妇、贤母和贞女,是封建时代妇女的道德典范。同时,她又是一位能诗能文的才女。卢氏今存诗歌33首,集为《焦尾阁遗稿》一卷。内容上其诗可分为感怀、写景、思妇和闲适诗等。艺术上其诗常直抒胸臆,感情浓烈,多愁苦之音,风格凝重,语言平实质朴,有口语化倾向。以卢氏的成就,在清代妇女文学史上无疑应有她的一席之地。

【关键词】台州;名媛;卢德仪;诗歌;愁苦;明净

清代女性文学繁盛,闺阁诗人层出不穷,施淑仪所撰《清代闺阁诗人征略》辑录了1260多人,以浙江籍诗人为最多,但台州籍仅录5人,卢德仪是其中之一②。民国学者梁乙真所著《清代妇女文学史》,提及的台州籍女诗人则仅有卢德仪一人。又《台州府志·列女传》引《采访册》云:"德仪课子诗有'矮屋数椽灯一点,我家喜有读书儿'之句,殁后其子彦威绘《秋灯课诗图》,一时名流皆有题咏。"[1]可见,卢德仪所作诗歌在当时有一定影响,故为文学史家所注意。同时,卢德仪品德高洁,温和孝慈,在当地甚有名声,不愧为台州名媛之代表。本文就其生平和诗歌略作考述,诚求方家教正。

一

卢德仪生活在衰败、动乱的晚清时期,一生经历坎坷,其生平事迹以著名学

① 李秀华(1976—),江西新余人,文学博士,讲师,复旦大学哲学学院在站博士后,主要研究方向:先秦两汉文学与哲学。

② 其他4人分别是天台人魏琴娘、临海人吕霜、黄岩人毛玉荷、天台人陈氏。关于陈氏,《清代闺阁诗人征略》未署名,根据项士元的《台州经籍志》可知陈氏为陈奕珍。

者张文虎所作《王孺人传》最为详备，他书亦多转引。兹录如下：

王孺人者卢氏，浙江黄岩举人埙之女孙，处士肃�之女，而王君某之室也。幼颖慧，通《五经》大义，旁及文史。年十四失母，哀毁不食，处士固喻之，强食。无何，处士病，求医久不效，乃泣告天，请以身代，刲左臂肉和药以进，病果愈。稍长，适王君，事翁姑，如其事父母，诸叔小姑幼，教之读书若弟子。然及于婚嫁，皆尽心焉，勤治内事，率以身先。妯娌子就外傅，入覆其所业，必精熟而后寝，暇则伉俪以诗唱和为乐。咸丰十一年，粤寇窜浙东。是时，王君父及仲叔两弟相继殁矣。王君与季①挈全家避难邑之石嶅，转徙蒹坑②，地在万山中，兄弟每重趼逾岭数十里负米返。孺人先洁膳奉姑，以次及长幼，己独餐薯蓣或薄糜和麦屑，充腹而已。及明年十月，寇退，得归，而孺人已病矣。乱后益困，犹力佐王君理家，焦劳不得息。同治四年竟卒，年四十有六。孺人生子五：长禹堂，邑诸生；次元祁，国子监生；次士镛、士骥、士镜；孙四人。所作诗散佚，禹堂收辑之凡一卷，曰《焦尾阁遗稿》，藏于家。乌乎！孺人在室为孝女，既嫁为令妻，为顺妇，为贤母，且备极艰困而不失其常，使为男子，亦士之贞者矣。而年止于此，盖甚矣。夫天之不以贫富夭寿为祸福人也久矣！[2]

此外，又有晚清学术大师俞樾写有《卢孺人焦尾阁剩草序》一文，对卢德仪的品德做了很高的评价。兹亦录如下：

昔谢道韫"柳絮因风"之句，今古艳称之。其后以节著，不失为贤媛，而"天壤王郎"一语，君子终病其不妇。乌呼！此吾所以贤卢孺人也。孺人为国学生菊人王君之配，王君自幼以文艺有声，孺人父南屏处士，见而器之，曰此读书种子也，遂以孺人女焉。已而，王君竟以父老废读，舍儒而贾。时孺人犹未归，闻之不乐，然及其既归也，则相敬如宾客。王君虽服贾，固高才生也。而孺人亦能知其才而安之，不以其不克致身青云几微见颜色，奚有如"天壤王郎"之语者乎？吾于是叹孺人之

① "季"字后疑缺一"叔"字，当与前文中的"仲叔"相对。
② 《台诗四录》卷二十八《名媛》引作"嵰阬"。

贤,而又以贤王君。王君者,盖亦修身齐家之君子也。彼士大夫之家,朝诟而莫谇,其亦有愧于此乎!夫人之所欲,天必从之。孺人薄货殖,喜读书,虽失望于初,天必偿之于后。集中有句曰:“矮屋数椽灯一点,我家喜有读书儿。”固已见及此矣。岁在戊辰,余主讲诂经精舍,有王生曰禹堂者肄业其中,乃孺人之长子也。年少而学赡,为诗古文词斐然可观,余甚伟之。一日,以孺人《焦尾阁剩草》求序于余,则孺人之没已四载矣。余悯孺人之志,而敬其贤,且知天必有以偿之也,故书其简端如此。生其益勖所学,则所以成王君未究之志,而慰孺人于泉壤者,亦必不违矣[3]。

“孺人”原是古代大夫妻子的称呼,宋代用于通直郎等官员的母亲或妻子的封号,清代则用于七品及以下官员的母亲或妻子的封号,亦通用为妇人的尊称。《清史稿》卷一百十四云:“命妇之号九:一曰一品夫人,二品亦曰夫人,三品曰淑人,四品曰恭人,五品曰宜人,六品曰安人,七品曰孺人,八品曰八品孺人,九品曰九品孺人,不分正从。因其子孙封者加‘太’字,夫在则否。”[4]卢德仪丈夫王维龄①,弃学从商,无官职,其长子王禹堂(即王彦威),是晚清大臣,官至正四品。俞樾序文作于同治七年(1868),此时王彦威还未中举,亦无官职。所以,上引两文中所谓“孺人”显然是对卢氏的尊称②。

由张文虎“同治四年竟卒,年四十有六”一语可推知,卢德仪生于嘉庆二十五年(1820),卒于同治四年(1865),而俞樾“岁在戊辰……则孺人之没已四载矣”这段话,也可以作为确定卢氏卒年的证据。孙衣言序文说:“其生以嘉庆庚辰,卒以同治乙丑,年仅四十有六。”[5]55已经明确记载其生卒年,可以互为证明。

详观张文虎一文,卢德仪被赞为孝女、令妻、顺妇、贤母、贞女,完全符合古代士大夫对于女子的品德要求,可以说是封建时代女子的道德模范。以孝女看,卢氏因母亡而自毁不食,因父病而自伤身体,这应是出于对父母的深情。但依现代道德而言,这种行为几近于愚昧,跟鲁迅笔下的华老栓用人血馒头给儿子治病的行为并没有不同,当然不值得提倡。以令妻看,卢氏虽然不乐于看到丈夫弃学经商,但作为妻子,她竭尽其力帮助丈夫打理家事,又能与丈夫诗歌唱和,感情和睦。以顺妇看,卢氏侍奉长辈和叔姑,如同侍奉父母,抚育侄孙辈亦是视若己出,

① 《光绪黄岩县志》卷二十四《名媛》:“卢德仪,举人埙女孙,监生王维龄妻,有妇德,能诗。”

② 孙德祖序和张婉紃序又称“卢太恭人”“卢恭人”,显然是基于王彦威正四品的官衔而来。

遇吉事常先人后己，家庭和谐。以贤母看，卢氏育有五子，她倾注母爱，全力培养，使五子皆能成才。《晚晴簃诗汇》卷一百九十："卢德仪，字俪兰，一字梅邻，黄岩人……同治庚午举人太常寺少卿彦威、诸生彦澄、通判彦载、彦武、彦戩母。"[6]尤其是王彦威，在晚清政坛和学术界都有名气。刘声木《桐城文学渊源考》卷七："王彦威，字弢夫，黄岩人。(同治)庚午举人，官太常寺卿。师事孙衣言，受古文法。兼工骈体、诗、词。"[7]王彦威著有《筹办洋务始末记》《西巡大事记》《清朝掌故》《清朝大典》《枢垣笔记》《史汉校勘记》《黎庵丛稿》等。《台诗四录》引孙德祖说："余友弢夫王君彦威，初名禹堂，登同治庚午乡荐。为人笃行而劬学，每自言幼承母训，贤母卢太恭人尝有秋夜课儿诗，有'茅屋一椽灯一点，我家应有读书儿'，弢夫后官工部，赵撝叔为写《秋灯课诗图》，一时名流皆有题咏。每出以见示，未尝不涕下沾臆也。"[8]足见王彦威受母亲的影响之深和对母亲的思念之深①，卢氏无愧于贤母的称号。以贞女看，卢氏在遭遇兵燹的极端困境下也能"不失其常"，坚忍不拔。咸丰十一年(1861)，侍王李世贤和信天侯何松泉各率一路太平军从不同方向攻入台州。《光绪黄岩县志》卷三十八记述了当时的战况："(咸丰)十一年辛酉：六月十二日，官兵剿奇田土寇，大败，死者七十余人；八月，土寇焚凉棚岭，城中大震，二十日，官兵败贼，贼夜遁，焚其巢；十一月初六日，粤贼陷城，十一日，乡兵击走之，十七日，粤贼大至，城复陷，杀掠焚烧甚惨。"[9]748战争惨祸，可想而知。卢氏随家族避难于群山里的荒村，条件极为艰苦，却能处变不惊，行动如常。当然，避乱的这段经历对卢德仪心理造成了伤痛，影响到了她的诗歌创作，致使她的诗歌常有忧生之嗟。

俞樾对卢德仪的评价别具一格，他以东晋女诗人谢道韫鄙薄其夫的故事来反衬卢氏自始至终无愧于"贤媛"的称誉。《世说新语·贤媛》载："王凝之谢夫人既往王氏，大薄凝之。既还谢家，意大不说。太傅慰释曰：'王郎，逸少之子，人材亦不恶，汝何以恨乃尔？'答曰：'一门叔父，则有阿大、中郎；群从兄弟，则有封、胡、遏、末。不意天壤之中，乃有王郎！'"[10]王凝之因才华不能与谢家子弟同日而语，故受到谢道韫的冷讽。俞樾认为，谢氏这种行为有损于妇德，卢氏则不同，尽管对丈夫"舍儒而贾"心有不悦，可还是谨守妇德，与丈夫相敬如宾，也不因丈夫坠青云之志而恼怒于色，可谓君子之知己、丈夫之贤妇。显然，俞樾是站在封建士大夫的道德立场上给予卢氏以极高评价的。

---

① 孙衣言序文又说："盖自粤寇之乱，黄岩既为贼陷，渠城父母奉其大母转徙避寇，流离奔走，不遑启处者几一年。及寇去得返，而孺人不久即病，渠城方以试事出，比归则孺人已卒。此其所以悲也。"可知未能尽孝也是王彦威悲不自拔的一个因素。

二

卢德仪以贤媛著称于世，同时也不失才女之名。卢氏“薄货殖，喜读书”，通晓《五经》大义，旁及文史，能承担家族的幼儿教育工作，能作诗，闲暇时常与王维龄诗歌唱和。她所创作的诗歌多散佚不存，长子王禹堂辑录成一卷，命名为《焦尾阁遗稿》。《台州经籍志》卷三十五有录，并说：“原诗数百首，遭乱散佚，其子太常寺卿彦威搜辑得三十三首，付之梨枣。”[5] 关于这部诗集的名字，文献记载不一。《光绪黄岩县志》卷二十四：“卢德仪……著有《焦尾阁剩草》一卷，德清俞樾序，姜文衡为之传。”[9]484 与俞樾序文所记相同；而《十朝诗乘》卷二十一：“值王弢夫太常(彦威)以节母《焦尾阁遗稿》乞题，因赋《金缕曲》。”[11]719 与张文虎传文所记相同；而《张謇日记·光绪九年》又云：“正月二十二日，与仲弢、弢甫讯，为弢甫写《焦尾阁遗诗序》。”[12] 与俞、张二人所记都不同。《清代闺阁诗人征略》卷九、《清代妇女文学史·附录一》并引作“蕉尾阁稿”，孙衣言序文称作“焦尾阁诗”，张婉纠叙文称作“焦尾诗”。上述几个名字中，“焦尾阁剩草”当是最初的书名，“焦尾阁遗稿”应是正式书名，其他文献也多以此名引述，而“焦尾阁遗诗”“蕉尾阁稿”“焦尾阁诗”“焦尾诗”大概是作序者比较随意的称呼，非正式书名。

焦尾，原指美琴。《后汉书·蔡邕传》：“吴人有烧桐以爨者，邕闻火烈之声，知其良木，因请而裁为琴，果有美音，而其尾犹焦，故时人名曰‘焦尾琴’焉。”[13] 后引申为经历磨难的良才或美事。焦尾阁，应是卢德仪劫后自署之名，用以纪念这段经历。“焦尾阁遗稿”，则有诗之美者之意。据《台诗四录》载：“《焦尾阁遗稿》有瑞安孙衣言、德清俞樾、吴县潘祖荫、庐江吴长庆、瑞安黄体芳及其从子绍第、定海黄元同、海盐朱福诜、通州张謇、海门周家禄、泰兴朱铭盘、日本竹添光鸿、朝鲜金永穆、同县姜文衡、王咏霓、武进女士张婉紃诸序，江宁汪士铎、顺德李文田、会稽李慈铭、孙德祖、上元顾云、如皋顾锡爵、歙县江宗沂、巴陵杜贵墀、朝鲜李锲诸人书后。又有题词数十家，大都海内外名流。”[8] 可知王彦威出于对母亲所作诗歌的珍视以及为增加《焦尾阁遗稿》之价值，几乎遍请海内外名家作序题词，正如金永穆所说：“母没，思之，其辑所生平诗三十余章，四方征文于儒彦。”[5]55 在张謇致金昌熙的信中，就有一段有关他代王彦威向人征题的描述：“附为王工部徵题其太夫人诗集册子五叶，乞惠雅藻，并转于二三才俊中求之，知执事勿拒我也。”[14] 足见王彦威之苦心。在这数十家题词中，盛伯熙所题《金缕曲》，文采、词意皆属上乘。其词曰：“百拜开吟卷。是当时、风回雪舞，谢家庭院。

更有如山如河意，瑱佩珊珊想见。又荻画、中年凄断。偏是孤儿生命薄，奈蓼莪、竟作伊蒿怨。楹书在，泪珠溅。小人有母称班媛。只年来凄凉遗墨，流传残简。地下翻贻身后悔，几作玉台诗案。幸姓氏、宫闱知遍，万劫无忘千言训。骨棱棱、不为风霜换。君试读，《范滂传》。”[11]719 暗用典故，极写王彦威思母深切以及卢氏的傲骨精神。

据项士元所说，卢德仪曾作诗数百首，后遭太平军战火，基本焚毁散佚，《焦尾阁遗稿》仅辑得33首。胡文楷在《历代妇女著作考》中指出，《焦尾阁遗稿》有光绪元年乙亥(1875)刊本。但王舟瑶和项士元所见本中载有朝鲜嘉善大夫、礼曹参判、兼同知经筵春秋馆事金永穆的序文，最后落款为“光绪四年八月”，这显然与胡氏的说法相抵触。这种情况表明，要么《焦尾阁遗稿》有过多个刻本，要么胡氏说法有误。因未见到真本，笔者无法进一步做出判断。除刻本外，胡文楷自己也曾手抄《焦尾阁遗稿》而行于世。《焦尾阁遗稿》中的诗歌，《黄岩集》《三台名媛诗辑》《台诗四录》《晚晴簃诗汇》都有选录。《台诗四录》卷二十八《名媛》选录了20首，《晚晴簃诗汇》选录了17首，足可窥见卢氏所存诗歌的面貌。

除《焦尾阁遗稿》外，《台诗四录》还引陶濬宣说：“孺人所著书，有《乾坤正气集》《焦尾阁脞录》，均佚。”[8]《尚书・益稷》陆德明释文云：“脞，小也。”脞，有琐细之意，“脞录”即是琐碎见闻之记录，可知卢德仪除诗歌外也创作笔记、杂文。

三

卢德仪现存诗歌33首，从内容上看，大致可分为感怀诗、写景咏物诗、思妇诗和闲适诗几类。前三类诗歌多发愁苦之音，风格较为凝重；后一类诗歌多写家庭生活之乐，风格较为明快。晚清女学者张婉紃以优美的文辞对卢德仪的人品与诗风做了评价，她说：“《焦尾诗》一卷，黄岩卢恭人之作也。其人也，餐赤城之霞，揽琼台之月，搴委羽之云，舞龙湫之雪，千嗽万咽，七陶八冶，挹彼灵芬，成其诗境。明河初上，花光与之降升，薄霭未收，山痕若为界画，盖渊如也，澹如也。烽火不情，人间何世？苍茫驾鹤，遂返瑶空。绦绳之散，谁收愁苦之音？以作裁湘�筠，而作简尚郁，酸青蘸蓝，汁以当铅，半成惨碧，身非壮士，乃余变徵之音生。甫中年弥振，哀丝之韵，为话沧桑之劫，婉变生愁。”[5]55 认为卢氏诗歌平淡而有深味，中年遭变而哀愁渐生，遂有悲壮之风。这一评价是比较恰当的。

卢氏的诗歌以感怀诗居多。她的感怀诗大都是基于战乱避祸的这段经历而创作的，主要感叹避乱生活中的凄苦，以及由此带来的人事沧桑变幻和人生年华消逝的无奈。如《避乱石磬滩声作横彻夜不寐感赋一章》:"干戈满地欲何之,穷谷藏身岁已迟。彻夜滩声眠不得,似为羁客写愁思。"[①]战祸遍地,唯有离乡背井,藏身于穷山恶水之中,故愁思难解,彻夜不眠。又如《避乱感怀》:"不堪思往事,涕泪一潸然。遭乱又今日,浮生已卌年。傍人秋后燕,凄我雨中鹃。所幸慈姑健,犹为喜自天。"以"秋后燕""雨中鹃"自况,摹写战乱中离人的心灵凄苦,即使这样,亲人健在,仍是诗人最感欣慰的事。战争面前,人情百态毕现,《有感》一诗即为我们揭示了催租客可憎的面目:"寇盗纵横迹未迁,催租客已满堂前。债真是苦从何了,贫不能清亦可怜。人面高低云幻狗,世情龌蹉蚁趋羶。也知世态原如此,何用书空问碧天!"措辞激烈,足见诗人对于世情丑态的不满。战乱避祸的这段经历在诗人心里留下了很深的伤痕,以致兵乱平息后还经常感慨这段往事。如《冬夜偶成》:"朔风吹雪灯光冷,茅屋萧然四壁静。避人强起理寒衣,抚事凄凉心耿耿。忆昨宛转深闺时,春风澹冶花弄姿。买秋延夏日搜讨,花里浮生聊自怡。浮生乐事浮云幻,转瞬年华易燕雁。世事沧桑不忍闻,回首烽烟嗟岁晏。岁晏荒寒仍若斯,茫茫天意有谁知。穷谷犹传猿鹤警,亲遭兵燹将焉之。将焉之,伤别离,君不见矮屋团栾日,犹胜围城叫苦时。"这是卢氏诗集中难得的一首七言古体长诗。诗的开头以北风、雪、冷灯、茅屋等意象构成了一幅凄清图景,这正是乱后诗人心情的写照,诗人也触景生情,回忆起闺阁乐事以及战乱造成的惶恐和别离之苦,由此感叹青春易逝,浮生若梦,读之令人动容。《忆昨二首》也同样表达了这种感情,其一:"忆昨避乱时,严冬强就道。风尘猿鹤惊,寄庑何草草。虽曰非家乡,安居差足好。谁知弥月间,入山恐不早。仓皇卒岁谋,雪冷前山皓。浮生四十年,两度干戈扰。生恐忧患多,朱颜不自保。回首望高堂,凄然方垂老。"其二:"闲闲上高楼,楼高山与齐。绿竹罩春霭,子规啼复啼。有时微雨过,芳草何萋萋。耕夫荷锄来,款款晴一犁。风景岂不佳,所伤客邸栖。回首望家园,嗟哉雪与泥。"[②]前一首多抒写避乱途中的苦楚,进而发出忧生之叹,后一首似乎走出了逃难的阴影,但依然透着淡淡的离乡之苦。当然,卢氏也用诗反映乱后亲人凋零、人各一方的心境,如《避兵五部已弥岁矣长至祀先怆然有感》:"几瓯麦饭几盂茶,奠向荒郊泪转加。为告诸姑兼伯叔,也应怜我是无家。"其感怀诗几乎都是愁苦之音,是卢诗风格凝重的典型代表,暴露了战乱给女性带来的伤痕,

① 本文所引卢德仪诗歌均据王舟瑶《台诗四录》本。

② 《晚晴簃诗汇》录此诗题作"回首"。诗中"安居差足好"作"安居亦大好","仓皇卒岁谋"作"爨火断无温","方垂老"作"已垂老";"楼高山与齐"作"山远楼与齐","雪与泥"作"云与泥"。依诗意看,《晚晴簃诗汇》所录为胜。

很有现实价值。

写景咏物诗在卢诗中所占比重也很大。她的写景咏物诗多描写春天美景，诗人在春天似乎格外善感多情。如《春日》:“绣余无事且徘徊，庭院沉沉长绿苔。一桁垂帘春昼永，桃花如雪燕飞来。”《春草》:“春色渺无寄，春心无处藏。昨宵微雨过，一线草痕长。泥润看成活，风过别有香。天涯羁旅客，为尔更思乡。”这两首诗的诗题和诗句皆有“春”字，毫不隐讳地表达了诗人对春天的喜爱。前一首诗从一开始的沉郁转向后来的明净，体现了诗人赏春时心理的微妙变化；后一首诗歌咏春草的韧劲和清香，由此引发诗人的乡愁。诗人在与丈夫诗歌唱和时，山水之景亦流露于笔端，如《和夫子游委羽山诗》其一:“危峰缥缈矗云间，薄雾初开路几湾。清磬一声声破晓，闲花如雨下春山。”其二:“神仙曾此荡精灵[①]，山水为缘感夙因。鹤自翩翩梅自瘦，教侬无福作闲人。”把委羽山作为道教仙山独有的风景描写得十分细致，显示了诗人敏锐的观察力。卢氏亦钟爱于花，在避乱之时花曾给了诗人精神上的慰藉:“两载干戈避，荒村暂住家。流年真潦草，此日饱看花。作色香逾媚，无言态欲斜。于君倍郑重，几忘在天涯。”(《看花》)丛花之中，诗人尤爱梅[②]，爱梅花的耐寒，爱梅花的清香。如《折梅》:“梅萼精神雪里酣，冲寒独向小园探。一枝亲折兼亲供，留取清香伴夜谈。”又如《侍大人扫墓晚归经梅花井》:“数家负郭自成村，斜日东风冷掩门。依向梅花深处过，暗香疏影欲黄昏。”这两首诗皆赞扬了“梅花香自苦寒来”的美好品质。卢氏还有一首《闻雁》:“孤雁一声语，秋心暗里知。衡阳归有路，怜我竟何之。”虽为咏物，实以抒情，用鸿雁在衡阳仍有归路的情景来反衬诗人无家可回的凄苦。卢氏的写景咏物诗风格多样，但基本是以明净为主，明净之下又透露出淡淡的哀愁。

思妇诗多传闺阁之怨。卢德仪的丈夫王维龄经商在外，两人分居本是常事，难免有别离相思之苦。卢氏用诗歌加以释放，如《秋夜》:“河汉无声夜气幽，独携圆月上高楼。寒衣处处催刀尺，中有人间万古愁。”直接使用杜甫《秋兴》里的诗句，点明了游子思妇之间的愁苦。这首诗风格沉郁，境界清幽。《莫春偶成寄妹》一诗也与此接近:“雨丝风片作春寒，寂寞深闺自掩关。瘦尽梨花飞尽絮，从卿商略莫凭阑。”化用李易安“绿肥红瘦”之句，显示了内心无法排遣的“寂寞深闺”之怨。卢氏也写有一些夫妻新别、风格较为含蓄的思妇诗。如《寄夫子温州二首》其一:“小别情怀夙未谙，计程应已过山南。东瓯风景知何似？记取归来佐夜

① 作者自注:“昔刘奉林炼丹于此，今土人采山时得方石，色黝而有光，相传为丹鼎之遗。”

② 《晚晴簃诗汇》引诗话云:“性爱花木，尤酷嗜兰，遍种盆盎，夜月皎洁，移置庭中，高下参差，位置曲当，扶翁姑坐花前，撷其英，浸以蜜，瀹新水，献诸二老。”然其诗咏兰花者极少。

谈。”其二:“闲阶月色剧分明,河汉横空夜气清。斜倚阑干悄无语,霜花如雪扑帘旌。”这两首诗将闺怨写得比较隐晦,前一首“记取归来”之句,后一首“斜倚阑干”之句,隐约表达了诗人期望丈夫早归以及孤独落寞的心态。

闲适诗多是卢德仪在躲避兵祸之前所作,风格轻松明快。如《月下读唐人诗悠然有悟》:“几卷唐诗手自娱,不须笺传苦纷拏。有时悟到忘言处,明月梨花澹欲无。”把领悟唐诗的佳处与当时月下美景完美地交融在一起,诗境空明,耐人寻味。又如《秋夜课廉儿读书》①:“良宵闲雅与诗宜,清课从头莫告疲。矮屋数椽灯一点,我家喜有读书儿。”活脱脱一幅母亲育儿图。这首诗影响很大,被当时名士挥毫成图,据王舟瑶说:“《秋灯课诗图》凡八帧,第一图为赵挥叔画,第二图为徐叠陶画,第三图为缪裕丞画,第四图为李越缦画,第五图为任章长画,第六、七图皆胡某画,第八图为张子青画,题著凡数十家。”[8] 著名女革命家秋瑾曾作《临江仙·题秋灯课诗图》:“懿范当年传画荻,辛勤慈母兼师。丸熊篝火课儿时,三迁媲孟氏,折旲授羲之。佳句不辞千遍读,秋宵真个宜诗。讲帏已邈悔生迟,宣文遗志在,盥手仰仪徽。”[15] 运用典故将卢氏的课儿诗敷演成词,极赞其德。有时一些日常的活动,卢氏也用诗歌来吟唱,如《出城》:“最佳风日是新晴,随意梳妆趁晓行。薄雾蒙蒙天欲白,流莺声里出春城。”诗风活泼流转,表达了对生活的喜爱。

四

卢氏的这些感怀诗、写景咏物诗、思妇诗、闲适诗虽然在内容上平淡无奇,但绝少无病呻吟之作,基本出于自然,感情真挚。正如金永穆评价的那样:“其诗原本忠厚,哀而不伤。乌乎!可风也已。”[5]55 以“忠厚”一词评价诗歌,正是诗品如人品,说明卢氏诗歌的朴实无华。金永穆认为卢氏能“服于义,施于文辞”,这一创作风格可与《诗经·国风》相提并论,显然是极高的赞誉。“服于义”即服膺儒家教义,讲求勤俭孝敬之美德,这是“施于文辞”的前提,只有这样才能做到“哀而不伤”,否则便可能导致浮薄、绮靡的文风和诗风。这与白居易“根情、苗言、华声、实义”的诗歌创作理念也是相合一致的。内容平淡,感情真挚,用语质朴确实是卢氏诗歌的一大特色。尤其是她的诗歌语言,十分亲切自然,口语化的倾向很明显,如“增我怀思宵半月”(《寄大弟温州》)、“我家喜有读书儿”(《秋夜课廉儿读

① 《晚晴簃诗汇》“读书”作“读诗”。

诗》)、"也应怜我是无家"(《避兵五部已弥岁矣长至祀先怆然有感》)、"从卿商略莫凭阑"(《莫春偶成寄妹》)、"教侬无福作闲人"(《和夫子游委羽山诗》)、"侬向梅花深处过"(《侍大人扫墓晚归经梅花井》)等等,几乎俯拾即是。张婉紃所说的"愁苦之音""哀丝之韵""婉变生愁",金永穆所说的"哀而不伤",都道出了卢氏诗歌沉郁哀婉的艺术风格。她的这种诗歌艺术风格主要是在家庭生活与战乱避祸的经历中形成的,没有浮华造作之态,也反映了女性诗人更易多愁善感的性格特点。卢氏有的诗句,如"有时悟到忘言处,明月梨花澹欲无"(《月下读唐人诗悠然有悟》)、"河汉无声夜气幽,独携圆月上高楼"(《秋夜》)、"昨夜微雨过,一线草痕长"(《春草》),义丰深致,不减唐诗风味。

卢德仪作诗兼善古体与近体,但相较而言,更擅长近体。就本文征引的 22 首诗歌中,古体诗仅有 3 首,即《忆昨二首》(五言)、《冬夜偶成》(七言),其余 19 首皆为近体诗。在这 19 首近体诗中,《闻雁》为五言绝句,《避乱感怀》《春草》《看花》为五言律诗,《寄大弟温州》《有感》为七言律诗,其余 13 首都是七言绝句。因此,从艺术形式上看,卢氏偏爱写七言诗,五言诗稍弱;卢氏偏爱写绝句,律诗稍弱。格律诗这一形式在卢氏手里显得非常自由,并没有成为她表达情感、抒写生活的束缚,其诗偶尔出现不协平仄的现象也在情理之中。大概是熟读经史和喜爱唐诗的缘故,卢德仪作诗并未过分倚赖技巧,很多诗句都是信手拈来,不加雕饰,如"债真是苦从何了,贫不能清亦可怜"(《有感》),简单质朴。直陈其事和直抒胸臆是卢诗最突出的艺术表达方式,《忆昨二首》就体现得很明显。在直陈其事和描景写物的过程中常常灌注浓烈的情感,则是卢诗取胜的法宝。卢氏很多诗歌情景交融,读之自然感人。

按照梁乙真的说法,卢德仪生活的时代正是清代妇女文学由盛转衰的时期。他说:"道咸以后,国家多故,士大夫亦无复优游于学问文章;而风气之变,随园、碧城两先生,均为世诟病。故家大族,流风余韵,渐就澌减;即诗教之光焰,亦无复曩时之盛。虽其间时复有曾文正、俞曲园诸人,于戎马倥偬之余,略事揄扬,已成弩末。故在此时期,其妇女文学,无卓荦特异之可述,仅毗陵诸女,嫋嫋余音,维持于不敝耳。"[16]梁氏以为,妇女文学依附于士大夫文学,随士大夫文章学问的起伏而起伏。这似有一定道理,因为妇女作品只有在受到男性关注和重视之后,才可能被刊刻而流行于世。卢德仪所存 33 首诗歌,就完全是通过她的长子王彦威极力搜求、刻印才得以流传下来的。否则,于今将荡然无存。但梁氏"无卓荦特异之可述"的说法,笔者不敢苟同。与太平盛世相比,衰落、动荡的时代可造就更多格调悲壮、言之有物的诗歌作品。卢氏用诗歌记录自己在苦难年代的生活和心理,很好地发挥了"诗言志"的作用,为我们了解古代妇女真实的生活状况和思想感情提供了资料。卢氏和其他同时代的女作家一样,必可在中国妇女文学史上写下一笔。

【参考文献】

[1] 喻长霖.台州府志[M].台北:成文出版社,1970:1760.

[2] 张文虎.舒艺室杂著[M]//沈云龙.近代中国史料丛刊:第九十七辑.台北:文海出版社,1973:406-408.

[3] 俞樾.春在堂杂文[M]//沈云龙.近代中国史料丛刊:第四十二辑.台北:文海出版社,1969:36-38.

[4] 赵尔巽.清史稿[M].北京:中华书局,1977:3273.

[5] 项士元.台州经籍志:卷三十五[M].铅印本.杭州:浙江省立图书馆铅印本,1915.

[6] 徐世昌.晚晴簃诗汇[M].北京:中华书局,1990:8700.

[7] 王水照.历代文话:第十册[M].上海:复旦大学出版社,2007:9348.

[8] 王舟瑶.台诗四录:卷二十八[M].刊本.后凋草堂.

[9] 陈宝善.光绪黄岩县志[M]//中国地方志集成:浙江府县志辑51.上海:上海书店出版社,1993:748.

[10] 余嘉锡.世说新语笺疏[M].北京:中华书局,1983:820.

[11] 郭则澐.十朝诗乘[M]//张寅彭.民国诗话丛编:四.上海:上海书店出版社,2002.

[12] 张謇.张謇日记[M].南京:江苏古籍出版社,1994:214.

[13] 范晔.后汉书[M].北京:中华书局,1965:2004.

[14] 徐俊杰.张謇致金昌熙手迹五帧试读[J].张謇研究,2013(3).

[15] 郭长海.秋瑾全集笺注[M].长春:吉林文史资料出版社,2003:321.

[16] 梁乙真.清代妇女文学史[M].北京:中华书局,1927:215.

戚学标交游考

陈爱平[①] 于忠伟[②]

【摘 要】戚学标，浙江温岭市人，乾隆四十六年进士，做过河南涉县知县。交游广，主要交游的人有洪枰、洪颐煊、洪震煊、黄河清、宋世荦、孔继涵、赵希璜、崔述等。他还与一些著名学者有书信来往，如阮元、王昶、姚文田等。戚学标交游的一些主要人物的诗文集未能流传下来，这对全面厘清戚学标的交游情况带来了一些不便。但根据现有资料，基本上能够弄清楚戚学标的个人经历和交游概况。

【关键词】戚学标；交游

戚学标(1742—1825)，清浙江省台州府太平县(今浙江省温岭市)人，字鹤泉，齐召南高足。乾隆四十六年进士，做过河南涉县知县，兼理林县。性强项，与上司多有龃龉。后改授宁波教授，未几归。主要著作有《汉学谐声》二十三卷、《毛诗证读》、《诗声辨定阴阳谱》四卷、《四书偶谈》四卷、《内外篇》二卷、《字易》二卷、《鹤泉文钞》二卷、《回头想》、《回头再想》、《回头再想想》等。其传在《清史稿》卷四百八十一中，另《碑传集》第三册三十九卷、《清史列传》第九册六十八卷、《台州府志》卷一百零五也有其传记。

戚学标个人经历和交游，主要可从他的《景文堂诗集》十三卷、《鹤泉文钞》二卷、《鹤泉文钞续选》九卷、《回头想》、《回头再想》、《回头再想想》中进行梳理，再就是借助与他的交游者的著作，通过多方核实，可以厘清他的履历和交游情况。戚学标的主要交游对象是台州府籍贯的同乡，再就是他在外做官时，也有一些交游。

与临海洪枰家族之间的交往。戚学标在万松书院时，同窗中有洪枰(1734—

① 陈爱平(1965—)，湖北洪湖人，副教授。

② 于忠伟(1965—)，黑龙江哈尔滨人，副教授。

1805)。洪枰字世持,号平木,晚号雪疆,临海人。乾隆三十年(1765)举人,尝官嘉善训导。洪氏是临海望族。戚学标与洪枰的三个儿子洪坤煊(1760—1792)、洪颐煊(1765—1837)、洪震煊(1770—1815)之间都有交往。根据洪颐煊为其父写的《先府君行状》载,洪枰在敷文书院读书七年,从乾隆二十四年(1759)至乾隆三十年(1765)。戚学标自乾隆二十六年(1761)至乾隆三十年(1765)在敷文书院就读,两人同时于乾隆三十年入选贡生。洪枰中举于乾隆四十八年(1783),戚学标于乾隆四十三年(1778)举于顺天乡试。洪枰的《雪疆老人诗稿》卷四中有《柬涉县戚鹤泉同年》《寄戚鹤泉》二诗。《柬涉县戚鹤泉同年》写于戚学标任涉县知县时。《寄戚鹤泉》一诗,根据诗的内容推测,此诗应该写于戚学标任涉县知县十多年后。戚学标则有《答洪平木见寄韵》[1],此诗当写于戚学标初到涉县任职之时,而洪枰这时已经自嘉善教谕上卸任归家数年。戚学标还有《杭州遲洪平木不至》[2],此诗写于两人在敷文书院就读期间。戚学标与洪枰之间诗文、书信往来较多,在《回头想》卷三中,还留有洪枰写给戚学标的诗,可惜绝大多数没有留下来。洪枰的长子洪坤煊,卒于乾隆五十七年(1792),洪枰将自己的一本诗集和洪坤煊的资料寄给在涉县的戚学标,戚学标为洪坤煊写有《孝廉地斋洪君墓碣》。[3]

戚学标较洪颐煊年长24岁,较洪震煊年长29岁,洪颐煊有《杭州喜晤鹤泉年丈留别二首即用〈西溪集〉韵》[4],此诗写于嘉庆十七年(1812),是年洪颐煊到京城谒选,去京之前(笔者案:是年洪颐煊因孙星衍辞任山东督粮道,失去依托,乃于秋天离开德州返回台州府城。供参考),在杭州会戚学标。洪颐煊于嘉庆七年至嘉庆十年在河北藁城刘戒堂官署授经,藁城离戚学标所在的涉县不远,两人书信来往颇多。洪颐煊的《筠轩文钞》一书,初刻于嘉庆九年,戚学标为洪颐煊写有《筠轩文钞序》[5]。现在所见的《筠轩文钞》一书,卷首冠有孙星衍的《筠轩文钞序》,是序文为孙星衍写于嘉庆十一年,时洪颐煊馆于孙星衍节署。

洪颐煊于嘉庆十年离开藁城赴山东孙星衍署,戚学标有《汉学谐声》一书,让洪颐煊带给孙星衍,希望孙氏能提些修改意见。关于《汉学谐声》一书,洪颐煊诗文集中未收相关资料,戚学标《鹤泉文钞续选》卷二收录有《与洪筠轩书》《再与洪筠轩书》。从《与洪筠轩书》内容看,戚学标虽然非常想与孙星衍见面,但未曾谋面。孙星衍对《汉学谐声》一书,提过修改意见。《再与洪筠轩书》,是戚学标与洪颐煊探讨戚学标的另一部书《〈说文〉补考》的信,戚学标邀请洪颐煊做过校阅,此信实际上是二人交换对这部书稿的一些看法。

戚学标与孙星衍的交往,属于间接的,根据戚学标回忆,孙星衍写给戚学标的书信,是由孙星衍的二弟孙星衡直接带给戚学标的。孙星衡这次到河南面见戚学标，还有一事，就是“二舍弟见有宋石经真篆二体，在开封巢门内观音座院中，面刻观音座碑记，石经在其阴”[6]。最后是戚学标叫其弟戚思泉帮助孙星衡寻找，但没有找到。

与黄河清的交往。从戚学标记载的内容看，在台州同乡之中，他与黄河清的交往尤多，诗文集中，涉及黄河清的内容明显多些。黄河清（1746—1804），字文征，别字润川，临海人。乾隆三十六年（1771），23岁中举，乾隆四十年（1775）进士。历官四川德阳昭化、江西宜春知县。在戚学标的诗文集中，涉及黄河清的诗文，《景文堂诗集》卷四有《往义城唁润川，并携手辑〈三台诗录〉，嘉庆元年刊正之，润川作五诗赠次其韵》；《景文堂诗集》卷五有《题黄润川遗集，即用其先日见寄韵》《追和润川见吊失火前》《追和润川得余寄集句志喜韵》《再用前韵哭润川》；《景文堂诗集》卷六有《酬黄润川题拙集》《哭黄润川》；《景文堂诗集》卷七有《选润川诗》；《景文堂诗集》卷八有《寄黄润川》《再和润川》；《鹤泉文钞》卷下有《答黄明府润川书》《再答黄润川书》；《鹤泉文钞续选》卷三有《朴学堂诗集序》，据《回头想》卷三（临海博物馆藏，抄本），此序文写于嘉庆甲子年（1804）。戚学标与黄河清年龄相差无几，出仕前两人交往颇多，出仕后，亦有往还。戚学标说：“余与老友黄君润川，家居以诗相礳切，约他日仕同方，效元白邮筒往返，愿莫之遂。一在江之右，一在江之北，宦辙茫茫，知己在远，寄怀风雨，感慨形之赋咏者，各不知凡几也。”[7]根据戚学标的诗，他于黄河清任职宜春知县期间（1792—1801），曾携自己所辑的《三台诗录》一书，到宜春面晤黄河清。另外，两人也互相为对方的诗文集写序，足见二人的密切关系。

与宋世荦的交往。戚学标较宋世荦（1765—1821）年长24岁，两人交往甚密。宋世荦，字卣勖，号确山，临海人。乾隆五十三年（1788）24岁时举人，考取咸宁宫教习，七次应礼部试，不售。馆于朱珪家。后任福建大田、陕西扶风县知县。嘉庆甲子年（1804）夏，宋世荦南归，先到藁城见洪颐煊，再到涉县见戚学标，之后南下。宋世荦的《确山骈体文》卷二中留下了两首诗涉及戚学标，即《出都留寄洪筠轩选士颐煊书，时客藁城》《涉县游唐王山记》。从以上二诗的内容看，宋世荦多次春闱不售，不顾师友的劝诫，打算放弃。南下途中，绕道见一下戚学标。戚学标的《回头再想》卷二载，宋世荦迂道到涉县，当时戚学标的《汉学谐声》一书刚完稿，宋世荦就帮助戚学标校稿。戚学标有《与宋确山书》[8]，此封书信，主要是与宋世荦交换戚学标的著作《台州外书》的一些修改意见。《台州外书》为戚学标所辑，此书成于涉县。

与孔继涵的交往。戚学标于乾隆三十九年（1774）中举。乾隆四十二年孔继涵母亲生病,孔氏回原籍,乾隆四十三年,孔氏邀请戚学标到孔家开馆,戚学标在孔继涵家开馆授徒至乾隆四十六年中进士。孔继涵于乾隆四十八年病重,因其大儿子屡不利南宫试,派专人至台州邀请戚学标到孔府开馆,这是戚学标第四次到曲阜,戚学标至曲阜时,孔继涵已经下世。戚学标在曲阜前后待了五年[9]。孔继涵(1739—1783),字体生,一字浦孟,号荭谷(?),曲阜人,乾隆三十六年进士。官户部河南司主事兼理军需局事,充《日下旧闻》纂修官,诰授朝议大夫。主要著述有《红榈书屋文集》等,著作颇多。孔继涵是著名的藏书家,藏书颇丰,戚学标有幸阅读了孔继涵的许多藏书。两人唱酬诗文,多保留在诗集中。在孔继涵的《红榈书屋诗集》卷四中,有《庚子二月三十日,同戚鹤泉出城,由长松亭沿沂而东,至逵泉观至元石幢,登郊台,遂至旧县城北看桃花,饮于春及园幢刻记,并诗同鹤泉次韵》《饮春及园,鹤泉复次韵同作》《同鹤泉围棋,复叠前韵》《夏五朔日蚤起,鹤泉复有叠作,时子适以事往山庄,归乃和之》。戚学标的《景文堂诗集》卷八有《次孔农部荭谷浴风亭韵》《再次荭谷》《逵泉同荭谷观元人同乐碑次韵》《再酬荭谷》《端午同荭谷围棋用前韵》。戚学标还为孔继涵的私人园林作《春及园记》[10]。此间,戚学标与孔继涵之间多有学术交流,《鹤泉文钞续选》卷一中有《训诂取同音说》一文,此文是戚学标与孔继涵二人关于训诂上的讨论。戚学标于乾隆四十六年中进士后,离开孔府。孔继涵卒于乾隆四十八年,为此,戚学标撰诗纪念孔继涵,这就是《景文堂诗集》卷十一中的《哭孔荭谷户部》二十韵。

与赵希璜、邹蔚祖、钱竹西等的交往。戚学标虽然于乾隆四十六年 39 岁时成进士,但正式出仕,是乾隆五十九年 52 岁时,任涉县知县,兼理林县,至嘉庆十一年(1806),共十三年。在此期间,戚学标与安阳赵希璜,林县邹蔚祖、钱竹西被称为“彰德四才”。这段时间,戚学标与赵希璜、邹蔚祖、钱竹西交往较多,主要是工作上的关系。相对而言,只有赵希璜的资料较为完整,邹蔚祖、钱竹西现存资料较少,以下主要看一下戚学标与赵希璜的交往情况。赵希璜(1746—1806)在《清史稿》卷四百八十五中有传,字渭川,长宁人。乾隆四十四年举人。任安阳知县,其间,修《安阳县志》,纪昀很推崇赵希璜的修志体例。著作有《四百三十二峰草堂诗钞》等。赵父为淮安太守,赵希璜自小随父亲,与江浙名士交往。与戚学标为同年,在彰德,两人又同官六年,唱和不可胜数。赵希璜的《四百三十二峰草堂诗钞》诗集中,保留有多首诗涉及戚学标,卷十四有《春田农部以题戚鹤泉、郑青墅两大令集杜诗见视,索和依韵答之》、卷二十二有《鹤泉同年集青莲句作〈观荷图〉,索题画巅》、卷二十三有《戏答戚鹤泉同年》;《研栰斋文集》卷一有《戚鹤泉集杜诗序》。戚学标的诗文集中,也有涉及赵希璜的诗文多篇,《景文堂诗集》卷九有《和邹霞城送赵渭川改京职韵》;《景文堂诗集》卷十三有《和赵渭川重过吕仙祠书壁韵》;《鹤泉文钞续选》卷二有《与赵渭川书》,这封书信,是戚学标与赵希璜两人交流小学研究上的一些看法。

与王引之的交游。戚学标的《鹤泉文钞续选》卷二中,保存有他写给王念孙(1744—1832)之长子王引之的《答王伯申侍讲书》,此信后附有王引之写给戚学标书信的片段,书信的内容是讨论"转注"之说。此信不能确定写于何时。王引之(1766—1834),江苏高邮人,嘉庆四年探花,翰林院编修。官至工部尚书。《经义述闻》三十二卷,是其代表作。王引之较戚学标小 25 岁。从戚学标的叙述来看,他对王氏父子较为熟知。戚学标晚年回忆起与王引之的交往:王伯申引之先生,接学使任,仍与予文字交[11]57。可知戚学标与王引之在此前此后都有书信往来。所谓王引之的"学使任",是指王引之于嘉庆十二年(1807)任河南学政,时戚学标已于前一年,即嘉庆十一卸任离开河南。从戚学标的这段回忆看,他与王引之之间时有书信往来。从两人履历来看,主要限于学术上的来往。

与崔述的交往。崔述(1740—1816),字武承,大名人。乾隆二十七年举人,选福建罗源县知县。著书三十余种,其中《考信录》一书成就颇高。在戚学标的《鹤泉文钞续选》卷二中,保存有两份写给崔述的书信,即《复崔明府东壁书》《再与崔东壁书》。《复崔明府东壁书》,涉及两个方面的内容,即三正、经界两方面的讨论。崔述有《三代正朔通考》《经界考》二书,戚学标读后,有不同的看法,就这两本书提出意见。《再与崔东壁书》,此信内容是关于《孟子·滕文公上》卷五中"请野九一而助,国中什一使自赋"的记载,实际上是孟子讨论当时的赋税情况。显然,戚学标看到崔述的观点后,对崔述的观点提出了异议。

根据崔述的性格,他向来不轻易将自己的著作示于人,他的学术成就虽高,但在乾嘉考据一统天下的情况下,崔述的学术属于另类。崔述著作主要由其弟子陈履和于江西刊刻。晚年由自己修改刊刻。嘉庆十一年,崔述再次将自己的《三代正朔通考》《经界考》修改后重刻。根据两人的经历,两人在乾隆五十七年、乾隆五十九年这两个时间,戚学标、崔述都在京候补,只是戚学标获得了涉县知县,崔述则于嘉庆元年,晚两年获福建罗源知县。两人这时虽然都在北京,但是似乎没有交往。根据戚学标的记载,戚学标与崔述初次见面,当是在嘉庆十二年,戚学标离任之时,时崔述侨寓彰德,两人在郡城首次交往。崔述将自己的著作示于戚学标,两人此后有书信来往,互相问难,各抒己见。在崔述著作中,没有保留戚学标的内容[11]52。

以上是戚学标交往之一般。戚学标处于乾嘉之际,有机会接触到一流的学者,鉴于他在外做官时间不多,且主要由地方小吏,十三年间,在涉县一地做官,多少限制了他的交游。据戚学标晚年回忆,他与阮元、王昶、姚文田都有书信、学术往来,但未谋面[11]20。戚学标交往人较多,直接有学术交往的人中,诗文集多不传,无从知道他们之间的交往细节。

【参考文献】

[1] 戚学标.景文堂诗集:卷九[M]//续修四库全书.刻本.1791(乾隆五十六年):6-7.

[2] 戚学标.景文堂诗集:卷十三[M].刻本.1971(乾隆五十六年):1.

[3] 戚学标.鹤泉文钞续选:卷七[M].刻本.1813(嘉庆十八年):23-25.

[4] 洪颐煊.筠轩诗钞:卷三[M]//传经堂丛书.刻本.1813(嘉庆二十三年):11.

[5] 戚学标.鹤泉文钞续选:卷三[M].刻本.1831(嘉庆十八年):17-18.

[6] 戚学标.回头想:卷四[M].抄本.临海:临海市博物馆.

[7] 戚学标.鹤泉文钞续选:卷三[M].刻本.1813(嘉庆十八年):6-7.

[8] 戚学标.鹤泉文钞续选:卷二[M].刻本.1813(嘉庆十八年):16-17.

[9] 戚学标.回头再想:卷上[M].抄本.临海:临海市博物馆:13.

[10] 戚学标.鹤泉文钞续选:卷五[M].刻本.1813(嘉庆十八年):15.

[11] 戚学标.回头再想:卷下[M].抄本.临海:临海市博物馆.

顾况浙东行踪考略

胡正武

【摘　要】唐人史料载顾况于韩滉手下任判官之职，但其情况不详；顾况生平奇事是“求知新亭监”，其事与“判官”当有联系。就顾况所传诗文及唐朝历史典籍来看，顾况在韩滉手下任职主要是做“盐监”；任职之地方主要是在温州和台州；越州（今浙江绍兴）是浙东中心，顾况在温台任职与往来均尝经留于此。

【关键词】顾问；韩滉；浙东观察使；判官；盐监；行踪

顾况字逋翁，号华阳山人，华阳真逸，唐苏州海盐（今浙江省海盐县）人。约生于唐玄宗开元十三年（725），卒于唐宪宗元和九年（814）以后，寿至少 90，是唐朝最长寿的诗人之一。顾况于唐肃宗至德二载（757）中进士。此后在浙江东西观察使韩滉手下任职。在此期间，曾经游历过江浙一带，考其行踪，重点是在浙东观察使辖区内活动。唐江南道浙东观察使所辖范围，包括越州（今天浙江绍兴，含今已划归杭州的萧山）、婺州（今金华）、衢州、处州（今丽水）、温州、台州和明州（今宁波，含舟山）七州。顾况此间足迹，以前有的研究专家认为顾在韩滉手下任职一段有些不明。唐人史料中所载顾况曾任韩滉属下的判官之职，如皇甫湜《顾况诗集序》云：“尝从韩晋公于江南为判官，骤成其磊落大绩。”元人辛文房《唐才子传》载顾况“善为歌诗，性诙谑，不修检操，工画山水。初为韩晋公判官”。对此，顾况在其文中多次提到自己在韩晋公手下任职的经历。他在《检校尚书左仆射同中书门下平章事上柱国晋国公赠太傅韩公行状》中称自己为“晋国公韩公故吏”，又在其《上高祖受命造唐赋表》中称自己为“韩滉参谋”，总之，“故吏”也好，“参谋”也好，都是僚属；“判官”也是幕僚。《辞海》“判官”条：“唐代特派担任时职务的大臣皆得自选中级官员奏请充任判官，以资佐理。中期以后，节度、观察等使均有判官，亦由本使选充，以备差遣。”[1]201 这些都表明顾况曾经在韩滉手下做过多年的幕僚，与前述顾况的生平史料记载相符。只是顾况做判官于江南，到底在江南何处？在何时？颇有值得推敲之处。

本文欲联系浙东地理,以顾况诗文为内证,参以正史、野史、笔记小说等材料,勾勒其轮廓,以为唐诗研究之助。

一、顾况在温州

顾况参与官方活动,出任官职如担任盐监应该在至德二年中进士以后,也即皇甫湜《顾况诗集序》中所称"以文入仕"。其中进士以后所任职务较早有时间可考的,就是在浙东做判官;顾况做判官较有清晰时间可考的,又首推在温州任职一节。顾在温州任职的时间,在大历八年(773)以后到唐德宗贞元三年(787)离温赴长安为止。这一段时间也包含了在台州、越州的行踪。

顾况在温州的职务是盐监。他的文章当中也有明确的交代。从时间上来说,顾况的《祭陆端公文》说:"维大历八年正月朔,同乡顾况于永嘉发使,具箪蔬野酌,敬祭陆三十二兄端公之灵。"此时顾况任职于永嘉(今浙江温州)。另一篇《释祀篇》开头就说:"龙在甲寅,永嘉大水,损盐田。温人曰:'雨潦不止,请陈牲豆,备嘉乐,祀海龙。拣辰告庙,拜如常度。'"这个"甲寅"是大历九年(774),连同上一篇文章来看,这两年中,顾况都在温州任职。又其《龙宫操并序》曰:"顾况曰:'壬子癸丑二年大水,时在滁(今安徽滁州)。遂作此操,盖大历中也。'"此壬子、癸丑二年为公元772、773年,系唐代宗大历七年和大历八年,顾况有《在滁苦雨归桃花崦伤亲友略尽》诗,当即此二年中所作。因此顾况于大历八年到永嘉任职,有上述顾文作为根据,且有下述《仙游记》及《莽墟赋》为佐证的。

顾况的《仙游记》中记载了温州人李庭等入山斫树迷路而逢避台州袁晁农民起义入山者的事件:"温州人李庭等大历六年入山斫树,迷不知路,逢见祭水。祭水者,东越方言以挂泉为祭。中有人烟鸡犬之候,寻声渡水,忽到一处,约在瓯闽之间,云古莽然之墟。有好田泉竹果药。连栋架险,三百余家。四面高山,回还深映。有象耕雁耘,人甚知礼,野鸟名鸲,飞行似鹤,人舍中唯祭得杀,无故不得杀之。杀则地震。有一老人,为众所伏。容貌甚和,岁收数百匹布,以备寒暑。乍见外人,亦甚惊异,问所从来,袁晁贼平未?时政何若?俱以实告。"[2]5371 这篇《仙游记》不但有故事发生的时间、地点、人物、事件,而且其情节与此前爆发的袁晁农民起义紧密相接。据《旧唐书·代宗纪》载:宝应元年(762)八月,"台州贼袁晁陷台州,连陷浙东州县"。广德元年(763)三月丁未,"袁傪破袁晁之众于浙东"。四月庚辰,"河南副元帅李光弼奏生擒袁晁,浙东州县尽平"。顾况还将《仙游记》中李庭等人的经历创作了一篇《莽墟赋》,以纪其异:"大历迷者至莽然之墟也，前山极高，犹在其下。聚首峨峨，去天无多。中有灵草，洞泉浇沙。倒壁挂松，灵时接波。乳窦滴沥，芝房骈罗。野火不钻，枯木戛摩。阴岑胶加，流响减华。阳岗豁廖，上景澄霞。何意万里之荒谷兮，有此数百家。此家何代？图记不载。为当去殷，为当避秦？商山老人，不为汉臣。岂知人情之险鄙，征税之愁辛。迷叟归到家，持辞不可陈。儿征防丁，女事东沤。神龙吟兮凤舞，莽墟之所，超逍遥以容与。"[3]5365 赋中"何意万里之荒谷兮，有此数百家。此家何代？图记不载，为当去殷，为当避秦？商山老人，不为汉臣"云云，就是将此事看作《桃花源记》的重现，武陵人的再生。从这一《记》一《赋》来看，也可以充分说明顾况是将李庭等人的经历当作当时一桩特大新闻，故不惜重彩浓墨，大书特书。那么顾况是在李庭等人入山迷路事件发生之后到达温州为官，应该是比较有理的推论。

顾况除了上述作品涉及在温州生活以外，他还留下一些作品反映在温州的印象。如温州地方风俗重视祭祀，保留古代礼俗。如他的《永嘉》诗云：[4]666

东瓯传旧俗，风日江边好。
何处乐神声，夷歌出烟岛。

这首诗中就反映了东瓯重视祭祀风俗的一个画面，与上引《释祀篇》文相比，可以找到东瓯"淫祀"的联系。《史记·孝武本纪》："越人勇之乃言越人俗信鬼，而其祠皆见鬼，数有效。昔东瓯王敬鬼，寿至百六十岁。"《汉书·郊祀志下》记载略同。唐朝做过台州刺史的李嘉佑《夜闻江南人家赛神因题即事》诗云："南方淫祀古风俗，楚妪解唱迎神曲。锵锵铜鼓芦叶深，寂寂琼筵江水绿。"陆龟蒙《野庙碑》："瓯粤间好事鬼，山椒水滨多淫祀。"何为淫祀？宋人陆九渊《象山集》卷二十六《代教授祭神文》："孔子曰：'非其鬼而祭之，谄也。'《礼》曰：'非所祭而祭之，名曰淫祀。"'明人马统《施敬辩》则做了较为直接的解剖："凡今之所谓淫祀者，何始乎？在三代以上已有之。盖妖人邪士，假鬼道以愚弄乡曲而利之者也。"

顾况何时离开永嘉？考顾况好友柳浑、李泌入朝为高官的时间，则顾况离开浙东的时间大致亦可以确定。《旧唐书·德宗本纪上》载：唐德宗贞元三年(787)正月"壬子，以兵部侍郎柳浑同中书门下平章事。"同年八月"己丑，以兵部侍郎平章事柳浑为散骑常侍，罢知政事。"贞元五年正月，柳浑卒。李泌入相在贞元三年六月，《旧唐书·德宗本纪上》载："(贞元三年六月)以陕虢观察使李泌为中书侍郎平章事。"其卒年亦与柳浑相隔不到两个月："(贞元五年)三月甲辰，中书侍郎同平章事李泌卒。"顾况在柳浑为相后被征入京任秘书郎，则于贞元三年正月到八月这半年多一点期间。到李泌为相,任命为著作郎:"及泌相,自谓当得达官,久之,迁著作郎。"则在贞元三年六月到贞元五年三月这两年不到一点期间。李泌作相时间将近两年,远较柳浑为相时间为长,故顾况在京任职"久之,迁著作郎"亦合乎史实。假设顾况于贞元三年离开浙东赴京任职,前引《检校尚书左仆射同中书门下平章事上柱国晋国公赠太傅韩公行状》中云:"贞元三年闰五月十八日,故金紫光禄大夫检校尚书左仆射同中书门下平章事晋国公韩公故吏将仕郎前大理寺司直顾况谨上尚书考功。"则此时正在京师为京官(将仕郎前大理司直),元辛文房《唐才子传》顾况传载:"德宗时,柳浑辅政,荐为秘书郎。"已经透露这一信息了。

二、顾况在台州

顾况到台州的时间应当与到温州相前后。即参加唐朝政府加强榷盐,在东南沿海产盐区设立十个盐监的管理工作。东南沿海多出产海盐,台州亦然。顾况生平当中所谓"尝为韩滉节度判官"殆指此一时期所任职务。此期间正值唐朝政府修复"安史之乱"以及江淮地区农民暴动等社会动荡所造成的创伤,整顿社会秩序,发展经济之际,增加财政收入,政府对盐铁茶酒等项专营就成为重要手段。顾况在其《嘉兴监记》文中所说的那样:"天宝末,天下兵起;乾元初,上司奏议,宜以盐铁之职,总以社稷之臣,幹(胡案:幹一作斡,汉隶斡榦幹皆作幹,经典亦多通用。斡乃运转之义)乎山海之利,以富人也。淮海闽洛,其监十焉,嘉兴为首。"榷盐是增加财政收入行之有效的措施,如《南史·陈文帝纪》:"天嘉二年,以国用不足,立煮海盐传及榷酤科。"台州在当时设立盐监自在情理之中。顾况生平有"求知新亭监"一事,笔者曾经考证其地点即在台州临海,[5]据宋朝邑人陈耆卿《嘉定赤城志》卷七《场务·临海》载:"新亭盐监在县东南六十里,今废。"[6]486-625 其"新亭"即临海的"外有家子(今葭子)、城门、开石、南澍、江口、西岑、新亭、鱼西、泾山、绚珠、大田、章安、肯步一十三处,今败阙"中的"新亭"。[6]426、486 今名叫"新亭头"村,在台州最大水流——灵江边上,符合食盐亭场方便集散的要求。故盐监这种职务,地位虽然不高,但非常重要。《新唐书·食货志》载:"乾元元年,盐铁铸钱使第五琦初变盐法,就山海井灶近利之地置监院,游民业盐者为亭户,免杂徭。盗鬻者论以法……吴越扬楚盐廪至数千,积盐二万余石。有涟水、湖州、越州、杭州四场,嘉兴、海陵、盐城、新亭、临平、兰亭、永嘉、太昌、侯官、富都十监,岁得钱百余万缗,以当百余州之赋。"[7]151 可见当时盐税的收入对需要应付浩大军国开支的朝廷意味着什么。正因为如此，所以当时文士便有“趋其署者，如好鸟之栖茂林”这样的现象。当顾况“求知新亭监”时，别人感到奇怪来诘问他，他就说：“余要写貌海中山耳。”写为写生的写，貌乃描画之描，意即我要到那里绘画海上名山。对顾况的这一逸事，我以为应该从两个方面来看待。一方面，顾况有深受佛道宗教浸染，显得比较超脱的因素，此“写貌海中山”成为合理解释的原因；另一方面，顾况又有面对现实，积极用世，未能免俗的因素，如《唐诗纪事》卷二十八载顾况“与柳浑、李泌为方外友。德宗时，浑辅政，以秘书郎召。及泌相，自谓当得达官，久之，迁著作郎。况坐诗语调谑，贬饶州司户。”此“求知新亭监”成为合理解释的原因。总之，是“达则兼济天下，穷则独善其身”的原则在起作用。

顾况寄旅台州时，到过天台山，在临海住过一段时间。究竟在何时到达台州，又在何时离开台州，在台州居住多久？难以确考。只能原则上说他在到温州以前到达台州。但在此期间，他写了一些诗文，记录了他的行踪，可以提供有关在台期间的信息，勾画其在台的粗略轮廓。

一是顾况诗文可以说明他是从越州来到台州的。其《从剡溪到赤城》诗云[8]663：

灵溪宿处接灵山，窈窕高楼向月闲。
夜半鹤声残梦里，犹疑琴曲洞房间。

诗中的灵溪，既是用典，又是写实。在天台境内有二灵溪：一为桐柏山之灵溪，在栖霞乡；一为苍南乡之灵溪，源于临海玉峰山。顾诗之灵溪为前者，地近桐柏赤城，合其“接灵山”之意。晋孙绰《天台山赋》“过灵溪而一跃，疏烦想于心胸”，即指此溪。[9]395 这首诗表达了诗人到达天台，夜宿“灵山”之麓的内心感受。

二是他来台州是在唐代宗广德二年以后，到大历六年以前。顾况在临海居住，对袁晁起义以后台州的社会生活状况有深切的体会，对遭受动乱的人民寄予深深的同情哀悯。其《临海所居三首》前二首记录了此阶段的生活经历，应当是他到永嘉任职之前的一站。即顾况“求知（临海）新亭监”的经历。第一首：

此是昔年征战地，曾经永日绝人行。
千家寂寂对流水，唯有汀洲春草生。

这是一首记录史实的作品,即提供了诗人来台州的大致时间,是在台州爆发了一次规模空前的农民大起义——袁晁起义(袁晁起义于唐代宗宝应元年即公元762年,次年被剿灭)——以后来台州的(临海为唐朝台州州治)。诗中记录了经过动乱之后台州州治的荒凉景象,白日看不到行人,整个城市呈现出一种可怕的寂静,死气沉沉,只有环绕州城的灵江和江边的春草一如其故,不停地流淌与生长。从这首诗所交代的内容,可以与下面这首诗相联系来看,大致也可以推导这首题为《江村乱后》的诗歌很可能也是作于台州任上:

江村日暮寻遗老,江水东流横浩浩。
竹里闲窗不见人,门前旧路生青草。

因为诗中所写内容与前者联系非常密切,都是动乱之后一片破败、满目荒凉的写照。读后让人生出无限感慨。第二首:

此去灵溪不是遥,楼中望见赤城标。
不知叠嶂重霞里,更有何人度石桥。

《临海所居》第二首诗则是作者对号称"佛宗道源"的天台山的向往、怀念之作。诗中展现了一个人在临海所居楼中,心则飞向天台赤城、石梁的文士形象。此诗与前述"求知新亭监","欲貌海中山"可成呼应,为之作了一个脚注。因为天台山向来被看作海上仙山,从孙绰《游天台山赋》起就说:"夫天台山者,盖山岳之神秀者也。涉海则有方丈蓬莱,登陆则有四明天台。"唐诗僧皎然《送邢台州济》诗云:"海上仙山属使君,石桥琪树古来闻。他时画出白团扇,乞取天台一片云。"[8]2006可以为例。第三首:

家在双峰兰若边,一声秋磬发孤烟。
山连极浦鸟飞尽,月上青林人未眠。

此诗题曰《临海所居》,则是积非成是的结果。据成书于南宋前的《华阳真逸集》和《顾况诗集》,原题作《江上故居》,明万历年间顾况后人编的《顾华阳集》改题作《横山故居》,均未与《临海所居》二首相乱,今所传明铜活字本《唐五十家诗集》中的《顾况集》卷下九收录此诗,题目仍作《江上故居》。[11]2723因非本文讨论重点，故附此略辩之。

顾况在台州期间的行踪自然不止临海一处，其作品亦不仅写到临海天台。但留下作品不多。顾况还有一首描写道教天下十大洞天中的第二大洞天——台州黄岩委羽山的诗，亦属雪泥鸿爪，弥足可珍。《委羽山》诗云：[12]974

昔人乘鹤玉京游，翮遗仙洞何悠悠。
我来寻觅空彝犹，烟霞万壑明清秋。
何当骑麟翳凤登瀛洲，倏忽能消万古愁。

据《大清重修一统志·台州府》载："委羽山，在黄岩县南五里，一名俱依山。山东北有洞，俗传仙人刘奉林控鹤坠翮处。道书以为第二洞天，号大有空明之天。"玉京是道教教义中天帝所居之处，《魏书·释老志》："道家之源，出于老子。其自言也，先天帝生，以资万类，上处玉京，为神王之宗。"故道教的洞天福地多有号为玉京者，此处即以玉京代称道教的洞天福地。彝犹即夷犹，《楚辞·九歌·湘君》："君不行兮夷犹，蹇谁留兮中洲？"是徘徊不前之意。此诗是顾况游历委羽洞天的纪游之作。

三、顾况在越州（今浙江绍兴）

顾况在浙东观察使所辖州县任职时间较长，其足迹亦几乎走遍浙东。作为浙东观察使驻地和浙东政治经济文化中心的越州是顾况多次游历的地方。据其《送张鸣谦适越序》中说："余常适越，东至剡南登天姥。天姥之西，即东阳太末姑蔑之地。"顾氏适越至剡南登天姥，这段游踪大概就是《从剡溪到赤城》所记的从剡溪到台州、温州从事盐监一类职务所走的路线。天姥与天台相邻，天姥山是自然地理上天台山脉的一支，过关岭即到达天台（唐朝叫始丰县，唐肃宗上元二年改为唐兴县）。然后从台州再到温州。

顾况不但经过越州到台温，他很可能在越州也担任过盐监一类的职务。理由详下。顾况在越州不止一两次，这可以从其诗中窥见一二。

顾况《越中席上看弄老人》诗：[8]664

不到山阴十二春，镜中相见白头新。
此生不复为年少，今日从他弄老人。

从诗意来看,如前文论证顾况于唐代宗大历八年(773)到达台州、温州任职,经过12年,相当于唐德宗兴元元年(784)。顾况时年约60岁,与诗中“相见白头新”不甚符合。从诗中涉及年龄相貌内容推论,设顾况从越州赴温州、台州任职(顾况时年约48岁)的可能性更与诗意接近些。则顾况在此之前已经游历过越州,于理为安。

顾况《嵇山道芬上人画山水歌》:[8]661

镜湖真僧白道芬,不服朱审李将军。
墨汁平铺洞庭水,笔头点出苍梧云。
且看八月十五夜,月下看山尽如画。

这是顾况与越州当地人士交往所留诗作。嵇山当作稽山,代称会稽。道芬上人是越州丹青高手,《太平广记》卷二百十四《杂编》:“僧道芬,会稽人。”善画山水,“道芬格高”。[13]1044诗中将道芬上人与朱审、李思训李昭道父子相提并论,以为其画品不在朱李之下。唐代张彦远所著《历代名画记》云:“朱审,吴兴人。工画山水,深沉瓌壮,险黑磊落,湍濑激人,平远极目。建中间颇知名。”[14]唐朝《历代名画记》列入妙品上,朱审与王维等齐列。李将军即唐朝著名青绿山水画家李思训李昭道父子。僧白道芬善画,与当时文雅士人多有交往,不仅见于顾况此诗,还见诸唐朝其他诗人作品中。如刘商《酬道芬寄画松》:“闻道铅华学沉宁,寒枝淅沥叶青青。一株将比囊中树,若个年多有茯苓。”[8]766徐凝《伤画松道芬上人国画钓台江山而逝》诗云:“百法驱驰百年寿,五劳消瘦五株松。昨来闻道严陵死,画到青山第几重?”[8]1199顾诗对白道芬高超的画品做了热情的赞颂,表示诗人自己对其绘画艺术的喜爱。这首诗应当是顾况在越州游历期间所作纪游之作。

《剡纸歌》:[8]622

云门路上山阴雪,中有玉人持玉节。
宛委山里禹余粮,石中黄子黄金屑。
剡溪剡纸生剡藤,喷水捣后为蕉叶。
欲写金人金口经,寄与山阴山里僧。
手把山中紫罗笔,思量点画龙蛇出。
政是垂头蹋翼时,不免向君求此物。

这是一首具有特殊意义的作品，一方面记录了剡中所产剡纸在唐朝极负盛名，是文人心中争相欲得之物；另一方面又记录了顾况到达越州，希求剡纸的一段趣闻逸事。这也可以从另一角度助证顾况与越州的一段难舍难弃的情缘。

考顾况在浙东的行踪与经历，大抵是担任盐监之类级别较低，但其重要性非常突出的职务。《大清一统志·绍兴府》载："唐越州有兰亭监。官场五，曰：会稽东场，会稽西场，余姚场，怀远场，地心场。配课盐四十万六千七十四石一斗。"[15]则越州乃浙东盐监之中心，不但有全国四场之一的越州场，又有全国十监之一的兰亭监。其重要性自不难推知。则顾况在浙东的几个地方，可能都是担任盐监之职。在越州如此，后来在台州如此，在温州也是如此。直到离开浙东为止。

可以说越州是顾况在浙东行踪的中心，其足迹及于婺州、衢州。其作品如《严公钓台作》《发桐庐寄刘员外》《衢州开元观碑》等都是明证。因顾况在婺州、衢州行踪难以确考，故附及于此。

【参考文献】

[1] 夏征农. 辞海　中国古代史分册[M]. 新2版. 上海：上海辞书出版社，1988.
[2] 顾况. 仙游记[M]. //全唐文. 上海：上海古籍出版社，1990.
[3] 顾况. 莽墟赋[M]. //全唐文. 上海：上海古籍出版社，1990.
[4] 顾况. 永嘉[M]. //全唐诗. 上海：上海古籍出版社，1992.
[5] 胡正武. 顾况任新亭监之新亭考[J]. 文献，1996(2).
[6] 陈耆卿. 赤城志[M]. //四库全书史部地理类. 上海：上海古籍出版社，1988.
[7] 新唐书·食货志[M]. 上海：上海古籍出版社，1986.
[8] 全唐诗[M]. 上海：上海古籍出版社，1992.
[9] 天台县地名办公室. 天台县地名志[Z]. 杭州：浙江人民出版社，1987.
[11] 唐五十家诗集[M]. 明铜活字本影印. 上海：上海古籍出版社，1981.
[12] 陈尚君. 全唐诗补编[M]. 北京：中华书局，1992.
[13] 李昉，等. 太平广记[M]. 上海：上海古籍出版社，1990.
[14] 张彦远. 历代名画记卷十[M]. 四库全书本.
[15] 大清重修一统志[M]. 四库全书本.

◆文化传播与文化产业

从佛门另类到寺院热点
——济公与佛教关系的今昔变化探因阐义

许尚枢[①]

【摘　要】禅宗高僧济公因其特立独行而被视为佛门另类，至现当代转而成为寺院热点。这是艺术与宗教互动、僧俗两界合力打造的结果。以小说和电视剧为主要推手的二度“济公热”，具有有利于弘扬人间佛教扶正祛邪、除恶扬善的宗旨，有利于开发和整合特色宗教文化旅游资源，推动海峡两岸和平发展和祖国统一大业进程等多方面的积极意义。

【关键词】佛门另类；济公热；寺院热点；小说；电视剧；意义

济公，大家再熟悉不过了。然而恐怕很少有人知道，他在佛门中却是一位颇有争议、被视为另类的僧人。更加出人意料的是，随着第二波“济公热”的冲击，戒律森严的寺院，又打开更多的山门迎接他，而且数量和规制上呈现出走高之势。在社会呈开放形态、文化呈多元发展的当代，这种古今对比鲜明、僧俗互动频繁的文化现象，值得我们关注和深入研究。探寻其原因和发展趋势，发挥其积

---

① 许尚枢（1940—），浙江天台人，天台山文化研究会副会长兼秘书长，天台山济公文化研究会会长，中国徐霞客研究会会员，主要研究方向：天台山文化。

极作用，是我们亟须阐扬的一项工作。

一、高僧济公曾被视为佛门另类逐出寺院

(一)济公原本是一位富于个性和才艺的禅宗高僧

济公是人们对宋释道济(1130—1209)的尊称。他俗名李修元，出身皇亲仕宦之家。靖康之变后，祖上定居天台城北永宁村。从出家已“易教为禅”的国清寺时起，他先后驻锡于灵隐、净慈诸寺，经常不修边幅，游戏市井，徜徉山水，人称“癫僧”，实际上却是一位志向远大、学问渊博、行善积德、才艺超卓的高僧。

作为“国师”瞎堂慧远开悟的爱徒，济公名列禅宗第五十世，是临济宗杨岐派第六世祖，学养深邃，著有10卷《镌峰语录》(早佚)。他撰写《化缘疏》外出募化，修复被火烧毁的净慈寺和年久倾圮的东阳大智禅寺。他云游九州，挥毫题墨，文辞隽永，受到学者南怀瑾的极赞，说那四首《西湖》绝句和临终偈语“若以诗境而论诗格，他与宋代四大家的范成大、陆放翁相较，并无逊色”;如以禅学的境界论诗，则已臻禅境之极诣。他的疏状写得特别好，每有新作，临安满城争相哄传。他精通医理，又善书画手谈，可谓多才多艺。

从济公的诗文和经过明代人增饰的宋元说书人底本《钱塘渔隐济颠师语录》(简称《济颠语录》)中，可以看出济公尊奉分灯禅，主张无证无修，“佛法无用功处，只是平常无事”，提倡纯任自然，不加造作，和光同俗，将出世与入世融成一片。甚至以其“土面灰头不染尘，华街柳巷乐天真”的形象，与在醉酒中拯危济困的行为，将“行于非道，即是通达佛道”发挥到了极致。

由此可见，济公是一位富于才艺而行事特别的禅宗得道高僧。

(二)种种畸言异行和传奇经历，显示济公是一位特立独行的奇僧

济公自号“湖隐”和“方圆叟”，整天在市井间和西湖边游荡，与三教九流打成一片。如果遇到有争执或不平的事，就会出面调解和制止。只是他行事的方式非常特别，故后世僧传称他“息人之诤，救人之死，皆为之于谈笑戏谑间。神出鬼没，人莫能测”。他的博学多才，引得官宦富室慕名而来，竞相与之订交作友。但他并不主动与他们接触——除非因扶危济困需要——更不轻易受邀进入侯门。相反地，济公经常以其精湛的医术(也许还有神通)为老僧、贫民悉心治疾，很多疑难杂症由此得到根治。他还经常与那些顽童厮混，一边蘸大蒜吃狗肉，一边做呼洞猿、斗蟋蟀的游戏。最突出的当然是嗜酒成性，在酩酊大醉时，常会言人之

未尝言,事人之不敢为。《济公传》一首“佛祖留下诗一首,我人修心他修口。他人修口不修心,为我修心不修口”的诗,看似为自己的不修边幅辩护,实际上却是在鞭挞那些表面上吃斋念佛,而心里却无意向善,背地里尽做坏事的人,以此突出他以不修口来修心的独特的修行之道。

杭州虎跑济公塔院有一副相传是济公自撰的对联——“小变沙门戒律;大展佛法宏图”,堪称是济公契理契机,谙佛深意,也是他僧侣生涯的真实写照。他平日的难耐坐禅,不喜诵经;嗜酒食肉,衣衫褴褛;浮沉市井,到处游方;类若疯狂,涉嫌犯戒;扶危济困,好打不平等行为,尽管受人非议,他却依然故我。从本质上看,这一切无非是对佛门戒律的“小变”,游戏人间的外表蕴涵着对高尚理想的执着追求。作为大乘佛教的信徒,济公是以“小变”由梁武帝“钦定”的“戒律”为手段,和光混俗,以便更好地实现其彰善惩恶、“大展”普度众生的“宏图”这个“佛法”的终极目标。这副对联把原则性和灵活性巧妙地结合起来,体现了济公对佛教的改革和创新精神,非墨守成规的凡僧所能同日而语。

(三)济公因嗜酒疯癫被视为佛门另类,贬斥于主体僧团之外

然而就是这样一位才华出众、乐于帮人、才德两高只是喝点酒的僧人,被加上不雅的名称“济癫”,舍利铭也注上“济癫”二字。在小说家笔下,更夸大为不坐禅,不念经,不守戒律,经常呵佛骂祖,而且一身不僧不道的装扮和时作戏谑,酒后尤其癫狂无状。可是当寺僧向方丈告状,说道济违犯禅门戒规,不是正常的人,应责打并逐出山门时,方丈瞎堂慧远一边口宣:“法律之设原为常人,岂可一概而施!”在首座呈上的单纸上批了:“佛门广大,岂不容一癫僧!”此后无人再敢诟逐。

但在慧远圆寂之后,济公失去庇护人,还是被驱逐出灵隐寺,先是移居永乐寺、崇真寺,后至净慈寺作书记僧兼火化工。依然出入歌楼酒肆,游山逛水。人们看到他体无完衣,出于同情,将衣服施赠予他,不久又被他送进酒店换酒吃了,以致京城上下“尽知好酒癫僧”。他甚至突发奇想:“何须林景胜潇湘,只愿西湖化为酒。和身卧倒西湖边,一浪来时吞一口。”晚年写的《酒怀》更把他一生好饮的情状、感受和以酒“通笑骂之禅”“混风颠之迹”,却终难遂愿的感叹写得淋漓尽致。似乎他的一生真的“唯同诗酒是因缘”。

这种种言行自然不为一般僧人所接受,《嘉泰普灯录》(1204)和《五灯会元》(1253)里都没有济公的名号,这说明同时代僧人并不认同他。《传灯录》也只写上他的俗号“济癫”,并无事迹介绍。元明之际居顶的《续传灯录》、文修的《续五灯会元》都把济公收录在名僧慧远的法派里。可是在万历年间如惺的《大明高僧

传》中，仍半句不提济公。直到崇祯十三年(1640)，吴郡华山寺明河才在《补续高僧传》卷19中，为该寺的一位宋代癫僧明癫与济公合写了一篇《二癫师传》。

济公在生前被逐出寺门排斥在主流僧团之外，成为佛门另类；在他圆寂后漫长岁月中，尽管也有个别寺院出现济公的形象，却极少正面供奉，不是站在过道里，就是蹲在大梁上，如同打入了“另册”。

二、在当代济公像越来越多地被请入寺庙

进入近代以后，济公信仰升温，尤其是20世纪80年代由《济公》电视连续剧引发的“济公热”，推动佛门顺应民众对济公的信仰和热爱之情，适应旅游多样化的审美需求，将越来越多的济公佛像请进寺院。

(一)济公被请回原来出家的寺院

1.天台山国清寺，为纪念济公罗汉投生与最初出家处，1993年夏在五百罗汉堂供奉一尊由游本昌捐造的济公金像。

2.杭州灵隐寺，济公在此受具足戒，后被赶出寺门，直到1991年才建起“道济禅师殿”。2009年做了3个月的装修。2010年春，殿内济公青铜铸像举行开光法会。翌年，又增绘18幅蔚为大观演绎济公一生的壁画。

(二)原来供奉济公的寺院进行了重修或扩建

1.天台城北永宁村济公故居陇西园内的济公殿，是2004年在原民国初石墙头济佛院的基础上重建的佛教活动场所。

2.杭州净慈寺，为济公常住之处。民国二十三年(1934)重建济公殿，因战乱等原因搁置。新世纪初，由佛教善信和海外侨胞捐资建成。大厅神台供奉高1.9米的铜铸鎏金济公坐像。

3.杭州虎跑寺，济公墓塔曾三次重修。民国十三年还建起济颠塔院。今建筑为1981年重建。院后壁为济公民间故事大型浮雕群，中间立体济公像高3.4米。

(三)全国重点寺院纷纷供奉济公

据不完全统计，在1983年4月9日公布的汉族地区142座重要佛教寺庙中，至少有21座已供奉有济公佛像：浙江省天台县国清寺、高明寺，新昌县大佛寺，杭州市灵隐寺、净慈寺，宁波鄞州区阿育王寺；上海市玉佛禅寺济公殿；江苏省苏州市西园戒幢寺罗汉堂、寒山寺屋上济公塑像、焦山定慧寺济公殿、徐州市

云龙山兴化寺(原名石佛寺,又名兴化禅寺)济公殿;安徽省池州市九华山百岁宫五百罗汉堂;福建省厦门市南普陀寺清代瓷制济公活佛像;山东省济南市长清区灵岩寺罗汉堂;山西省五台山塔院寺济公瓷质塑像、五台山普化寺济公像;湖北省武汉归元寺罗汉堂(济公排在罗汉前);河南省开封大相国寺;重庆市罗汉寺;广东省肇庆市庆云寺济公殿;黑龙江省哈尔滨市极乐寺。绝大多数是首次供奉,一些济公殿则是新建的。另有西安终南山华严宗祖庭至相寺,也有济公摆案。

(四)大量新老寺院纷纷供奉济公

据不完全统计,浙江省天台、东阳、嵊州、慈溪、杭州、诸暨、嘉兴、平湖、德清、义乌、温州市瓯海区与舟山,共17处;华东地区还有上海市、江苏常熟、安徽颍上和池州、江西上饶等5处;北方地区有北京怀柔、房山,河南省信阳鸡公山,辽宁鞍山、抚顺、辽阳,吉林省的吉林市,黑龙江鹤岗,甘肃泾源、靖远,宁夏中卫,共11处;西南地区有22处,分布在湖北武汉、黄石,四川邛崃、德阳、乐山、宜宾、眉山、内江;重庆市二佛寺、华岩寺;云南省鸡足山;广东省广州市、江门市、丰顺县,汕头市澄海区、升平区,潮州市、揭西县、普宁市、大埔县、中山市、连州,并有香港湾仔济公庙、上环济公庙和九龙圆玄学院,澳门的睡佛堂济公殿等,共55处经过批准的宗教活动场所,济公在专殿或在罗汉堂里供奉。这标志着民间信仰的济公已经悄然进入正统的宗教殿堂。至于台湾供奉济公的庙宇更是数以百千计。

另外,当前正值民间信仰回暖时期,几乎每个乡镇村庄都有佛宇神龛,或旧有,或新建,其中不少专奉济公,或与其他佛道和民间神祇一起供奉,仅天台一地即有数十处,全国当以千万计。

三、济公回归佛门的基础和推手

济公能够从佛门另类回归寺院并成为热点,有多方面的原因。济公由凡人到罗汉、活佛有一个渐进和飞跃的过程;是民间与高僧互动、艺术与宗教结合,多方合力的结果,尤其是小说和影视的助推,开启了与日俱增的接纳济公的寺院大门。

(一)民间传说和僧界的神化是济公成佛和回归佛门的基础

与正统佛门中处于另类的地位截然不同,济公在民间备受尊崇,不断受到神化,先是成为传说中神通广大无所不能的罗汉,后来又成为人们顶礼膜拜的活佛。

济公之所以成为罗汉，有其故乡天台山的佛教背景。罗汉，即阿罗汉、应真，一般认为是跟随释尊听讲佛经的弟子，后来泛指已经灭尽一切烦恼，不受生死轮回、修得“阿罗汉果”果位的高僧。据梁慧皎《高僧传》载，东晋兴宁(363—365)间，敦煌高僧昙猷在天台石梁飞瀑亲历五百罗汉显圣说法游戏习定。这正与佛教典籍《西域记》中所称“佛言震旦天台山石桥方广圣寺五百大阿罗汉居焉”吻合。从此，天台山遂有五百罗汉道场之称。

济公父母年过四十尚无子嗣，前往国清寺伽蓝殿求子，当即有了身孕。十月临盆却久痛不产，到寺中降龙罗汉金像跌落之时，才为小济公诞生之日。相传济公不但聪颖异常，而且具有大神通，可以随心所欲：从在村边洒水可以熄灭京城大火，一把破蕉扇将贪官扇进水沟里，到能够在信众队伍中识别扮作妙龄女郎的火神，由水路运来的大木料可以从寺井中勾出，让人感到不可思议，有的还有实物为证。《济颠语录》也颇多诸如准确预测、让死尸移动等神通描写。各种寺志资料多载其“狂颠神通”，称“济累显神通，奇异多端”。而且济公拯亡救溺的方法也颇不一般，如用“抢新娘”的奇招，将全村百姓引到村外，避免了一场因“飞来峰”压顶造成村毁人亡的惨剧。诚如周恩来所说的：“人民很喜欢济公，因为他关心人，为不公平的事打抱不平，在民间流传着许多关于济公的美丽传说。”2006年5月20日，济公传说由浙江天台申报，经国务院批准列入第一批国家级非物质文化遗产名录。

在天台山罗汉道场和“东南佛国”杭州西湖的背景上产生的大量神化济公的民间传说，是各种形式的济公文化之母，也是后来济公回归寺院的基础。

(二)信众与艺术家的合作，民间信仰与佛教的互动，导致济公成佛

济公从与众不同的另类和尚，演变成为神通广大、超凡入圣的“罗汉”“活佛”，是信众与艺术家合作、佛教与民间互动的产物，全社会合力打造的结果。

济公生前，为穷人热心办事，民间流传着很多关于他扶危济困的故事。人们感激之余，把它与济公出生时国清寺罗汉像崩塌和传奇式的经历联系起来，在家中供奉其“神子”(画像)。后来看到济公火化时舍利如雨，晶莹剔透，更加惊诧、关注和钦敬。这是因为在世俗人的眼中，舍利是佛和高僧大德才有的稀罕物，对济公的舍利崇拜也由此形成。到了明代，寺院中为济公塑像和供奉“神子”并行。如山东长清寺济公彩绘泥塑像至今犹存。晚明灵隐寺住持戒显写过一首《济祖师》诗云：

怪尔真罗汉，纵横魔佛间。师尊一瞎老，颠尽两名山。

诗本天然韵,神通半杂顽。金身披破衲,顶礼欲开颜。

说明当时已在寺内悬挂济公像礼拜。至清,北京大寺院也供奉有济公神子。钱泳称:"乾隆壬子岁,余入都,见悯忠寺(今法源寺)方丈画济颠一幅,颇得吴道子法,因识其人,遂成莫逆。"这些正是济公其人深得百姓尊敬而被视为"活佛"的见证。

在民间传说的基础上,宋元以来特别是明清两代艺术家通过搜集、整理,发挥想象,创作了大量的话本、鼓词、评书、小说,清中叶以后出现了郭小亭等编撰的超巨型说部《评演济公传》,竟多达 1755 回、580 万字,堪称中国章回小说之最。与此同时,济公戏不断演出,明末戏剧家张大复作有《醉菩提》传奇,清光绪三年(1877)盈桂轩演出《济公传》,1935 年上海天蟾舞台推出连台本戏《济公传》,最多时达 72 本,引起轰动,使济公故事在民间和文化人中进一步普及。如果说传说让济公进入了神坛,那么小说、戏剧还有曲艺的三管齐下,让济公坐稳了罗汉和活佛的交椅。

"扶乩"的广泛推行,则使济公信仰更加深入人心,与日常生活结合得更加紧密。扶乩,是先秦即有的巫术,后来十分普遍,为儒释道三家所共行。清末民初,更"几乎遍满国中,非徒未衰,反加盛焉"。在富阳济公鸾堂恒济坛与杭州吴山永济坛,在杭州西湖谒祖的带动下,全国各地都出现了一些"济公坛",加上当时全国佛教发展的中心上海地区"佛道不分、佛教和民间信仰混同",于民国 6 年成立了"中国济生会",并进而影响北方的"京津救济会"和中国红十字会等,扶乩热也由此发展到极致。

晚清以来,皈一道、义和团和一些教派宗教也将济公等奉为神灵。北方群众还以济公为冰窖的窖神,砖窖煤炭等行业的窖神。义和团散发各种传单、揭帖,进行"扶清灭洋"宣传,其中大名鼎鼎的"降神附体"信仰中的《刀枪不入咒》就有"天灵灵,地灵灵,奉请祖师来显灵……五请济颠我佛祖……"等语,将济公称为"佛祖"。

舍利信仰、神子信仰、扶乩信仰、教派宗教、戏剧和小说创作与罗汉、活佛信仰交织在一起,将清末民初第一波"济公热"推向高潮。

所有这一切,都有寺院参与或受其影响。对此,以色列学者夏维明就小说创作与寺院的关系发表看法:

在第一个阶段,16 和 17 世纪小说的一些章节被纳入了灵隐寺和净慈寺的官方史料中；第二阶段，佛教自己的济公传记借用了小说中济公；第三，小说《醉菩提》和《(济颠)语录》都被佛教列为佛家经典著作。应该指出的是，《(济颠)语录》这部最早的济公小说也许是受了佛教的影响才写成的。虽然这部小说的大部分是来自口头文学，反映了民间的济公形象，但其中一段文字把济公描写成开悟的僧人而不是奇迹的制造者，这也许反映了佛教对济公的看法。另外也有可能小说中的某些情节故事是来自佛教的资料，虽然这种可能性很小。

这段概括性的文字，说明世俗小说是如何逐渐地改变了寺院对济公的看法与佛门对小说的影响。

(三)济公的罗汉、活佛身份，敲定于佛门高僧，定型于寺院塑像

与主流僧团排斥济公不同，济公同时代高僧破庵祖先禅师(1136—1211)率先将济公的犯戒“癫狂”看作是非凡的表现。他在《戢庵居士请赞济颠》中称济公为：

瞎堂之子，驸马之后；出处行藏，一向漏逗；是圣是凡莫测，掣颠掣狂希有；一拳拳碎虚空，惊得须弥倒走。

从偈题中可以看出是当时著名的戢庵居士张御带怀着崇仰之情主动请祖先禅师题赞的。另一位同时代高僧，曹洞宗第十三世、嘉定间二度住持净慈寺的如净(1162—1228)，也写有《赞济颠》一偈：

天台山里五百牛，跳出颠狂者一头。赛尽烟花瞒尽眼，尾巴狼藉转风流。

更干脆以牛比喻罗汉，把济公看作是天台山五百罗汉中的一员。这些说明济公在世或圆寂不久就有济公是罗汉或圣贤的说法流传于世，并至少得到佛教居士和部分上层僧人的首肯，与民间取得一致。

此后，从正面肯定济公的僧人愈来愈多。如明代永觉元贤禅(？—1657)也将济公归入应化圣贤：

不依本份，七倒八颠，搅混世界，欺地瞒天。任渠翻尽窠臼，何曾出

这绊缠。逃返天台难隐拙,虚名犹自至今传。

戏剧和章回小说中多处出现丈八金身罗汉的显圣场面,就是由此而来。

佛门从异于民间的角度来说明济公的饮酒食肉和神通与癫狂的关系。近世净土宗印光大师在《复庞契贞居士书》称佛菩萨以凡夫面貌出现,“唯以道德教化人,绝不显神通。若显神通,便不能在世间住。唯现作颠狂者,显则无妨”。济公这位大神通的人,其“饮酒食肉者,乃遮掩其圣人之德”所需。并作《济公禅师像赞》以申之:

为启众生真正信,故显种种大神通。不藉疯颠掩众目,何能常住振聩聋?

同样将济公归入“佛菩萨”的行列,其疯癫乃是“佯狂”,亦即济公是出于“众生已醉,我若未醉,如何醉里度他”的初衷而故意如此。当代惟贤法师在《道济禅师与吴越佛教文化》一文中,也明确肯定济公是与寒山、拾得、布袋和尚一样“既为罗汉,又为菩萨,‘内秘声闻乘,外现菩萨身’,未尝不可”。台湾高僧广定在《济颠禅师大传序》中对一些人离开精神,徒袭济公名号与神通为“白莲教余孽之假济公”之行径,进行严厉的抨击,同样是为了维护济公的神佛地位。

高僧大德对民间信仰的认可,促成济公逐步完成从奇僧到罗汉乃至于活佛的升级,并有助于济公的神佛地位定型于寺院塑像,包括单独供奉的济公像和罗汉堂中的济公像两种。夏维明说:

佛教的神像也像它的文字著作一样,显示了佛教对济公的接受是个逐渐的过程。济公的佛像进入净慈寺的五百罗汉堂最迟不会晚于16世纪,到了清朝罗汉堂里有济公的神像已经是十分普遍的了。

并指出“北京郊区的碧云寺、承德的罗汉堂,熙攘喧闹的俗家人在庙里对济公顶礼朝拜,可以说明佛教的济公和民间的济公其实并没有明显的区别”。还说“一旦佛教接纳了济公,它就开始促进济公崇拜的流行并规范济公的形象”。说明佛教与民间信仰两者存在着交互影响的互动关系。

(四)当代系列影视作品是形成新一波“济公热”的最大推手

在众多的文艺样式中,影视艺术虽为后起,影响却最为深广。民国十五年,开心电影公司拍摄了《济公活佛》1—4 集滑稽片。20 世纪 50 年代后，大陆、香港、台湾相继摄制了几部济公题材的影片，如：

《济公斗蟋蟀》(剪纸片，1959)
《乌龙济公》(主演：野峰，1978)
《新济公活佛》(主演：许不了，1982)
《降龙罗汉》(主演：许不了，1984)

到了 80 年代中期起数量激增，至今热度不衰：

《济公》(主演：游本昌，1985)
《济公外传》(主演：吕凉，1986)
《济公》(主演：林国雄，1986)
《糊涂神仙》(主演：龙冠武、小彬彬，1986)
《大小济公》(主演：石英、陈子强、澎恰恰，1987)
《快乐神仙》(主演：郑平君、佩佩，1987)
《济公新传》(主演：顾宝明、游安顺，1991)
《济公》(又名《降龙罗汉与济颠》)(主演：周星驰，1993)
《济公》(主演：周明增，1995)
《济公活佛》(主演：周明增，1995)
《济公》(主演：梁荣忠，1997)
《济公游记》(主演：游本昌，1998)
《济公传奇》(主演：麦嘉，2001)
《济公》(主演：周明增、王耿豪，2003)
《济公》(主演：龙邵华，2007—2008)
《济公新传》(主演：张默，2005)
《济公》(主演：龙绍华，2006)
《活佛济公之血珍珠》(主演：严宽，2009)
《活佛济公》1、2、3(主演：陈浩民，2010、2011、2012)
《济公游十方》(主演：游本昌，2012)
《济公学堂》(主演：游本昌、亚明，2012)

片子多、集数多、名角多:标志着影视“济公热”的勃兴和蓬勃发展。

特别是部分外景拍摄于济公故乡和常住地杭州的六集电视系列剧《济公》,于1986年春节在上海首播通过荧屏传向大江南北后,由游本昌主演的济公形象深入人心。妙趣横生,诙谐自如的表演,深受观众喜爱,他本人也因此被誉为“活济公”。街头巷尾响彻着“鞋儿破,帽儿破……哪里有不平哪有我”的轻快主题歌,在国内外引发了经久不衰的“济公热”。翌年八九月间,上海音像资料馆译制的英文版六集电视连续剧《济公》,赴美国洛杉矶参加国际录像博览会,观众为之倾倒。圣诞节时,还特地连续播放其中的《古井运木》《大闹秦相府》两集,以满足观众的要求。作为虔诚的佛教信徒,游本昌在此后拍摄的20集《济公游记》和《济公3》《济公游十方》与大型魔幻儿童舞台剧《济公学堂》中,融入了更多的佛教理念。

周星驰、张国立、陈浩民等名导演名演员争赶这股热潮,竞相拍摄济公题材的影视作品,乃至河南沈丘县十多位农民自编自演自拍了10集豫剧《济公新传》。国家广电总局也将20集《中国民间故事传说——济公》列为第三批推荐的国产优秀动画片。曾炜的52集电视动画系列长片《古灵精怪小济公》也正在制作之中。

现在要是打开电脑,网上济公题材的影视线上欣赏,会让你感到眼花缭乱。可以说,影视对民间济公信仰的升温作用和佛门容纳济公的促进作用,是任何艺术都无法比拟的,无疑是“济公热”的主要推手。

在演艺界争相创作济公题材的电影、电视的同时,一些有关济公的曲艺、戏剧作品也开始重新搬上舞台。京剧和其他剧种、地方戏,以及皮影戏、台湾歌仔戏、诗歌剧等,或传统,或现代,或两者融合,全新演绎了济公传说故事和小说……书画家、雕塑家也不甘落伍,杰作连连。作家、学者编撰了五六十种有关济公的书籍,有关济公的文物古董也开始受到藏家的青睐。现在如果我们在百度输入“济公”两个字,可以找到相关结果约1560万个。

这一切标志着以电视剧为主要推动力,继清末民初的“济公热”之后,第二波“济公热”的方兴未艾,也导致济公信仰的升温,促使愈来愈多的寺院祀奉济公神像。

四、佛门“济公热”的意义

济公从佛门另类回归寺院,并且成为热点,反过来又对教内外产生了较大的影响，具有多方面的积极意义，现仅其中的三个方面做些简述：

(一)有利于弘扬人间佛教扶正祛邪、除恶扬善的宗旨

人间佛教理论，源于《阿含经》"诸佛皆在人间，终不在天上成佛也"的法语真言。后经龙树菩萨、太虚大师、印顺导师、赵朴初居士等的努力，成为佛门共识，海内外许多寺院都在走人间佛教的道路。

中国佛教素有"重行"的优良传统。东晋道安在诸经提出的佛法要旨中，就有"重行"一项，即依所约要旨而去实践修行。济公遵照师祖克勤"佛法即是世法，世法即是佛法"的教导，主张亦入世亦出世、浑俗和光，利他济人。这既是对传统佛教"诸恶莫作，众善奉行"基本精神的恢复和革新，符合"人间佛教"的精神，也是对中华民族急公好义、扶危济困优良传统的继承和发展，堪称"人间佛教的先驱"。赤城山济公院八盖阁有两副楹联：

> 不诵经，不谈禅，不守斋规，专管世间不平事；无挂碍，无恐怖，无边法力，要救天涯无辜人。
>
> 两只芒鞋，来世上扶危济困；一把破扇，分人间正道邪风。

评述济公改革佛教，一心为民，扶正驱邪的精神，体现了专为人民做好事，才是真正的修行的观点。

在汉传佛教中并无"活佛转世"制度，被信众称作"活佛"的，唯有济公一人而已。这不但源于他在信众的心目中神通广大、与佛处在同一层次上的形象，更在于他与民众亲近，在民众需要帮助的时候他会主动前去排难解纷的行为。也正因为如此，信众相信他永远活着，不离开人间。

济公文化具有丰富的思想教育内涵，集中体现为"慈悲仁慧，无我利他；扶贫济困，惩恶扬善"的济公精神。济公祖上抗金故事是生动的爱国主义教材；苋菜叶泼水救净慈寺、赭溪救童、飞来峰、济公上梁等传说，教人助人为乐；破铜钱、利济桥、棒打寿联飞、掷刀戏秦桧、方药师找水、济公帽石、火烧净慈寺等传说，提醒人们对付坏人坏事不但需要勇气，还需要机敏和智慧；吟诗感官、济公与蟋蟀、饺饼筒、七粒米八担水、虎跑寺鏖池、王水娘潭、卢万山打赌等传说，则教育人们要勤俭节约，注意保护生态环境，讲求人际和谐。

这些内涵源自中华道德文化的千年积淀，并与近世广泛流传的《济公活佛圣训》中诸如"弟兄姊妹皆同气，争什么？""公门里面好修行，凶什么？""人世难逢开口笑，恼什么？""人争闲气一场空，恨什么？""冤冤相报几时休，仇什么？""欺人是

祸饶人福,卜什么?”等则相印证,对信众和读者的言行和心理有一定的教化和约束作用,成为人们立身行事和修补关系的箴言。

晚清刊刻的《苦海金堤》中录有《济佛戒烟贪赋》,针对当时鸦片横行,以“戒烟片言”相劝,以免祸国殃民,并开出“断瘾良方”,实为心疗法门。又有《道济禅师戒淫文》,力陈“淫人妻女”“败德损身害最大”,“奉劝世人当自省,色淫两件深戒之”。

在“人间佛教”理论的指引下,很多佛教徒走出寺门,以其实际行动为社会服务,为人民排难解纷。为进一步弘扬佛教六和精神,发扬慈悲济世、扶贫救困的优良传统,再现2500年前佛陀住世时原始佛教比丘僧团“日中一食,树下一宿”的生活状态,辽宁、江苏、杭州等地的佛协、寺院纷纷举行振兴盛世托钵行脚活动,传播“和谐社会,以爱相通,播种福田,开启智慧”等主旨。

总之,佛门“济公热”有利于人们继承中华优秀道德传统,纠正“两耳不问世外事,一心只为自身修”的偏颇;对僧人来说则是以出世的精神来做入世的事业,扶正祛邪、除恶扬善,达到“化人间为庄严净土,变地狱为极乐世界”之目的,使佛陀普度众生的宗旨落到实处。

(二)有利于开发和整合特色宗教文化旅游资源

中国是个多宗教的国家,其中佛教和道教是构成中国传统文化的两大支柱,积淀深厚,与之相关的景观非常丰富。特别是禅宗奇僧济公,“信脚半天下,落魄四十年。天台、雁荡、康庐、潜皖题墨尤隽永”,是一位到处漫游的行脚僧、寄情山水的旅行家。如果以济公故事传说产生之处为他曾到之地,那么至少现今的浙江、江苏、福建、广东、广西、海南、北京、河北、山东、湖南、湖北、四川、云南、甘肃、宁夏、辽宁等16个省区市都可能留有他的屐痕。而且他是一边寻幽问险,一边吟诗作词,还要一边扶危济困,可与后世的“游圣”徐霞客争一日之长。如果将济公曾经到过的地方、相关的纪念性的建筑和一些象形的自然实体,作为文化旅游资源来发掘,其丰富多彩的程度令人惊讶。

1.南方地区,有浙江省天台县城北永宁村济公故居,占地16亩,建筑面积6310平方米,由村口双牌楼、观霞阁、济公李氏祖居、陇西园、济佛殿及醉仙楼组成。宅第街坊与楼台亭阁水榭园林荟萃一体,内聚佛国之灵气,外撷仙山之精华,向世人展示当年皇亲府第的格局和浙东建筑的风貌。其北赤城山“书记岩”,为1209年春其师侄居简发现,最肖真人济公的天然石像,载入所写的《释签岩记》。杭州净慈寺运木古井是游客随喜的必到场所,现在井边又放上了济公汉白玉像。其他如温岭市八仙岩观音洞口的“济公帽”、宁波市余姚胜归山景区胡公岩摩崖石刻济公、浦江县仙华山的济公石、温州苍南县玉苍山的“济公鞋”、舟山白山济公石等都是吸引游客眼球的景观。

再如江苏省高淳县斜阳共话亭济公像，安徽休宁县搁船尖风景区朝圣门济公石，山东青岛市平度景区济公醉卧像、历城县西营镇济（智），福建省闽侯县南通镇古城村十八重溪石济公和济公峰、宁德市五里洋济公塘、漳浦县赤湖与莆田市东圳水库的济公帽、宁化县天鹅洞群风景区神风龙宫“济公圆梦”岩溶景观。

2. 北方地区，有辽宁省清原县天然石佛景区登天峡济公佛、沈阳市苏家屯区水洞风景区济公灵泉、铁岭开源象牙山济公石，北京市怀柔水库济公岩，河北省邢台县路罗镇峡谷济公观海岩景、天桂山济公洞，河南省鄢陵醉仙阁济公雕像，湖北省大悟县三里镇铁门铨、阿弥石，湖南省邵阳县河伯乡新坪村济公石、济公井，山西省晋城舜王坪景区济公岩，陕西省凤县嘉陵江源头风景区济公石，甘肃甘谷县大象山济公像，宁夏泾源张台石窟济公修炼处。

3. 西南地区，有重庆市江津四面山济公石、孔古镇济公桥，云南省大理上关花公园天龙洞，广东省潮汕桑浦山景观区济公受戒石林、电白县南海放鸡岛济公许愿树、韶关市长老峰风景区僧帽峰和仙履石，海南省澄迈县红岗农场济公山，连西藏拉萨市也有济公桥。

必须指出，济公文化现象和相关的名胜古迹，不但丰富多彩，而且富有个性。济公的面部表情、坐立的位置和姿态，都不同凡响，不会因千篇一律而使人审美疲倦，能够满足旅游者多样化的审美需求，更不用说其中包含着丰富的思想内涵。因此，无论是原先济公曾经活动过的寺院或者新建的济公庙宇，往往都是信众和游客最感兴趣的礼拜随喜之处。即使那些并非有意营建的天然景观，游人在不经意间与“济公”邂逅，也发出会心的一笑。

（三）推动海峡两岸和平发展和祖国统一大业

在祖国宝岛台湾，济公信仰早在 1881 年就已经随军从大陆传入。近半个世纪有长足的发展，济公文化更是无处不在。据台湾信徒介绍，目前全台湾共有祭拜济公的大小道、堂、殿、庙 1200 多所，专职济公堂 160 多座，登记在册的信徒 800 多万人（含一人多种信仰），占台湾总人口的 30%以上，尤以中南部为盛。

弘扬济公文化精神是两岸同胞的共同愿望，济公热促进了两岸交往和文化交流进入新阶段。1988 年 7 月，台湾丰源县济公信徒专程到杭州净慈寺，给檀香木济公像“接香”，两岸同根同源的济公同供一堂。正是在台商的捐资下，灵隐寺大殿后方建造了济公殿，让济公在历经八个半世纪的波折后“光荣返寺”，成就了另一个台海传奇。1989 年冬，台湾彰化县磺溪济公堂堂主曾明鑫一行五人来天台赤城山济公院寻根,请去宝像,现已分灵130多处。此后每年都有多批"朝圣团""进香团"和游客来天台山和灵隐寺、净慈寺朝觐瞻仰。2006年,仅济公院一处就达63个团1014人。济公故居自2004年重修以来,从开始时的23个团队600人次,现在已达上百个团队、上万人次,台湾省21个县市都有信徒前来认宗拜祖。

2005年,嘉义市南恩禅寺等分布在全省各地的89家济公庙宇共同组建了济公活佛交流会,促进济公文化的进一步传播。2007年4月,天台县济公文化交流协会在济公故居成立,先后与东南亚以及港澳台地区上百家寺庙和济公活佛交流协会签订了协议。与此同时,大陆的各界人士和专家学者也多批次赴台,参加诸如南投县"济公行舍安座、入火、启用大法会"等活动,增进了同胞情谊与和平统一祖国的共识。2011年9月,在台湾南投举办"两湖论坛"期间,两岸学者在宝岛首次举行"济公文化交流论坛"。同年11月28日,天台山济公故居与台湾彰化市济公堂协会联合举办台湾济公回乡探亲巡游活动,进一步加深了两岸民间交流和传统文化的传承。从2012年起,天台以国际济公文化旅游节为主打节庆。在5月17日上午开幕式上,来自海峡两岸与东南亚各国的2500位济公信徒与济公文化爱好者编成40个方队,边歌边舞,展示精彩纷呈的民俗风情,观者如堵,热闹非凡。

目前,天台正凭借多种优势,在申报海峡两岸交流基地的同时,回应"二代表一委员"的热切呼吁,借鉴福建中华妈祖文化交流协会的组建经验,筹划成立全国性的中华济公文化交流协会。

寒山子终隐天台山的原因及其影响

许尚枢

【摘　要】寒山子终隐天台山，缘于这里的生态环境优越，儒释道文化积淀深厚，自古就是文人雅士追寻的乐园。他独居深山，与国清寺僧人拾得、丰干结为挚友，吟诗作偈，与自然和谐相处，寿逾期颐，给后人以多方的启迪，在中外产生深远的影响。

【关键词】寒山子；天台山；国清寺；三隐；寒石山；影响

一、天台山历来是隐士追寻的乐园

著名学者陈慧剑说："这一时代，隐逸之风很盛，毕竟天台山是一个胜境，孙绰的《天台山赋》与刘晨、阮肇《误入天台》神话之流传，都一直吸引着多少求仙学道的人。"

位于浙江省东中部的天台山，早在《黄帝内经·山记》中即已著录。南朝陶弘景《真诰》更称其"高万八千丈，周回八百余里。四面，视之如一。在会稽东海际，一头亚在海中"，因"当牛女之分，上应台宿"而得名。按照古代"天人合一"的观点，三台六星有着掌管寿命、宗族家室与军队的功能，对应地下的朝廷三公，是最尊贵最有权威的星官。加上相传轩辕黄帝来此从九元子受金液神丹，商末孤竹国伯夷、叔齐死后任九天仆射掌治桐柏，周灵王太子晋治理金庭洞天掌管吴越水旱，汉刘阮入山采药遇仙喜结良缘等神话，使得天台山带上神秘、高贵与协和万物的意蕴。

明季高僧传灯将佛教的宇宙结构论与中华堪舆学结合起来审视中国山脉大势，以"山之为气，风则散、水则止"的观点批评"中国名山有七而五岳为尊，山自昆仑发源"之说为"见其近而未见其远，闻其小而未闻其大"的说法，从宏观上分析华夏三龙与从微观上分析天台诸山的龙脉走向，得出一个惊世之论：

天台山者,东濒大海界水而止,为东南一大结局,而父于南岳、祖于峨山,曾于昆仑、高于雪山。自雪山东南而下,不减四五万里,其中所有灵粹之气,莫不毕集于此,为神仙之窟宅、罗汉之道场,间生圣贤,养育英哲,岂徒然哉!

说明天台山与祖国的名川大山血脉相连,是钟灵毓秀之地。

历史记载正是这样。相传西汉时仙人茅濛的玄孙茅盈每年定期带着胞弟茅固、茅衷来天台游栖,由此溪、岗、村、桥、庵、窠均被冠以“三茅”之名;赤城山玉京洞则为三茅真君道场。加上桐柏金庭、灵墟、天姥山和司马悔山等“玄圣之所游化”的洞天福地,人们将天台山与江西庐山、广东罗浮山合称“陆上三仙山”,以与“海上三仙山”的蓬莱、方壶、瀛洲相匹配,连同泰、华、衡、恒、嵩诸山形成完整的“三山五岳”之说。

佛教在汉末就已传入天台山。东晋时石梁方广成为中国五百罗汉道场。陈隋之际,智顗入山开创中国第一个佛教宗派天台宗,国清寺成为它的祖庭,天台也因此被比作佛教发祥地灵鹫峰,有“即是灵山”之誉。天台还是禅宗重镇,“五家七宗”在这里都有传承。唐中叶,遗则在桐柏山盛传牛头禅创佛窟学;普岸弘扬临济宗,建万年寺。净土信仰也很盛行,宋代时更发展为“天台净土教”。

无数灵异的现象与神秀的山水,寺观棋布、仙释睦居的“千僧万道”局面,让人们对天台这座圣山景仰不已。难怪东晋孙绰在那篇掷地有声的《游天台山赋》中称之为“山岳之神秀者也”,尊之为可以与五岳媲美的“台岳”,认为“台岳之所奇挺,实神明之所扶持”,应“配天于唐典”,祀以最隆重的礼仪。

于是天台山成为大名垂宇的中华名山、历代高士隐居的首选之地。其间高人雅士来栖何止千百。

楚汉相争时,天台山的九遮村来了一位白发老人,有三人随从。相传这位老人就是西楚霸王项羽的谋士范增。他在离间计暗算下离开项羽流落至此,教导村民修路、架桥,用草药治病救人,后被奉为神仙,建亚父庙供奉。

如果说这是传说不足为信的话,则下面列举的都是确有其事的信史。

东汉末年,葛玄来赤城山从方士左慈隐修,炼丹学道,开拓了天台仙山。

高察,吴国太常,隐居华顶山读书,成为台州有史记载的第一位寓贤。龙皇堂“汉高察读书堂”的崖刻至今犹存。

昙猷,敦煌高僧。东晋兴宁(363—365)间来天台石梁方广筑庐修持,亲历五百罗汉显化，开始其开拓天台“佛国”的历程。

王羲之(321—379)，从天台白云先生许紫真在华峰灵墟学书，留下《记天台白云先生书诀》与右军墨池、黄经洞及独笔鹅字碑等遗迹。

南朝初，海盐顾欢(420—483)，开设学馆于楢溪之畔，聚徒施教，每期常近百人。为台州最早学馆。其地因而有欢岙、顾儒岭、欢山、欢溪之名。

杜京产，也是盐官人，与顾欢同时隐居。所隐之山即称招隐山。

褚伯玉(393—479)，擅长辟谷之术，为避婚姻，从盐官来到桐柏瀑布山，隐居在重岩之下以松果为生。20年后，为樵夫所发现。因吴郡王僧达苦礼招致，赴郡交谈了片刻即离开。时人将他与往昔“文举栖冶城，安道入昌门”并称。

萧统(501—531)，即梁昭明太子，曾隐居平桥镇开岩，后人建昭明太子庙纪念。清代乾隆年间大学士齐召南也曾居此读书作文。

陶弘景(456—536)，齐永明间在天台拜谒朱僧标(褚伯玉徒)及隐逸道士，访得顾欢记载真人遗迹的《真迹经》十余卷。以此为基础，编撰了一部征引宏富的集大成著作《真诰》。

庾肩吾(487—551)，号天台逸民，河南人。文学家、书法理论家。

徐则，隋东海郯县(今山东郯城)人。陈宣帝太建年间(569—582)，应诏入居至真观。不久，辞入天台山，在天台观侧卓庵修炼，号“隐真”。他隆冬不穿棉衣，“绝谷养性，所资唯松水而已”。晋王杨广尊他为“天台真隐东海徐先生”，“虽复藏名台岳，犹且腾实江淮”，比之于商山四皓。后归葬天台。

释智顗(538—598)，荆州华容(湖北潜江西南)人，是中国陈、隋之际佛教天台宗的实际创始人，号称“东土释迦”，人称智者大师。他自南下金陵弘法，虽然受到陈国君臣的尊崇和优遇，却因身处喧闹的京城，收徒逐年增多而得法反而逐年递减。于是不顾国君大臣的再三挽留，于陈太建七年率徒入天台山，居于北面山峰，栽植松栗，引入流泉。翌年岁歉，与慧绰种苣拾橡，垦田植禾，安贫乐道。因他俗姓陈，其地遂称“陈田”。

波若(562—613)，高句丽僧人。陈时入建康学佛。隋开皇十六年(596)赴天台山师事智顗，遵嘱赴华顶晓夜行道16年。圆寂于国清寺。

悟空，新罗僧人。大约于唐如意元年(692)创“新罗院”于国清寺前，接待来自新罗的僧俗。

司马承祯(647—735)，字子微，法号道隐，唐代河内温(今河南温县)人，道教上清派茅山宗第十二代宗师。隐居天台山40年，自号天台白云子，人称白云先生，是“南岳天台仙派”开创者。四代唐皇四次征召入京问道。天台和新昌两地的司马悔山和司马悔桥,即因他后悔赴京而得名。

甘泉先生,未详何许人。与司马承祯同时代。隐居天台华顶峰凡28年。唐玄宗多次降诏召请,被他坚辞。如此往复者多次。后来为迎请方便起见,让他与司马承祯在王屋山自选佳地,建造阳台观以让他们居住。

道育(? —938)新罗国(今属朝鲜)僧人。唐景福元年(892)来游天台,挂锡平田寺(即万年寺),颇多异迹。无疾坐化于该寺。

上述17人仅是举其较著名者而已,却足以说明天台山乃"玄圣之所游化,灵仙之所窟宅",至于名气较小而不见经传者更是不可胜数。

与这些高人雅士一样,寒山子对隐者乐居的天台山也神往已久。

二、天台山的生态环境最适宜隐居

清澈的泉水,清新的空气,富盛的生物,苍翠的森林,众多的药材,是古代隐士必要的养生资粮和优越的生存环境。

天台山脉由武夷山、仙霞岭中支自西向东北延伸而成,海拔1098米的主峰华顶在天台县北境,而海拔1229米的大雷山主峰则在县南境,又称明岩山脉。始丰溪在中间横贯东西,形成封闭式的三角形天台盆地,中心即为县城。有"八山半水分半田"之称。天台位于神秘的北纬30°线附近,临近东海,属亚热带季风性湿润气候,温暖湿润,降水丰富,年均气温为13℃,无霜期为230天。由于水热条件较好,植物生长茂盛,区系成分复杂,环境超好,四季分明,空气清新,负离子含量高,是适宜人居住的地方。不过在唐朝,据逢甲大学人文社会学院廖美玉院长考证,曾发生2月东海结冰、3月浙江大雪、5月大寒、9月雨雪、11月暖如仲春等极端气候现象。寒山子的"山中何太冷,自古非今年""夏天冰未释,日出雾朦胧""草生芒种后,叶落立秋前"等诗句可以印证。

天台山是天然的植物园和动物园,珍稀濒危物种15种,占全省19.48%。这里的国家级森林公园有600多种树木和大面积天然次生阔叶林、千米高山云锦杜鹃,并有多种濒危动植物生长,生态环境极佳。国清寺的隋梅、唐樟,桐柏山的楮树,明岩的方竹,与高僧灌顶、贤令陆淞等人的名字联系在一起。据调查,天台山有紫葛、百棱藤、天寿藤、菩婆藤、含春藤、石南藤等藤蔓植物255种,寒石山尤多,或与巨木缠绕,或与岩石相纠,或从高处垂挂而下,还有交织成十多丈长的绿色帘幕。

尤其难得的是"弥山药草,满谷丹材""石髓金浆、琪花玉树,多产其中""金松、卷柏、云芝、风藤，千年茯苓、九节之鞭，不可胜采”，仅野生药用植物就有834种。天台是“中国乌药之乡”，“天台乌药”日本人称作“长生不老之药”。铁皮石斛，名列中华十大仙草之首，深山有产。天台山矿泉水具有养生、药用和沏茶的多种功能，与寒石山相邻的紫凝山有“茶圣”陆羽评定的“天下第十七泉”。而清澈的石梁水，1995年央视《金秋十月台州行》报道沪上客人饮用后肿瘤为之消退。

黄精，杜甫称之有“扫除白发”的奇效。寒山子“一入双溪不计春，炼暴黄精几许斤”，常以九蒸的黄精充饥助力。天台山云雾茶素有“江南茶源，日韩茶祖”与“佛天雨露、帝苑仙浆”之誉，为“中国名茶之乡”和“中国茶文化之乡”。当年寒山子就是经常在云游山水和读书吟咏时煮茶品茗，参禅悟道。

国清寺处于五峰环抱、双涧回流的风水宝地上，是人称“三贤”或“三隐”的寒山子、拾得和丰干聚会最多的地方。这里有成片的参天古松，一路到县城都有翠云如盖的松林夹道，被皮日休称作“十里松门国清路”。于是“国清松”与“塔头风、万年柱、高明钟”成为天台寺院的“四绝”。

当年国清寺外有喂猿台，寺内有养虎室。原来丰干是天台东郊丰尚书之子，出家国清寺，舂米供僧，经常骑虎出入上下松门。传说他从虎口中救下一位孤儿，为其取名拾得。拾得稍长后负责食堂香灯和涤器，留下寒拾灶、三贤殿、虎啸堂、踞虎亭等古迹。地处深山的寒石山，更是“猿啼畅道内，虎啸出人间”。至明代万历年间，相传苏州少年僧惟贤入天台宁国寺受具，曾清晨赴禅林寺，有虎豹随至寺门，踞地相候，留下很多虎迹，被惟贤锄灭。事见康熙《天台县志》。清康熙十八年(1679)，亦有“全县多虎，人多逃亡”的记载。当今，天台仍有兽类47种，其中豹、云豹、苏门羚、猕猴、水獭和大小灵猫等被列为国家保护动物，1981年还发现过疑似华南虎。174种鸟类中有17种被列为国家重点保护鸟类，78种受中日两国联合保护。

2007年1月9日，国家环保总局命名天台为全国第五批“国家级生态示范区”。同年10月，入选第二届“中华百大人文与生态名山”。2013年4月，同属于天台山的天台、新昌毗邻两县一起公布为国家级生态县。2014年5月，天台又入选首批国家生态文明建设示范区。

天台境内千峰竞秀，万壑争流，山、岩、洞、瀑各具神韵，古、幽、清、奇风格独特，自然景观与人文景观水乳交融。依传统文化归类，可以将北面视作以释为主的“佛国”，包括国清、佛陇—高明—螺峰、石梁—铜壶、华顶4个景区；西北面看成以道为主的“仙山”，包括百丈—琼臺景区、桃源2个景区；西南面乃是以儒为主的“隐乡”,包括清溪、开岩—紫凝景区、寒山湖、明寒岩和九遮山等5个景区。居中的赤城景区和一、二两片之间的桐坑溪—万年寺景区,则为亦佛亦仙乃至三教睦居之地。诸景天然成趣,别具一格。

寒山子与走在“唐诗之路”上的其他文人墨客一样,被天台的神山秀水和仙源佛国所深深吸引。他写的七律“丹丘迥耸与云齐,空里五峰遥望低。雁塔高排出青嶂,禅林古殿入虹蜺。风摇松叶赤城秀,雾吐中岩仙路迷。碧落千山万仞现,藤萝相接次连溪”,将丹丘、国清、赤城的自然和人文景观生动地描绘出来,指引后人络绎不绝地前来这方景色迷人生态绝佳的地方遨游。

1980年,国务院公布天台山为国家重点风景名胜区;2000年,这里又成为全国首批4A级旅游区;2009年,天台县成为浙江省旅游经济强县;2014年6月,天台山又列入国家旅游局创建5A级旅游景区预备名单。这也是维护先人留下来的人文和自然遗产的创造性劳动的重大成果。

三、寒山子在天台山找到理想归宿

“据于儒,易于老,逃于禅”这个似乎是中国古代文人精神生活的典型模式,也适合于寒山子。他先是怀着儒家入世精神,实现治国平天下的梦想,却成黄粱。三十岁以后背井离乡,过起了漫游生涯。由于入世初衷未泯,中间插进一段“仕鲁”经历。此时大唐已经走下坡路,吏治更加黑暗,使他在仕与隐之间最终选择了奔向仙佛圣地天台山。

不过,寒山子的诗表明,初到天台他先是住在离城较近的桐柏山。九峰簇拥中的桐柏观,女梭溪绕流,风景佳美,是北宋张伯端(紫阳真人)创立道教南宗的摇篮。观西南翠屏岩,即孙绰山赋中的“搏壁立之翠屏”,与仙坛院(鸣鹤观)耸空对峙,“飞流以界道”的桐柏瀑布就在眼前。在这里一个“茅栋野人居,门前车马疏”的小村,他娶了新妇,生了儿子,重建家庭,过着“山果携儿摘,皋田共妇锄。家中何所有,唯有一床书”与“妇摇机轧轧,儿弄口喎喎”的耕读生活,时或“拍手摧花舞,支颐听鸟歌”“此时吸两瓯,吟诗五百首”,享受颠沛流离后难得的“农家乐”了。

估计寒山子这种典型的隐于农的生涯遇上了一次重大的变故,妻儿在他的诗中消失了。“竟日常如醉,流年不暂停。埋着蒿蓬下,晓月何冥冥。骨肉消散尽,魂魄几凋零。遮莫咬铁口,无因读老经”一诗可能写的就是这次悲惨遭遇后的情境。接着他只好过着“吁嗟贫复病,为人绝友亲。瓮里长无饭,甑中屡生尘。蓬庵不免雨,漏榻劣容身”的穷愁潦倒的生活。最后,他来到僻处西南隅的寒石山，安顿下来。这里距城七十里，一片原始森林，几乎完全与世隔绝。除了曾经回过老家一趟，余生即终隐于此。

同是隐居，寒山与翠屏村有很大的不同。

一是住，翠屏时是茅屋，而到寒山只能住自然的岩穴，过着"践草成三径，瞻云作四邻。细草作卧褥，青天为被盖，石头当枕头"的生活。

二是食，翠屏时是五谷杂粮，而到寒山只能以山果野菜充饥，而将国清寺僧众的残食菜滓收拾起来，放在竹筒里带回来，算作美味佳肴。

三是衣，翠屏时穿的是家织布，而到寒山除了偶尔有人以衣裘相赠，常年只有襦衣一袭："夏天将作衫，冬天将作被。冬夏递互用，长年只这是。""布襦零落，面貌枯瘁，以桦皮为冠，曳大木屐"，是他给人的穿戴常态印象。

四是行，翠屏与县城相望，而从寒石山走到县城得一天。而他只有木屐和草鞋，走远路既吃力，草绳紧又会把脚勒痛。有时甚至由于"履不全"走不到明岩。

五是生活，在翠屏时与妻儿享受天伦之乐，又有邻居农友，可以闲时谈笑。而在寒山则是离群索居，其孤寂是常人难以忍耐的。

这样的条件，对一般人来说，那简直是受罪，别说生活，活命都难。

但是，寒山子不但过来了，而且活得很愉快，还能寿至期颐。

这又是为什么呢？

一是居住条件虽然原始，自然风光却很优美。这里始丰溪东流，有多处冬暖夏凉的洞穴，"神泉"清凉甘甜。寒岩洞两侧有道家称作玄武的下山龟、出洞蟒、宴坐石、夕照瀑，以及鹊桥诸景。后来寒山子居住在东岩，即明岩，则有重岩、幽石、五马隐、目莲背母、白马上西天、老龙喷水、仙人洞、麒麟谷诸胜。两岩之间，一片片直立的褐绿色岩层节理犹如长虬铁甲，这就是蜿蜒于始丰溪畔的"十里铁甲龙"。其间古树成林，瑞草满坡，野果遍地，禽鸟"对歌"。金鲤洞高敞轩爽，龙心洞洞中有"窗"，龙须洞瀑泉若须，极富耳目之娱，被古志称作"台山绝胜处"，游憩其间令人心醉。

二是物质条件虽然艰苦，精神生活却很充实。因受道教影响，求仙思想在他的脑中潜滋暗长了，于是有了新的乐趣：

> 家住绿岩下，庭芜更不芟。新藤垂缭绕，古石竖巉岩。山果猕猴摘，池鱼白鹭衔。仙书一二卷，树下读喃喃。

仙书指的就是老子的《道德经》。他又自称"餐和子"，在白天"足蹑游方履，手执古藤枝”,漫游于青山绿水之中,有时“当阳拥裘坐,闲读古人诗”,有时又在石上树间写几行诗。饿了,“采山茹”,摘野果,“煮稀粥”。累了,“夜归岩下睡”,坐蒲团,燃“孤灯”,卧“石床”,修功夫。他“长为象外人”“绝得杂人过”,无尘俗之牵累,有幽居之乐趣。

三是虽无尘俗朋友,却有方外知己。寒山子远离故乡,幸运地在佛寺中找到了知己:“惯居幽隐处,乍向国清中。时访丰干道,仍来看拾公。”他们之所以能成为至交,有着多方面的原因。丰干是位舂米僧,拾得是弃儿,管食堂的香灯,寒山子更是一身孑然的浑小子。三人同为社会下层人士,自然互相怜惜。加上又有吟诗作偈的共同爱好。后来寒山子信仰上佛教,彼此有了共同的信仰,成为国清寺的“编外僧人”。这“三同”让他们“朋游情未已,彻晓不能眠”,兴奋得整夜睡不着觉,其乐趣又岂是局外人所能体会得到的。

四是虽无远亲近邻,却与周围生物和睦相处。不妨以虎为例,国清寺僧众开始时听见丰干的虎啸十分惊惧,后来不见伤人,也就习以为常,而寒山子、拾得更因为与丰干来往频繁而经常接触老虎,竟与虎交上朋友。中日两国多幅《四睡图》,画的正是“三人交头枕虎而睡”。宋释法薰的《四睡图赞》对此做了生动的描绘:

一等骑虎来,两个挨肩去。松门外聚头,辊作一处睡。梦蝶栩栩不如,孰为人孰为虎。待渠眼若开时,南山有一转语。

在寒石山,也有近似的情况。起初是“此中多伏虎,见我奋迅鬣。手中无寸刃,争(怎)不惧慑慑?”虎凶难免令人惧怕,寒山子却不因此以放火烧山、斫树芟林驱虎,而是“庭芜更不芟”“云路烟深绝客来”,尽量保持原生态自然环境。于是由人自“家住绿岩下”、兽自栖息丛林中,进而至于“石林临碧沼,虎鹿每为邻”,终于臻达“猿啼唱道曲,虎啸出人间”“时逢林内鸟,相共唱山歌”这样人与各种生物睦邻友好的境界。联系当今泰国的帕朗塔布寺,僧人养虎多至百头,人称“虎庙”。有时带至市井,与人相遇,无异于猫狗。以今日之生态与古时不可同日而语尚且可以如此,当年寒山子与动物和平共处乃至亲似一家是完全可信的。

五是虽未正式出家,却已臻于禅修至境。寒山子一生经过了由儒入道,由道转佛,终至于禅的心路历程。诗中经常出现“孤”“独”的字眼,在丰干、拾得辞世后更是如此。但正是这种生活和精神上的孤独,使诗人摆脱了世俗的纠葛和琐屑,隔断了红尘的喧嚣与躁动,将他推上了精神的顶峰,在生活之上为自己建造了第二世界。此时，灵魂不再孤寂，因为可以与自然相亲；生活不再孤独，因为有自然相伴，大自然成为他的至亲至爱：

> 久住寒山凡几秋，独吟歌曲绝无忧。蓬扉不掩常幽寂，泉涌甘浆长自流。石室地炉砂鼎沸，松黄柏茗乳香瓯。饥餐一粒伽陀药，心地调和倚石头。

“阿伽陀药”在佛教中称灵丹妙药，比喻价值无量能普去众疾、调和心地的佛法。以此为基点，连结宗教与审美，使得二者在互动交融中完成了寒山子诗世界的圆满建构，使寒山子获得了审美快乐。这种更喜欢一个人与天地精神相往来的洒脱心态，正是他达到修禅至境的表现。

可以这样说，只有当寒山子来到寒石山，他的思想才升华到禅者的最高境界，他的诗才达到禅诗的最高成就。换言之，只有当寒山子来到寒石山，与这里的天地合一，与国清寺丰干、拾得的心灵契合，他才找到了真正的自我，实现了他真正的人生价值。寒石山就是他人生的最好归宿。

四、寒山子隐居天台山对后世影响深远

（一）对后世山林隐逸的热潮起到了推波助澜的作用

寒山子隐居天台山在唐代就已为人知。在由越经剡入台的“唐诗之路”上，元稹、张祜、李绅、许浑、方干、李郢、曹唐、曹松、杜荀鹤、贯休等诗人，先后登上“仙源佛宗”的天台，就是受到寒山子的影响，甚至是冲着寒山子来的。有的则以诗相赠，如徐凝的《送寒岩归士》：“不挂丝纩衣，归向寒岩栖。寒岩风雪夜，又过岩前溪。”诗题中的归士即寒山子。他的《送僧归天台寺》也说“莫折枸杞叶，令他拾得嗔”。

五代以后，不断有皇亲臣宦文人墨客游览天台山，几乎所有人都巡礼过国清寺，不少人还造访过寒岩明岩。僧道隐修在天台，更不乏效法寒山子的动机在内。

夏侯隐，里籍无考，唐大中末隐居天台。杜光庭的《仙传拾遗》称他每登山渡水，闭目美睡，同行闻其鼾声而行不蹉跌，谓之“睡仙”。

张无梦，号鸿蒙子，陕西周至人。师事陈抟，多得微旨。后庐于天台琼臺修

炼,宋真宗授官赐号均不受。

桑世昌,江苏扬州人,陆游甥,博雅工诗,辑有《兰亭考》等,后即居台。

许仁,山东钜野人,登宣和进士。历监察御史,随跸南渡,知临安府。疏劾黄潜善、汪伯彦。直道不容于朝,因偕皇族赵士仡兄弟游台山,卜居于台邑墨湖,建亭自适。

季思可,户部侍郎致仕,隐居天台山,筑读书堂于雷马山。

张舜功,宋末抗元将领张世杰次子,在其父殉国后,奉母隐居天台,后裔即世居天台。

赵孟頫,浙江湖州人。宋宗室,书画大家。元兴入天台山,隐居南山兴教寺年余。

杜本,祖先居京兆,后徙天台、清江,博学善文,人称清碧先生。元廷召为国史编修,称疾固辞。

潘和道,天台人。元末隐于华顶,筑云山一览亭,自号竹坡隐者。刘基力劝出仕,力拒之。

明清易代之际,除了天台本地坚持民族气节的明工部左侍郎张文郁祖孙“三逸”、徐光绶、朱之任、张亨梧“三高士”等外,来天台山避难隐居者更是摩肩接踵。如官礼科给事中的山东姜埰、新安籍举人汪沨、杭州柴绍炳等。后者名列西泠十子之一。再如恽日初,字逊庵,明末副榜,上守边备御之策五道,携书三千卷隐天台山,后出家为僧,参加义军抗清不成,乃归故里闭门著书。

清释虚云,坐阅五帝四朝、身兼禅宗五宗法脉的寿星高僧。在华顶天柱峰庵得融镜禅师开悟,随侍身边,后往国清、方广诸寺参学,五年后珍重道别。

据不完全统计,自唐至清因慕胜而来天台隐居和定居的各级官员多达65人。其中有金紫大夫徐铬,刺史陈熹纪,奚承芳,何郭,钱稔,鸿胪寺卿鲍凤,尚书邱宪,吏部侍郎季孟宾,驸马钱景臻,中书舍人汪藻,太尉曹勋,侍御史金友言,陈大猷,邑令张贞,郑至道,王琰,陆淞及主簿齐颐,县尉庞修己,府学训导陈启阳等。他们都曾瞻仰三贤的隐居胜地。

(二)“三隐”在天台山,为国清寺和西区旅游增光添彩

国清寺是佛教天台宗的祖庭,三隐的出现给庄严的殿堂带来了更多令人寻绎的禅味,丰富了佛教文化的内涵。更重要的是,在佛教中寒山子为文殊菩萨化身,拾得为普贤菩萨的化身,丰干则是阿弥陀佛的化身,在道教中寒拾为“和合二仙”,在儒教中寒拾为“和合二圣”,这就提高了三隐的信仰层次。他们不同于众的装束,指点处世的诗偈,留下的古意斑斑的遗迹吸引众多信徒前来瞻仰。

寒石山虽然僻处西隅,但其高旷的洞穴,深邃的峡谷,蓊郁的林木,清澈的流泉,让人眼前一亮。神奇的传说,斑驳的崖刻,另类的神像更加引人遐思。天台西部本来就有"隐乡"之誉。寒山子的加入,使其文化积淀更加深厚,传奇色彩更加浓郁,从而成为北片以外天台旅游的又一重镇。

近年,寒山脚下掀起旅游热,寒岩前的后岸村建起了农家度假村。山水如画,气候宜人,优雅的民宿,万亩桃花,让人陶醉,游客在这里可以尽情挥洒豪迈情怀。寒山村投资兴建200亩荷花示范基地,建起了寒山茅舍与寒山讲堂,在寒石山前筑起一道亮丽的风景线。后岸、寒山两村还与神秘九遮山、吴冠中写生地张家桐联合发起组建"天台西部美丽乡村联盟",加上异彩纷呈的"水上乐园"寒山湖与"涂鸦村"金满坑,"寒山神隐之旅"的前景无限。

(三)推动儒释道三教融合的天台山成为中华"和合"文化的发祥地之一

"和合"是中国传统文化的核心思想之一,也是中国几千年来传统价值系统中的终极体现之一。我国名山众多,或偏于佛,或偏于道,或佛、道兼之,唯天台山与极少数名山才真正是儒释道各派各宗共处、共修、共融的圣山。早在汉晋南北朝,三教就在这里先后兴起。到了隋唐三教迅速发展,释道达到鼎盛,佛寺道观大增,书院也不少,遂以寒山子、拾得、丰干为标志,孕育出儒释道三教融合独特的"和合"文化,包蕴了人与自然、人与人、人自身、人与社会四者和谐的内涵,从而成为中华"和合"文化的主要发祥地之一。

天台十分重视对和合文化的传承和弘扬。台州市天台山文化研究会及其成立于20世纪80年代的团体会员——寒山文学社(现名"寒山文化研究会"),长期致力于寒山子及其文化现象的研究,取得了显著的成绩。2008年5月,天台与中国社会科学院和省社科联合作,举办了寒山子暨和合文化国际研讨会。同时对和合文化的资源开展全面调查,切实做好遗迹的保护工作。2007年6月5日,"寒山拾得传说"进入第二批浙江省非物质文化遗产名录。在此前后,国清寺精心整修三贤院,恢复了五代建筑风貌。寒岩、明岩及与和合文化相关的古迹也得到了修整,还将在寒山子徜徉的湿地上建造的人工湖命名为"寒山湖",启动街头镇(原名"仙人镇")改名为寒山镇的申报程序。近年明丰公司的"天台山和合文化园"建设、寒山文化交流中心等大项目已大体就绪,琳琅满目的展品让人应接不暇;街头小学以和合文化为中心的校园文化建设取得了显著成绩,处处洋溢着和合氛围,这成为天台传承和合文化的另一处重要阵地。他们这些举措得到了政府的支持,民众的赞许,学界的重视。复旦大学研究生王华于2010年提交了《天台山和合文化与和谐校园的构建》的学位论文,对如何以天台山和合思想推动校园人本理念的深入落实,促进校园信仰塑造和价值建设,助力校园文化冲突的有效化解提出了有益的建议。

(四)推动了中外文化交流活动的开展

从五代起,在文人墨客中就逐渐形成征引、拟作、赓和寒山诗的热潮。宋元时代,寒山诗传到朝鲜、日本。至近代,中外研究、翻译、出版寒山诗的势头更加迅猛。"五四"文学革命,将寒山子与王梵志、王绩三人并列为唐代三位白话诗人加以推崇。50年代,寒山子及其生活风范成为美国现代的传奇,并进一步将寒山子的山水诗由文学领域带进环境保护运动之中。由此又引发了台湾70年代评论寒山诗、考察寒山子身世、分析寒山现象的热潮。80年代迄今,中外寒山研究依然方兴未艾。特别值得一提的是美国汉学家比尔·波特于1977年用"赤松"笔名出版了《寒山诗集》英译本,并于1985年5月、1991年10月两次赴天台实地考察。2000年,耗时26年的全译本《寒山诗》出版,详细的注释和精美的图片受到普遍欢迎。寒山热所及,欧洲出现了法、德、荷兰、比利时文的寒山诗译本,青年人从寒山禅悟诗中寻找失落的精神家园。

2001年,比尔·波特作于1990年的《空谷幽兰》中译本问世,助推了终南山五千多位修行者的"隐居"热。2012年8月,69岁的比尔·波特又将寻访36位古代著名诗人足迹的终点选在天台山,得到隐者的响应。有的道士在桐柏山丛林中只身修炼。寒岩洞里来了一位来自苏州的电气工程师湛然,日食两顿,潜心于绘画、弹琴与写作,与洞内成千的燕子神交,有的就在他掌中伫立,有时连小猫头鹰也和他形影不离地待在一起。有记者采访当天,又亲睹飞燕在他身边盘旋和飞到他手中的精彩一幕。人们都把他看成是现代版的寒山子。

台州文化产业现状、问题及对策研究

葛乾辉[①] 杨供法[②]

【摘　要】文化竞争首先是文化产业的竞争，发展文化产业有利于优化产业结构，提高综合竞争力。作为民营经济创新先发地区，台州文化产业发展存在总量偏小、活力不足、结构不合理、体制改革滞后等问题，应用不断创新的精神，制定具有地方特色的产业发展政策，推动台州方兴未艾的文化产业。

【关键词】台州；文化；创意；产业

党的十六届六中全会《关于构建社会主义和谐社会若干问题的决定》提出：“加快发展文化事业和文化产业，满足人民群众文化需要。”发展文化产业，将有利于充分发掘台州历史文化资源优势，优化产业结构，增强经济实力，增加就业，促进经济、社会协调发展。同时也是落实科学发展观，构建“和谐台州”的迫切需要。台州市委相继出台了《关于加快文化大市建设的决定》《关于推进文化产业发展的若干意见》等政策文件，充裕的民间资本、强劲的民营经济、灵活的民办机制，形成了具有台州特色的文化产业。壮大文化产业，建设文化大市，对于实现台州“两个”社会建设走在全省前列，具有重要意义。

一、文化产业的概念和分类

法兰克福社会学派在 1947 年提出“文化产业”一词，随后国际上展开了对文化产业的跨学科研究。我国“十五”计划开始提出文化产业的发展问题[1](P3)。目前，国际社会尚未形成统一的文化产业定义和行业规划标准。为满足部门管理需要，结合文化活动的特点，2004 年 3 月国家统计局制定并发布了《文化及相

---

① 葛乾辉(1973—)，浙江临海人。
② 杨供法(1964—)，浙江临海人，副教授。

关产业分类》,将文化产业定义为:“为社会公众提供文化、娱乐产品和服务的活动,以及与这些活动关联的活动的集合。”具体涉及的行业分为九类:(1)新闻服务;(2)出版发行和版权服务;(3)广播、电视、电影服务;(4)文化艺术服务;(5)网络文化服务;(6)文化休闲娱乐服务;(7)其他文化服务;(8)文化用品、设备及相关文化产品的生产;(9)文化用品、设备及相关文化产品的销售。其中,(1)至(4)四个类别为核心层,主要反映传统意义上的文化产业;(5)至(7)三个类别为外围层,主要反映新兴的文化产业;(8)和(9)两个类别,主要反映相关文化服务产业。

二、台州文化产业现状

丰厚的历史文化遗存、独特的山水自然景观、巨大的文化市场潜力,为文化产业发展奠定了良好的基础。特别是近几年来,台州着力打造文化大市,营造文化产业发展的良好环境,文化产业有了新的发展。目前,台州文化产业发展状况及主要特点:

(一)文化产业初具规模

台州经济的快速发展为文化产业发展奠定了坚实的基础。2005 年,全市实现生产总值 1247.43 亿元,比上年增长 13.5%,三次产业结构由 13.6∶52.0∶34.4 演变为 8.0∶52.6∶39.4。文化产业初步形成了较为完整的体系,其中工艺美术品制造、印刷业、文教体育用品制造业、文化旅游、文化娱乐、媒体传播、广告业等产业发展较快,娱乐、网络服务、图书销售、印刷企业等领域固定资产总投资近 10 亿元,从业人员逾 10 万人。2005 年,工艺美术品制造业、印刷业、文教体育用品制造业规模上工业总产值分别为 110.5 亿元、6.64 亿元、4.69 亿元,占全市规模上工业总产值 7%;文化旅游发展较快,2005 年全市共接待国内外游客 1615.03 万人次,旅游总收入 139.09 亿元。

文化产业三个层次情况:根据台州市第一次经济普查资料,2004 年核心层实现增加值 1.943 亿元,占全市文化产业增加值 9.9%;外围层实现增加值 3.14 亿元,占全市文化产业增加值 16%;相关层实现增加值 41.65 亿元,占全市文化产业增加值 74.1%[2](P25)。

(二)文化区块正在形成

在块状经济发达的基础上,台州文化区块正快速发展。到目前为止,已形成了四大区块。一是历史文化区块。包括国家级历史文化名城临海、佛教天台宗发源地天台、含有儒教和古代商业文化的仙居(桐江书院、皤滩)。二是独特自然景观区块。包括名山景观和海洋岛屿景观。三是中心城市区块。主要是集聚了现代化都市文化。四是传统工艺品区块。形成了仙居、黄岩、天台、临海工艺美术品产业区块。

(三)文化企业快速成长

至2005年,涌现出一批具有一定实力的文化企业和企业集团,其中产值过亿元的企业有四家。台州广电、台州日报报业、市社会发展投资公司和台州市海德堡印刷有限公司等一批优势企业成为相关产业的龙头企业。一批有发展前景、产业特色和市场潜力的中小企业迅速成长,初步形成了大中小企业共同发展的格局。

(四)文化行业亮点纷呈

2006年3月,台州市首届文化项目招商会举行。通过文化项目招商,搭建起文化与经济融合的平台,让企业走进文化,让文化融入市场,实现了台州市电影娱乐城、文艺中心演艺剧场经营权有偿转让。台州市歌舞团在推行岗位目标责任后,承接各类演出40余场,包括"浙江省第四届作家节""台州申魅""阳光规划"等大型文艺活动。2005年10月,首届中国(台州)网络音乐节盛大开幕,网上参赛选手达1656人,参赛歌曲2243首。演绎台州改革风云的电视剧《海之门》央视热播,农民文化节、"演出、电影、图书"三下乡、文化投资体制改革如火如荼地开展,充分显示了台州建设"文化大市"的决心,体现了台州这个年轻、充满朝气、时尚健康的城市文化个性。

三、台州文化产业存在的问题

(一)产业总量偏少

与杭州、宁波、温州相比,台州文化产业在设施规模、水平档次、经济投入、人才队伍、资源存量等方面还存在一定差距,与毗邻的绍兴、金华相比也显得势单力薄,整个产业还处于粗放发展阶段,全省所处位置中等偏下。

(二)产业活力不足

目前台州文化产业中三大层次相关行业发展比例为9.9∶16∶74.1。产业市场属性弱,结构仍需调整。制造业科技含量偏低、品牌知名度低、企业规模偏小、竞争力不强的现象较为突出，产业升级任重道远。文化服务业发展缓慢，除发展理念和体制改革滞后、缺乏人才等原因外，文化资本薄弱、文化产品单一、文化资源配置的国际化程度偏低等制约因素也普遍存在。

(三)产业布局尚需调整

台州大多数文化区块较好地做到了与经济的协调发展。很多地方以文化区块的特色优势为基础，来确定城镇定位和产业发展方向，如旅游产品的开发就很好地利用了文化区块的特色优势资源，从而实现了区块文化与经济的良性互动发展。但全市作为一个整体，文化区块布局规划还相对滞后，文化区块和文化产品的宣传推介还存在脱节现象，一些文化区块旅游开发过度、污染防治滞后等现象也表明文化区块建设和经济建设的协调还需进一步强化。

(四)文化体制改革滞后

台州国有文化企业随着文化体制改革的深入，也逐步进入市场化运作。但内部体制改革还未完全到位，对市场的适应性还有待加强。民营文化企业发展较快，但民营文化企业散、小状况较为严重，现实文化竞争力偏弱。财政扶持、金融政策和资本市场支持不够，导致文化企业规模难以扩张。文化产业经营人才匮乏，从业人员整体素质不高，尤其是高级经营管理人才、专业技术人才和复合型人才奇缺，制约了文化企业的发展。

四、加快台州文化产业发展对策

依托台州文化产业基础，深化文化体制改革，充分发挥文化资源优势，整合资源，调整文化产业结构，特别要加大“外围层”“相关层”等产业发展，进一步采取措施，积极发展重点文化产业，壮大重点文化企业，加大产业扶持力度，用不断创新的精神推动台州方兴未艾的文化产业[3](P101-103)。

(一)发展六大文化产业

一是现代传媒业。根据台州城市特色、资源优势、文化消费趋势、经济社会发展现状，优先发展以数字广播、数字电视、数字电影、移动电视、网络媒体等新兴文化业态为主的现代传媒业，推动台州信息产业与网络文化相结合。二是文化娱乐业。优先发展与大众文化、体育、健康消费相结合的文体娱乐业，扩大和丰富人们文化娱乐健身消费的内容。三是文体服务业。优先发展与提高市民文化素质相结合的文化培训业。按照“提高全民文化素质，培养造就优秀文化人才”的要求，推进文化培训的产业化进程，逐步构建社会化、多层次、多形式的文化教育培训体系。四是文化会展业。优先发展与艺术品展销、文体活动相结合的文化会展业，推动艺术品一级市场的发展，活跃艺术品二级市场；办好一次性文化节会、体育盛会；持续办好网络音乐节、台州艺术节、农民文化节等常年性文化节会，以民营汽车制造为重点，举办汽车科技文化节，打出品牌。五是文化旅游业。优先发展与丰富人文资源和自然景观相结合的文化旅游业，以宗教文化、名人文化、山水文化、名城文化、石文化、海洋文化、工业文明等为内涵，构建风情旅游主线，开辟工业文明产品旅游新干线。积极发展红色旅游，实现保护与开发的良性互动。六是印刷出版业。继续扶持路桥横街印刷业发展，实施固本强基战略，适度控制印刷企业发展总量，优先发展与电子信息等高新技术相结合的印刷出版业，大力发展特色印刷市场，打造印刷产业区块，争取建立台州出版社和台州音像书刊出版社，推动印刷产业进行技术改造，向多色、高速、数码化和个性化印刷发展，把台州建设成为具有区域影响力的印刷制造业基地。

(二)壮大一批文化企业

扶持现有文化企业中具有一定规模、实力较强、潜力较大的行业龙头企业组建集团，扩大生产和经营规模，努力发展若干主业突出、品牌名优、效益明显，具有较强核心竞争力和可持续竞争力的文化企业集团；重点培育、扶持台州日报、台州广电等国有媒体业的发展，加快形成台州文化传媒产业集团；积极扶持各类文艺表演团体、电影放映、图书发行、印务等经营性文化单位的发展；适时组建以台州市演出公司、台州市歌舞团等艺术院团为龙头的台州演艺集团，以台州市电影公司、台州市农村数字电影有限公司为龙头的台州影业集团，以台州市新华书店为龙头的台州图书发行集团。重点加强对台州市文化艺术中心的指导和培育，充分发挥文化艺术中心的辐射和带动作用。

(三)提升文化消费水平

消费水平直接决定文化产品生产能力和流通效率。促进台州文化消费，除了大力发展经济，提高群众收入水平以外，一要提高居民的文化素质，使文化消费有良好的市场需求基础；二要运用市场机制，将文艺作品的创作、文化产品的生产，在正确的舆论指导下，尽可能地导向市场，获取最大的社会效益和经济效益，促进文化产业链的良性循环和群众消费水平的提高。

(四)完善产业发展政策

一要推进文化体制机制创新。按照国家和省的统一部署，落实文化体制改革方案,加快宏观和微观两个层面的改革,积极推进文化理念创新、内容创新、制度创新和科技创新。改革文化行政管理体制,转变职能,理顺体制,实行政企分开、政事分开、管办分离,探索建立调控适度、运行有序、促进发展的文化宏观管理体制[4]。二要规范文化市场准入。严格按照《行政许可法》和《国务院关于投资体制改革的决定》(国发〔2004〕20 号)的规定,以及中央关于文化体制改革的总体部署,按照鼓励、允许、限制、禁止等不同类型,加快制定文化产业投资目录,规范文化市场准入。积极推进审批制度改革,逐步推行公益性文化项目和重大文化产业项目政府采购制度和公开招投标制度,营造公开、公平、公正的市场准入环境。三要实现产业主体多元化。根据《国务院关于鼓励支持和引导个体私营等非公有制经济发展的若干意见》(国发〔2005〕3 号)《国务院关于非公有资本进入文化产业的若干决定》《文化部关于鼓励、支持和引导非公有制经济发展文化产业的意见》以及省、市有关文件精神,将社会力量办文化纳入文化产业发展的总体规划,努力形成多元化的文化产业投入机制。四要制定产业发展特殊政策。建立文化产业发展引导资金,专项用于扶持发展具有示范性、导向性的重点文化产业项目。实施优惠税收政策,制定人才激励政策,加大文化产业经营和管理、文艺创作、创意策划、体育事业、科研和文化经纪等方面人才的引进力度。五要创建优良发展平台。加强文化市场建设和管理,加强知识产权保护,优化市场发展环境。加强各类文化行业协会和文艺家队伍建设,确立行业协会的独立法人地位,充分发挥文化行业协会作用。鼓励文艺界群众团体开展文化产业建设,规范和扶持文化经纪、咨询、代理、仲裁等文化中介机构建设,建成完善的文化中介机构体系。加强文化事业、文化产业统计核算工作。以高校为重点创建文化人才培训基地,加快文化产业经营管理、影视科技制作、动漫画制作、网络游戏、网络出版等新兴专业文化人才的培养。推进文化人才资源合理配置,促进人才流动,优化人才结构。

【参考文献】

[1] 胡惠林.文化产业概论[M].昆明:云南大学出版社,2005.

[2] 台州市统计局.2006 年台州统计年鉴[Z].2006.

[3] 理查德·E·凯夫斯.创意产业经济学艺术的商业之道[M].北京:新华出版社,2004.

[4] 台州市委.关于加快文化大市建设的决定[Z].2005.

天台海上名山文化及其现代化之研究

叶哲明①

【摘　要】我国面临海洋竞争、经济文化一体化的新形势，以海上名山文化著称于世的天台应充分利用自然、人文和历史文化的资源，加快文化的产业化、现代化步伐，再展历史辉煌。这对浙江省以至东南沿海地区改革开放中的经济文化和旅游事业，有着重要的意义和深远的影响。

【关键词】天台；名山文化；幽秀神奇；现代化；产业化

天台是古代瓯越温、台东海王国的北大门，位于台州北部的群山环抱之中，群峰叠翠、千岩竞秀、万壑争流，景色幽秀神奇，丰富多彩，有“南国山水天台奇”之美誉。天台三面环山，一面濒海，形胜险要，是北出吴越，南下台温，西去金、衢，东越四明出海的要冲之地，以很早崛起的海上名山文化著称于世，并以儒佛道三者兼容，和发达的山水文化、佛道文化、民俗儒学、生化药物、园林建筑、茶道武学、天文历数、历史地理八大文化，见重于中华古代文明。著名人文地理学家王士性说：“唯台一郡连山，围在海外，另一乾坤，最为据险。”[1]思想家方孝孺说：“天台、天姥，皆穹窿崎峻，为天下奇观。”[2]自古以来，台州以天台山而得名，是东南沿海的“文物之邦”。

天台山为海东名山，神山秀水，文明发达颇早，历史源远流长，地理特色鲜明，文化又十分发达。天台山被誉为国内十大名山之一，也是我国名扬四海的佛道圣地，李白云：“楼台凤阁不肯住，飞腾直欲天台去。”她也是隋唐以来浙东海上丝绸之路上，最重要最著名历史文化景区。文化博大精深，兼容并蓄；内涵深邃，品位优秀超逸，是一座声震东南的人文殿堂。她蕴藏并辐射出巨大的精神力量，给予人们一种天、地、人三者协调的熏陶，为中华文化史上谱写了一页页多彩的华章。到了现代，改革开放，天台山的山门一打开，其文化、人才、景色、风物和典

---

① 叶哲明（1935— ），浙江黄岩人，教授。

籍等，一旦跨出山门、省门、国门，将称闻天下，声震海外。这些年来，在国内外掀起的“天台宗热”“佛像热”“寒山热”“济公热”“仙药热”“石梁山水热”等，令东亚和西方人士，瞠目相视，甘拜下风。天台山真是一座五光十色、百花齐放的名山，四五千来所凝结成的天台山文化是浙东特有的学派性文化。天台在我国文化史上有独特的创造和突出的贡献，对世界文化也产生一定的影响。在海洋竞争开放的新世纪，古老天台海上名山文化的现代化，对台州、浙江和东南沿海改革开放、经济发展、文化建设关系重大，意义深远。

首先，天台山文明崛起很早，对浙东山海文化具有开启性的作用和影响，如何使其现代化、产业化，这是当务之急，也是百年大计。中华人民共和国成立之初，天台发现 9000 万年前的恐龙化石群，可为我国东南沿海新生代文化遗址的一大奇观。六七千年前，仙居下汤和天台山麓的始丰溪畔，生息繁殖着原始人类，天台左溪五十罗庵、坦头瓶窑等地发现石刀、石镞、石斧、石矛等石器，并出现了独具山乡特色的石制砍砸磨盘、磨棒、磨锤，都是浙东一带著名的新石器时期的文化遗址之一。夏商周三代，台温东瓯越族登上中华东南舞台，开拓海洋海域异常活跃，“沤在海中”，建立“东沤”海上方国，即后来《史记》所载的东海王国。原始农耕、海洋渔猎、丝葛帛织、原始青瓷与造船诸业，颇有声名。春秋战国时期，天台紧邻北部发达的勾越、吴国，而和中原华夏与江淮的东夷相邻，经济文化交流较为频繁，故天台首先见于中原王朝的史志典籍，《淮南子》《逸周书》《史记》《汉书》《山海经》等都曾载录了天台的山水风光、民俗风情、社会生活。《台州府志》称“天台山者，高一万八千丈，山有八重，上应台宿，光辅紫宸，上既神灵，下必灵秀”。自周穆王开始，太子晋、刘奉林、李八百等“游五岳，涉王屋、登括苍，而至天台，遍及十六洞天”，又“治桐柏，掌吴越水旱”，奉为紫阳高道，开启浙东原始之道学[3]，以至于秦皇汉武也倾慕瓯台山水神采，而派遣使臣，请名巫勇之出山，进入汉宫内庭，盛称“治术如神”。

两汉魏晋至隋唐时期，天台名山文化称名海东。汉时台州建置章安郡，辖区辽阔，北起天台山，南及闽江口，有今台州、温州、丽水和福建的建瓯、福州五个地区。天台东眺大海，一旦海陆交通闭塞打开，经济文化交流频仍，一跃成为浙东山水名城，活跃海东。山水文学大家章安令孙绰称天台山“穷山海之瑰富，尽人神之壮丽”，天台成了华夏神往的“天庭福地。”汉永平年间，传闻刻人刘晨阮肇入天台山“采药失道，断不得归，后诸仙女咏歌吹送还乡”，在我国文学史上传为不朽佳话。天台山水、佛道文化比较发达，从而引来了一批批学士文人，僧侣道长和高官显宦，天台在当时的华夏享有一定声名。其后，临海有驿道从海口章安、三门亭旁北去天台，四明也有驿道通向天台，两京洛阳、西安和海外的官员、学者、士人、僧侣，从南北海陆两道齐来天台学佛传道，文化外扬，学术交流堪称鼎盛，海东天台山成了中西丝绸之路的一大枢纽，演出了中外文化史上一幕幕盛大景象。著名的有顾欢、孙绰、葛洪、葛玄、陶宏景、王羲之等，学道、学佛、送宝传经。后来昙猷、智者大师，还有日本、朝鲜遣唐使的高僧如再澄、圆仁、圆珍、安然和尚等，开辟出"山川异域，风月同天，圣教兴于日本国"的东亚天台山文化大交流的难忘节日，寺院遍立，经卷典籍远播海外，天台佛学成了"唐风"文化，益增天台的学术文化声誉。《台州府志》转引《洞仙传》《桐柏宫》《委羽山志》《方外志》《三辅皇图》等，称两汉至东晋期间，著名高道司马季主、鲍树申、周义山、左慈等齐来天台，修性炼丹，撰作经典，开设讲坛，传道诵经，产生杰作葛洪《抱朴子》等名篇，文化活动相当活跃，对我国东南道学、山水文化等，天台真有开启之功，天台已成为东南沿海的学术文化的舞台。

唐末至北宋时期，政治、经济重心南移，中外交通发达，文化交流频繁。中西海陆丝绸之路、中西诗路的畅通，天台山成了我国东海的一个重要据点。日本、朝鲜，以及东南亚各地，渡海来台州的高僧、学者不计其数，活跃非凡，天台成为中西唐诗之路的媒介和据点，更引发了两京和国外的学者名士、高僧道长，蜂拥而入天台。《唐大和尚东征传》称"国清寺松篁蓊郁，奇树璀璨，宝塔玉殿，玲珑赫奕，壮丽华饰，不可尽言"[4]，日本大化革新主持者圣德太子，他自称"台宗二祖慧思托生，兴隆佛法……以拜谒台宗为荣"，台州的佛道之学，达到鼎盛时期，名震海外。

南宋定都临安，台州成了"辅郡"。北方南下士人纷纷寓居天台，一时人才辈出，文风蔚起。文豪大家欧阳修、苏轼、王安石、陆游等，和浙学的主要领袖如陈亮、叶适、朱熹、周邦彦、唐仲友、吕祖谦等著名人物相继进入天台。南宗道学奠基者张伯端撰作《悟真篇》，赵汝适撰写中外海运志《诸蕃志》，还有贾涉、范理、徐善述等，都在天台讲学传道、著书立说，开启了天台一代文化的辉煌。天台形成的山水文化、佛道文化、生化药物、茶道武学等八大文化，成了学派性色彩的地域文化，在我国文化史上留下浓重的一笔。这里要予以强调的是南宋之后，文化的交流，也推动了天台文教和印刷出版事业发展。天台书院林立，读书著述之风尤盛，科技文化，也颇为发达，当地乡民用青竹、桑皮和山麻皮制作的玉版纸、花笺纸颇有声名。苏轼《杂志》称"吕献可遗余天台玉版，过澄心堂"[5]，天台玉版纸，比当时海内有名的澄心堂纸还要出名。

值得一提的是宋元以来，台州本籍和海内外著名学术大家，如陶宗仪、杨维祯、刘基、王夫之、唐寅、黄宗羲、王士性、徐霞客、袁枚、徐善述、范理、马致远、邵元节、徐表然、高东篱、魏源、阮元、康有为等一批儒佛道大家来天台,有的寄寓天台,讲学传道,留下光辉事迹和不朽诗篇,益增天台文化光彩。天台的佛道文化有新的发展,因受理学、心学影响,天台佛学融入了禅宗、净土宗,拓展了理论广度和深度,并广泛传到朝鲜、日本和东南亚各地。佛学,在日本、朝鲜有如“国学”,推进了当时政治改革和教育发展。日本僧人建立天台学派之后,明庵等来天台万年寺学习黄龙派禅法,回国后又创临济宗学派;高丽僧人来天台佛陇山,创高丽天台宗学派。以至清末民初,天台宗在东南亚、中亚和欧美各国,如泰国、缅甸、马来西亚、新加坡,还有美国夏威夷、洛杉矶等都建有佛学院、研究院。这些都是东亚宗教史上特书一笔的文化盛事。

天台二千余年来,经济社会发展虽历经沧桑,迂回曲折,但历史悠久,人文资源丰富,学术文化发达,国内外学术交流相当活跃,对浙江省以至我国文化史都有一定的贡献和作用,不少领域具有国际性影响,这是天台最重要最宝贵的精神财富和物质的基础,也是推进天台现代化最强大的动力。关于天台的历史文化现代化,我以为下列四个方面,值得研究开拓,付诸实现:

其一,高度重视天台山的文化资源,及其在海外影响,吸取其优秀的文化遗产和独特精神,开拓文化现代化。天台文化发达,源远流长,有很高的品位和特色,且名扬中外,有很大的开发价值和发展潜力,特别是天台山人的人文精神,其所凝结并展示的骨气、正气、英气、灵气,“唯有发扬其民魂”,天台才能发展,才能进步,才能现代化,有很高地位和开拓前景。要以融摄性、凝炼性和开创性的思维和战略,继承创新,重振天台昔日的文化辉煌,推动台州乃至浙东学术文化全面发展,把天台建设成为国内一流的文化名城。

高度重视和开发天台山的历史文化资源,其要是促成产业化。首先要坚决贯彻“保护中开发,开发中创新”的方针。要高度关注和开发附丽其中的佛国仙源,文物古迹和人文传奇,进一步传扬民俗儒学、生化药物、植物园林、茶道武学、地理史学、天文历数,以及自然科技等,发展独特的矿泉水产业、果蔬产业、茶橘产业、佛像产业、武术产业、水电产业、旅游产业、工艺产业、白银、机械产业,等等。

自古以来,天台成为台学的重心,也是浙东学派重要的发源地之一,还是中西丝绸之路的海东据点,其开启的著名人物如沈莹、葛洪、顾欢、孙绰、一行禅师、智者大师、李白、赵汝适、张伯端及其重要典籍文献,在中外文化史上有着崇高地位和卓越的影响,也可以这些人物和事迹为起点、据点,借东方大港宁波和海门港，发展海上交通、海洋贸易、海上旅游、商贸交流，推进中外旅游产业、科技文化和名产特产的交流，推动浙东人文科技的发展，极大地丰富中华文化。

当前，我们要强调的是保护好天台诸多名山资源，这是文化资源中的不可再生的无价之宝，也是天台最重要的绿色产业，如赤城山、桐柏山、明岩山、寒石山、琼台双阙山、九遮山、天姥山、玉峰山、苍山、桃源三峰山等，因地制宜，合理开发，有所创新。要保护和开发好附丽其中的佛道寺观、名胜古迹、民居园林，人物故居等。如：国清寺、高明寺、万年寺、方广寺、华顶寺、智者塔院、济公院、桐柏旧址、灵墟旧址、玉京洞、司马悔山旧址、东林紫阳故居；还有齐召南、齐周华、杜宁、庞潘、鲁穆等故里。然后，进一步重点开发石梁飞瀑、赤城栖霞、琼台夜月、桃源春晓、寒岩夕照、华顶观日、螺溪钓艇、双涧观澜、石桥雪瀑、清溪落雁等旧有十景。由这些名山、名景、名人所凝结而成的天台山幽秀神奇景观和人文精神，是天台经济社会发展的先天财富，也是台州人民的无价之宝，将其继承发扬，让其成为天台经济文化现代化突破的重要基础和窗口。把天台的优势、特色全面发挥出来，使天台在我国名山文化，以至东亚的历史人文发展中散发出无限的光芒。

其二，天台文化建设的第一要务，还是高要求、高标准地制定规划。天台山既有黄山之秀、雁荡之奇、庐山之美，又有华山之形胜险峻，以此为原则，全面开发和提升天台山的优势和特色，使之列于我国文化名山之前列。当前集中力量，重点开发华顶：天台名山文化的突出展示在华顶，只有华顶才能全面反映天台山精神和她的幽秀神奇，雄伟超逸的景观和品格。以华顶为主峰的天台山，如莲花般向四方笼盖，形成千岩争奇、万壑争流的绝色景观和蕴含其中的豪放超逸的人文精神。方孝孺说天台山为“天下奇观”，李白说天台“琼台楼阁”，《府志》称“登天台山最高处华顶望海，东眺海门，南瞻温、处，西览金华大盆诸山，如展画轴，景观非凡”[3]。达到孙绰所描绘的“夫其峻极之状，嘉祥之美，穷山海之瑰富，尽人神之壮丽”的境界。可在群峰翠叠、繁花似锦的华顶，既有智者台宗佛家的华顶讲寺，又有神仙道家的葛洪茶园，又有历代中外名家大师顾欢、孙绰、智者、最澄、圆仁、朱熹、叶适、苏轼、王羲之、黄庭坚、王士性、徐霞客、康有为等的人文遗迹，在华夏一绝的“云景杜鹃”壮观中，展示出我国天台山儒道佛三家共处兼融、和谐发展的文化品位和神采，成为海内外一流的人文殿堂。

然后，提高档次、精心设计，继续开发石梁为主的十大山水风光景区，天台山水中，泉水与瀑布名冠中外，尤其石梁飞瀑，两崖峭壁雄峙，一石如苍龙耸背，横亘天际。由金溪和大兴坑溪两水在瞻风桥下形成瀑群，直泻惠泽潭，其色莹白如霜雪,其势见诗句“瀑泻千里万贯空,此景应非人间有”,震慑如惊雷,昔人亦有诗云:“冰雪三千丈,风雷十二时。”石梁旁耸立的昙花亭,险据石梁之右,奇峭雄伟,玲珑雅致,亭内有一对联,写出日夜观瀑的独特感受:“风声、水声、虫声、鸟声、梵呗声,总合三百六十击钟鼓声,无声不寂;月色、山色、草色、树色、云雾色,更兼四万八千丈峰峦色,有色皆空。”再如仙境桃源洞,明时著名女诗人潘碧天题诗曰:“天接青山路万重,仙家洞内白云通。听残一夜溪头雨,流出桃花万片红。”自然、超逸、清幽、美丽,不仅描绘出“南国山水天台奇”的神往欲仙的迷人景色,也从心底道出刘阮探奇览秀,踏足桃源的神思情态。清著名的山水评论家潘耒有诗云:“天台六十五茅蓬,总在悬崖绝涧中;耐得封山三丈雪,从君高卧一千春。”[6]其削壁千寻,高山流水,浪花涓飞,漫天霜雪,给人一种超脱风尘的共鸣和感受。天台城区的赤城山,因山色赤赭如火,望之如城堡雉堞而得名,因其在四山青碧中独树一帜,有“赤城栖霞之誉”。其七梁妃宝塔为晋时所建,十分壮伟,其下有玉京洞,层楼依洞壁而建,高轩宽敞,壁镌“丹栖如霞”,道家称“天下第六洞天”。再如桐柏紫霄、琼台夜月、寒岩夕照、明岩幽谷、螺溪钓艇、石桥雪瀑、铜壶滴漏等胜景,可谓无水不秀,有山皆奇。

其三,中外兼收,融贯古今,推进现代化、科技化、国际化。天台作为东海海岸的古老山城,文化璀璨,历史悠久,气势不凡,各派学术兼容并收,且自然人文资源十分丰富;几千年来中外学术文化交流频繁,遗迹众多,品位很高,可建成有海的涵量、山的神秀的中外文化交流的海上名山。要加快步伐使她国际化、现代化、科技化,才能在东亚,以至世界历史文化上占有一定的地位。因此,经济建设、文化建设要古为今用,中外兼收,并重点开发天台山和日本、朝鲜、东南亚和欧美各国的文化交流、学术交流、佛道交流有关的景点,如馆院、道观、寺院、文化院址,使天台成为名称中外的一流山水名城。原有天台的名山、名城、名景、名街、名寺、名观、名园、名木、名花、名镇、名产、名宅等遍及城乡各地,进一步使其和现代文化巧妙地融于一体,以开拓旅游产业、商贸产业、海交产业、佛像产业、电力产业、生化药物产业、食品产业、绿色蔬果产业、山水园林产业等。全面构筑海上名山特色的文化名城。

进一步开拓台湾、海南、香港,以至东亚、东南亚、非洲、欧洲各地的文化科技及产业交流,推进社会经济更深入发展,把天台文化产业推向世界的文化市场;争取建设高深的医药生化产业、城市园林建筑业、佛像产业、山水文化产业、现代化水电产业、机械加工产业,体现出国际化的色彩。这是天台历史文化发展的关键和文化建设的原则,更是天台山文化今后再展辉煌的重中之重。

其四，要把天台建成有如黄山、峨嵋、庐山等全国重点文化名城。立足现实、解放思想、开放政策、吸引外资，展示未来宏图。一是进一步挖掘天台山自然和人文资源优势，发挥天台山人的聪明智慧，培养高素质人文人才。二是引进外资，发展科技，提升经济和文化建设的档次和品位。三是开拓公路规模、连接甬台温铁路，开辟东海海航，借海内外资金，开拓天台所具有的国内外一流的人文景观、文化遗迹、佛道寺观、人物传奇，以及典籍文献，提升辐射广度和深度，名扬四海。当前，要重点抓好三条文化旅游区的建设，铺开天台城市化、现代化、国际化的格局，关键是：一是打造由城关到国清寺的一条高规格、高标准文化街，使天台灿烂的人文资源，历史遗产，以至山水风景等，都寓于秀长美丽的街区之中，形成有天台文化气质和神韵的商业大街、旅游名街。二是建设好始丰溪两岸的文化区，把天台山的名山、名景、名产、名家、名人、名院、名园、名宅等的特有风采品位，和天台历史文化与天台现代文化完美结合。三是重点打造天台名山十大景观，展示出山水文化、佛道文化、民俗儒学文化、名产文化、名人文化、自然科技、医药生化八大文化的特色，使天台名山文化，更加璀璨辉煌。

【参考文献】

[1] 王士性. 广志绎·江南诸省·浙江[M]. 上海：上海古籍出版社，1993.

[2] 方孝孺. 逊志斋集·巾子山草堂记[M]. 宁波：宁波出版社，1996.

[3] 喻长霖. 台州府志·方外志[Z]. 上海：上海古籍出版社，2015.

[4] 真人元开. 唐大和上东征传[M]. 北京：中华书局，1979.

[5] 中日文化论丛·唐宋时代日本向江南灵山名寺舍经考[M]杭州：杭州大学出版社，1996.

[6] 许尚枢. 天台山诗词曲赋选注楹联[Z]. 北京：团结出版社，1994.

加快台州文化资源保护和利用研究

胡平法[①] 苏小锐[②] 黄寅[③] 李涛[④]

【摘　要】台州文化资源积淀深厚,历代人才辈出,有独具特色的工艺和民俗节会。改革开放以来,重视文化资源保护与开发的同时,也存在着文化资源保护意识尚须加强,缺少深入研究与科学规划,保护与建设矛盾尖锐,保护利用经费未纳入财政预算,队伍建设滞后问题。今后要坚持文化发展和经济发展相适应、积极保护与合理利用相结合、保护有形资源和无形精神并重等原则,做好保护,加大投入,加强宣传,与旅游业结合,加强人才队伍建设。

【关键词】加快;台州;文化资源;保护;利用;研究

文化资源是人类生存与发展所需要的一种重要资源。台州有着深厚的历史文化底蕴、独特的人文精神和丰富的文化资源。保护台州文化资源,继承和弘扬优秀传统文化,发掘其蕴涵的当代价值,发挥它不可替代的支撑作用、凝聚作用和推动作用,对于持续利用文化资源,推进文化产业发展,提升软实力和竞争力,构建和谐台州具有十分重要的意义。

一、台州文化资源概述

台州是浙东南一座新兴的港口城市,更是蕴涵着丰厚历史文化底蕴的古城。早在七千多年前,台州就有先人居住。西汉始元二年(前85)设置回浦县,三国吴太平二年(257)设置临海郡,治域不仅包括今台州,还包括今浙江省温州、丽水

① 胡平法(1966—),浙江永康人,主要研究方向:地方文史。

② 苏小锐(1962—),浙江临海人,主要研究方向:地方文化管理与研究。

③ 黄寅,临海市文广新局副局长。

④ 李涛(1969—),安徽六安人,教授,文学博士,主要研究方向:文艺理论与文化产业。

和福建闽北沿海地区。东晋后期，中原许多人口迁入台州。南宋时，随着都城南迁临安（今杭州市），台州一度成了辅郡，文风昌盛，被誉称“小邹鲁”。元明清以后，台州的区域文化特色进一步彰显。

（一）台州思想文化资源深厚

在台州历史长河中，儒、释、道三教相互浸润，相互吸收，创造了独具特色的台州文化。台州文化不仅吸收了山海灵气，并且孕育出了台州式硬气与和合之气。

以江南文化名山——天台山为代表的台州不仅是佛教天台宗的发祥地，而且是道教南宗的创立地，在浙江文化史乃至中国文化史上均占有重要地位。智者大师创立佛教天台宗，影响深远。张伯端开创了江南道学的内丹学派。南宋著名理学家、教育家朱熹驻节台州，传播理学，奠定了“台学”的基础。明朝思想家方孝孺，浙江宁海人（当时属于台州），他是明朝儒学正统的集大成者，为了捍卫儒学正统，不惜被灭十族，是“台州式的硬气”的卓越代表。入清以后，台州是浙东史学文化集中地之一。

台州还是我国“和合”文化的发祥地之一。台州的“和合”文化资源，以唐朝天台山国清寺诗人寒山、拾得的交往为代表，集中体现在丰富的“和合二仙”传说上，影响我国民俗、文艺、建筑等各个方面。

（二）台州历史文化遗存丰富

几千年来，我们的祖先在台州创造了内涵丰富的文化。留存在台州大地的新石器时代遗址、东瓯王国遗址、东汉三国两晋至唐宋古窑址、明清古民居及近现代史迹等，遗存丰富，类型齐全，见证了台州延续不断历史的宝贵财富。

1.各级各类文物丰富

我市不仅拥有天台国清寺、临海台州府城墙、临海桃渚城、温岭新河闸桥群4处全国重点文物保护单位，还拥有49处省级文物保护单位，24处市级文物保护单位，270处县（市、区）级文物保护单位。这几百处文物古迹散布在台州各个角落，向世人展示着昔日千年古城的文明风采。

台州各县市区的文物部门收藏国家一级文物35件，二级文物262件，三级文物1400余件，一般文物27000余件。民间精品收藏不计其数。

2.历史文化名城、街区完整

我市拥有国家级历史文化名城临海，省级历史文化名城天台，省级历史文化保护区8处。临海紫阳古街、椒江海门老街、路桥十里长街是我市历史街区文化的代表。临海台州府城依山临江，兼具军事和防洪双重功能，台州府城墙是江南地区保存最为完整的古城墙之一。我国四大丛林建筑之一的天台国清寺，建筑风格独特。此外，台州还保留着台州府文庙、路桥五凤楼、临海古楼、洪颐煊故居、张文郁故居、仙居迎晖门、三门千佛楼、临海千佛塔等一批富有文化价值的古建筑，是浙东建筑的典型代表。

台州古民居建筑数量众多，有明显的内地民居建筑和沿海民居建筑之分，极具观赏性和研究价值，这在我国地级市中并不多见，典型的有临海紫阳街的三合院、仙居高迁古民居的三透九门堂、温岭石塘的石头房子。在邮电部发行的《民居》系列邮票中，浙江民居就选了黄岩区的朱姓住宅。临海黄土岭民居还入选《中国古代建筑史》。

3.历史遗迹众多

我市仙居下汤和玉环三合潭遗址，证明了新石器时期我们的祖先就在此居住、活动。经学者考证，温岭大溪的东瓯王国都城，始建于战国时期。古镇章安是东南名郡之一，曾经是浙东南政治、经济、文化中心。三国时代的吴国黄龙二年(230)，孙权派大将卫温、诸葛直远征夷州(今台湾岛)，就是从章安会集水师后出发的。这是我国有记载的首次以政府名义出航台湾，并在台湾行使国家权力，历史意义深远。

戚继光抗倭是中华民族的重大历史事件之一，他在台州“九战九捷”，成为一代名将，被写进历史教科书。在台州有临海台州府城、临海桃渚城、椒江戚继光祠(戚继光纪念馆)、临海戚继光表功碑等许多与戚继光有关的古迹。

(三)台州历代人才辈出

台州钟灵毓秀，台州文化和台州精神孕育了一大批名垂青史的名家硕儒、英雄豪杰，在我国历代正史中立传的台州籍人物就有 96 人，客籍台州的也不少。台州自唐至清有文武状元各 3 人，文进士 974 人，是全国中进士较多的地区之一。在历史上，台州还出现了许多文化世家。台州还有两院院士 21 人，这在全国地级市也不多见。

1.文化名人众多

宋朝以前台州本土以及客籍台州的文化名人有佛教天台宗创始人智者大师，天台宗章安大师灌顶，开道教南宗祖庭之先声的司马承祯和始祖张伯端，开台州教化之先河的郑虔，做过临海县丞的骆宾王，隐逸诗人寒山，唐代诗人项斯。宋朝有教育家徐中行、徐庭筠，爱国词人陈克，教育家朱熹，南宋著名学者永嘉人叶适，诗人杨蟠、左纬、戴复古，历史学家陈耆卿、胡三省，“活佛”道济（济公）。元朝有著名书画家柯九思、陶复初、王九鼎，诗人陈刚中，元末明初有文史学家陶宗仪，明朝有思想家方孝孺，茶陵派代表诗人谢铎，人文地理学家王士性。清朝有“博学鸿词”的齐召南，藏书家洪颐煊，地理学家李诚，画家傅濂、雕刻家方絜。近现代有书法家章一山，学者项士元，作家许杰等。

2.政治经济军事名人辈出

在台州历史上，有五代时曾经在台州为官，以后成为吴越国王的钱弘俶。南宋时，客籍台州的宰辅就有吕颐浩、陈与义、贺允中、范宗尹、王之望、霍汝文、杨栋7人；台州本地有宰辅钱端礼、谢廓然、陈骙、谢深甫、钱象祖、谢堂、杜范、贾似道、叶梦鼎、吴坚10人。还有太皇太后谢道清，与文天祥一起聚兵勤王的杜浒。元末有农民起义领袖方国珍。明朝有抗倭名将戚继光、谭纶，援朝抗倭的王士琦。清朝有被誉为“江南第一清官”的范理，台州知府刘璈，抗英“武显将军”林正阳。民国有开国元勋王文庆，赞威将军屈映光，光复会功臣张任天、张翅、杨镇毅。现代有抗日将领、被誉为中国“空军之父”的周至柔，抗日将领陈安宝，中共早期女英烈郭凤韶，无产阶级革命家王观澜，军事家张崇文，外交家章文晋等。经济界著名人物有晚清杨晨、当代经济学家周宪文等。

3.科教名人集中

科教方面，台州历史上曾经产生了几部被称为世界第一的著作，它们是世界第一部研究蟋蟀的昆虫学专著《促织经》、世界第一部植物学辞典《全芳备祖》、世界第一部食用菌专著《菌谱》。

台州的科教名人还有南朝高士顾欢，北宋教育家陈襄，北宋水利学家罗适，南宋上蔡书院山长王柏，明朝教育家金贲亨，清朝科学家周治平等。

台州文化厚积薄发，科教名人在近现代最集中，有植物生理学创始人和奠基人罗宗洛，“冯氏效应”开创者冯德培，生物学家朱洗，“两弹一星”元勋陈芳允，医学家陈中伟，美国纽约科学院外籍院士许良英，当代数学家柯召、陈荩民，水利学家胡步川，农学家朱道华，林学家林渭访，园艺学家毛宗良，鱼类学家王以康，兽医本草专家冯洪钱，教育家陆翰文、林迪生等。

(四)台州传统工艺独具特色

台州是著名的工艺美术之乡，传统工艺以独特的设计、巧妙的用材、精致的手法、丰富的品种，以及浓郁的地方风采跻身于我国工艺美术之林，涌现了刺绣、泥石雕、竹木雕、玻雕“一绣三雕”以及干漆夹苎造像、草麻编制品等一系列传统工艺。

(五)台州民俗节会内涵丰富

在台州,正月十四过元宵,八月十六过中秋,这在全国是独具特色的。这两个节日都有独特的来由和丰富的传说。

台州各地还有不少节庆活动具有浓郁的地方色彩,如温岭市农历七月初七的"小人节",是全国唯一的。又如椒江区的送大暑船、路桥区的开年节等民俗节会活动都富有地域特色。

(六)台州地方饮食特色鲜明

台州地方饮食文化内容丰富,深受佛教、道教文化的影响,有蛋清羊尾、风味麦饼、糟羹、食饼筒、敲鱼面、八大碗等上百种特色食品,并且佛教素斋品种丰富,道家的养生素斋,也颇具特色。

二、台州文化资源保护和利用状况

改革开放三十几年来,我市重视文化资源保护和开发利用工作,在实施软实力战略中,围绕文化大发展大繁荣,充分发挥其作用,取得了积极成效。

(一)重视挖掘台州人文精神

台州有"山海之气、府城之悠、果蔬之地、佛道之林"的地域特色,在历史发展进程中,积淀成了以"硬气""灵气""和气"为内核的地域精神,市委、市政府重视挖掘台州人文精神,把弘扬和培育民族精神与传承、创新台州人文精神紧密结合起来,使"敢冒险、有硬气、善创造、不张扬"的台州人文精神深入人心。同时及时总结了"开放开明、敢闯敢冒、守法守信、创业创新"的新台商精神。

(二)加强保护历史文化遗存

台州各级政府坚持"保护为主,抢救第一"的原则,认真做好文物保护与抢救工作。重点对临海台州府城墙、桃渚城、千佛塔,黄岩文庙等国家级、省级文物保护单位进行了维修,使一批濒临危境的珍贵文物得到有效保护,其中临海的台州府城墙可以说是成功的典范,它将保护性维修与旅游开发有机地结合,如今已启动申报世界文化遗产工作。

临海市从1996年开始,先后请杭州大学、同济大学相关学者编制《临海市历史文化名城保护规划》,有效地保护国家级历史文化名城的历史风貌,展现了"千年府城、紫阳故里、唐代古刹、明清老街”的传统特色。近几年，又投资 2000 多万元，重建了戚公祠；投入 5000 多万元，恢复了东湖公园“春夏行乐之冠”的士大夫园林风貌。

台州其他几个县市区也多有动作，如天台县政府每年从全县土地转让金中拿出 5%用于省级历史文化名城的保护和建设，加大名城保护力度。10 多年前，仙居县在财政紧张的情况下，投资对省级历史文化保护区皤滩古镇、桐江书院进行了修缮，使“浙江第一古街”龙形古街、桐江书院焕发了生机。椒江区、路桥区投入巨资分别对海门老街、十里长街进行开发。

(三)推进非物质文化遗产保护工作

我市积极开展民间艺术的普查工作，建立非物质文化遗产保护体系。在 2006 年国务院公布的第一批国家级非物质文化遗产名录中，我市共有台州乱弹、黄沙狮子、天台山干漆夹苎技艺、济公传说和仙居无骨花灯 5 个项目入选，位居全省前列。

2006 年 5 月，我市公布了第一批 58 项市级非物质文化遗产代表作名录，各县(市、区)也公布了县级名录。2009 年、2010 年 6 月，第三、四批台州市非物质文化遗产名录公布，分别确定新入选项目 41 项、36 项。

全市各地通过建设展示场馆，成立保护团队，建立传承基地等有效形式，抢救和保护濒危的珍贵项目。如：台州市、椒江区联合有关企业组建了海东方乱弹剧团，抢救台州乱弹剧种；临海市在紫阳街建立了“非遗保护中心”；仙居县建立针刺无骨花灯保护协会，设立花灯传承基地。2006 年，我市建立了全省第一个工艺美术家协会。2007 年，我市成为全省唯一列入非物质文化遗产保护工作地市级综合试点单位。2010 年 10 月，临海市政府选派文艺代表团赴韩国展演临海剪纸、上盘花鼓、临海道情等非遗曲目。

(四)各类博物馆建设初成体系

1995 年，临海市博物馆新馆建成，馆藏文物达 2 万余件。随后，我市又有天台博物馆、三门博物馆、戚继光纪念馆、陈叔亮书画馆、亭旁起义纪念馆、郑广文纪念馆、解放一江山岛烈士纪念馆等相继建成并对外开放。我市还出现了国华珠算博物馆、吴子熊玻璃雕刻艺术馆、台州府城民俗博物馆等民办博物馆，出现了临海古城博物馆、桃渚抗倭纪念馆、临海地质博物馆等行业办博物馆(纪念馆)。2009 年又丰富和拓展了台绣艺术馆、柑橘博物馆、温岭石文化博物馆、三门县石窗艺术馆，使我市博物馆初成体系。

台州民间收藏热方兴未艾,其中有些民间收藏家的收藏品相当可观,如国华珠算博物馆内有藏品1300余件,全年对外开放,被立为全国科普教育基地。在此基础上,2010年又成立了台州市直机关收藏家协会。2010年有关部门还评选了"十大藏书状元"和"藏书人家"。2011年1月,我市评选出台州十大民间珍宝,元青花云龙纹梅瓶等10件藏品名列其中。

(五)重视地方文化研究和宣传工作

重视地方文化研究在我市有着良好的传统。近年来,台州有一大批专家学者自觉潜心于台州文化研究,编撰出版了大量丛书,如《临海名城文献丛书》《天台山旅游文化丛书》《路桥文化丛书》《台州文化丛书》等,单一类的图书有《台州文化发展史》《台州文化概论》等,举不胜举。此外,仙居县与中国邮政局联合发行中国非物质文化遗产代表作——仙居花灯系列邮票12张,临海市在2008年举行了《古代名将——戚继光》纪念邮票首发式。

各地还利用非物质文化保护遗产日和临海江南长城节、温岭石文化节、玉环海岛文化节等特色节庆开展非物质文化遗产的宣传和展示活动;同时在有关媒体开设专题或专栏,分期分批介绍我市丰富的文化资源。

我市的文化资源保护和利用工作取得了一定的成绩,但与全市人民不断增长的文化生活需求相比,以及从需要我们进一步保护和利用的现状来看都还存在较大上升空间,面临的形势不容乐观。突出表现在以下几个方面:

1. 文化资源的保护和利用的意识淡薄

一些领导干部对保护和利用文化资源的认识还很不到位,对宝贵的历史文化遗产视而不见,或者当成包袱,忽略了对文化资源的整体保护,对基础性工作不够重视,只知道急功近利地开发文化资源,甚至不惜破坏文化资源。一些部门和企事业单位从自身利益出发,有意无意地破坏文化资源,这种现象屡见不鲜。不少群众认为保护和利用文化资源与己无关,甚至毫无顾忌地占有出土文物,破坏文保单位的周边环境风貌,擅自在文保单位保护范围内开工建设。

2. 对文化资源的保护和利用缺少深入研究与科学规划

我市有《台州市文化产业发展规划(2010—2020)》等专项规划,尚未制定文化资源保护和利用的总体规划。对台州文化资源的研究,目前还是以民间自发研究为主,缺乏有效的组织和必要的平台。比如中国道教的十大洞天中,台州就有三个,但很少有人去研究。又如仙居韦羌山上的蝌蚪文岩画,相传为夏帝大禹所刻,其蝌蚪文被列为国内八大奇文之一,也没有很好组织研究。我市有一些社团对民俗文化、民间信仰等方面进行了研究,却偏重于理论研讨且活动不多,政府对此缺乏必要的支持与引导。

3. 文化资源的保护和利用与城乡建设的矛盾尖锐

在城乡建设中,我市不少历史文化古迹遭到严重破坏。许多老城区得不到完整保护,一些颇有保护价值的历史街区荡然无存,温岭赵大佑尚书坊、黄岩后巷的五凤楼(中共台州特委旧址)等一些很有特色的古建筑被拆除。县市区级、暂保单位和未列入级别保护的古迹得不到有效保护和合理利用。不少古迹因环境风貌被破坏,已没有整体景观价值可言,古迹"盆景化"现象严重。在农村,一些有价值的古村落、古民居因未加保护已面目全非,因没有财力修复已不堪入目,甚至因村镇建设不复存在。

4. 文化资源保护和利用资金未能纳入地方财政预算

各级政府财力投入不足,是我市文化资源保护和利用中最突出的问题。根据2003年《浙江省人民政府关于进一步加强文物工作的意见》,要求"文物事业经费随着财政收入的增长而增长","国家级、省级历史文化名城以及文物遗存相对丰富的地区,可从城市建设维护费中提取1%至3%的比例,其他城市可酌情提取一定比例,专项用于传统街区和城市史迹的保护"。目前,我市每年的文物保护专项经费仅60万元,个别县至今没有下拨文物保护专项经费,文物事业经费只是"人头费",与各兄弟市相比,差距很大。由于资金不足,一些文物古迹得不到及时有效的保护,如市级文保单位海门双塔等一批古建筑自然损坏严重。濒临消亡的非物质文化遗产得不到有效保护、抢救的就更多了。

5. 文化资源保护和利用的队伍建设明显落后

文化资源保护和利用需要高水平的研究队伍和高素质的管理与产业经营人才。与兄弟地市相比,我市存在学术带头人和复合型人才短缺及专业技术人员队伍人员老化、结构不合理等一系列问题。

此外,由于民间文化艺术人才的培养大多是靠师徒之间"口授人传"、子承父业。这种单一的培养方式,客观上导致民间艺术人才的"青黄不接",往往因人而存,人绝艺亡,如黄岩翻簧、仙居无骨花灯等享有盛名的民间艺术都传承乏人。

三、台州文化资源保护和利用的建议

文化资源保护和利用是社会文明程度的显著标志,也是一个地区发展水平的重要体现。台州是一个成长中的滨海新城，又不缺乏几千年的历史积淀。深厚的文化资源是个宝，它不应该成为包袱，但是，要使这个宝能被保护起来、发掘出来、利用开来，必须坚持以下几项原则：

一要坚持文化发展和经济发展相适应的原则。要以科学发展观为指导，统筹我市经济、文化、社会的发展，把文化资源的保护和利用作为文化建设的一个重要方面抓好、抓实，为促进台州经济社会又好又快发展奠定坚实的人文基础。

二要坚持积极保护和合理利用相结合的原则。要树立"在保护中合理利用，在利用中加强保护"的新观念。对待文化资源，保护是前提、基础，通过合理开发利用，能够进一步达成共识，促进更好地保护。要自觉坚持这一原则，充分发挥台州文化资源的价值和作用，突出做好转变文章，使其从资源优势转变为经济优势，由无形资产转变为有形资产，让古老的文明积淀重新展现其独特的魅力，为经济社会发展服务。

三要坚持保护有形资源和内化无形精神并重的原则。我们既要通过保护古迹遗存、历史文物和非物质文化遗产来彰显历史文化的魅力，又要用"台学""和合"文化、"台州式硬气"等人文精神来凝心聚力，提升台州人的精神境界，推进和谐文化建设。

四要坚持政府主导和民间推动相结合的原则。发掘、保护文化资源，政府责无旁贷。同时要善于集中民智、借助民力、用好民资，积极发挥民间力量的作用有效地推进文化资源的保护和利用工作。

当前要着重做好以下几项工作：

(1)统一认识，出台政策，加强文化资源保护和利用工作

一要进一步提高对文化大市建设重要性和紧迫性的认识，明确依法保护好祖先留给我们的珍贵文化遗产，弘扬优秀传统文化，打响文化品牌，是政府的一项重要职责。

二要重视做好依法保护和利用、政策保护和利用这两项工作。要依据2002年《中华人民共和国文物保护法》、我省两个《条例》和《台州市文物保护管理办法》，有重点地开展国家级、省级历史街区、文化遗址等申报与保护工作，全面推进文化资源的保护管理与开发利用，充分发挥文化遗产在国内外的影响力和知名度。要尽早出台一系列文化资源保护和利用的政策，如《关于落实民间文物征集和收购的若干规定》《关于鼓励民间藏家捐赠藏品或创办特色博物馆的若干意见》等。同时，政府要坚持掌握历史文化资源的所有权、开发权和监督权，防止粗放式经营和掠夺性开发，积极探索具有地域文化特色的文化资源保护与商业开

发有机结合的运作模式。

三要制定文化资源保护和利用的总体规划。根据我市实际，按照“十二五规划”的要求，在文化资源保护和利用的总体规划中需要更新观念，整合资源，加强统筹，创新机制。

四要继续做好国家级、省级重点文物保护单位、历史文化保护区等申报工作，充分认识申报工作对我市古迹保护工作和促进古迹文化事业发展的重要意义，创造条件，主动争取，不失时机地做好此项工作。

五要按照《中华人民共和国非物质文化遗产法》，遵循“保护为主、抢救第一、合理利用、传承发展”的指导方针，逐步建立比较完备、具有我市特色的保护制度，争取在非物质文化遗产保护和利用方面走在全省前列。

(2)加大政府投入，多渠道筹集文化资源保护和利用资金

做好文化资源保护工作，各级政府必须舍得投入。根据国家文物局等7部委办局联合颁发的《关于进一步做好文物保护“五纳入”的通知》(文物办发〔2003〕26号)文件精神，要认真贯彻落实“五纳入”，明确职责，充分体现和行使政府的管理职能，发挥主导作用。一方面，对各地具有重要历史价值的濒危古迹、遗址和考古发现，政府部门要立即采取有效措施予以保护。另一方面，要不断探索保护和利用文化资源的新途径。要充分发挥台州民营经济发达的优势，从社会、企业、个人多方面筹集保护资金，可以考虑建立相应的基金会，通过政策引导和支持，采取捐资、集资、募捐等办法，广泛动员社会力量参与文化资源保护事业。要尽快调整文化市场准入机制，实施管办分离，吸引民间资本投入文化市场的开发，通过项目化资助等方式，推动文化经济园区和文化特色街区建设，促进文化产业的不断发展。

(3)深入研究台州文化资源，加大宣传推介我市特色文化资源的力度

我市有深厚的山海文化、佛道文化、名人文化、民俗文化等，当前特别要重视深入研究富有我市特色的文化资源。

一要重视“和合”文化研究。“台州式的硬气”已广为人知，而“和合”文化研究和宣传工作都较为欠缺。要深入挖掘台州“和合”文化的历史渊源、主要内容以及对台州人文精神的影响，积极创造条件，择地建设一座集中收藏、展示“和合”文化的展馆，大力倡导“和合”理念，重点做好市与区、南与北、人与境这三篇“和合”文章，促进和谐文化建设，为创业创新提供文化保障。

二要重视“台学”研究。可以通过项目资助的方式，支持台州学院或者天台山文化研究会等学术社团发掘、整理台州传统儒学理论，深入开展“台州学派”等

重点课题的研究,做足、做深、做透"台学"这篇文章。

三要重视台州海洋文化研究。这是一片待开发的沃土,需要政府积极引导与支持。可以聘请专家、学者,利用我市现有的民间社团组织,借鉴其它沿海市地的经验,深入挖掘与研究海洋文化。

四要重视整理台州民营经济发展史。我市民营经济从小到大这一曲折发展的历史,如果现在不开始整理,将对不起我们的子孙后代。政府要组织力量抓紧收集、整理、研究这段灿烂的历史,在台州市区合适的地方开辟一家富有地方性、专题性的台州民营经济展览馆。

五要重视老字号品牌研究。台州各地的老字号品牌不少,要深入研究台州老字号品牌,整合全市名牌、名品、名企等资源,进一步发挥方一仁、万昌酱园等老字号的品牌效应,形成特色产业品牌,振兴百年老店品牌。

六要重视台州名人研究。台州的名人文化是台州一座尚未很好开挖的"矿藏",是台州的一笔宝贵财富。由政府有关部门牵头,以台州学院为依托,邀请有关专家、学者组成评审组,对我市历代名人做一次系统、客观的评价,确定一批有宣传价值的台州历史名人,组织力量深入研究,编撰出版台州名人丛书。可依托市博物馆积极筹建"台州名人馆",要采取措施,修复一些名人故居,为杰出名人塑(画)像,打造名人旅游线。

在宣传方面,要站在全市的高度,借助各种宣传渠道,尤其是互联网渠道,宣传台州文化资源,甚至可以通过全省、全国的各种宣传途径宣传台州的文化资源。在宣传中要提炼、突出台州文化资源的特色,比如,在临海紫阳街,让外来游客知道这里有"中国一绝——千佛井对千佛塔"。

(4)整合文化资源,积极与旅游业合作,充分发挥文化资源在社会发展中的独特作用。

一要整合整个台州的文化资源。文化资源的整合是文化资源能否产业化的关键。没有经过整合的文化资源只是以传统或历史遗存的形式分布在各地,它们并不具有产品的性质。台州各文化资源点之间的距离并不远,但各个方面的联系不是很密切,往往是一市一县各自开发,没有很好整合。在《台州市文化产业发展规划(2010—2020)》中已经提出要实现文化资源的最大限度整合,这一点很重要,关键是如何落实好。

二要加强与旅游业的合作。发展旅游业是扩内需、调结构、促就业、惠民生的重要举措。文化资源的保护和利用最基本、最有效的途径就是与旅游业的合作。要运用市场手段,依托产业项目,努力打造文化内涵深、经济价值高的文化旅游品牌，建成若干个在国内外有影响力的旅游文化景区。如在原有“天仙配、长城会”基础上，把长屿洞天、蛇蟠岛等石仓文化景点，大陈、石塘、大鹿岛等海洋文化景点联结起来，形成旅游合力，提高景区文化品位。当然，这种联结不仅仅靠旅游线路，或者通过导游词实现联接，更需要各文化资源管理机构之间，以及文化资源管理机构与旅游系统之间的协调。

此外，要引导企业大力开发富有台州文化内涵与特色、工艺水平高、附加值高的旅游商品，延伸旅游产业链，这也是一篇大文章。

(5)强化政府管理职能，加强人才队伍建设

下一步事业单位改革之际，台州市本级整合文管会、文物处，建立历史文化资源管理委员会，统筹全市文物保护和非物质文化遗产保护工作，积极协调文化、旅游、规划、城建等单位，各尽其责，各尽所能，加强合作沟通，为保护历史文化遗产、加大文化资源合理利用的范围和规模提供有力的保障。同时加强市县两级文化遗产保护职能机构建设，加强文物稽查力量，切实加大文物执法的力度，严厉查处盗挖、盗卖和破坏文物的行为。

要根据台州经济社会和文化事业发展实际，适当增加文物文博工作岗位的人员编制，选调一批专业人才，充实、优化这支队伍，尤其要加强中青年专业技术人员的培养。同时要大力培育民间艺术人才，避免进一步出现民间文化技艺人走艺绝现象。

茶与佛道及东传日本

曾其海①

【摘　要】在佛道精神的浇灌下，茶从一种自在灌木变成了文化植物，饮茶也自然成了佛道文化。道教重于炼形，佛教主于修神，这就导致了茶与道教形似，茶与佛教神合。随着佛教东传日本，茶文化也随之东传。

【关键词】茶；佛教；道教；形似；神合；日本

茶，本来是自然界的一种自在乔木，随着佛教、道教的产生以及它们的发展，在道士、僧人的培育下和佛道文化的灌注中，茶变成了一种文化植物，饮茶也成了佛道文化。后来，通过文人的品评和歌诵，饮茶成了一门艺术——茶道。既然道教与佛教是两种不同的宗教，那么道教与茶和佛教与茶又有什么不同呢？我认为，两者根本的区别在于：茶与道是形似，茶与佛是神合。

一、茶与道形似

从思想上说，道教与道家有渊源关系。道家注重精神修养，而把物质生活置于最低限度——仅仅维持生命而已。其认为优越的物质生活会妨碍心灵之活动，他们虽不走僧侣的禁欲之路，却行严厉的节欲之道，这部分人典型的群体就是隐士。隐士对于物质欲望之低下，几乎使人难以置信：在住的方面，如《高士传》说巢父，“以树为巢，而寝其上”；说老莱子“莞葭为墙，蓬蒿为室，枝木为床，蓍艾为席”。在穿的方面，《高士传》说袁闳“首不着巾，身无单衣，足着木屐”；说孙登“夏则编草为裳”。在食的方面，《高士传》说接兴“食桂栌实，服黄青子”；说潘师正“居于嵩山之逍遥谷积二十余年，但服松叶饮水而已”。这些隐士脱俗节欲，

① 曾其海(1948—)，教授，浙江临海人，毕业于杭州大学(今浙江大学)哲学系。任教于浙江台州学院(原台州师专)马列主义教研室。

以自然为伴，食植物果叶。中国本来就有“神农尝百草”之传说。并且，隐士隐居之处，大多是一些生长茶树的名山，诸如庐山、嵩山、武夷山、天台山、衡山、洞庭山、罗浮山、峨嵋山、四明山等。这些早期的隐居者，很可能就是最初的茶叶发现者和食用者。可见，名茶出名山，茶早被隐士赋予了隐逸深山高洁的人文属性。

从修炼场所上说，道教主张修炼养生，吸日月精华，受天地灵气，无死成仙。他们喜欢在人迹不到、云雾缥渺的名山洞府修炼。天下名茶都生长于名山云雾之中，并都附以美丽神仙传说。比如天台山，有十八秀峰，称“十八莲花峰”，周围八百里，十八莲花峰最高处为华顶，俗称一万八千丈，山上云雾缥渺，变幻莫测。自古以来，人们赋予天台山种种道教色彩。如元蒙润在《天台四教仪集注》卷二里对“天台山”的解释，就是以道家理论作释的：

> 天台，山名也。天者，巅也。元气未分，混而为一，两仪既判，清而为天，浊而为地。此本俗名，且依俗释。台者，星名也，其地分野，应天三台，故以名焉。

又如东晋名士孙绰《游天台山赋》中，把天台山与传说中的蓬莱仙岛齐观，认为是神仙灵地。其《赋》曰：

> 天台山者，盖山岳之神秀者也。涉海则有方丈蓬莱，登陆则有四明天台。皆玄圣之所游化，灵仙之所窟宅……

在民间传说中，传周灵王太子乔，乘白鹤从嵩山来到天台山，担任仙人之官，居于桐柏，治理此山。

由于道教的肉体飞升、腾云驾雾与茶树长在云雾缭绕之中，道教的长生不老与茶树的四季常青，都有形上的相似之处，因此，人们把道长称“仙翁”，把名茶称“仙茗”。如东汉末年，道士葛玄植茶于浙江天台山华顶。葛玄的后裔晋代葛洪在《抱朴子》中曾有追述：“盖竹山（即今浙江天台山华顶）有仙翁茶圃，旧传葛玄植茗于此。”隋唐以后，天台山云雾茶日渐有名。唐代陆羽《茶经》中已有越州、明州、台州乡茶的记载，尤以华顶的云雾茶为有名。有诗曰：“雾浮华顶托彩霞，归云洞口茗奇佳。”

从修炼方法上说，道教主张服用深山灵芝仙草之类，以达到轻身换骨，羽化成仙的目的。在服用的仙草中，当然也不排除仙茗（仙茶）。相传西汉末年，道士吴理真在四川蒙山上清峰亲手植茶七株，高不盈尺，不长不灭，称为仙茶。据五代十国蜀毛文锡撰的《茶谱》记载：

昔有僧病冷且久，尝遇一老父，谓曰："蒙之中顶，尝以春分之先后，多构人力，俟雷之发声，并手采摘，三日为止。若获一两，以本处水煎服，即能祛宿疾；二两，当眼前无疾；三两，固以换骨；四两，即为地仙矣。"是僧因之中顶筑室以候，及期获二两余，服未竟而疾瘥。时到城市，人见其容貌，常若年三十余，眉发绿色，其后入青城访道，不知所终。

又如梁代道士陶弘景，曾于天台山修道，他认为茶能轻身换骨，长饮可羽化成仙。他说："茗绿轻身骨，昔丹丘子黄山君服之。"

再如陆羽《茶经》中载有"新安王子鸾、王子尚，诣昙济道人于八公山。道人设茶茗，子尚味之曰：此甘露也，何言茶茗。"可见，在王子尚的眼中，饮茶等同于饮得道成仙的甘露。

二、茶与佛神合

如果说茶与道形似，则茶与佛是神合，即茶的性能与佛理旨趣是一致的。

从味上说，茶味清苦。这与佛理视人间为苦海，视涅槃为清寂是一致的，故有茶佛一味之说法。佛教的基本教义是"四谛"和"十二因缘"，四谛的第一谛就是苦谛。佛教视人生为无边的苦难，少讲也有八苦，即生、老、病、死、怨憎会、爱别离、求不得、五蕴盛苦。一杯苦味的清茶，在佛教徒的眼中似乎浓缩着人生的所有苦，当你去细细品味清茶，就好比细细咀嚼人生的种种苦。所以对佛教徒来说，饮茶有助于静虑人生、坚信佛理、追求解脱。故唐代诗僧皎然在《饮茶歌·诮崔石使君》中把饮茶与得道视为同一境界。其诗曰：

越人遗我剡溪茗，采得金芽爨金鼎。
素瓷雪色缥沫香，何以诸仙琼蕊浆。
一饮涤昏寐，清思朗爽满天地；
再饮清我神，忽如飞雨洒轻尘；
三饮便得道，何须苦心破烦恼。

从功效上说，茶有提神破睡的作用，这与佛教的坐禅是吻合的。佛教坐禅修行，以定发慧。出于提神破睡的需要，佛教（尤其是后来的禅宗）提倡饮茶。陆羽《茶经》中引述了南北朝时敦煌人单道开坐禅饮茶的故事："敦煌人单道开，不畏寒暑，常服小石子，所服药有松、桂、蜜之气，所余茶苏而已。"《高僧传》也有记载："单道开曾栖隐绝谷，诵经四十余万言，昼夜不卧，首创禅定，坐禅之际，饮茶破睡。"唐代封演所撰的《封氏见闻录》记载，泰山灵岩寺有降魔禅师大兴禅教，坐禅务于不寐，又不夕食，皆许其饮茶，人自怀挟，到处煮茶。由于饮茶与坐禅结缘，人们又把茶与中国禅宗初祖达磨扯在一起：传说达摩和尚为使坐禅不睡不瞌，将自己的眼皮割下扔于地上。地上眼皮遂生根抽芽，长成茶树。后人坐禅饮用这种树上的茶叶，则不打瞌睡，且心胸寂静，以致"茶禅一味"，蔚然成风。

饮茶必种茶，至唐代，寺院种茶已十分普遍。如天台山一些散居的僧寮（茅蓬），就是为管理附近的茶园而设置的。故诗曰：

华顶六十五茅蓬，都在悬崖绝涧中。
山花落尽人不见，白云堆里一声钟。

又如唐代诗人刘禹锡在《西山兰若试茶歌》中也有：

山僧后檐茶数丛，春来映竹抽新芽。
宛然为客振衣起，自傍芳丛摘鹰嘴。
斯须炒成满室香，便酌砌下金沙水。

再如宋代诗人陆容赠茶僧诗：

江南风致说僧家，石山清泉竹里茶。
法藏名僧知更好，香烟茶晕满袈裟。

从以上几首诗可见，唐以后的寺院与茶已浑然一体，植茶、采茶、炒茶、煮茶、观茶、品茶成了寺院不可缺少的事情。

从德性上说，茶有"十德"，即以茶散郁气，以茶驱睡意，以茶养生气，以茶驱病气，以茶树礼仪，以茶表敬意，以茶尝滋味，以茶养身体，以茶可修道，以茶可雅志。这十德中，有几个前面已有阐述，如驱睡意、驱病气、尝滋味等不再重复。这儿想专门谈谈表敬意、可修道二德。佛教修道的门径有二:一曰智入,即见性顿悟成佛,这对上根器的人适用;二是行入,即行善积德,这普遍适用。施舍是佛教行善积德的重要方法,施舍的方法很多,施茶就是其中一种。如清代刘献廷的《广阳杂记》中有“施茶所”一则,文曰:

黄厢岭有望苏亭,施茶所也。其上有庵,僧见修母子出家于内。衡人全俊公请予为联以赠。予题茶亭云:

赵州茶一口吃干;台山路两足走去。

题堂前云:

奉亲入道成真孝;教子离尘是大慈。

题山门云:

门外鸟啼花落;庵中饭熟茶香。

以茶供奉佛也是寺院常见的佛事之一。如唐代王铚的《云仙杂记》中的“志崇”条载:

觉林院志崇,收茶三等:待客以惊雷荚(指大雷雨后怒茁的茶),自奉以萱草带(指迟老的茶),供佛以紫茸香(指带有紫色茸毛的芽茶)。盖最上以供佛,而最下以自奉也。客赴茶者,皆以油囊(油布袋)盛余沥以归。

唐代起,很多寺院兴行茶礼。如天台山的万年寺、余杭的径山寺、鄞县的天童寺等,遇有朝廷钦赐的庆典或祈祷,则举行盛大茶礼。又如传教士胡克在其《鞑靼、西藏及中国纪行》一书中,对西藏喇嘛寺的盛大茶会作了如下记载:

一富有之巡礼者于一茶会中,待全体喇嘛四千人,排列整齐的喇嘛们,披着袈裟,端然静坐,诵经祈祷。信徒和巡礼者,也排列端坐,唱赞歌。童仆运出庞大茶斧,以其中之茶,分斟给自备茶碗的众僧,此时施主俯伏于地,直待茶斧已空,祝颂歌毕为止。

由此可见茶礼的盛大和壮观。

三、茶随佛教东传日本

中国的茶，首先传入日本，大约隋朝时(593 前后)传入。斯克乌·威廉所撰的《茶叶全书》中援引日本史料云：

> 日本圣武天皇，于天平元年(729，唐开元十七年)四月八日，召集僧侣百人，在宫中奉诵佛经四日，事毕各赐以粉茶，若辈得此珍贵饮料，遂引起自行种茶之兴趣。

将中国茶种传到日本有可靠文字记载的，当推日本天台宗的创始人最澄大师。最澄(767—822)于唐贞元三十年(804)随遣唐使到中国天台山国清寺研习天台宗，次年归国时，带回若干茶籽，种于近江(滋贺县)阪本村国台山麓。今日本之池上茶园相传即最澄种茶旧址。

将中国制茶技艺带回日本的是弘法大师空海(744—835)，他于贞元二十三年(806)入唐研习佛教。返日时带去许多茶籽，分种日本各地，并带去了制茶技艺。弘仁六年(815，唐长庆九年)四月，嵯峨天皇行幸近江，经过梵释寺时，该寺大僧都永忠亲手煮茶进献，天皇饮之大悦，赐以御冠。同年 6 月，天皇命畿内、近江、丹波等地种植茶树，专作贡品。

被尊为日本茶祖的日本高僧荣西(1141—1215)法师，曾两次入浙江研习佛教。1187 年第二次来中国，经杭州入天台山万年寺，师事虚庵(怀敞禅师)，被授以禅宗正法。宋孝宗曾因他除灾求雨祈祷显验，降旨赐号为“千光法师”，并在敕建径山寺为他举行盛大茶礼嘉庆。南宋绍熙二年(1191)荣西载誉归国，带回茶籽及制茶工具等，并著《吃茶养生记》(上下卷)。他在书中写道：“茶也，养生之仙药也，延龄之妙术也。”他还以自己亲身经历的事实证明茶治病的灵验：荣西在中国学佛时，一次从天台山到明州(今浙江宁波)途中，时为 6 月 10 日，天极热，人皆气绝。路旁店主施以青木香、茶叶和一升半水，久煎成二合许的清凉茶。荣西服后，不久即精神振奋。

斯克乌·威廉在《茶叶全书》中也记载了一则荣西用茶治愈一个病患高官的故事：时有一大将军名源实朝，因过食患病，召荣西祈祷禳灾，荣西除虔诚祈祷外，并立即返寺采集若干茶叶，亲自炮制，供病人饮服。病人饮后霍然而愈。将军欲知茶叶详情，荣西乃献以《吃茶养生记》一书。茶叶之名，遂播扬全国。经荣西的宣传,向为僧侣和贵族享用的茶叶,遂普及于民间。

荣西回国后,曾把茶籽赠送给山城拇尾的明惠上人(1173—1232),并授以栽培、制作方法。明惠上人为当时日本佛教界领袖,他遂于山城拇尾建立高山寺,开辟茶园。在《拇尾明惠传记并遗训》中,有如下记述:“建仁寺长老(荣西)赠茶,问之医师,知有遣困、消食、快心之功。然闻本朝不普及,因寻得其实,始植两三株,确有提神舒气之功,遂于众僧亦服之。”后来,拇尾茶成了日本名誉很高的“本山茶”,茶人视之为珍品。

◆其他

台州古塔的建筑特色与人文价值

郑 琦[①]

【摘 要】在对台州现存的22座古塔做初步调查的基础上，就古塔的外观造型、内部结构、建筑思想及其文化内涵、艺术价值等方面做出分析，并对保护和利用提出建议。

【关键词】台州古塔；建筑特色；人文价值；保护利用

台州古称回浦、章安，历史悠久，人杰地灵，山水雄奇，风光秀丽，素有文化之邦之美誉。在其两千余年的发展史中，留存了不少文物和遗址、遗迹，塔即为其中之一。遗存至今的古塔有仙居的南峰塔（建于北宋天圣十年即1032至明道二年即1033）、福应塔（建于北宋天禧年间）、安洲山塔（别称管山塔，建于明万历二十六年即1598），天台的国清寺塔（又名隋炀帝报恩塔，始建于隋开皇年间）、梁妃塔（别称赤城塔，始建于梁大同四年即538，1947年重建），临海的千佛塔（即多宝塔，又名龙兴寺塔，始建于唐天宝三年即744，元大德三年即1299重建）、巾山双塔（始建于北宋祥符年间，清同治四年即1865和五年即1866重修）、南山殿塔

① 郑琦（1968— ），浙江黄岩人，高级工程师，任职于台州市路桥规划管理处。

(清同治五年即1866)、罗渡石塔(俗称石鑫,约建于明代),黄岩的瑞隆感应塔(建于北宋乾德元年)、瑞岩净土寺塔(建于元至元三十年即1293)、水口石塔(建于明万历四十四年即1616)、庆善寺塔(俗称大寺塔,建于宋绍兴二十一年即1151,清康熙十一年即1672重修)、方山双塔(重建予清咸丰十一年即1861)、灵石寺塔(建于北宋乾德二年至咸平二年),椒江的太和山塔(始建于明初,清同治四年即1865重建)、小圆山塔(晚清)、牛头颈塔(建于清同治五年即1866),温岭的新河文笔塔(明万历初年)、松门文峰塔(明代),等等。22座古塔像镶嵌在台州大地上的颗颗明珠,闪耀着古代文明的光辉。

台州古塔是台州重要的历史古迹,但有关它们的文字记载却极少。随着历史的变迁,自然界的风吹雨蚀以及人为的破坏或不合理的修整,都或多或少地影响着古塔的外观与结构,特别是一些地处偏远的古塔,如方山双塔、小圆山塔,已被风化、破坏得面目全非。因此,对古塔进行调查研究并促成积极的保护与合理地利用将具有重要的意义。

一、台州古塔的建筑特色

塔是古代的高层建筑,它是特定历史条件下、特定地理环境中,科学技术、民俗习惯、价值观念的综合反映。台州古塔是台州历史的见证,无论是外观造型还是内部结构,都体现出台州这一特定环境中的建筑特色。

(一)外观造型

1. 建筑型制

塔是外来的建筑形式,是印度文化("窣堵坡")和中国文化(亭台楼阁)相碰撞、相融合的产物。它滥觞于东汉,鼎盛于唐宋,在长期的发展中,形成了亭阁式、楼阁式、密檐式、覆钵式、金刚宝座式五种古塔型制以及以此为基础形成的各种变异。在两宋与辽金对峙的几百年间,当以辽代"五京"为中心的辽、蒙、晋、冀等北方地区大建密檐式塔的同时,台州仍然按照大宋的既有模式建造着楼阁式砖塔。元代,"窣堵坡"再次由尼泊尔传入中国,形成了中国的覆钵式塔,得到元蒙皇室贵族的推崇,而此后的明清两朝也都把建造覆钵式塔、推广喇嘛教作为羁縻蒙藏贵族、统治汉族地区的政治手段。台州地处长江以南、东海之滨,一直是禅宗、净土宗的传播地,喇嘛教影响甚微,覆钵式塔也就没有了立足的基础。综观现存的台州古塔,是楼阁式"一统天下",虽然在临海紫阳街白塔桥一带历史上曾建有覆钵式塔，但毕竟为数极少。

2. 平面形式

我国古塔的平面为规则的几何图形，有圆形、方形、六边形、八边形，个别的呈十二边形、折角形。隋唐以前我国佛塔基本上模仿西域佛塔建筑，多为方塔，象征佛的方袍。天台梁妃塔始建年代最早（梁大同四年，538），1947 年募款重修时沿袭古制，仍为方塔。唐以后，随着工程技术的进步和人们认识的发展，六角塔、八角塔逐步显示出相对于方塔的明显优势——无论是结构的稳固性还是登临眺览的视野的开阔程度，因此，塔平面逐渐定型，六边形或八边形成为我国古塔平面的主要形式。从全国范围来说，八角塔尤为多见。台州古塔的平面形式以六边形占绝对多数（90.91%），总数达 20 座；八角塔和方塔各为 1 座，分别是瑞隆感应塔和梁妃塔。国清寺塔虽名为隋塔，但从现存砖塔的结构和外观型制分析，已非隋代遗物，实为宋代重建，所以平面呈六边形也符合时代特征。

3. 层次高度

楼阁式塔以五、七、九层为多。佛经有“七宝”之谓，由金、银、琉璃、砗磲、玛瑙、珍珠、玫瑰组成，造塔分藏之；而中国还有句常用的俗谚：救人一命胜造七级浮屠，因此江南一带七层塔最为常见。台州古塔七层的有 14 座，占 63.63%，方山双塔文字记载为七层，1999 年 10 月笔者实地考察时，因风化破坏严重，已找不到五层以上的明显痕迹；五层的有 7 座，占 31.82%，庆善寺塔在层与层之间尚各有一个暗层，这从外观就能明显看出，有些资料误为 7 层；九层塔仅国清寺塔 1 座。国清寺塔是台州第一高塔，也是浙江第二高塔，高 59.4 米，比杭州六和塔仅低 0.49 米。30 米以上的有 2 座——庆善寺塔、瑞隆感应塔，高度均为 35 米；20 米以上的有 5 座；其余均在 20 米以下。

4. 细部与建筑风格

台州古塔表现木结构的做法非常丰富具体，一般在每层转角处砌出（刻出）圆形、六角形或八角形倚柱，每面两根槏柱把外壁划分为三间，其中明间辟壶门或壶门状壁龛。倚柱间隐出阑额、地栿，部分宋塔还在倚柱、阑额之上施斗拱，转角补间各一朵。台州砖塔多以菱角牙子迭涩出檐，线砖与菱角牙砖相间。宋塔一般施菱角牙砖 5—6 层，塔檐有明显的弧线，至角起翘，秀气灵动，具有典型的江南建筑风格。明清砖塔则施菱角牙砖 2—3 层，出檐较短，整体造型较为平直呆板，在艺术上自然无法与宋塔相提并论。千佛塔与瑞隆感应塔的底层历史上都有副阶，后来毁掉，瑞塔在 1997 年的大修中恢复。平座多数仅具装饰意义，具有真正实用意义的平座栏杆并且完好保存下来的一座台州古塔是安洲山塔，2、4、6层置平座勾栏，1、3、5、7层出檐，均以石刻华拱承托，这种装修形式在国内古塔中比较少见。

(二)内部结构

台州古塔以砖塔(含砖木、砖石)为主，有19座；另有安洲山塔、水口石塔、罗渡石塔为石质。依据塔身内部的空实状况，塔可分为实心塔和空心塔两大类。

台州共有实心塔12座。实心塔结构较为简单，一般采用填厢式砌法，也就是外砌砖石、内填砂土石块，如方山双塔塔体内填满石块和泥砂。而水口石塔的石板面层内砌筑块石；灵石寺塔等还填入木骨，起着现代建筑中联系梁的作用，以增强塔的整体性。

为了能登临眺览，就必然要建造空心塔。台州空心塔在构造上有空筒式、塔心柱式两类。空筒式是一种出现早、运用广、结构简单的建塔方式，它将塔的壁体砌成上下贯通的砖筒，向上逐渐缩小，顶部覆盖起来；内部用木楼板分隔，在砌砖壁体时就根据楼层高度和门窗的位置，预先用迭涩砖来搁放楼板枋子，而木楼梯则紧靠塔壁盘旋而上，所以这类塔又称作砖(石)壁木楼层塔。千佛塔、国清寺塔都是空筒式砖塔，松门文峰塔是条石砌成的空筒塔，条石塔体外包砌一层10厘米厚的青砖，内径很小，无法登塔。太和山塔一直被认为是实心塔，笔者1999年10月上旬实地考察时，正遇上该塔搭架大修，意外地发现原来太和山塔也属空筒结构，只不过塔内无任何让人登塔的设施和构件，塔外既无佛龛，也无门洞窗洞，实际上是一座完全封闭的空心塔。这类塔的缺点是平面上缺乏横向联系的力，抗震性能弱，且木构楼梯楼层易腐朽易燃。目前，国清寺塔、千佛塔的木构部分早已不存，仅留下一个大空筒，从国清寺塔塔壁留下的空洞残迹，可以想象原先的斗拱和腰檐应该都是木制的，但主体结构能历几百年甚至近千年而保存下来，当属不易。据研究，国清寺塔的几十万块砖都由一个砖窑烧制，且由糯米浆与黏土的搅和物作砌筑砂浆，加上选址的合理性(花岗石地基)，是该塔异常坚固的重要原因，从一个侧面反映出古代台州人民的聪明才智和高超的建筑技艺。结合龙兴寺的恢复，千佛塔也在整修之中，相信不久古塔将不再是“空筒”。

塔心柱式是中国古代砖石结构发展到高峰时的产物。它出现于宋代。临海市山东塔即为这种形式，它完全摆脱了以木材作为辅助构件的结构方法，塔壁、塔檐、楼梯全部由砖砌成，塔中心是一个自顶到底的六角大砖柱，楼梯就处于砖柱与砖壁之间，成为内柱与外壁横向联系的构件，就如框架结构，使中心柱与外壁合为一个整体，从而增强了砖塔的稳固性。遗憾的是台州的这类古塔(如安洲山塔、福应塔、罗渡石塔)的塔心柱都已遭破坏。进入安洲山塔和罗渡石塔塔内向上看,还可以看到悬空伸出螺旋状上升的条石梯级。福应塔经过修葺,从外已看不到上部塔心柱毁坏后梯级的状况。

梁妃塔虽然始建年代最早,但现存塔体应属近代建筑,运用了钢筋混凝土结构,当归入别类。

二、台州古塔的建筑思想

塔是佛教的产物,在古印度本用来安置佛骨舍利、经书法器,东汉永平年间传来中国,在中国大地上大量建造。千佛塔、灵石寺塔、瑞隆感应塔、庆善寺塔、瑞岩净土寺塔、国清寺塔等都是台州佛教建筑的重要遗存。

而大量的台州古塔并非为崇佛而建,它们实际上是一种风水塔。风水理论土生土长、源远流长,是中国古代有关建筑环境选择和处理的专门学术。对于它的评价历来毁誉参半,笼罩着迷信的阴影,但谁也无法否认,风水术曾对中国传统建筑文化,无论是选址、规划、设计乃至营造都产生过深刻的影响。塔建筑在世俗化的进程中受到风水学说的长期浸淫、熏染,到明清时代,有的完全脱离了佛教的范畴,逐渐成为兴文运、壮观瞻的风水物。只要稍加留意,在我国许多地方,都能见到这种名为文风塔、文峰塔、文星塔、文昌塔、文笔塔的风水塔,如巾山双塔(大小文峰塔)、方山双塔(文笔塔、华盖塔)、新河文笔塔、松门文峰塔等,此外仙居三塔、椒江三塔也都是风水塔,尽管它们中有些起过定向导航的作用,但这仅仅是派生的功用。历史上,唐门山双宝珠也曾是澄江之滨著名的风水塔,不幸在"文革"中被平毁。

《相宅经纂》的论述代表了古代先民们造塔兴文运的思想:"凡都省府县乡村,文人不利,不发科甲者,可于甲、巽、丙、丁四字方位上择其吉地,立一文笔尖峰,只要高过别山,即发科甲。或于山上立文笔,或于平地建高塔,皆为文笔峰。"这些文字具有一定的迷信成分,但同时也表达了唯心主义占统治地位的历史条件下人们的美好心愿。仙居《郭氏宗谱》就记载着"建浮图一座于南峰山鉴玉堂之侧,高接云霄,以镇一邑之文风"。一般认为我国风水塔发展于明清,而南峰塔的建造应该是风水思想应用于塔中的较早实例。作为佛塔的瑞隆感应塔,在同治年间甚至被改建为文笔峰,"卓立讲堂之右,凌云摩霄、黼黻星汉,可补造化而分天章",在 1997 年大修之前,塔项一直绘写着"状元及第"和"独占鳌头"等彩画墨书。

台州建塔,不能不提及刘璈。刘璈(1828—1887)字兰洲,湖南临湘县人,清同治三年(1864)署台州知府,七年授知府,至十一年九月御任。刘璈到台州后,着意扩充官学,扩建书院,增设义学,"台之文教乃大振复"。此时也是台州大建文峰塔之时,在刘璈的主持下,建造了太和山塔、牛头颈塔、小圆山塔,重修了巾山双塔、瑞隆感应塔,从而印证了"吾乡朝野人文,率于有塔时为盛"之说。巾山东塔俗称万年塔,即是当时知府刘璈命赤水庠生徐万年捐资重建而得名。古代风水家、政治家就是利用耸拔挺秀的文峰塔,来作为"通显一邦、延袤一邦之仰止,丰饶一邑、彰扬一邑之观瞻"的标志性建筑,在风水名义下,来"培风脉、纪地灵、壮人文、正风俗",以达到一地景观完美、文化昌盛之目的。

三、台州古塔的人文价值及保护利用

作为台州重要的古建实物,古塔对研究台州的历史、民俗、文化、艺术以及发展旅游具有极为重要的作用。

(一)人文价值

首先,古塔是历史信息的载体,其珍贵之处在于它可以不断地被研究、被解释,不断地有所发现。塔的每次修葺,考古工作者都能获得新的信息。如1988年,在对灵石寺塔的落架考古中发现,该塔内部构造奇特,层层有宫,宫富有物,为全国罕见。在17个宫中出土了经卷、贝叶经、五彩泥塑、石雕、木刻、陶瓷、铜镜、铁塔、琉璃器和舍利珠等文物近千件,其中国家一级文物20余件,特别是纪年铭文砖更为塔的建筑年代、修整历史以及当时的时代背景、气象地理等提供了物证。如"长愿吴越王钱万岁"铭文砖从一个侧面佐证了北宋初(太平兴国三年,即978以前)的台州尚在五代吴越王统治之下这一历史事实;咸平元年(998)的纪年砖刻"戊戌年九月廿二日造砖,其年雨水不通"等文字,可为地方志灾异篇做补充;"潮济铺"砖文又为研究五代时期台州驿史及驿铺分布提供了依据。每座古塔都代表着一段历史、一个故事。随着技术的进步、认识的发展,对台州古塔的考古必将有更多的发现。

其次,古塔是雕刻艺术的载体。中国传统建筑往往借助雕刻来表达一定的宗教意识、社会内容,台州古塔雕刻有砖雕和石刻,手法囊括线刻、浅浮雕、高浮雕、半圆雕、圆雕,内容主要是一些代表吉祥如意的动植物图案和佛教形象。如:水口石塔除各层各面均刻石佛像外,基座浮雕回头鹿、腾龙、走狮、麒麟等,显得纯朴、洗练，乃明万历年间温岭著名石工马塔泉的手迹，历史上台州民间曾流传“黄岩蜜桔雁荡松，太平石工天台钟”的民谣，至今温岭仍是我国四大石雕之乡之一；安洲山塔须弥座及第一层上雕刻的卷草、莲花、天王、力士图，工艺精湛，尽管它是一座风水塔，但雕刻内容却是佛教常用的图案；小圆山塔、牛头颈塔佛龛中的高浮雕人物形象，也非常精美。千佛塔是模制砖雕的典型代表，在日本的《支那文化史迹》和《东方美术大观》上均有文章介绍它，足见其在雕刻艺术史上的地位。瑞隆感应塔顶层原有佛教故事浮雕，券门小龛镶嵌佛像砖，石砌须弥座也刻有佛像和麟、狮等，经过多次修补，现在已经很难看到了。而一些素面无饰的砖塔，其檐下仿木构斗拱和雀替也都是雕刻的产物，如：南峰塔一层转角处隐刻三踩横拱，二层开始施华拱；太和山塔和庆善寺塔采用简单之“一斗三升”装饰；还有福应塔的计心重拱、新河文笔塔的枋下雀替都具有很高的欣赏价值。

再次，古塔蕴涵着民俗，积淀着文化。在台州的许多地方把“塔”叫作“兴”，笔者曾在仙居、黄岩、椒江的一些地方做过调查，老一辈台州人都这么称呼。因为“塔”与“塌”谐音，为普通百姓所不喜，于是有了“兴”的叫法。至于这种叫法的起始年代和涉及范围(是否超出台州地域)尚有待考证。这是一种奇特的现象，也是特定地域民风民俗的体现。

灵石寺塔的戏曲人物砖刻是我国戏曲史上的珍贵史料。北宋乾德三年(965)刻制于潮济铺村，砖面线刻参军、苍鹘、徕儿等脚色，说明唐代的参军戏至迟在北宋初的黄岩已活动频繁，这为研究当时的民间文化提供了实证资料。

名胜古迹一方面能触发文人灵感，造就一代诗人；另一方面其本身也因名句佳作而扬名、流传。台州古塔是文人骚客歌咏的对象。南宋景定年间宝章阁直学士章雄飞《游九峰寺》诗云“九峰突地三千丈，双塔攒空十二层”，任重称颂“胜景九峰两文笔，仙源千古一桃花”。方山双塔饱经沧桑，成为古老黄岩的象征和地理的标志。此外还有“鸟飞塔畔云低树，忽听清流棹客船”(南峰塔)；“九朵峰恋联寺塔，一弓江水护楼台”(瑞隆感应塔)；“七级碍云藏古塔，一溪无雨露平沙”(瑞隆感应塔)；“宝砌悬双塔，丹楹起六朝”(灵石寺塔)；“鸦攒双塔暮，枫冷一江秋”(巾山文峰塔)等佳句。郭沫若先生1964年漫游国清寺时也留下了称颂国清寺塔的诗句：“塔古钟声寂，山高月上迟。隋梅私自笑，寻梦复何痴。”

最后，古塔是园林的景观，城市的地标。佛教传入台州约在东汉末年，兴平元年(194)创建石头禅院(今仙居境内)为台州梵刹之始。而南北朝以来，超尘脱俗、恬静无为的佛教思想同样影响着台州，造就了“天下名山僧占多”的格局。佛家选择清幽恬静、风光秀美的名山幽谷建庙立寺造塔，形成了中国式宗教圣地的独特风格,而塔这种重要的宗教建筑也就与自然山水紧密地结合在一起。如国清寺塔建于“佛宗道源,山水神秀”的天台山,千佛塔建于“一郡游观之胜”的巾山西麓,瑞隆感应塔选址在溪涧潺潺、古柏参天的九峰,这些地方历史上就是人们焚香、拜佛、聚会、交际的场所,而今天更是公众游览的胜地。

文峰塔的建造,更体现了塔与环境的完美结合,其本意就是通过造塔以修景、造景、添景,弥补山川形势之不足,使景观趋于平衡与和谐,以满足人们对环境“完形”的心理需求,起到了一种装点河山的作用。台州古塔与环境相融合,不少成了当地的重要景观,如“平林塔景”(瑞隆感应塔)、“赤城西霞”(赤城塔)、“双峰插云”(方山双塔)、“牛头烟雨”(牛头颈塔)、“南峰钓艇”(南峰塔),等等。

古塔高耸的身姿往往又成为园林艺术构图的中心和一些视点的对景、借景,有如《园冶》上所说:“园虽别内外,得景则无拘远近……俗则屏之,嘉则收之。”巾山双塔是临海这一国家级历史文化名城的重要组成部分,是最富历史内涵的临海城标。双塔不仅控制着巾山整个景区的视线,同时又是城墙旅游线、北周山等处的对景和借景;椒江两岸的小圆山塔、牛头颈塔是古代由水路进入台州(海门)的标志性景观;“高塔倚云标佛国”的古诗句也证实了早在明代以前国清寺塔就已成为宗教胜地天台山的象征;仙居三塔呈三角而立,互为对景,控制视线,丰富了城市天际轮廓线。

(二)保护与利用

在重视历史文脉、坚持可持续发展的今天,古塔保护日益为人们所重视,至今已有南峰塔、福应塔、安洲山塔、国清寺塔、千佛塔、瑞隆感应塔、瑞岩净土寺塔等被列为省级重点文物保护单位,其余也均为县(市、区)级文保单位。尽管如此,经实地考察,发现存在的问题还是不少。一是损坏严重,未及修葺。如罗渡石塔底层缺损、塔体开裂;方山双塔已风化得徒具“塔”名,几乎成为一堆残砖的堆砌物;牛头颈塔塔身已为络石、辟荔等爬藤植物所覆盖,风化较为严重;瑞岩净土寺塔从二层开始向一侧倾斜,说它岌岌可危应该不是危言耸听。二是不合理的修复造成了新的建设性破坏。最明显的例证是庆善寺塔,该塔是1956年公布的省二级文保单位,但在20世纪60年代大修中没有考虑“修旧如旧”原则,外加粉刷造成古塔面目全非,特别是顶层钢筋平座栏杆更显得不伦不类,终被取消省级文保单位称号;松门文峰塔从实物看相信也不是原有之形态,修改之处似有画蛇添足之嫌。三是有些塔本身修复得很好,但环境配套跟不上。如福应塔、安洲山塔的整修都称得上范例佳作,但在寻访途中却找不到上山的小道,而只能穿越在杂草灌木丛中,这不能不说是一种缺陷。

目前，台州的旅游业正在蓬勃发展，“旅游业是第三产业的先导性产业，又是投入少产出效益好的朝阳产业”。许多县市都充分利用了塔的观赏价值吸引游人、开发旅游，像瑞隆感应塔、巾山群塔、国清寺塔等以其所处的良好环境，早就成为人们观赏的主景。古塔因园林而得到更好的保护，而园林又因古塔而增辉。庆善寺塔原藏身于一片旧宅老屋中，随着黄岩北门片旧城改造的实施，现已拆出一片广场绿地，渐露塔身，古塔的复原修葺应指日可待，而在其控制区、保护地带内的楼房建设，也都有了相应的规定。它必将为我市古塔建筑与现代城市绿地的磨合做出有益探索，为各县市的城市建设提供借鉴。

古塔是一个地方的宝贵财富，我们既要好好地保护、珍惜它，又要充分地把握、利用它，使它更好地为当地的经济建设服务。

【参考文献】

[1] 台州地区地方志编纂委员会. 台州地区志[M]. 杭州：浙江人民出版社，1995.

[2] 仙居县志编纂委员会. 仙居县志[M]. 杭州：浙江人民出版社，1987.

[3] 临海县志编纂委员会. 临海县志[M]. 杭州：浙江人民出版社，1989.

[4] 椒江市志编纂委员会. 椒江市志[M]. 杭州：浙江人民出版社，1998.

[5] 温岭县志编纂委员会. 温岭县志[M]. 杭州：浙江人民出版社，1992.

[6] 郑琦. 中国古塔与建筑技艺[J]. 广东园林：1997，19(1)：12-15.

[7] 郑琦. 古塔艺术与园林[J]. 规划师，1997，13(4)：42-46.

[8] 王其亨. 风水理论研究[M]. 天津：天津大学出版社，1992.

[9] 刘敦桢. 中国古代建筑史[M]. 北京：中国建筑工业出版社，1980.

[10] 陈希镯，梁光军. 中国历史文化名城临海·名胜卷[M]. 哈尔滨：哈尔滨地图出版社，1997.

[11] 临海市政协文史资料委员会. 历史文化名城临海[M]. 天津：天津人民出版社，1994.

徐霞客缘何情钟天台山

许尚枢

【摘　要】"游圣"徐霞客之所以喜登天台山,三游为快,纪游置于《徐霞客游记》卷首,是因为它是一座饮誉遐迩、极富神秘感和诱惑力的名山,又是一处名实相符、具有丰富而独特的高品位旅游资源的名胜古迹。历史上天台山有过多次旅游热,还因为那里的人极重情义,可以结为挚友。

【关键词】徐霞客;钟情;天台山;名声;名实相符;魅力

"仁者乐山,智者乐水"。明代伟大的地理学家、旅行家、旅游文学家徐弘祖(1586—1641),字振之,号霞客,一生以游览和考察华夏名山大川为职志。有的名山,他游而不厌,天台、雁荡游过三次,黄山游过二次,均有日记留在60万字的《徐霞客游记》之中。不过第二次游雁荡没有游记,唯独游览被东晋文学家孙绰称之为"台岳"的天台山,他写的5400字的三次纪游全部存世,而且赫然居于卷首。然而在古代,要游览天台并非易事,晋人孙绰就有"所立冥奥,其路幽迥。或倒景于重溟,或匿峰于千岭;始经魑魅之涂,卒践无人之境;举世罕能登陟,王者莫由禋祀,故事绝于常篇,名标于奇纪"之叹[1]。甚至到了明清,交通仍不方便:"吴越间山高大而著名者莫如天台,以其荒远不通舟楫,须陆行二百里乃到,非笃好山水裹粮蹑屐无由而至焉。"[2]如此山岳,三登其地,何等艰难!因此,当我们欣赏《徐霞客游记》的封面[3],看到那群山耸翠,白云缭绕,一挂飞瀑从天生桥中一泻千丈的"石梁飞瀑"奇观,不禁发出徐霞客对台岳情有独钟的感喟。而"徐霞客为何特别情钟台岳"的思考自然也会油然而生。

原因之一:天台山的名声太大了,又极富神秘感

天台山虽然地处海隅,却出名早,名声大。其名最早见于《黄帝·内经·山记》,历来有"海上名山"之称。至于它的得名,南朝陶弘景《真诰》说,山"高一万

八千丈，周八百里，山有八重，四面如一”。《十道志》谓之“顶对三辰，或曰当牛女之分，上应台宿，故曰天台”[4]。也就是说天台山正当太微垣星宿的分野，天上主司命、司中、司禄的“三台六星”，与地下的朝廷三公相对应[5]，有摄理阴阳与万民万物的功能，是最尊贵、最有威权的星官。这就使得天台山的地名带上神秘、高贵与协和万物的意蕴。按照古地理学(堪舆)的观点，天台东濒大海而止，为华夏三龙东南一大结局，数万里“所有灵粹之气，莫不毕集于此”[6]。早在秦始皇三十二年(前16)九月庚子，京都咸阳流传的一首歌谣预言：“神仙得者茅初成，驾龙上升入泰清，时下玄洲戏赤城，继世而往在我盈，帝若学之腊嘉平。”秦始皇以为己姓符合谣谶，当得升天，遂诏改腊为嘉平，节以应之，望祀蓬莱，使徐福将童男童女入海求神仙之药[7]。至西汉时，果然有茅初平(茅濛)的三位玄孙先后学道成仙，长者茅盈受命治赤城，即每年十二月初二自天台归茅山，次年春三月十八日复归天台的说法，天台多处溪、岗、村、桥、庵、寨均冠以三茅之名[8]。东吴黄龙三年(231)，天台(时称南始平)西乡(今街头镇)又出现奇异的稻谷，孙权认为是祥瑞下降，遂于十二月丁卯日发布大赦和改元令，以第二年为嘉禾元年[9]。可见其物华天宝，是不可多得的风水宝地。难怪孙绰在赋中高呼“嗟台岳之所奇挺，实神明之所扶持。荫牛宿以曜峰，托灵越以正基。结根弥于华岱，直指高于九疑。应配天于唐典，齐峻极于周诗”，尊崇到了极致。如果按照当今热门说法，天台地处北纬28°57′02″—29°20′39″之间，亦即神奇的北纬30°线附近，与张家界、庐山、黄山、珠峰等名山胜景及武当、峨眉、普陀等佛道名山及乐山大佛的纬度相近，种种遐思妙想自然会随之而来。

天台山夙称“仙山”，在古人眼里是神仙居住的地方，道书洞天福地特别多：赤城山玉京洞为天下十大洞天之六，桐柏山金庭洞为三十六洞天中的第二十七洞天，华峰灵墟、天台新昌交界的天姥山、天宫司马悔山依次为七十二福地中的第十四、第十六、第六十福地，占全国118处洞天福地的4.2%[10]。仙山多“仙话”，这里流传着黄帝“往天台山，受金液神丹”，商末伯夷、叔齐以九天仆射掌治桐柏，周灵王太子晋治理金庭洞天，汉剡人刘晨、阮肇入山采药遇仙等神话传说。此后，葛玄开山，道教丹鼎、灵宝、上清诸早期道派的诞生，道教南宗的创立，都与天台山息息相关。陕西的古汉阴县还因为道教南宗祖师、天台高道张伯端(号紫阳真人)于元丰二年(1079)在那里修炼，而于明代正德七年(1512)改县名为紫阳县[11]。

东晋兴宁年间(363—365)，相传五百罗汉在天台石梁飞瀑显圣说法，天台山遂为五百罗汉的总道场[12]。陈隋之际高僧智者大师在此融通中印不同的思想学说,建构起完整的佛学体系,创立了天台宗,第一个完成了佛教中国化的进程,因而被人们誉为“东土迦文,释迦再现”,将其功绩比作释迦牟尼之创始佛教。而其创宗地亦因此而被比作印度佛教的发祥地——灵鹫峰,天台遂有“即是灵山”之称——智者塔院的照壁和国清寺的匾额就有如是题辞[13]。此外,天台山也是《华严经》的佛教圣地。该经《华严菩萨住处品》说:“东南方有处名支提山,从昔已来,诸菩萨众于中止住。现有菩萨,名曰‘天冠’,与其眷属诸菩萨众于中止住,常在其中而演说法。”唐清凉国师澄观认为,赤城山其形如塔,其巅又有舍利宝塔,故将其确定为天冠菩萨的演法道场[14]。南宋时,天台又成为“活佛”济公的故乡。

佛道以外,儒兵诸家之高士,同样以来台岳啄峰饮涧为幸。像吴国太常高察读书龙皇堂,南朝顾欢课徒东茆山,昭明太子著书开岩,唐朝李白隐读华顶,宋朝陆游采药桐柏、朱熹论道丹丘,元朝书画家赵孟頫避难南屏,明末遗民姜埰、汪沨隐居欢岙……都因这里诱人的古迹和幽谧的环境深深地吸引了他们[15]。

儒释道睦居的天台名山成为信徒朝觐、游人向往的胜地,在历史上多次掀起旅游热。先是东晋时王羲之、支遁、许迈等结伴游山带动三教人士漫游成风。南朝刘宋时,永嘉太守谢灵运率领五百多人开山凿道,开发了台越旅游线,堪称赴天台山的第一个大型“旅行团”。特别是唐代,在大批僧道接踵进山修持,李白、杜甫、孟浩然、白居易、刘禹锡、陆羽等三百多位骚人墨客载酒扬帆,击节高歌,走出了一条“唐诗之路”,其中寒山子还将天台当作终隐之地。唐五代至宋元,“佛宗仙源”、三教胜地的天台山,也引发了韩、日僧人和朝野掀起的一股股经久不衰的对天台山的“朝拜热”。晚明以降,随着一股崇尚实学、追求自由的思潮的兴起,以旅游化倾向为特征的天台山旅游热再度出现。汤显祖、王思任、杨文骢、黄宗羲、陈子龙等名家接踵进山[16]。

正因为如此,早在西晋,文学家陆机就有“遗形灵岳,顾景忘归”之句,称天台为“灵岳”;东晋孙绰《游天台山记》更以“山岳之神秀者也”,尊之为与五岳媲美的“台岳”,给予“玄圣之所游化,灵仙之所窟宅。夫其峻极之状,嘉祥之美,穷山海之瑰富,尽人神之壮丽”的评价,使之名闻遐迩,与“海上三仙山”蓬莱、方壶、瀛洲相媲美。后世又出现了将天台山与江西庐山、广东罗浮山合称“陆上三仙山”的说法[17]。

好奇心和追求耳目之娱,是人类的天性,徐霞客非但不能免除,还可以说倍于常人。他从青少年起,就“特好奇书,侈博览古今史籍及舆地志、山海图经以及一切冲举高蹈之迹,每私覆经书下潜玩,神栩栩动”,曾经慷慨抚掌说:“丈夫当朝碧海而暮苍梧，乃以一隅自限耶？”[18] 遂不断搜集古人逸事，与丹台石室之藏。对天台山上述情况，自然了如指掌，“法鼓琅以振响，众香馥以扬烟”的佛国仙山景象，更是他向往已久的圣境，希望有朝一日“陟华顶万八千丈之顶”，像诗仙李白一样度石桥、弄云烟、坐琼台、观龙渊。

原因之二：天台山的景物太美了，富有神奇的魅力

明万历四十一年(1613)初夏，徐霞客梦寐以求之事终于实现了。首游台岳从四月初一(5月20日)开始，历时9天，游览了华顶、石梁、铜壶、水珠帘、万年寺、国清寺、明岩、寒岩、桃源、琼台、赤城山等景点，可以说将天台山的主要名胜古迹游览殆遍。19年后，从崇祯五年(1632)三月十四日起，徐霞客再次游览了华顶、石梁以及高明寺、螺溪诸景，历时7天。虽属旧游，兴致有增无减。接着南游雁荡，于四月十六日返回天台作第三次游览，3天中游览了赤城山、桐柏、琼台、寒岩、明岩、龙须洞、桃源和万年寺，在“尽天台以西之胜”，梳理了全山水系以后，尽兴而去。

这样在19年中，徐霞客先后3次游览天台山，共达19天。就我们所知，游的次数和地方这么多，游的时间这么长的，当地只有王士性、齐周华等人，客籍只有吴江潘耒、丹徒顾鹤庆等人。徐霞客不远千里，一而再，再而三地游天台山，除了天台山名气大以外，究竟还有哪些原因呢？

第一是名实相符。有这样一些景区，名声大而实际并不怎么样，游了以后使人觉得“不过如此”，甚至会说下次再也不会来了。而天台山则不同。游览名声远扬的天台山，是徐霞客心头多年的愿望，因此当他头天自宁海出西门，踏上前往他朝思暮想的目的地的路，他的心情就特别高兴，“云散日朗，人意山光，俱有喜态”，好像老天爷都格外帮忙似的，以致“闻此地於菟(按即老虎)夹道，月伤数十人”，都阻遏不了他前往一游的决心。而才刚初游，就觉得名不虚传，天从人愿，第一天就进入“溪石渐幽”“喜不成寐”的美境，翌日游石梁、断桥更是兴奋得“几不欲卧”[19](本文引用《徐霞客游记》的文字均见该书)。

第二是胜景特多。按天台山现在的景区分类，属于国家级风景名胜区的就有13处，值得游览的地方特别多。而历史上有后来湮没了的也不在少数，如俗语所谓“大八景，小八景，有名有姓三十六景，无名无姓数不清”。其实天台山有特色的景观又何止于此，只不过上述13处更为典型而已，更何况徐霞客当年还有很多富于特色的胜景还未曾游或尚未发现呢。

第三是品位极高。一个景区如果只是数量上多,却普普通通,那也不足为奇。天台山的景是多而品高。这里我们不妨借用一下“几一月而台山之游略遍”的清代旅游文学家潘耒的感受,他将国内名景与天台诸景一一对拟:

华顶高旷,罗浮之飞云峰也;东苍秀润,泰山之御帐坪也;幽溪苍寒,五台之清凉石也;螺溪刻削,西山之秘魔崖也。寒岩峭特,其霍山之天柱乎?明岩诡异,其劳(崂)山之华楼乎?珠帘娟秀,不减匡庐之三叠泉;龙潭幽险,岂逊九华之鱼龙洞?桃源隽永,有武夷九曲之势;赤城绮拔,有丹霞万仞之规。国清之静深,可以敌曹溪;桐柏之萧远,可以俪勾曲[20]。

上述罗浮、泰山、五台、崂山、九华、武夷等12处,都是古代的名山大川,如今绝大多数与天台山一样同列入国家重点风景名胜区,有的还是世界遗产。将天台山与它们相提并论,其档次之高,不言而喻。如果徐霞客不是处于游历初期而是后期的话,亦当做类似联想。

第四景观奇特。俗谚云:“黄山之秀,天台之奇。”天台山景观与众不同,还不乏“只此一家,别无分店”的奇绝之景,令人耳目一新,流连忘返。例如,对于石梁飞瀑,徐霞客在两次游考中曾从不同高度各个角度反复观察,终穷其胜:

(癸丑四月初三日)……至石梁,礼佛昙花亭,不暇细观飞瀑。下至下方广,仰视石梁飞瀑,忽在际……暝色四下,始返。停足仙筏桥,观石梁卧虹,飞瀑喷雪,几不欲卧。

(初四日)不暇晨餐,即循仙筏上昙花亭,石梁即在亭外……余从梁上行,下瞰深潭,毛骨俱悚。梁尽,即为大石所隔,不能达前山,乃还……复至隔山大石上,坐观石梁。为下寺僧促饭,乃去。

(壬申三月十六日)过上方广寺,抵昙花亭,观石梁奇丽,若初识者。

有人说“六观石梁”,其实何止6次,只不过见诸记载而已。难怪“足迹半天下,所见名山岳镇多矣”的潘耒在纪游中感叹:“至若石梁、飞瀑之雄奇巧妙,琼台、双阙之灵异清华,吾遍拟之而不得也,则台山之独绝乎!”

第五是景区幽深。从景观美感来说,直不如曲,浅不如深,一览无遗犹如白开水一杯。天台山的美景就不是一般的“值得一游”,而是属于非常耐看的一种。

游人一次很难尽兴，总想第二次、第三次来，看个够，反复咀嚼。很多景点徐霞客都是游了好几次，由于地处深曲，探寻过程还颇曲折。例如，第一次游山时，为了寻觅历代文人传为“仙凡艳遇”的故事发生处桃源，居然到了“日已堕，竟无宿处”的地步。翌日又走了近四十里路，来到“一瀑从山坳泻下”的“金桥潭”，但他总觉得这“信误人也”的桃源深处还有更隐秘更美的景致。所以当他第三次游山时，就“由此（潭溯流，冒雨拨棘）而上”，才终于在“无可缘陟”处，见到了“岚光掩映，石色欲飞”的妙境。这就是“九曲桃溪”与众不同之处，会给人带来更多的美妙联想。对于琼台双阙，也是二十年中两度登，第一次是“溯其外涧入，未深穷其窟奥”，中途还曾迷路。第二次“始俯瞰于崖端，高深俱无遗胜矣”。其实琼台所在的西灵溪上游近十里的胜景并不亚于下游，只是当时霞客尚未发现。台山景区之深曲，由此可见一斑。

第六是积淀深厚。天台山发现和开发早，名人荟萃，儒释道睦居，故其胜景之价值不但在于其自然景观之奇丽，更在于其文化内涵之丰富和两者的水乳交融。五百罗汉道场之与石梁飞瀑，佛教天台宗祖庭国清寺之与五峰双涧；日本禅宗临济宗祖庭万年寺之于八峰拱卫，道教南宗祖庭桐柏宫之于九峰耸翠。乃至千年古城之于六水三山，宛若天成。

即此 6 个方面，天台山无愧乎“台岳”的称誉，与置于《徐霞客游记》卷首的地位。

再者，如前所说，徐霞客首游天台，天台山就以其神秀的山水和瑰丽的人文深深地吸引住他，使他夜不能眠，甚至终生难忘，在此后的游历中，经常提及。例如，滇游倚亭观赏玉龙阁大瀑布，他不禁赞叹：“天台石梁，庶几又向昙花这上来也。”[21]他为鸡足山编志，拟有“景致十则”。其中华首重门一景，因天柱山峰下有天然岩壁，形似城关的华首门，就以天台山“双阙高悬，一丸中塞”和“方广石梁，以为五百应真之地”比之。“太子玄关”一景，也以“琼台中悬，已凌灏爽”拟之[22]。

原因之三：天台山的人太好了，可以结为挚友

天台和台州虽然早在新石器时代就都有先民生息于始丰溪畔和灵江两岸，但在汉代曾为虚地，故其居民多为来自北南的移民。他们与道士、僧人一起，互助互惠，和睦相处，形成兼容大度、热情好客的风俗。在历史上，无论是对东晋南渡的北方士族，溯流来台的大唐诗人，还是靖康之变前后南下的宋朝宗室或子

民,天台和台州都伸出双臂接纳。同样的,对于自费来山游览考察的徐霞客一样地热情欢迎。三次游山中,徐霞客与天台、台州人士建立了深厚情谊。

第一天进山,徐霞客一行就碰巧遇到国清寺僧云峰在筋竹庵一起吃饭。云峰告诉他们说:"从这里到石梁去,山险路长,行李不便。"主动提议:"您俩可以轻装前往,而让挑夫重担随我去国清寺等待。"后至国清寺,与云峰相见,三人"如遇故知,与商探奇次第",云峰成为出谋划策的参谋。此后,徐霞客和莲舟上人就居住在寺庙里,受到款待。僧道则任担后勤保障,并做义务导游,陪着上华顶,探石笋。徐霞客一行也受到天台农民的欢迎和帮助。在桐柏宫前,村农见游客来,纷纷放下手中的农活前来问讯,充当向导。徐霞客的首游成功和再游三游,与天台僧俗热情接待和主动配合是分不开的。

值得大书一笔的是徐霞客与台州义士陈函辉的交往。台州府与天台县同样因天台山而得名,府治在与天台县相邻的临海县。陈函辉(1590—1646)就是府城廉吏陈三槐之子。他原名炜,字木叔,因仰慕天台隐逸诗人寒山子而自号小寒山,一说因其母梦寒山子现身而命名。陈函辉性格豪爽,喜欢交游,以助人为乐。时有"海内称文章风流豪荡者,推台州陈君"之说[23]。崇祯五年(1632)四月二十七日,徐霞客偕族兄仲昭第三次游历天台山后,至临海拜访陈函辉,夜宿陈住所"小寒山",三人烧灯夜话,边饮酒边听徐霞客畅谈其半生游历名山大川的经过与感受。陈函辉问霞客:"您曾到过雁荡山绝顶吗?"霞客听而心动。第二天凌晨即告别前往。到了第十天,回到"小寒山",详细介绍了如何不畏艰辛攀登雁荡山绝顶的经过[24]。临别时陈函辉赠诗云:"寻山如访友,远游如致身。"其后二人诗函来往频繁。

不但徐霞客第三次游雁荡是陈函辉促成,他晚年"万里遐征",深入西南地区做地理科学考察,也是与陈函辉在"小寒山"共同做出的决策。徐霞客不相信汉代流行的神学迷信,不认可方士儒生编集起来附会儒家经典的各种著作,认为昔人地理研究与图经存在着不少陋习和弊病。而陈函辉也曾经参与陈绍祖主编、有较高科学价值的《皇明职方地图》,对地理学有较高造诣。因此,当徐霞客谈起"不喜谶讳术数家言"和"欲为昆仑海外之游"时,陈函辉当即表示赞同,并将乡友王士性的《五岳游草·游鸡足山记》推荐给他;还把徐霞客"西南遐征"的大计告诉何凤鸣,希望他能给予照顾。后来徐霞客一到云南,何鸣凤立即前去拜会,多方面予以支持与帮助[25]。

徐霞客与陈函辉的交往最后也是最重要的一件事,是徐霞客请老友为自己作墓志铭。墓志铭作为我国古代一种悼念性的文体,用散文撰写死者的姓名、籍贯和生平事略，文末以韵文写的铭赞扬死者的功业成就，表示悼念和安慰。然后刻在石上，埋于坟前。古人对由谁撰写墓志铭非常重视，一般由最亲近要好的朋友或有地位的长者执笔。崇祯十四年(1641)正月，重病中的徐霞客想念老友陈函辉，写了一封书信，内称："寒山无忘灶下。"这里用了唐寒山子常在国清寺与拾得、丰干一起执炊事的"寒拾灶"的典故，以拾得自况，表达他对天台山和台州的怀恋之情。长子徐屺受命渡江至靖江县衙将信面呈时任县令的陈函辉，函辉立即赶至江阴县梧塍里徐家看望。徐霞客去世噩耗传来，函辉悲恸欲绝，当霞客族兄仲昭遵遗嘱请求他写墓志铭时，函辉说："先生是我石友，交往最久，从道义上不敢以不敏推辞。"他含泪撰写的《徐霞客墓志铭》叙述了徐霞客生平事迹与人格品质，悲痛之余又写了《后纪游》诗 19 首悼念这位千古奇人。在诗序中说："椒子赋《后纪游》，霞客去矣！将谁与语？平生游履所至台与雁，皆家也……"函辉生前给霞客的《前纪游诗》中还有"累世称通家，南州又高士"之句。可见二人确是莫逆之交，天台、雁荡既是函辉之家，也是二人石交之所系。

值得注意的是，视台岳为家山的陈函辉曾写过一首《答友人问台州有何佳境》的七律诗：

万仞嵯峨壁立青，古云地阔海冥冥。
琪花瑶草山中果，雨髻风鬟洞口婷。
崔驭吹笙开石壁，鹅群染翰写金经。
无端醉后逢天姥，月照琼台梦未醒。

此诗对天台山的主要胜景如数家珍般地做了描述[26]。论者以为此诗"很可能是陈函辉回答'友人'徐霞客在初游天台前的咨询"，果如此，则其于引领"游圣"确实功莫大矣！

陈函辉在明亡以后曾参与反清斗争，最后殉国，诛及家族。直到清乾隆年间，才得以昭雪，赐谥"忠节"。他与热爱祖国河山的徐霞客都是明代杰出的爱国者，值得后人学习与敬仰。为此，台州人民在巾子山"小寒山"遗址处为他俩和另一位与徐霞客齐名的人文地理学家、旅行家王士性树碑立像，可谓当之无愧！

【参考文献】

[1] 孙绰. 游天台山赋[M]//南朝梁萧统. 文选第二册，上海：上海古籍出版社，1986：494.
[2] 潘耒. 游天台山记[M]//小方壶斋舆地丛钞第五册第四帙，杭州古籍书店，1982.

[3] 徐弘祖.徐霞客游记[M].上海:上海古籍出版社,1982.

[4] 陈耆卿.嘉定赤城志卷二十一山水门三[M].北京:中国文史出版社,2004:315.

[5] 房玄龄,等.晋书·天文志上[M].北京:中华书局 1974.

[6] 释传灯.天台山方外志卷一·山名考[M].香港:百通出版社,2001:4.

[7] 宋裴骃.《史记集解》引《太原真人茅盈内纪》[M]//二十五史第一册.上海:上海古籍出版社,1986:30.

[8] 天台县地名委员会办公室.浙江省天台县地名志[Z].1986:91、113、114、364、376、394.

[9] 许尚枢.天台山与洞天福地[J].东南文化增刊·天台山文化专号 2,1998.

[10] 张习孔,田珏.中国历史大事编年第二卷[M].北京:北京出版社,1997:14.

[11]《中国政区大典》编委会.中国政区大典第 5 册[M].杭州:浙江人民出版社,1999,246.

[12] 释慧皎.高僧传卷十一·昙猷传[M].北京:中华书局,1992:404.

[13] 丁天魁.国清寺志[M].上海:华东师范大学出版社,1995:444-445.

[14] 高鹤年.名山游访记卷一[M].北京:宗教文化出版社,2000:15-16.

[15] 许尚枢,周荣初.名人与天台山[M].西安:西安地图出版社,2004:186.

[16] 许尚枢.鲜明的旅游化倾向丰富的文化之旅——徐霞客、齐周华比较研究之二[C]//浙江省台州市旅游局《98 台州天台山徐霞客旅游文化研讨会文集》,北京:中国文联出版社,1999:134.

[17] 刘振礼.新编中国旅游地理[M].天津:南开大学出版社,2007:203.

[18] 陈函辉.徐霞客墓志铭[C]//朱惠荣校注.徐霞客游记下册.昆明:云南人民出版社,1985:1235.

[19] 朱惠荣.徐霞客游记上册[M].昆明:云南人民出版社,1985:1-4.

[20] 潘耒.游天台山记[M]//小方壶斋舆地丛钞第五册第四帙,杭州古籍书店1982:335.

[21] 朱惠荣.徐霞客游记下册[M].昆明:云南人民出版社,1985:901.

[22] 朱惠荣.徐霞客游记下册[M].昆明:云南人民出版社,1985:1184.

[23] 临海市编纂委员会.临海县志[M].杭州:浙江人民出版社,1989:691.

[24] 周琦.徐霞客台州挚友陈函辉[C]//中国徐霞客研究会,江阴市人民政府.徐霞客研究第三辑.北京:学苑出版社,1998:121.

[25] 丁式贤.再论徐霞客与陈函辉[J].徐学研究(江阴),2009(4).

[26] 陈函辉.小寒山子集·青未了[M]//崇祯刻本,四库禁毁书丛刊第 185 册第 14 卷.

台州学院校训文化建设的探索和实践

潘 垚[1] 高 阳[2]

【摘 要】校训是校园文化的灵魂。台州学院是一所具有深厚办学底蕴的百年老校,通过几年的酝酿征集,确定了"澡身浴德修业及时"的新校训,并以"五个一(一志、一片、一展、一线、一课)"文化工程为载体,打造校训文化体系,以丰富多彩的活动为依托,弘扬校训文化精神,取得了很好的实践效果。今后,校训文化应从深化学术、丰富内容、扩大交流等方面加强建设。

【关键词】校训;文化;建设;探索,实践

台州学院是一所百年老校,办学源头可上溯至1907年三台中学堂简易师范科,文化底蕴深厚。在百年的办学历史过程中,它延续着一种生生不息的办学理念,传递着代代相传的办学精神。在新的历史时期,我们把它提炼为新校训——"澡身浴德修业及时"。几年来,学校结合自身的办学历史和特点,通过不断地探索实践,推出以"五个一"文化工程为主要载体的校训文化建设。通过几年的努力,校训文化建设特色明显,效果显著。

一、确立新校训,提炼校训文化内涵和文化精神

大学校训是大学文化的灵魂,是大学精神的象征,是大学展示自己的文化名片。大学校训是一所大学办学理念的核心,是办学目标和办学原则的集中概括,它既凝练了一所大学的办学宗旨与办学特色,又承载了与时俱进的大学精神和价值取向[1]。

在台州师范专科学校办学时期,学校以"勤奋、求实、文明、献身"为校训。

---

① 潘垚(1983—),浙江临海人,讲师,硕士。

② 高阳(1982—),浙江玉环人,讲师,硕士。

2002年学校升本以后,原来的校训已经落后于学校新的发展需要。经过征集酝酿和全校上下反复讨论研究,最后确定"澡身浴德修业及时"为我校的新校训。2006年10月9日,学校举行简朴庄重的校训揭幕仪式,标志着新校训正式启用。

"澡身浴德"是我校办学源头三台中学堂简易师范科所立校碑的铭文,碑石至今尚在。"澡身浴德"意为要如日常洁净身体一样勤于道德的修炼,不断提升自己的道德品行。语出《礼记·儒行》:"儒有澡身浴德。"唐孔颖达《礼记正义》注:"澡身而浴德者,澡身谓能澡洁其身,不染浊也;浴德谓沐浴于德,以德自清也。""修业及时"意为要致力于事业的建树,学业的提高,使自己不断适应社会发展的需要,赶上时代潮流的步伐,与时俱进,服务社会。语出《易经·乾卦》:"君子进德修业,欲及时也。"

"澡身浴德修业及时"突出了"立德、修业、致用"三者的内在联系。立德是根本,修业是手段,致用是目的。新校训很好地继承了古代"立人先立德""德教为先,德业并重"的优良教育传统;同时它突出强调学以致用,君子立德、修业,为的是使自己始终适应时代要求,与时俱进,更好地服务于社会的发展。

二、台州学院校训文化建设的实践

(一)以"五个一"文化工程为载体,打造校训文化体系

如果说新校训的文化内涵构成了校训文化的内核,那么"五个一"文化工程的建设则是着力打造整个校训文化体系。

"五个一"文化工程,就是以"一志、一片、一展、一线、一课"为主要内容的校园文化建设项目。"五个一"即一部学校百年校志,一部校训专题片,一个百年校史展,一条办学传统教育路线,一堂办学传统教育课。"五个一"文化工程的建设过程,既是传承办学传统,弘扬校训精神的过程,又是建设校训文化,打造校训文化体系的过程。

《台州学院志》的编纂过程是总结办学历史,提炼办学精神的过程,是努力培育自己的大学文化的过程。校志编委会名誉主任、原校党委书记蒋承勇教授就是从加强大学文化建设的高度,提出编纂工作的基本原则。作为三年的辛勤劳动凝结而成的160余万字的《台州学院志》无疑是一项厚重的文化成果。

校训专题片《校训引领科学发展》和校史展《长河涌潮——台州学院百年史

巡礼》，以不同的艺术方式，全面介绍学校百年办学历史，展示丰硕的办学成果，使全校师生在深入了解学校办学传统的同时，感悟校训的深厚底蕴，让校训精神成为学校的灵魂，成为全校师生的共同价值观和行动指南。

建设办学传统教育路线，旨在对师生进行办学传统教育，体会“烽火弦歌”年代学校的办学精神和校训精神。学校将办学旧址作为办学传统教育基地，树碑立传设展，组织师生探访，在探访中接受优良办学传统和办学精神的教育。

在全校范围内开设办学传统教育课《澡身浴德修业及时——台州学院的办学历史与办学精神》，旨在让全校师生了解学校的办学历史，领会学校的办学精神，深刻体会到学校的办学历史本质上就是“澡身浴德修业及时”的历史，学校的办学精神本质上就是“澡身浴德修业及时”的校训精神。

“五个一”文化工程建设至今，取得了丰硕成果。它不仅是作为一个系列的特色文化建设项目，多年建设的成果表明它还是一种丰富的文化资源，正是这种文化资源构成了我们的校训文化体系。

(二)以丰富多彩的活动为依托，弘扬校训文化精神

以校训文化内核和校训文化体系为基础，学校有组织地开展内容丰富、形式多样的校园文化活动，传承校训精神，弘扬校训文化。

1. 建设校园文化景观，物化校训文化精神

文化景观是校园文化的重要组成部分[2]。学校重视文化景观的建设，并以此来营造育人氛围，展现办学特色，物化校训文化精神。如即将完工的椒江校区校训石，由我们精心包装设计，重达七十余吨的校训石上刻着校训“澡身浴德修业及时”八个大字，背后还刻有《校训石铭》，它将成为我校一道亮丽的人文景观。再如位于椒江校区的德教育园地——“明德园”。明德园在椒江校区行政楼南面樟树林中，园内景观石造型新颖，摆放错落有致，文化内涵深刻。今后石上将刻上“大学之道，在明明德，在亲民，在止于至善”“厚德载物”“入道力行”等名言警句。这些石文化景观有着深厚的校训文化内涵，使师生们能时时接受校训文化的熏陶。

2. 营造校园文化氛围，彰显校训文化精神

学校采取多种形式，通过多种途径对校训文化和校训精神进行宣传。充分发挥校园网、广播台、校报、宣传橱窗、道旗等宣传平台和手段的作用，营造校训文化氛围。精心设计的道旗——“校训引领科学发展”“澡身浴德修业及时”，精心制作的四折页——“校训引领厚积薄发——台州学院传统教育指引”，在营造

校园文化氛围、彰显校训文化精神方面发挥着重要作用。举办“校训引领德育为先”校训论坛,深化了校训文化研究,扩大了校训文化交流,弘扬了校训文化精神。

3.开辟校园网络阵地,引导校训文化精神

开辟校园网“灵江评论”专栏。在“灵江评论”上,我们发表了《校训引领科学发展》《铭记校训心怀大学精神迈向社会》《以校训促发展》等评论文章,在校训文化建设中发挥了重要的舆论导向作用。学校还先后组织了以“校训引领科学发展”“校训引领德育为先”为主题的征文比赛,开辟校园网“‘校训引领科学发展’大家谈”专栏。全校师生踊跃参加,反映了广大师生对校训文化的认同感和归属感。其中不乏优秀作品,如《校训与人生》《铭记校训毋忘传统》等文章。

4.开展学唱校歌活动,弘扬校训文化精神

“苍山巍巍,灵江洄洄;钟灵毓秀,代出名贤。切磋琢磨,着祖生鞭;百年大计,树人为先。贫愚私弱,举国同嗟;教育建国,责无旁贷。努力努力,弘扬我道;努力努力,改造三台。”这是台州学院校歌,也是台州学院前身——浙江省立台州师范学校的校歌,词作者为时任校长许明远。校歌音韵和谐,层次分明,曲调昂扬,节奏明快,富有历史厚重感,是校训文化的组成部分,是学校的优良办学传统。学校每年组织学唱校歌活动,以班级为单位的合唱比赛,校歌是必唱曲目。校广播台每天早晚播放校歌两遍,全校师生耳熟能详。

三、对校训文化建设的思考

几年来,台州学院校训文化建设取得了一定的成果,但是也存在一些不足,以下是笔者对今后校训文化建设工作的几点思考:

(一)深化学术研究,培育科研成果

校训文化建设开展几年以来,取得了一定的物质文化和精神文化成果,但是没有上升到理论高度。今后,我们要进一步加强和深化校训文化的理论和实践研究,加大校训文化品牌的培育力度,组织一批有深厚理论功底和实践经验的专家、学者成立专题,加大研究力度,争取在一两年内出一批高质量的校训文化成果[3]。

(二)依托广大师生,丰富校训文化

在今后的几年中,我们将进一步扩大宣传面,丰富校训文化活动的载体。充

分发挥教职工、学生党员、学生骨干的作用，开展演讲比赛、座谈会、专题报告会等内容丰富、形式多样的校园文化活动，以始业教育、毕业教育、思政课教育和形势政策课教育等为载体，进一步宣传和推进校训文化建设。

(三)建设校际平台，扩大对外交流

经过几年的积淀，台州学院的校训文化建设已经积累了一定的经验，也取得了一些成果，但是与兄弟院校的交流还远远不够。今后，学校应当立足本校，放眼长远的未来，建设高校之间的校际交流平台，欢迎兄弟院校来我校取经，同时也可以向兄弟院校学习校训文化建设的宝贵经验。

【参考文献】

[1] 沈国助. 校训：高校校园文化的灵魂[J]. 学校党建与思想教育，2004，11：61-62

[2] 浙江省教育厅. 润物无声——浙江省高校校园文化品牌[M]. 杭州：浙江大学出版社，2008：155-160

[3] 刘晓琼. 校训文化的实践与思考[J]. 学校党建与思想教育，2010，9：63-64.

温岭石文化初探

陈 辉①

【摘　要】温岭石文化有着深厚的历史积淀和人文底蕴,其独特的自然环境和人文景观,造就了温岭石文化的丰富内涵。温岭的自然景观如石夫人峰、方山胜景、长屿硐天、石塘渔村都与石有关。温岭的历史名人也与石结缘,如戴复古号石屏、王居安号方岩、谢铎号方石、赵大佑号方崖。温岭石文化源远流长,长屿硐天集中展现了1500年来人工采石留下的石文化遗址;新千年中国大陆第一缕阳光首照地石塘,则保留着独特的石屋建筑群;在不同的时代,勤劳聪慧的温岭人创造了一个又一个石遗迹、石工艺和石景观,留下了丰富多彩的石文物、石民居、石建筑、石器具、石风俗。

【关键词】温岭;石文化;自然环境;人文景观;旅游资源

一座城市的人文历史、人文风貌、人文地理、人文环境、人文气质、人文素养、人文活力,汇聚成一座城市的人文品质、人文精神[1]。

温岭是中国大陆新世纪阳光首照地,地处浙江东南沿海,长三角地区的南翼,东濒东海,南连玉环,西邻乐清湾,北接台州市区,是一座在改革开放中迅速崛起的滨海城市。石文化是温岭的一张城市名片。

温岭石文化有着深厚的历史积淀和人文底蕴,其独特的自然环境和人文景观,造就了温岭石文化的丰富内涵。温岭的自然景观如石夫人峰、方山胜景、长屿硐天、石塘渔村都与石有关。温岭的历史名人也与石结缘,如戴复古号石屏,王居安号方岩,谢铎号方石,赵大佑号方崖。温岭石文化源远流长,长屿硐天集中展现了1500年来人工采石留下的石文化遗址;新千年中国大陆第一缕阳光首照地石塘,则保留着独特的石屋建筑群;在不同的时代,勤劳聪慧的温岭人创造了一个又一个石遗迹、石工艺和石景观,留下了丰富多彩的石文物、石民居、石建

① 陈辉(1965—),浙江温岭人,浙江台州学院艺术学院副教授。

筑、石器具、石风俗。本文试从以下几方面阐述温岭石文化的丰富内涵及其发展前景。

一、地理环境与自然景观

温岭地处浙江东南沿海,温黄平原之南隅,全市陆域面积920平方公里,岛屿面积14.72平方公里,滩涂面积155平方公里。陆域地势西高东低,自西和西南向东渐倾,西部和西南部为海拔100—250米的低山丘陵,北部、中部和东部为平原,以太湖山主峰734米为最高山,系北雁荡山余脉[2]。温岭境内的自然景观主要有石夫人峰、大溪方山、长屿硐天、石塘风情。

石夫人峰位于温岭城东的五龙山上,是温岭最引人入胜的风景之一。峰以形名,风鬟雾鬓,延颈削肩,酷肖美人。远看峰石挺拔,孤峙无凭,形态俏丽俊美;近看石骨显露,跌宕多姿,曲线明暗有序。若遇云遮雾绕,峰石姿影婆娑,倍增秀色。旭日东升,霞光初照时,又恰似美女在一片轻纱中显现出清丽的容颜。《嘉靖太平县志·地舆上》引《临海记》云:"昔人渔于海滨不返,其妻携七子登此山望焉,感而成石,下有石人七躯,即其子。"又有民间传说:渔村寡妇为争取婚姻自由,私嫁黄岩石陀人,夜行至此,忽闻鸡鸣,以为天将明,难至黄岩,遂僵然成石[3]。南宋诗人詹会龙在其《咏石夫人》一诗中这样写道:"巍巍独立向江滨,四畔无人水作邻。绿鬓懒梳千载髻,朱颜不改万年春。雪为腻粉凭风敷,霞作胭脂仗日匀。莫道前面无宝镜,一轮明月照夫人。"石夫人峰可谓大自然神奇造化的杰作,是温岭石文化的象征。

有"空中花园"之称的大溪方山是典型的流纹岩平台地貌,山顶古熔岩坚硬如台,四周被陡崖围环。远观山体雄伟,如桌如台,千仞绝壁,奇峰罗列,坦荡开阔。由于自然风化,在平台上形成了各种缓丘、凹地、浅潭。有专家指出,方山是目前发现的中国最大的火山平台。它与丹霞地貌惊人地相似,也具有"顶平、身陡、麓缓"的特征,但其岩壁以棱角鲜明区别于后者的圆滑。方山集自然景观与人文景观于一体,千百年来,钟灵毓秀的方山孕育了王居安、谢铎和赵大佑等历史名人。王羲之、徐霞客等名士都曾游历过此地,并留有优美的诗文。

如果说,方山和石夫人峰是上帝赐予温岭的天然杰作,那么,长屿石硐则完全是千百年来温岭能工巧匠一斧一钎凿出来的硐天石窟。硐天风光独特,洞体随岩性而变,形态十分自然,犹如石钟,四壁如桶。多洞相连,洞洞生奇,曲折回环,幽深奥秘,透空如天窗,峭壁横切似长廊,形成奇妙的天然壁画,"虽由人凿,宛自天开”,充分体现了温岭人民坚忍不拔和奇思妙想[4]。

石塘以其融合了天工之巧和人工之妙的秀丽景色吸引着中外游客,石塘镇内群山起伏,因地处沿海,风雨侵袭,土壤流失,群山悉由岩石构成,故名石塘山。《台州府志》载:“塘多泥筑,少石砌者,惟此塘独砌以石,故即以全岛总称。”石塘在集镇建设上以其别具一格的风貌,形成了独特的海石文化。依山傍海,疏密相间的石屋、石街、石巷、石级、石路高低错落有致,色彩协调一致,构成了富有节奏感的石头城镇。山、海、石相映成趣,有画中镇之称。千禧年第一缕曙光的眷顾,使其更加闻名遐迩,被人们誉为“东方巴黎圣母院”。

二、历史积淀与人文底蕴

温岭历史悠久,早在新石器时期已有人在此繁衍生息,因为长屿硐天的存在,自古就有“石板之乡”“石雕之乡”的称号。长屿硐天的石料开采可追溯至南北朝时期,由于当时人口稀少,开采规模不大。自唐末五代至宋代,有大量外来移民进入长屿硐天,石板石料的开采规模才有所扩大。尤其是宋代利用长屿硐天的石料修筑海堤和水闸,需求量大增,使长屿硐天的石板石料生产发展成为一种传统行业。明代时,倭寇扰乱沿海,朱元璋命亲信国公汤和在沿海一带建造70多处城池,长屿硐天石板石料颇受欢迎。清时开采规模进一步扩大。民国时期,矿场增加到70多家。中华人民共和国成立后,矿区设备逐步得到改善,由机械化代替人力运输,后又引进爆破及冲击钻孔等技术,使石板开采速度大增。“文革”后期,温岭当地兴起建造石板屋的热潮,长屿硐天石板更呈现供不应求之势。如今石矿已经停止开采,废弃的矿区成了独特的石文化景观。1500多年的石板石料开采和加工历史,造就了长屿硐天地区一代又一代的石雕能工巧匠。他们以锤、凿为器,以石为琴,弹奏了一曲又一曲凝固的音乐[5]。

千百年来,长屿硐天的采石工人们在这里开采出了数亿立方的石材,留下了共计28个硐群、1314个硐窟,无论开采年限及开采量,均为世界所罕见。走进长屿硐天景区的村庄,至今仍可见到一间间房屋,这是当地村民用石料制作的居室。柱、梁、壁、地板等均用精细平整的石板、石料制成,而石柱、石栏杆以及飞檐上的雕饰,石窗上的图案,更是古朴刚健,巧夺天工。石雕圣手们不仅以石雕美化了自己的生活,还为整个景区增光添彩,景区内的石亭、石桥、石坊、石碑、石像无一不显示着艺人们独到的匠心[5]。

长屿硐天位于温岭新河镇,最新的考古成果表明,对中国南方特别是浙闽一带有着较大影响的东瓯古国建都地在距新河镇不远的大溪镇。大溪东瓯古城遗址位于大溪镇的里宅、大岙两个村。2002 年、2006 年、2008 年，浙江省文物考古研究所先后三次派员通过地面调查、钻探和考古试掘，确定古城为战国晚期至西汉早期的城址，面积约 10 万平方米。因东瓯古城遗址和长屿硐天的存在令温岭的人文历史骤然厚重了起来。事实上，长屿硐天所在的新河镇和东瓯古城遗址所在的大溪镇，正是温岭历史名人荟萃之地。

戴复古(1167—?)，南宋著名的江湖派诗人，字式之。常居南塘石屏山，故自号石屏，今温岭新河镇塘下人。一生不仕，浪游江湖，后归家隐居，卒年八十余。曾从陆游学诗，作品受晚唐诗风影响，兼具江西诗派风格。部分作品抒发爱国思想，反映人民疾苦，具有现实意义。诗词集有《石屏诗集》《石屏词》。

王居安(约 1167—1232)，字简卿、资道。原籍方岩(今属温岭大溪镇)，故自号方岩。南宋淳熙十四年(1187)进士，甲科第三名。任徽州推官十年，后任江东提刑使，国子正太学博士，著作郎兼国史馆实录院编修官，工部侍郎等职，著有《方岩集》。

谢铎(1435—1510)，字鸣治，号方石。明朝时太平县桃溪(今温岭市大溪镇)人，因曾任国子监祭酒之职，乡里人称“谢祭酒”。天顺八年(1464)进士，入翰林院为庶吉士，弘治初荐修《宪宗实录》，提升为南京国子监祭酒。曾三次辞官回乡，创办方岩书院。屡荐迁礼部右侍郎掌国子监祭酒。谢铎博通经史，文学造诣极深。为“茶陵诗派”重要作家，又是一位史学家、教育家、理学家。主要著述有《桃溪集》《伊洛渊源续录》《赤城新志》《赤城诗集》等。

赵大佑(1510—1569)，字世胤，号方崖。黄岩明冠屿(今属温岭市大溪镇冠城桥里)人。嘉靖十四年(1535)进士。仕宦三十余年，更十数任。为官正直，体国亲民。终南京兵部尚书。赵大佑善书法，有晋人风骨。诗文温雅俊爽，著有《燕石集》。

古代温岭的乡贤们不约而同地都以家乡的“石”“岩”“崖”为名号，这难道仅仅是巧合吗？笔者以为这不是偶然的，这种现象正彰显了温岭石文化深厚的历史积淀与人文底蕴。

三、民俗文化与石雕工艺

考察一个区域的文化，必须要了解当地的民俗文化。民俗文化是指民间民众的风俗生活文化的统称，也泛指一个国家、民族、地区中集居的民众所创造、共享、传承的风俗生活习惯,是在普通人民群众的生产生活过程中所形成的一系列物质的、精神的文化现象。它具有普遍性、传承性和变异性[6]。民俗既是社会意识形态之一,又是一种历史悠久的文化遗产。民俗文化包括物质文化与非物质文化,它的形式包括:语言、文学、音乐、舞蹈、游戏、神话、礼仪、习惯、手工艺、建筑艺术及其他艺术。

"百里不同风,千里不同俗。"温岭的民俗文化与周边的县市相比有什么独特之处呢?由于石塘居民基本祖籍福建,闽南方言是镇上主要方言,现镇上还建有妈祖庙。一千多年来,石塘半岛相对比较封闭,很好地保存了独特的闽南风俗。这其中最为著名的是大奏鼓、扛台阁与七月初七小人节。

大奏鼓是石塘渔民一种古老的庆丰收祭神舞蹈,随着福建惠安渔民的迁徙,从闽南传到了石塘,在今天福建已极少见到这种独特的风俗。大奏鼓至今已有几百年历史。大奏鼓的表演方式,是由男性7至9人扮演女角,身穿类似戏曲中的媒婆服饰,手执扁鼓、木鱼,跣足上场,且敲且舞,伴以锣鼓、唢呐,热烈粗犷,幽默诙谐。舞者随着那鼓的节奏,时而碎步轻移,柔美婉约,如醉如痴,时而腾挪跳跃,粗犷激越,欢快有力,时而是生命的细语,时而是灵魂的呐喊,强烈地展示着渔民内在情感的冲动及征服大海的自信。

扛台阁是石塘渔民元宵庆典的主题曲,以前是将八仙桌翻过来,四脚扎个顶篷,由青壮年男子用竹棍扛起,渔村的艺人用彩灯、彩带、鲜花等把台阁扮得花轿似的,十分艳丽。如今的台阁用上了发电机、节日灯,其形态、色彩更胜往昔。每一扛台阁均是一台戏,由标致的童男童女扮演戏剧中的人物,逼真生动。扛台阁时,火镬开道(火镬是把木柴放在铁锅里烧起来,寓意红红火火,百事兴旺),渔灯、台阁在后,悠扬乐曲相伴,喜庆罗鼓压阵,这图景无不向人们展示了石塘渔民祈望丰收、过上安乐生活的美好愿望。

闽南籍石塘人的祖先信奉妈祖女神,这农历七月初七的小人节就是崇拜妈祖而在石塘风俗中留下的痕迹,至今已绵延了300多年。在七月初七这一天,石塘当地的居民照例都要为自家未满16岁的孩子准备彩亭、彩轿,男孩扎亭,女孩扎轿,彩亭均为二至三层,由当地民间纸扎艺人用竹条、彩纸、泥巴扎制而成,彩亭上还分层装饰了各式绢人,取自民间戏曲故事人物,如《七仙女》《八仙过海》《西游记》等,个个栩栩如生,色彩绚丽。七月初七小人节不仅是孩子们的"儿童节",同样还是大人们的"美食节",以前过小人节时,亲朋好友就借此欢聚一堂,分享孩子们的快乐,这时当然少不了美酒佳肴。

当然,温岭的民俗文化远远不止这些,此外还有诸如天皇花鼓、殿下莲花、酒尺、道情、滩簧、石桥头滚八蛮、邱家岸锣鼓、远景舞九狮、洞房经、大溪庙会、长屿采石矿业习俗等等。而温岭最有影响力的民俗文化遗产当属石雕工艺。

温岭是我国四大石雕之乡之一，温岭石雕历史源远流长，史载南宋就有此工艺制作。今存南宋名臣王居安墓前的石虎、石羊，造型逼真，雕工细腻，堪称石雕艺术精品。至明代嘉靖年间，石雕工艺盛极一时，如今还保存的明代圆雕石虎亦为当时之作。故台州民间曾流传"黄岩蜜橘雁荡松，太平石工天台钟"的民谣。温岭石雕以立意见长，粗犷奔放，多用大手笔的写意手法，擅长大型石建筑和大型石雕，外观有凝重感，内涵有历史感，质朴浑厚，虽静止而不僵硬，虽无声却传情，具有浓郁的温岭人文特征和时代精神[7]。

温岭石雕不仅历史悠久，产品种类也包罗万象，大的雄伟壮观，小的精巧玲珑。按品种分类有建筑石雕、园林石雕、墓碑石雕、装饰石雕及生产生活用具石雕。如歇山式的石屋、空筒式的石塔、楼阁式的石舫、拱圈式的石桥、叠涩式的石幢、旗杆式的华表、攒尖式的石亭、横幅式的牌坊、浮奢式的纪念碑等。在众多的石雕工匠中，最具代表性的传承人有李春友、潘禹祥、潘雨清、屠子德、林法清、许友良等人。李春友被称赞为中国当代的"活鲁班""古建筑艺术大师"，并受到党和国家领导人多次接见。李春友领衔的古今建设集团创造了许多古建筑的精品，如雁荡山景区"石结构古建筑"系列，普陀山天然大理石浮雕九龙壁，雁荡山徐霞客全身雕像，"江南第一大牌坊"——杭州临安钱王陵园的石牌坊、石雕像，苍南烈士陵园的大型浮雕，金华黄大仙宫的石作牌楼群，杭州西湖景区内的石雕作品等等。工程涉及全国20多个省，多次获得"鲁班奖""钱江杯""西湖杯"等优秀工程奖，创下了中国多个古建筑领域的第一。这些重点工程或当地的标志性建筑工程，都成为了建筑史上的经典，历史的永恒。

四、旅游资源与开发前景

从历史的纬度看，温岭石文化源远流长；从地理的经度看，温岭又是新世纪中国大陆第一缕曙光的照射地。于是，勤劳聪明的温岭人抓住了机遇，以举办"曙光节"和"石文化节"为契机，大力开发旅游资源。

曙光节借助天时、地利、人和，可遇而不可求，其对提高石塘在全国范围内的知名度，起着非常重要的作用。可以说，石塘是借助"千年曙光"才被外界知晓、名满天下的。"好风凭借力，送我上青云"，因为石塘自身原本就有着独特的气质内涵和深厚的文化底蕴，所以才能抓住这样一次际遇，让人们了解石塘，认识石塘,并深深惊叹于其山海之秀美、渔民之艰辛、民风之古朴、人文之精绝。而长屿硐天凭借一代又一代的能工巧匠千百年来一钎一锤不懈凿击,取出上亿方石料,留下了28个硐群,1314个形态各异的硐窟。这些石硐是硐套硐、硐叠硐,硐硐相联,硐硐串通,形成了千姿百态的石壁长廊,组成一幅雄、险、奇、巧、幽的壮丽画卷,虽由人凿,宛若天成,成为一个得天独厚的石文化景观。

因此,"阳光文化"和"石文化"是代表温岭城市形象的名片,也是当地政府重点开发的两大旅游品牌。1994年温岭撤县设市以来,经济腾飞,城市建设取得了长足的发展,旅游开发也前景看好。作为中国优秀旅游城市,温岭是全国县级城市旅游竞争力20强。方山——长屿硐天景区荣获世界地质公园和最具特色的中国十大风景名胜区等称号,其中长屿硐天为国家4A级旅游区和国家重点风景名胜区;沐浴新千年、新世纪中国大陆第一缕曙光的石塘镇,因其独特的石文化而被誉为"东方的巴黎圣母院"和"东海好望角"。俗话说"靠山吃山,靠海吃海",温岭旅游资源在哪里?就在这山、海、石之间。方山地质公园、石塘渔村风情、长屿硐天胜景三处分别代表着温岭的"山""海""石"文化。充分开发、利用好这三个旅游资源,在挖掘方山的自然资源和人文景观,保护石塘的海洋文化和人文环境,提升长屿的采石文化和品石文化上做文章,温岭的旅游业将会更上一个台阶。

目前,方山有世界地质公园,有东瓯古城遗址,有盘山古道,有古代文化名人故居,有方岩书院;长屿硐天有八仙岩、双门硐、凌霄硐、观夕硐、水云硐等景点,有石文化博物馆,有岩洞音乐厅;石塘有曙光碑、天文馆、海洋民俗博物馆,有渔家乐旅游项目……有的已经开发,有的正在开发,有的尚未开发。如何将自然景观与人文景观有机结合,将自然文化与民俗文化、产业文化有机结合,将采石文化与用石文化、品石文化有机结合,是值得地方政府相关部门及有关人士认真思考的课题。

关于开发"山、海、石"旅游资源,笔者建议:1.在温岭市中心建造一个"石文化主题公园",集中展示能够代表温岭石文化精粹的石雕、石塔、石桥、石廊、石屋、石亭、石碑、石像、石桌、石凳等,供游人观赏休闲娱乐。2.在方山景区建造、修缮王居安、谢铎、赵大佑纪念馆和方岩书院,开发、保护、利用东瓯古城、古墓遗址。大溪东瓯古城遗址,是台州市目前所知的时代最早的古代城址,也是浙江省经过考古调查和试掘的为数不多的战国时期的城址之一。开发和利用古城遗址,将促进温岭旅游产业的发展,对提升温岭乃至台州的知名度,起到积极的作用。进一步加大方山——南嵩岩风景名胜区的宣传力度和景区基础设施建设力度。方山——南嵩岩风景名胜区于1996年经浙江省人民政府批准为省级风景名胜区，2004年被评为国家森林公园，2005年作为中国雁荡山地质公园东园区被列为世界地质公园。景区内拥有国家一级景点11处，二级景点22处，三级景点40多处，景观资源十分丰富。3.在长屿硐天附近的塘下建造戴复古纪念馆，继续打造硐天特色景点，建设好水云硐内的石文化博物馆，利用好观夕硐内的岩洞音乐厅，打响“游长屿硐天，听岩洞音乐”的品牌。4.在石塘渔村曙光碑附近建造阳光公园、渔家乐度假村和民俗文化村，保护渔村特色民居，传承渔村特色民俗，推介渔村特色美食，传播渔村特色文化，让游人在阳光、沙滩、大海、石头中感受独特的石塘风情。

总之，“石文化”是温岭文化的标志和灵魂。在旅游开发、城市形象设计及景区基础设施建设上，应围绕着“石文化”这一主题展开并付诸实施，这是弘扬地方文化，提高温岭的知名度和美誉度，提升温岭城市文化品位的系统工程。

【参考文献】

[1] 徐迅雷.人文的城市让生活更美好——上海世博会的联想[N].三峡晚报，2007-08-06.

[2] 百度百科.温岭[DB/OL].(2010-12-24)[2011-01-03].http://baike.baidu.com/view/52028.htm.

[3] 石夫人的传说[DB/OL].温岭政府网(2010-06-11)[2011-01-03].http://www.wl.gov.cn/zwgk/zwdt/xzdt/20100611/88767_1.htm.

[4] 林邦勤.对温岭城市形象策划设计的思考[DB/OL].温岭政协信息网，(2009-7-21)[2011-01-03].http://www.wlzxw.com/show.asp? id=5461.

[5] 江舟，赵向军.一个延续1500年的石头传奇——温岭石文化考[J].风景名胜，2008(5).

[6] 百度百科.民俗文化[DB/OL].(2010-12-25)[2011-01-03].http://baike.baidu.com/view/556712.htm.

[7] 林迪新.温岭石雕[C].温岭文化，2008(1).

台州乱弹进地方高校传承的可行性研究①

曹登银②

【摘　要】台州市唯一入选国家级非物质文化遗产名录的表演艺术台州乱弹目前面临着严峻的生存危机,作为台州地方高校有责任、有优势采取举措挽救台州乱弹于绝境。地方政府、高校和乱弹剧团可以积极合作,逐步推进"台州乱弹表演艺术进校园"活动;开设台州乱弹戏曲文化选修课、联合培养专业传承人才等等;发挥地方高校服务于地方文化教育的功能。

【关键词】台州乱弹;校团合作;传承;可行性

台州乱弹原名黄岩乱弹,形成于明末清初,流行于台州、温州、宁波、绍兴、金华、丽水等地区,至今已经有400多年的历史[1]。2006年,台州乱弹被国务院列入国家非物质文化遗产保护名录。台州乱弹被誉为中国戏剧的"活化石",是现存中国戏曲中历史最悠久、演出形态最古老、剧目最丰富、表演艺术最具特色的剧种之一,是珍贵的口头非物质文化遗产[2]。

20世纪50年代以来,台州乱弹曾在浙江省戏剧节上为台州带来荣誉,并在去年4月,代表台州首次走出国门,参加德国哈瑙市的腓特烈港博登湖第27届国际文化戏剧节,并获得了戏剧节最高特别奖[3];今年1月,台州乱弹剧团出国赴新西兰演出,参加新西兰2012年元宵灯会活动,在当地进行交流演出10多天。台州乱弹作为台州优秀的历史留存文化艺术的代表,在提高台州知名度和展现台州风采方面,发挥了重要作用。

然而在中国传统文化教育凋零的现代文化语境下,台州乱弹也面临生存困境,面对日益凸显的发展难题:经济制约→人才匮乏→演出市场萎缩。这一连串相关难题,要想解决,仅仅依靠台州乱弹剧团和政府是不够的。台州乱弹保护工

---

① 项目来源:2011年台州学院青年项目课题;项目编号:2011QN19。

② 曹登银(1980—),安徽广德人,讲师,主要研究方向:音乐学及声乐演唱与教学。

作需要多方社会力量的共同参与，无论是为台州乱弹培养高素质观众，还是为了更好地传承与发展，都应该是政府、台州乱弹剧团、高等院校、普通群众等共同的责任。

一、台州乱弹进地方高校传承的意义和重要作用

我们知道教育是人类社会文化传承的主要途径和手段；作为兴国之本的教育，同样也是传承非物质文化遗产最为有效的途径和方法。台州乱弹进入地方高校一定是双赢的有益尝试，台州乱弹进高校，既会丰富与活跃校园文化，也是地方高校服务于地方文化教育功能的回归探索，更是台州乱弹艺术扩展自身生存空间的一种积极尝试。

（一）台州乱弹进地方高校进行传承的紧迫性

一个乱弹剧种一个团，台州市政府与企业联手打造的“海东方乱弹剧团”，成立于 2005 年 3 月，由于剧团是民营性质的，没有编制，待遇偏低。当年招进的 30 名小演员至今近半跳槽或改行，剧团行当不再齐全，培养了多年的优秀演员都相继离去，很多大戏无法排练和演出。再加上很多老艺人逐渐离世，带走了许多没有资料留存的手艺。目前政府微弱的扶持力度和出现的体制难题，使得台州乱弹要想拥有很好的传承团队并继续繁荣下去已经成为奢谈，偶尔的几次出国演出带来的突出成绩掩盖不了背后的举步维艰。

台州乱弹目前仅仅靠一民营剧团兼职传承和市场自行调节兴衰，传承工作很不给力，青年观众寥寥无几。一个剧种缺少青年观众的关注和参与，随着中老年观众的逐渐减少就会出现断层至消亡。以高校学生为代表的年轻人是社会的活跃分子，也是社会未来的中坚力量。台州乱弹要想发展，就必须考虑抓住年轻人的心，赢得青年群体的关注就等于抓住了未来的希望！因为年轻人才是传承非物质文化遗产的主流群体。所以台州乱弹进高校传承将是一件非常紧迫且必行的事情。

（二）传承台州乱弹艺术是地方高校的责任和义务

国务院在《关于加强我国非物质文化遗产保护工作的意见》中明确指出：“教育部门应将优秀的非物质文化遗产内容和保护知识纳入教学体系，激发青年热爱祖国优秀传统文化的热情。”并明确规定：“教育部门和各级各类学校要逐步将优秀的、体现民族精神与民间特色的非物质文化遗产内容编入有关教材，开展教

学活动。"[4]

高校是传播民族优秀历史文化的基地,继承和弘扬民族优秀文化是高等院校的重要任务之一,地方高校参与地方台州乱弹保护工作将是双赢的结合,这是因为:

1.地方高校要改革创新就必须参与非遗保护工作,这对传承中华文明、构建和谐社会具有重要意义。

高校一直都是文化底蕴和学术氛围浓厚的知识创新园地,在文化传播和人才培养方面具有很大的优势和潜力。如能在台州地方高校开设台州乱弹戏曲选修课,不仅有助于提升地方高校自身的课程文化建设水准,提高校园文化竞争力,更能培育大学生对民族艺术的爱惜之情。普及台州乱弹的基本知识,可以增加大学生对台州优秀文化的认知,继而可迁移到对中华民族优秀历史文化的认同和自豪感。

2.多元的大学校园文化结构呼唤着地方优秀传统文化的参与,任何时尚或现代都不能与传统文化完全割裂。

教育的本质就是文化传承,由于基础教育中的美育教育长期不被重视,因而更加鲜见在高校开展民族传统艺术教育。现在全世界倡导的多元文化教育观念大力提倡民族优秀文化艺术进驻高校,而戏曲表演艺术是中华民族传统文化精神的依存所在,台州地方大学应主动担当起台州乱弹这样优秀的地方戏曲文化传承教育,这样不仅能给地方传统优秀文化艺术更大的生存和发展空间,更是地方大学丰富校园文化和增强自身地方文化话语权的必经之路。

3.地方音乐专业教育亟待清本正源,回归自身的传统音乐教育功能。

自从西方音乐传入我国以后,西方音乐思想在我国占据了绝对的统治地位,长期忽略民族音乐教育不仅阻碍了中国民族优秀音乐的传承和发展,更使我们的音乐教育体系失去了中国特色!因此,重构中国特色音乐教育完整体制的呼声越来越高。而地方高校研究台州乱弹更是具备地域优势和学术研究优势。在台州地方相关高等院校成立专门的台州乱弹戏曲文化研究机构,研究开发台州乱弹表演艺术课程,不仅可填补高校地方音乐专业课程设置的空白,更是顺应时代发展的双赢举措。这样不仅能培养一大批台州乱弹戏曲的青年观众和传承人,更是完善和加强自身文化教育功能、扩展自身服务于地方文化建设的能力需要。且进入21世纪以来,世界各国间文化教育上的交流与沟通逐渐增多,国际间音乐舞蹈教育的发展秉承着相互交流、互相借鉴、取长补短、共同发展的理念,作为地方专业音乐院校必须不断提升自身传统艺术教育的层次与水平,否则拿什么跟人交流呢？

二、台州乱弹进地方高校传承的条件

台州乱弹走进地方高校传播或传承，不管以什么形式都需要政府支持和学校政策两样基本条件，具体所述如下：

一方面政府要树立地方高校参与台州乱弹传承的基本观念。在保护和传承台州乱弹的过程中，各级政府行政机构应该有一个共识——非遗保护工作需要地方高校的参与。地方政府必须对高校参与台州乱弹传承工作进行引导，应当在台州乱弹剧团及传承人与地方高校建立联系、组建机构、培养人才等具体事务方面架好桥梁。

另一方面地方高校应持更加开放、更具竞争和创新活力的多元文化教育理念。在当今信息爆炸的年代，在现行的高等教育知识体系中，地方高校应加强对台州乱弹戏曲文化的认知自觉，并积极履行自己的社会职责；地方高校应整合自身资源，结合台州乱弹实际情况，制定合理的具体对策，努力探索台州乱弹与现行教育制度相结合的途径和方法。将学校的办学特色、优势资源与台州乱弹的地域性特点相结合；在科学发展观的指导下，注重传承台州乱弹文化精髓的同时，对台州乱弹的表演内容和形式进行创新，使之与时代接轨并相适应，努力培养青年观众，营造有利于台州乱弹保护和发展的内外环境，肩负起台州乱弹传承与创新的重任。

三、台州乱弹进地方高校传承的具体措施

台州乱弹艺术来源于台州地区及周围民间，它以声音、形象和技艺为表现手段，并以口传身授得以延续。所以有些专家称之为戏曲界的“活化石”。如何使台州乱弹在高校以“活态”的形式传承下去，如何在年轻人特别是大学生中培养高素质的观众？台州地方高校首先应当打破单一文本式、学院式的学术模式，把台州乱弹传承与创新教育落实到学科创新发展和课程建设中，积极参与到台州乱弹培养人才和演出实践中来。具体方式方法分述如下：

(一)开设台州乱弹戏曲文化选修课

在地方高校公共音乐课程中融入台州乱弹音乐教育，如在地方高校开设台

州乱弹戏曲文化选修课,首先可以提高大学生艺术修养,是培养高素质年轻观众的有效途径;其次,普及台州乱弹戏曲艺术的基本知识,增加大学生对地方戏曲文化的认知,有助于高校积极发挥地缘文化的扩散效应。因为高校学生大多都是跨地域求学的学子,高校往往没有自己家乡的传统戏曲课程。但他们在文化的扩散效应下,在接受和参加台州乱弹的传承活动过程中逐渐对传统戏曲文化产生热爱之情,就会对家乡戏产生兴趣和比较欣赏。

(二)积极开展校团合作,逐步推进"台州乱弹表演艺术进校园"活动进程

我国的云南省"非物质文化遗产传承人进校园"已经开展了系列活动,一批国家级、省级传承人在省内高等院校、中小学开课授徒、展示技艺。这无疑是好的开端。另外湖南"常德丝弦走进高校"主题活动,常德市非物质文化遗产保护中心与常德高等职业技术学院联合举办,传唱者达 2400 多人,并在常德高职院全校范围内开展了"爱我家乡、爱我常德"常德丝弦演唱比赛活动和专题讲座。这让常德丝弦在该校掀起了一股丝弦文化旋风[5],也非常值得我们借鉴。台州乱弹表演艺术进校园活动可以从以下几个方面展开:

1. 邀请台州乱弹剧团或传承人进行校园表演活动,通过在学校的宣传和表演,引导广大学生对台州乱弹的关注和兴趣。

2. 利用活动、论坛、讲座、专业性研讨等形式开展第二课堂,加深大学生对台州乱弹的了解和认识,提高大学生对保护台州乱弹艺术重要性的认识,形成良好的文化氛围,唤起大学生的文化自觉。

开展活动的教师可以由有两类组成:一类为台州乱弹传承人或剧团优秀演员;一类为专业学校毕业的音乐教师。两类教师有机地结合起来对学生进行授课或开展讲座,要充分重视台州乱弹专业演员的作用。因为他们所体悟的台州乱弹文化内涵是最深刻的,通过直接的口传身授,不仅大学生会被他们精湛的表演技艺折服,而且老艺人对文化传承的担当和热情会深刻激励着大学生肩负起传承台州乱弹戏曲文化的重担,使大学生真正体会到一种艰巨而神圣的文化传承责任感。

(三)联合地方音乐专业高校培养台州乱弹传承人才

自从西方音乐传入我国以后,我国的专业音乐院校课程设置和师范院校音乐专业课程体系都以西方音乐院校为参照的。目前,很多高师音乐院校已经看到了自身的弊端,正在逐步转变,扩展有自己民族特色的音乐教育之路。台州地

方高校音乐专业也应有针对性地逐步推进台州乱弹学科建设，仿效其他剧种与学校联合培养人才经验，实现教学体系的多元化，使台州乱弹戏曲音乐得到进一步发展。具体设想如下所述：

1. 开设“台州乱弹订单班”。针对台州乱弹人才缺失严重的问题，定向招收对台州乱弹戏曲表演有兴趣的本科制学生。“订单班”学生除了接受学校的台州乱弹专业课程教育外，还需接受台州乱弹剧团的专业培训和演出实践培训。这样一来，学生毕业自愿进入台州乱弹剧团就能直接上岗。

培养人才首要的任务就是要加强台州乱弹教育师资队伍建设，建构台州乱弹教材内容体系，大力开发和构建台州乱弹教育课程。组织乱弹专家和学校专业音乐教师，共同组成专家组，成立台州乱弹教育师资人力资源中心。研究台州乱弹代表作，以高校为基地，推进台州乱弹的研究和保护。组织相关专家学者对台州乱弹的重大理论和实践问题进行研究，积极主动地将台州乱弹表演艺术剧目加以选择、整理，注入课程体系、编配教材，融入学校的教学策略、课程、教学方法、教学材料和组织模式中；配合当地的台州乱弹保护工作，避免盲目的保护和资源浪费。

2. 为音乐教育专业的学生开设台州乱弹音乐欣赏课。音乐专业的大学生未来大都是基层音乐教育工作者，他们将是传承台州乱弹表演艺术的主力军，台州乱弹能通过他们的欣赏和传播不断延续下去。

当地高校音乐学科在民族音乐的教学过程中可以发挥地域优势，充分利用台州乱弹音乐教学资源。一方面要定期聘请台州乱弹传承人或优秀演员到学校演奏演唱，将传承人、民间老艺人、老戏迷等请进第二课堂，为学生进行关于台州乱弹的教学讲座；另一方面组织师生定期到乱弹剧团实地考察，采用录音、录像、笔录、摄影等方式采集台州乱弹剧团表演的第一手资料，把台州乱弹剧团作为教学第二课堂和实习基地，让学生走到乱弹剧团排练及演出现场，丰富学生的艺术视野，激发他们对传统音乐文化的兴趣！

（四）建立地方“高校↔政府↔剧团”多向交流机制

一旦要启动台州乱弹进高校项目，各地方高校之间、高校与文化部门及乱弹剧团之间需要建立多向交流制度，定期反馈，将交流形式固定化、长期化。

1. 建立专门的校内交流机构。提供一个多向交流平台，以便对外交流时能够发挥校内教师的集体智慧，积极组织高校教师参入政府和乱弹剧团保护活动当中去。

2. 树立“主动供给，积极配合”的思想和态度。高校与各单位交流的过程中，地方高校要重新把握和整合自身资源,明确各个高校之间的台州乱弹资源信息共享清单,主动建立台州乱弹传承网站,设计传承人主页、台州乱弹网上播报和欣赏、网上讨论、网上答疑等等。集中台州乱弹爱好者的力量和智慧,为台州乱弹表演艺术的传承与发展需求提供更加广阔的文化教育平台。

总之,台州乱弹进高校的教育传承,不仅是一种被长期忽视的民族、民间文化资源进入主流教育的过程,更是一个具有人性发现和理性精神的民族文化整合过程。这是地方高校履行自身教育职责所在,也是世界性地方大学不可避免的总体发展趋势。保护台州乱弹是一项重要的系统工程,如果采取有效的台州乱弹学科建设和教学对策,充分发挥地方高校自身的教育作用,必将为台州乱弹的保护工程提供极大的助力,为建设台州文化大市、打造台州传统文化精品做出应有的贡献。

【参考文献】

[1] 李子敏,卢惠来.中国戏曲音乐集成·浙江卷[Z].台州油印本第一册,1988:21

[2] 胡来宾.台州乱弹[M].杭州:浙江摄影出版社,2009:49.

[3] 屠正聪.朱丹君.乱弹出国[N].台州商报,2011-04-18(7).

[4] 国务院办公厅.关于加强我国非物质文化遗产保护工作的意[OL].(2005-08-15)[2012-1-10].http://www.gov.cn/zwgk/2005-08/15/content_21681.htm.

[5] 彭筠,周星林.常德丝弦及其在常德文化名城建设中的作用[J].湖南文理学院学报(社会科学版),2009(6):73-75.

台州地方小吃文化探源及英译思考[①]

王　樱[②]

【摘　要】地方小吃和地方文化的联系是密切的。台州的地方小吃蕴涵浓厚的地方文化，其命名方式亦各有特色。因此，对其英译的思考必须先考究其文化渊源及历史典故。在此基础上，按照其命名方式的不同，以目的理论为指导，采用直译、意译、音译等不同方法，以期达到方便外国游客就餐和文化推广的双重目的。

【关键词】台州；地方小吃；文化；英译

一、引言

地方小吃和地方文化有着极为密切的联系。地方小吃往往能反映一个地区人们的生活习惯和民俗民风。因此，小吃文化充满人文气息，充满乐趣，值得人们去发掘思考以及传承和保护。目前，对饮食文化的翻译研究大多只涉及传统菜名的翻译，对地方风味小吃的英译研究寥寥可数，对台州地方小吃的英译研究几乎为空白。随着台州对外经济文化交流的日益频繁，对外宣传工作显得越来越重要。对外翻译担负着让世界了解台州的重任。饮食文化，因其鲜明的地方文化特征，更会对文化交流起到相当重要的作用。因此作为台州地方特色之一的台州风味小吃的翻译研究有其必要性和紧迫性。台州的地方特色文化可否走出国门，走向世界，在很大程度上依赖于对外翻译的效果。

---

① 本文为台州市哲学社会科学规划2014年研究课题“舌尖上的台州——台州地方小吃文化探源及英译研究”(14GHB08)的研究成果之一。

② 王樱(1977—)，浙江临海人，台州外国语学院讲师，主要研究方向：翻译理论与实践。

二、台州小吃英译现存问题

目前,对台州地方风味小吃的翻译还普遍存在误译、翻译不准确、翻译不完整以及翻译不规范等问题。对地方文化理解的匮乏和不足往往导致译者采用了错误的翻译方法,进而使地方小吃在译文里失去了原来的“味道”。比如,在台州本土知名作家王寒的文章《台州人的口味》的英译中,炊皮被译为 Pickled Shrimp(腌制虾);酒酿圆子被译为 Sweet Custard(甜蛋羹);蛋清羊尾被译为 Sweet Pudding(甜布丁);姜汤面被译为 Noodle Soups that Contain Ginger Stalks(姜片面汤),等等。以上这样的翻译纵然不算错,却让台州传统小吃失去了地方文化特色,文化推广也就无从谈起了。

三、研究的理论依据

知名翻译理论学家尤金·奈达曾提出“功能对等”的观点,主张“译语中的信息接受者对译文信息的反应应该与原语中的信息接受者对原文的反应基本相同”[1]。也就是说,翻译对接受者的产生的效果应该与原文对原文接受者产生的效果基本相同。地方性的小吃往往反映当地的传统风俗,显示出一定的民俗风情。如何在翻译中将这些文化信息尽可能少打折扣或者不打折扣地传递出去,是对外翻译所要追求的一种境界。杨自俭和李晓敏在《译文评价标准新探索》中也谈到:“译文的最高标准是‘得体’。‘得体’有两层含义”,一是“译文要在源语与译入语两者之间寻找一个‘得体’的位置,既能体现原文及源语文化中的特点,又要适应译入语及其文化需要。”[2]也就是说,如果译文没有体现原文及源语文化的特点的话,便是不“得体”的译文。

中国外文局副局长兼总编黄友义也表示:由于对外翻译功能的特殊性和语言的民族性,因此对外翻译除了要参照“信、达、雅”的标准外,还需遵循“三贴近”的原则,即贴近我国发展的现实状况,贴近译语受众对于汉文化的需求,贴近译语受众的思维方式[3]。外宣译者不能逐字逐句地按照源语的原文进行翻译,而是要考虑到译语受众的思维方式和他们的心理习惯,对源语所要传达的信息进行再加工——要么添加,要么删减,要么重组,要么回译,要么改写——使得译文能够明白、通顺、清晰、易解,从而实现沟通、实现对外交流与宣传[4]。

由此，可以建立起以目的理论为指导的地方小吃翻译方法研究。目的理论的主旨便是：什么样的翻译目的对应什么样的翻译方法和策略。

地方小吃的翻译的明确目标就是一方面使外国游客能顺利地获得与源语受众相同或基本相同的信息，另一方面使外国游客能了解地方传统饮食文化。其翻译的目的具体可概括为：1. 吸引消费者，提高小吃的消费量；2. 避免文化冲突，方便消费者食用；3. 传达小吃蕴含的文化内涵。因此，在地方小吃的翻译过程中应遵循以下三条翻译原则：1. 译文应引人注意；2. 译文应简洁、准确；3. 译文应在得体的基础上尽可能地传达源语的文化内涵。

四、台州地方小吃的文化渊源及英译方法

（一）台州地方小吃归类

台州的地方小吃有很多种，并且各有各的特色。如按照地域划分，可按照台州三区六县进行划分：椒江区特色的有手打面、姜汤面、糖心糕、面织豆面碎、肉粥、肉炊饭等。黄岩区的特色是食饼筒、百合苔饼、番薯圆、番薯庆糕、马蹄酥等。路桥区的人们喜欢麻糍卷、洋糕饼、番薯松糕、方糕、甜羹等。临海有麦虾、海苔饼、羊脚蹄、麦油脂、大石炒垂面、白塔火烧饼等。温岭特色是开花馒头、乌饭麻糍、生炒绿豆面、箬横年糕、新河卷糍等。天台出名的小吃是十景糕、糊拉汰、五味粥、油酥苔饼、饺饼筒、扁食、咸羹、五虎擒羊等。仙居的名小吃是蜜汁红薯、浇豆面、泡泡响、乌糯糕等。三门则有麦焦、蒸包、糯米圆子炒米面等。玉环有文旦羹、水潺饼、敲锅底等。

可以按照时令时小吃进行划分。春节的时候台州人要包粽子、捣麻糍、做香肠、做年糕。元宵节的时候台州北面地区吃糟羹，南面地区吃山粉糊。到了清明节吃青奄，立夏吃麦饼，端午节吃食饼筒，冬至吃硬擂圆，等等。

台州地方小吃的命名方式也很多样。有的直接以小吃的主料命名，如糟羹、麦饼、面织豆面碎等。有点以其独特的制作手法命名，如敲鱼面、泡鲞、硬擂圆、手打面、青奄等。有的则以小吃的形状、口感作为想象而命名，如羊角蹄、麦虾、糖龟、方糕、开花馒头等。有的小吃因其发源地或发明人而命名，如温岭嵌糕、黄岩庆糕、大田大排面、仙居三黄鸡等。有的名字蕴含传说典故或是为了讨个吉祥如意，如五虎擒羊、庆糕、三套龙、番薯老鼠等。

（二）台州地方小吃的文化及英译方法

根据上文分析的小吃翻译的目的及翻译原则，按照台州地方小吃的分类和

命名方式,不妨以糟羹、敲鱼面、麦虾、嵌糕、五虎擒羊、食饼筒等为例,探讨台州地方小吃的文化渊源及其翻译方法。

1.直译法

很多台州地方小吃,从其名称就可一目了然地判断出其所使用的食材、刀工或者烹制方法。对于此类小吃名称,直译是首选的翻译方法。因为直译不仅简明,而且达意,也是对小吃的最忠实反映。

(1)以原料为主命名的:主料+配料

糟羹,是台州临海的传统名小吃,尤其是元宵节的时候,临海人都要准备糟羹。糟羹是以番薯粉为主料配以各种菜肴一起烧制而成的食品。每年正月十四先看花灯,再吃糟羹,这是临海人的传统。为什么要在这一天吃糟羹?糟羹又是怎么来的?这里面有一个大家口口相传的典故。据说在大唐初年的时候,临海总是会遭到海盗的抢劫和骚扰。因此那时的台州刺史尉迟恭就动员士兵开始修筑城墙。开工的那天刚好是正月十四,是老百姓闹元宵看花灯的日子。海盗闻讯,就乘机而来。尉迟恭接到消息后一面命令士兵坚持抵御,一面加紧修筑城墙。正月正是临海城最寒冷的时节,到了晚上更是风雪交加。看着士兵们冒着严寒为百姓筑城墙,老百姓十分感动,想做点什么来表达大家内心的感谢。有人建议送食物和酒去给士兵防寒。可是刺史大人曾下过令,不允许士兵们喝酒。于是就有人想出了个两全齐美的好方法:用番薯粉和各种菜肴为料,用糟酒当水,一起烧制成"糟羹"。士兵吃了以后顿时觉得有了力气,很快就把城墙修筑好了。这便是临海人正月十四吃"糟羹"的习俗由来。

不难发现,这道著名小吃其实就是糟酒和上菜和粉烧制而成。因此,把它翻译成 Thick Soupy Stew with Fermented Wine 就可以了。那么,此类小吃都可以据此方法翻译,譬如酒酿圆子和乌饭麻糍就可以译为:Glutinous Rice Dumplings in Sweet Rice Wine 和 Black Glutinous Rice Pounded Paste。

(2)以制作手法为主命名的:烹饪方法+原料

敲鱼面,是玉环著名的小吃。敲鱼面的做法首先是将新鲜的鱼肉剔出来,放在一起,并在上面撒上番薯粉。接着再用木槌去一遍一遍地敲击,直到鱼肉被敲得和薄饼一样,并且十分有韧性。然后再把这"薄饼"放在锅里慢慢烤到半熟。最后把它取出来切成细丝,就是鱼面了。据传说,戚继光抗倭时期,沿海一带老百姓用木槌击打来彼此传递讯息,后来的人一直沿用至今。新鲜的鱼肉味道赞,用木槌打击后富有韧性口感好,加上番薯粉混合后又能饱腹,又能润肠。鱼肉和番薯粉又是玉环海岛的平常之物,因此形成了最具地方风味的特色小吃。敲鱼面也是玉环人必备的过节食品。

泡鲞,是仙居的美食。仙居人逢年过节的时候都要“泡鲞”。在仙居,人们常说的一句话就是:你家办“泡鲞鱼胶”啦?这句话的意思是说你家办喜事了。这正说明了泡鲞是宴请宾客的头道菜,在当地人心目中有着相当重要的地位。传统的“仙居八大碗”中第一碗就是泡鲞。那么什么是泡鲞?“泡”在仙居方言里是炸的意思。台州沿海盛产黄鱼,把黄鱼去掉内脏后剖开,再把它晒干或烤干后就叫做鲞。泡鲞顾名思义也就是把黄鱼干裹上面粉用油炸熟。

以上两种小吃都是以其主要制作手法“敲”“泡”而命名,故可以按照其制作方法加原料的方法翻译成 Pounded Fish Noodles 和 Fried Paste with Stock Fish。

(3)以形状、口感与原料综合命名

麦虾,是一种像刀削面一样的面食。麦虾的制作过程并不复杂:先把麦粉加适量水搅拌成粉浆放碗里待用;等青菜、香菇、萝卜丝、肉丝等配料加水烧开后,再用刀或铲把粉浆顺着碗沿口一刀一刀地“刮”下锅与其他配料一起煮熟就可以了。因为入锅后的粉浆既不是一根一根的面条,又不是面疙瘩块,它的形状倒是像极了虾,只不过是面做的虾,因此人们就把它叫作“麦虾”。

羊脚蹄,是把发过酵的甜面粉做成羊蹄的形状,再在上面撒上芝麻,然后烘干烤制而成。因为它的形状像羊脚蹄,因而得名“羊脚蹄”。据传说,在修建台州府城墙时,城墙屡建屡塌。有一天,下了大雪,北固山上一片雪白。在这个时候,有人看见一只鹿从山脚下跑上山,在山脊上停了一会儿,就然后转身向山腰疾奔而去,最后消失在山中。人们感到十分惊奇,觉得是上天在指引。于是就沿着麋鹿上山的足迹修筑城墙。这次修筑的城墙果真没有倒塌,不久以后,城墙就建成了。人们因此把这麋鹿奉为仙鹿,予以祭祀。当时已冰雪消融,麋鹿留下的足印也渐渐消失。人们便用面粉拓下麋鹿的足印用来焚香叩拜。传到现在,鹿脚蹄变成了羊脚蹄,而这用面粉做成的足蹄成了一道别具风味的地方小吃。

糖龟,是温岭的特色小吃。它有点像红糖年糕,尝起来香甜软糯。糖龟具有食品、礼品、祭品的三重身份。制作糖龟的节期并不多,一般都是在春节和娶儿媳妇的时候。把糯米、早米和红糖三种原料拌在一起,然后蒸熟,就像红糖年糕一样。再用一种称为“龟印”的拓模把蒸熟的糕拓成各种形状。大的就叫作“大龟”,小的就叫作“小龟”。在“龟印”拓模的各种花纹中,中间都是一只乌龟,因为乌龟预示福寿绵长。旁边则是一些鱼啊,虾啊,花啊,鸟啊等图案组成的“寿”字。有时候也可能是“福禄寿喜”或者是“吉祥如意”等字样。“糖龟”的名字就因此而来。

麦虾、羊角蹄和糖龟都是以其形而得名,因此可以采纳形状加原料的方法翻译为 Shrimp-shaped Paste，Chestnut-shaped Snack，Tortoise Printed Glutinous Rice Cake with Black Sugar。这样，既保留了小吃名称中形的传神，又能使人知晓所吃为何物。

2. 意译法

与那些一目了然就可判断出所使用的原料或者烹制方法的小吃名相比，有些小吃有着美丽动听却晦涩难懂的名字。这些小吃的名字颇具美感，或者蕴含吉祥如意的美好祝愿，抑或源于传说典故。因而此类小吃的直译难度很大。而且如果仅用直译方法，有可能造成食客对其一无所知甚至误解。对于此类小吃，可以采纳意译方法，让食客去了解该小吃所代表的意义或是典故等等。如此翻译既可以达到吸引人的目的，又可以传达源语内涵，弘扬地方饮食文化。

(1)地名、方言加原料的翻译方法

嵌糕，也称温岭夹糕或者馅糕，是温岭特色的小吃。每年农历的十月十五是古老的“下元节”，在温岭称为“十月半”。古时候，下元节时民间有素食斋天的习俗。温岭农村的习俗就是在这天做嵌糕。嵌糕的原料是年糕。先把粳米粉蒸熟、捣揉，做成年糕，再把做好的年糕用棉被包裹起来加以保温。等到要吃的时候，切下少量年糕，放在手上揉捏揉平。揉成饼状后往里面加入喜欢的馅料，最后把饼皮合拢捏紧就可以了。加入的馅料荤素皆可，依个人喜好。一般有绿豆芽、萝卜丝、笋丝、红烧肉片，等等。这放馅的动作叫“嵌”或“夹”，在温岭方言里，叫“gie”。因为这是道温岭特色的小吃，而且因为温岭人的走南闯北而将其带到五湖四海，使得温岭嵌糕名扬各地，所以不妨翻译成 Wenling Giegao(Wenling Rice Cake Stuffed with Delicious Ingredients)就颇具地方特色了。

(2)音译加注释

台州还有一道小吃，各县都有，却又在做法上有一点点不一样，名字也不尽相同。天台叫饺饼筒，黄岩叫食饼筒，三门叫麦焦，临海叫麦油脂。它更有着一个特别的名字，叫“五虎擒羊”。

这道小吃的做法是用油脂在锅面上擦一擦，然后在滚烫的平锅上飞快地将一勺粉浆用手顺时针方向均匀地推开、铺平。半分钟内，一张大如铜盘薄如纸的饼皮就已推好。饼皮一张一张叠起来待用。等到吃的时候，在饼皮里面包上各种已加工好的馅料，比如肉片、猪肝、蛋、土豆丝、鳝丝、木耳、笋丝等等，再把它卷成圆筒状就可以食用了。据说这道小吃是济公所创。济公在天台国清寺为僧的时候，看见每次都有很多剩菜，觉得很可惜，就把这些剩菜混在一起，然后用麦粉皮裹起来，留到下一餐食用。这一措施得到僧众的认可，济公其后也因此被选为衣钵僧。因为它的皮是圆的，卷好后也是圆的，象征着团圆，所以每逢过节，当地人便以此作为团圆饭。

五虎擒羊，正如它的名字所暗示的，是各种美味佳肴(就是所谓的五只老虎，当然不止五样)紧紧包裹在纸样薄的白色面粉皮(也就是羊)里面。这样意象化的小吃名字最好采用音译其名并辅以注释和图片的方法，不妨翻译成 Wu Hu Qin Yang (Delicious Ingredients Wrapped Pastry Roll)。

(3)替代法

上文所说的这道小吃台州各县市都有，因其制作手法和口味又稍有不同，各县市的方言也不尽相同，就有了如此多的名字。对这样的小吃，意译，或者干脆用替代译法，或许是更好的选择，以免干扰视听。因其形和制作方法都和墨西哥特色食品"鸡肉卷(wrap)"如出一辙，不妨翻译成 Chinese-style Wrap。这样的翻译不仅可以引人注意，也易于外国食客接受并推广之。

五、结语

台州地方小吃的翻译必须要能反映台州的地方特色文化，尽可能地弘扬台州地域文化；又要符合英语受众的文化思维习惯和英语表达习惯。经过对台州各地特色小吃特点、制作过程，以及文化内涵上的讨论，以目的论为指导，不难发现台州小吃英译可根据其命名方式的不同采纳直译、意译、音译等方法。在翻译上体现出台州小吃的本质和特色，让台州小吃成为外国人了解台州的窗口。

【参考文献】

[1] NIDA E A. Toward a science of translation[M]. Shanghai: Shanghai Foreign Language Education Press, 2001:159.

[2] 李晓敏，杨自俭. 译文评价标准新探索 [J]. 上海科技翻译，2003(3):17.

[3] 黄友义. 坚持"外宣三贴近"原则，处理好外宣翻译中的难点问题[J]. 中国翻译，2004(6):27.

[4] 张健. 全球化语境下的外宣翻译"变通"策略刍议[J]. 外国语言文学，2013(1):20.

跋

前贤云:“山川显晦皆系乎人,然而遇与不遇则有幸不幸存焉。滁之山以欧阳氏之记显,赤壁以苏氏之赋显。自今观之,滁山与夫山也,赤壁犹夫水也,而遇于文章巨公,岂非幸与?”(明·王爌《天台胜迹录序》)台州以天台山得名,天台山以东晋孙绰《天台山赋》名扬四海,此乃历史风云际会,可谓幸矣。当编完《台州人文研究选集(第二卷)》书稿时,编者不禁长长地松了一口气,此书亦是为了弘扬台州文化所加的一块砖一片瓦,虽无惊世骇俗之论,亦可供研究台州历史文化者借鉴参考。

此书的编纂,虽萌芽于多年前,即《台州人文研究选集》(第一卷)出版之后不久,然因故未能及时编辑出版,中间隐息多年。今年年初,应学校领导班子加强地方文化研究的要求,为满足党委宣传部特色办学及充实大学文化建设等需要,又恰与学报特色办刊主要载体“天台山文化”专栏开栏二十余年,发表成果已经有较多累积的条件适相切合,于是由宣传部与学报编辑部联袂筹备出版《台州人文研究选集(第二卷)》,经过一个阶段的准备,遴选了专栏的部分文章结集为此书。在此,编者除了要向热情支持本专栏的诸位作者表示感谢外,还要对校学政领导的支持与鼓励表示感谢,向为本书题写书名的杨志成先生致以谢忱,向为本书封面设计提供重要帮助的画家徐三见先生致以谢忱,并向参与编辑工作的各有关人士表示感谢!

在此书稿即将交付出版社出版时,深知自己才疏学浅,不足之处自是难免,恳请诸位学者方家,多提批评,勉我前行!同时回想起山川显晦与幸不幸之言,不禁要为台州地处东南沿海,远离政治文化中心的辐射感到有点不幸,又为台州山水神秀,自古儒道释三教和合共存,互相促进,共同提高,尤其是台州和合文化、佛教天台宗文化传播海内外而感到有幸了。今天所编之书,因而亦与有幸了!

编　者

2016 年 12 月于灵江之滨